JN186654

選挙権と国民主権

政治を市民の手に取り戻すために

辻村みよ子

日本評論社

はしがき

　戦後70年、日本国憲法の定着が実感される場面も増えた反面、立憲主義と民主主義の危機が強く叫ばれるようになった。これは、集団的自衛権行使容認の閣議決定、投票率が戦後最低（52.5％）だった2014年12月総選挙の結果（小選挙区の得票率48.1％で75.6％の議席を得た自民党「圧勝」）など近年の経過に示されるが、この現象は、日本国憲法制定以後、今日まで脈々と続いてきた憲法政治の実態を映すものでもある。裏返せば、戦後の憲法政治史（憲政史）のなかに、日本国憲法の立憲主義や民主主義がいかに根づいてこなかったか、主権者の選挙権行使がいかに無力であったか、が示されているといえよう。

　そこで、政治を主権者市民の手に取り戻すためにも、また、戦後日本の憲法学説や憲法理論の責任と課題を明らかにするためにも、戦後の国民主権論や選挙権論について再検討しておく必要がある。こう考えて、最近の論文や学会報告等を再構成して単著として刊行することにした。

　本書では、まず第1章で、戦後の国体論争から「70年代主権論争」、「80年代選挙権論争」などの展開と「功罪」を検証し、国民主権の解釈をめぐる「人民（プープル）主権」論や「市民主権」論の論点を整理して理論的課題を明らかにする。

　第2章では、選挙権の権利性を重視する傾向が強まったことを踏まえて、近年の「一票の較差」判決の動向を詳細にフォローしている。とくに2011年以降は、最高裁大法廷でも「違憲状態」の判断が相次ぎ（本書115-116頁の図表2-1、2参照）、高裁判決や最高裁反対意見では違憲無効判断も示されている。ただ学界や法曹界での憲法理論的な分析は必ずしも十分ではないため、本書では、個別意見や高裁判決も対象に含めて詳しく検討している。

　第3章では、成年被後見人や受刑者の選挙権を求める訴訟など、選挙人資格や権利行使の場面での諸問題を取り上げている。ここでも、二元説通説化のもとで選挙権の公務性を理由に種々の制約を認めてきた理論の限界が認められる。

第 4 章では、選挙権の平等や自由行使を保障するための選挙制度や選挙区割規定のあり方、クオータ制の問題などを比較制度論的な視座から検討している。とくに投票価値平等を厳格化し政治分野の男女共同参画を推進するための諸国での立法政策等を見れば、日本の議論がいかに皮相で硬直的なものであるかがわかるであろう。選挙制度の課題には、選挙区割や選挙差止等の訴訟手続、ポジティヴ・アクションの方策など多くの論点が含まれるため、理論的・政策的課題を総合的に検討することが必要である。クオータ制論ひとつをとってみても、一般に、誤解や無理解を前提とした単純な拒絶論が多い（本書264頁図表4-2、3、273頁図表4-5を一見しただけでも、日本の異常な現状がわかる）。

これらの検討は、フランス革命期の主権論・選挙権論から日本の主権論・選挙問題、比較選挙制度論、女性参政権論、クオータ制・パリテ、ポジティヴ・アクション問題へと研究対象を拡大してきた著者のライフワークでもある。実際、「人民（プープル）主権論」や選挙権権利説の研究は大学院生時代からのテーマであり、フランス革命200周年の1989年に拙著『フランス革命の憲法原理——近代憲法とジャコバン主義』日本評論社（学位論文、第 7 回渋沢＝クローデル賞受賞）を「現代憲法理論叢書」創刊号として上梓できたことが、その後の研究の出発点となっている（2014年に第 3 刷を復刻出版）。

長い間ご指導いただいてきた杉原泰雄先生、樋口陽一先生はじめ、学会・研究会、講演や講義等でお世話になった多くの皆さまに心より感謝するとともに、40年近くのお付合いである日本評論社の皆さま、とくに今回の刊行でも大変お世話になった中野芳明さん（同社法律編集部長）に、心より厚くお礼を申し上げる。

2015年 4 月

辻村みよ子

選挙権と国民主権
―― 政治を市民の手に取り戻すために

目次

はしがき i
目次・図表一覧 iii
もとになった報告・論文 vii

第1章　日本の戦後憲政史と主権論・選挙権論 ―――― 1
　　　　―― 民主主義は根づいたのか

第1節　戦後憲政史のなかの憲法 ……………………………… 1
1　戦後史・政治史のなかの憲法　1
2　戦後70年の現実 ―― 立憲主義の危機を許した構造　2
3　憲法学と憲法理論　6

第2節　憲法学における国民主権論の展開と功罪 …………… 9
　　　　―― 宮沢説・70年代主権論争・芦部説
1　国体論争と宮沢説通説化の功罪　9
2　70年代主権論争の意義と課題　12
3　芦部「折衷説」通説化の問題点　18

第3節　選挙権論・議会制民主主義論の展開と功罪 ………… 22
1　選挙と代表民主制　22
2　80年代選挙権論争の功罪　24
3　90年代議会制民主主義論争と国民内閣制論　28

第4節 「市民主権」論・参加民主主義論の有効性と課題 ……… 35
1 「市民主権」論の意義 35
2 「市民主権」論に関する議論 41
3 現代における主権論・民主主義論の展開と憲法学 50

第5節 立憲主義憲法学・民主主義憲法学の課題 ………… 60
1 立憲主義憲法学の課題 60
2 民主主義憲法学の課題 63

第2章 「権利」としての選挙権と投票価値平等 ——— 67

第1節 主権と選挙権をめぐる理論的課題 ……………… 67
1 問題の所在 67
2 フランスにおける選挙権論の展開と課題 70

第2節 日本における選挙権論の展開と課題 …………… 75
1 日本の選挙権論の課題 75
2 選挙権権利説の論点と射程 77
3 投票価値平等訴訟の展開と課題 80

第3節 衆議院議員選挙投票価値平等問題 ……………… 87
——議員定数不均衡訴訟と「1人別枠訴訟」
1 1976〈昭和51〉年4月14日衆議院定数訴訟最高裁違憲判決 87
2 2011〈平成23〉年3月23日「1人別枠訴訟」最高裁判決 95
3 2012年総選挙をめぐる高裁判決と最高裁「違憲状態」判決 99

第4節 参議院議員定数不均衡訴訟 ……………………… 117
1 参議院議員定数訴訟の展開 117
2 2012〈平成24〉年10月17日大法廷判決の意義と課題 124
3 2013〈平成25〉年11月28日広島高裁岡山支部「選挙無効」判決 133
4 2014〈平成26〉11月26日最高裁「違憲状態」判決 137

第3章　選挙人資格と選挙権行使 ———————————— 153

第1節　選挙権の法的性格と選挙人資格 ……………………… 153
1　選挙権の法的性格論の展開　153
2　選挙権の資格要件——国籍要件と年齢要件　155
3　成年被後見人の選挙権　161
4　受刑者の選挙権　172

第2節　選挙権の行使 ……………………………………… 183
1　在宅投票制廃止違憲訴訟——立法不作為の違憲訴訟　183
2　在外国民選挙権訴訟——2005〈平成17〉年9月14日最高裁違憲判決　191

第3節　選挙運動の自由と戸別訪問禁止違憲訴訟 …………… 200
1　戸別訪問禁止違憲訴訟の展開　200
2　注目すべき下級審判決　201
3　最高裁判決の論理　204

第4章　諸国の選挙制度と国民主権原理 ———————————— 211

第1節　諸国の選挙制度と選挙区割の見直し ………………… 211
1　選挙権・被選挙権の法的性格と選挙原則　211
2　選挙制度の種類と主要国の実態　213
3　選挙区割と投票価値平等　221
4　選挙権の本質論を踏まえた理論的課題　230

第2節　フランスにおける主権論・選挙権論の展開 ………… 233
1　主権論の展開　233
2　近年の動向　245
3　選挙と選挙権に関する議論の展開　256

第 3 節　クオータ制とパリテ ………………………………… 263
　1　女性の政治参画の現状とポジティヴ・アクション　263
　2　諸国の選挙制度とクオータ制　270
　3　日本におけるクオータ制導入の課題　279

おわりに ──────────────────────────── 289
　── 日本の課題

参考文献　293
事項索引　305
判例索引　309

図表一覧

1-1	戦後憲政史と憲法学の展開
1-2	70年代主権論争の主要論点──杉原説と樋口説の異同
1-3	四つの類型（「国民」と主権帰属の関係）
1-4	主権原理と選挙権論・代表制論の関係
1-5	市民主権下の意見形成と意思決定
1-6	社会的市民と政治的市民の関係
2-1	衆議院議員定数不均衡・1人別枠方式違憲訴訟の展開
2-2	参議院議員定数不均衡違憲訴訟の展開
4-1	主要国の選挙制度一覧
4-2	世界の女性国会議員比率（平均）
4-3	世界の女性国会（下院）議員比率ランキング
4-4	ジェンダーギャップ指数（GGI）のランキング
4-5	世界の女性下院議員比率ランキングと選挙制度・クオータ制
4-6	2014年12月第47回総選挙における政党別女性当選者数
4-7	日本のジェンダーギャップ指数（GGI 2014）
4-8	衆議院議員選挙における候補者と当選者の女性比率
4-9	参議院議員選挙における候補者と当選者の女性比率
4-10	地方議会議員に占める女性の割合

もとになった報告・論文
(部分的に関連するものも含む)

第1章　日本の戦後憲政史と主権論・選挙権論——民主主義は根づいたのか
・憲法理論研究会春季研究集会報告（2014年5月11日・広島大学）
・東京憲法理論研究会報告（2014年4月24日・明治大学）
・辻村「戦後憲政史における主権・代表制・選挙権論——憲法学は民主主義の定着／発展に寄与しえたか。いかなる民主主義か。」憲法理論研究会編『憲法と時間』憲法理論叢書22号、敬文堂（2014年）
・辻村「カウンター・デモクラシーと選挙の効果的協同へ」世界835号（2012年10月号）、岩波書店

第2章　「権利」としての選挙権と投票価値平等
第1・2節　主権と選挙権をめぐる理論問題／日本における選挙権論の展開と課題
・辻村「『権利』としての選挙権と『投票価値平等』」明治大学法科大学院論集第14号（高橋和之教授古稀記念論文集）（2014年3月）
第3節　衆議院議員選挙投票価値平等問題
・辻村「衆議院議員定数不均衡事件」石村修・浦田一郎・芹沢斉編著『時代を刻んだ憲法判例』尚学社（2012年）
・辻村『人権をめぐる十五講——現代の難問に挑む』第15講、岩波書店（2013年）
第4節　参議院議員定数不均衡訴訟
・辻村「参議院における議員定数不均衡」長谷部恭男・石川健治・宍戸常寿編『憲法判例百選Ⅱ（第6版）』別冊ジュリスト218号、有斐閣（2013年）

第3章　選挙人資格と選挙権行使
第1節　選挙権の法的性格と選挙人資格
・辻村「選挙権の法的性格と選挙人資格」岡田信弘ほか編『憲法の基底と憲法論』高見勝利先生古稀記念論文集、信山社（2015年）
第2・3節　選挙権の行使／選挙運動の自由と戸別訪問禁止違憲訴訟
・辻村「選挙権」樋口陽一・山内敏弘・辻村・蟻川恒正『新版　憲法判例を読みなおす』日本評論社（2011年）

第4章　諸国の選挙制度と国民主権原理
第1節　諸国の選挙制度と選挙区割の見直し
・辻村『比較憲法（新版）』岩波書店（2011年）
・辻村「投票価値平等と選挙制度」全国憲法研究会編『日本国憲法の継承と発展』三省堂（2015年）
第2節　フランスにおける主権論・選挙権論の展開
・「国家と法の主要問題」研究会報告（2014年10月17日・明治大学）（法律時報2015年7月号掲載予定）
第3節　クオータ制とパリテ
・辻村『ポジティヴ・アクション』（岩波新書）岩波書店（2010年）
・辻村『人権をめぐる十五講――現代の難問に挑む』第5講、岩波書店（2013年）
・辻村『憲法とジェンダー――男女共同参画と多文化共生への展望』第6・7章、有斐閣（2009年）
・辻村・糠塚康江『フランス憲法入門』三省堂（2012年）

第1章　日本の戦後憲政史と主権論・選挙権論
　　　──民主主義は根づいたのか

　本章では、日本の戦後憲政史と憲法学の特徴を明らかにするため、戦後責任について日本と対照的なドイツなどとの比較を念頭に置きつつ、日本の主権論・代表制論の展開を中心に検討する。戦後の国体論争・「70年代主権論争」・「80年代選挙権論争」等の功罪と民主主義論の展開、改憲動向のなかの立憲主義論の課題等について、比較憲法史的視座から考えることにする。

　さらに戦後史のなかの憲法を検討する際には歴史学的ないし政治史的視座が重要となるが、ここでは民主政論を念頭に置いて「いかなる民主主義か」を問いなおしつつも、努めて憲法理論史的視座によって主権・代表制・選挙権論の課題に迫り、近年の改憲論に対抗するための立憲主義憲法学の展望をも示すことにしたい。

第1節　戦後憲政史のなかの憲法

1　戦後史・政治史のなかの憲法

　日本の戦後憲政史の特徴として、戦争責任の回避（昭和天皇の免責）、戦後補償の不徹底、自民党長期単独政権（五五年体制）・日米安保体制下の一貫した改憲論の存在を指摘することから始めなければならない[1]。岸・中曽根・安倍首相に代表される「戦後政治の総決算」路線のもとで、憲法の無力化、国民主権の有名無実化が進行し、政治的アパシー（「お任せ民主主義」）が定着した。これを

例えばドイツと比較した場合には、ドイツの戦後責任論・憲法の重要性（憲法パトリオティズム等）[2]に比して、日本の戦後責任の不徹底・憲法の軽視は著しい。それを許した憲法学者や知識人の無力（明文改憲・憲法論議の不徹底等）、司法府（違憲立法審査）の消極性は、連邦憲法裁判所や憲法学者の判事、知識人の重要性が指摘されるドイツと好対照をなすといえる。

背景には市民革命の不在・担い手の未成熟という事情があり、さらにアウシュビッツとは対照的にヒロシマ・ナガサキの被害者意識が先行したという事実もあった。一言でいえば、日本国憲法の国民主権原理は当初から未成立も同然で、一貫して国民主権と議会制民主主義の形骸化を指摘することができよう。

2　戦後70年の現実——立憲主義の危機を許した構造

とくに日本の戦後70年を控えた現状は、戦後憲政史のなかでもかつてなかったほどの「立憲主義の危機」が指摘されている。実際、2007年5月の「日本国憲法改正手続きに関する法律（以下、国民投票法）」の成立、2010年5月同法施行、2011年3月の東日本大震災等を経て2012年12月自民党政権復帰後、第二次安倍政権下で明文改憲の実施・96条改正先行論が叫ばれ、これが難しいとわかると解釈改憲の方向がめざされた。2014年5月には集団的自衛権行使を容認する「安全保障の法的基盤の再構築に関する懇談会」（以下、安保制度懇）の報告書が出され[3]、同年7月1日の閣議決定によって集団的自衛権容認の政府解釈変更が行われた[4]。引き続き日米防衛協力の指針（日米ガイドライン見直し）、自衛

---

1) 2014年5月11日、憲法理論研究会春季研究集会が「戦後史のなかの憲法」をテーマとして広島大学で開催された。本章のもとになった報告概要は、辻村「戦後憲政史における主権・代表制・選挙権論——憲法学は民主主義の定着／発展に寄与しえたか。いかなる民主主義か」憲法理論研究会編『憲法と時代』（憲法理論叢書22号）敬文堂（2014年）55頁以下を参照されたい。
2) ドイツの戦後責任論については、熊谷徹『ドイツは過去とどう向きあってきたか』高文研（2007年）、山田朗『日本は過去とどう向き合ってきたか』高文研（2013年）、三島憲一ほか『戦争責任・戦後責任——日本とドイツはどう違うか』朝日選書（1994年）、三島『現代ドイツ』岩波新書（1991年）ほか参照。
3) 「安全保障の法的基盤の再構築に関する懇談会」報告書（平成26年5月15日）の内容、および（「タカ派」が多数を占める）懇談会メンバーは、首相官邸ウェブサイト http://www.kantei.go.jp/jp/singi/anzenhosyou2/ 参照。
4) 2014年7月1日閣議決定「国の存立を全うし、国民を守るための切れ目のない安全保障法制の整備について」の内容は、http://www.cas.go.jp/jp/gaiyou/jimu/pdf/anpohosei.pdf 参照。

隊法等の必要な法改正を一括で行うことで、実際に自衛隊が集団的自衛権や集団的安全保障（PKF）として戦争できる体制を確立しようとする道筋がつけられたと考えられる。

しかも、憲法学から見逃すことができないのは、以下の4点である。

①憲法を制定して権力者を縛るという立憲主義（国民主権を基礎とする近代以降の立憲主義）が否定ないし軽視され、行政権（＝独裁者）優位の志向が自覚的に採用されていることである。そのため、(i)過去の自民党長期単独政権下でさえも個別的自衛権容認にとどめて集団的自衛権を否認してきた内閣法制局の憲法解釈が、いとも簡単に変更された。内閣法制局も行政機関である（首相に人事権がある）ことから制度上は予想されえたことではあるが、法制局長交代によって「法制局による歯止め」の構造が崩されたといえる。(ii)第一次安倍政権の終焉以降停止されていた安保法制懇が再開され、その報告書が閣議決定のもとになった。実際には、この報告書よりも制限的な内容にするため「三要件」を付して公明党との間で与党協議を行ったが、「政府の9条解釈は変わってない」という首相発言とは裏腹に、大幅な法改正を要するため安保法制担当大臣のポストまで新設して大がかりな法改正が一括で実施されることになった。(iii)上記の伏線として、2014年2月、国会の首相発言で、「立憲主義とは中世の考え方と理解している」、「最高の決定責任者は私だ」として、行政権のみならず憲法解釈権（事実上の憲法改正権）までもが首相にある、という判断が示された。

②上記(iii)の過程で、憲法65条を根拠に、首相が憲法解釈の最終決定権者を自認したことには、憲法理論上問題があると思われる。行政権の範囲内のことであれば首相が最高決定権者であるといえるが、国民主権および三権分立構造のもとでは、憲法解釈の最終決定権は81条で最高裁判所の任務とされており、さらに96条で憲法改正の最終決定権者は主権者国民と定められている。したがって実質的な憲法改正を意味する内容は、96条の手続を踏んで国民投票で決するのが筋である。また、閣議決定に基づいて国会の多数を背景に与党が法改正したとしても、最高裁によって今後違憲判断が下される余地もある。

③さらに2014年7月閣議決定では、「我が国と密接な関係にある他国に対す

5）　蟻川恒正「憲法解釈権力──その不在に関する考察」法律時報86巻8号（2014年7月号、特集「憲法解釈と人事」）6頁以下参照。

る武力攻撃が発生し、これにより我が国の存立が脅かされ、国民の生命、自由及び幸福追求の権利が根底から覆される明白な危険がある場合において、これを排除し、……必要最小限度の実力を行使することは、……憲法上許容される」と明記された。しかし、なぜこのような実力行使が憲法9条のもとで許容されるのか、具体的な説明はないと言わざるをえない。行政権の範囲については憲法73条に明記されているが、同条1項2号に外交処理権限が明示されている反面、防衛権限は明示されておらず、ましてや上記の「明白な危険」の判定等について、内閣に最終的決定権限があるかどうかも定かではない。[7]

④首相が憲法65条を根拠にアメリカとの外交上の交渉を進めることは、外交が行政権の範囲であることから当然であるとしても、行政の合目的性だけでは解釈改憲は正当化されない。とくに自民党の政権復帰が実現された2012年12月の解散総選挙は、民主党との間で選挙改革実施を条件に実施されたもので、集団的自衛権行使のための解釈変更は公約には存在しなかった。また、公明党との与党協議が重視されてきたが、与党合意事項にも集団的自衛権の問題は入っていなかったのであるから、この点でも選挙後の政策変更には具体的な民意の意思表示が必要であったと言える。

さて、以上のような現実を許した背景には、日本の戦後憲政史における戦争責任の不徹底、それによる憲法の国民主権に根差した民主主義の未成熟や選挙制度の不合理な特徴、選挙機能の「喪失」ともいえる根源的な問題を指摘せざるを得ない。

とくに、集団的自衛権や原発再稼働問題のほか、女性閣僚2名の辞職に至っ

---

6) ただし具体的事件性がないと提訴できず、かりに自衛隊法改正等について具体的訴訟が提起されて下級審で違憲判断がでたとしても、最高裁では日米安保に関する問題は統治行為論によって憲法判断が回避される可能性が大きい。最大判1959〔昭和34〕年12月16日刑集13巻13号3225頁〔砂川事件上告審判決〕参照。

7) 閣議決定が憲法73条に反する可能性がある点につき、2014年7月12日の全国憲法研究会特別委員会主催「集団的自衛権に関する緊急公開研究会：平和と安全保障の構想の今」でも指摘された（http://zenkokuken.org/syudan_kenkyu2014.html）。ほかに、憲法研究者のブログ（木村草太の力戦憲法 http://blog.goo.ne.jp/kimkimlr 2014-07-01 10：46：21）でも、「政府は、憲法何条から国会の承認が必要とか、我が国と密接な関係のある国とかという話を導くのだろうか？　どこにも『集団的自衛権を行使するときは国会の事前承認』と書いた条文がない。」として、73条違反の指摘もされている。

た「政治とカネ」問題、(2012年の解散総選挙の条件となった) 議員定数削減と選挙制度改革にはまったく手を付けないまま2014年11月21日に解散が決定され、12月14日に第47回総選挙が実施された。「アベノミクス解散」の名のもとに経済政策 (消費税10％への引き上げ先送り等) が表面上の「争点」とされたが、野党に選挙 (共闘) 準備期間を与えず、日米ガイドラインや地方選挙による政権批判が起こる前に今後4年間の政権を安定させるための駆け込み解散 (「今のうち解散」) である、というのが大方の見立てであった。「争点」と「大義」のない「不毛な選挙」であった上に、早くから新聞各紙が自民党300議席超の予想を公表していたことから、国民の関心は当初から非常に低く、年末の寒波のなかで、投票率は戦後最低だった前回 (59.32％) よりも一段と低くなった (52.66％)。結果は、連立政権が議席の3分の2を占める「圧勝」に終わり、あたかも現政権への支持や信任が主権者国民の大部分 (3分の2以上) であったかのような報道が続いた。野党第1党の現職党首の落選や第三極政党の苦戦などがこの「圧勝」報道を裏付けることになったが、実態は、小選挙区での自民党の得票率は48.10％、公明党1.45％で、投票率を考慮すると自民党には25％程度の支持しか集まっていない。これに比して、小選挙区での議席率は自民党75.59％、公明党3.05％、比例区ではそれぞれ37.78％、14.45％で、与党の議席率は68.63％である。とくに48％の得票率で76％の議席が得られた小選挙区では、この選挙制度の特性を反映した (もっとも有効に活用した) 結果となった。しかも自民党の議席数は公示前の295より4議席減って291議席にとどまり、比例選挙の得票数は前回よりも約104万票 (6.22％) 増えたが、小選挙区では前回よりわずかに (約18万票、0.7％) 減少している。

にもかかわらず、選挙での「圧勝」結果が判明した直後に、安倍総裁＝首相

---

8) 解散前に政治資金問題で閣僚を辞任した小渕議員が立候補した群馬5区の場合も、対立候補は社民党・共産党のみで、選挙による政治責任追及機能は発揮されなかった。選挙資金規正法違反疑惑下の選挙中、有権者の多くが「受益者」でもあったことから、候補者のお詫びと支持者の応援に支えられた「みそぎ」選挙として機能し、地方の金権・利益誘導政治の体質を再確認させた。

9) 比例区の自民党・公明党の得票率はそれぞれ33.11％、13.71％。得票率は全選挙区の投票総数を有効投票数で除して算出するが、全有権者数 (選挙人数) 中の割合を示す絶対得票率は小選挙区で24.49％、比例代表選挙で16.99％に過ぎなかった。選挙制度の問題点については、本書第4章第1節213頁以下参照。

10) 総務省衆議院議員総選挙結果 (速報) (http://www.soumu.go.jp/senkyo/senkyo_s/data/shugiin47/index.html)、日本経済新聞2014年12月15日夕刊2面参照。

は、自民党の悲願である憲法改正にさっそく取り組み、「国民投票で過半数支持を得る」ために「国民的な支持を深めていく」と意欲を見せた。「争点なき選挙」で主権者（とくに無党派層）が棄権ないし現状維持を容認した結果として、今後4年以内の改憲発議に向かって歩を進めることになった。たしかに選挙では公明党や共産党の躍進、第三極政党の敗北などに「民意が反映」されたとしても、結果的には、選挙が形式的な民主的正当性付与のためにのみ機能したことを直視すべきであろう。

そして、次の参議院選挙（2016年7月）後の改憲発議まで明示的に言及されているが、この参議院選挙も「一票の較差」が1対5近い不均衡のままで行われる。ここにも、与党による選挙制度や解散制度の「有効活用」の実態が示されており、今後も選挙制度や選挙機能の再検討を行うことが不可欠となる。

そこで本書では、第2章以下で選挙権の具体的諸問題を扱うが、その前に、憲法学・方法論の観点から戦後史をふりかえっておくことにしよう。

3　憲法学と憲法理論

1950年代に復古的傾向が認められたドイツと同様に、日本でも、60年代までは「啓発型」憲法学にとどまり、象徴天皇制の理解としての「憧れの中心」説や形式的な議会制民主主義論が特徴をなしていた。これに対して70年代になると、ようやく国体論争からの決別の傾向が認められ、保革伯仲の政治状況を背景に「70年代主権論争」における担い手論の登場によって民主主義の実質化が図られた。ここでは、「イデオロギー批判」の方法が維持され、「憲法科学」（社会科学としての憲法学）が志向されて比較憲法史的研究が重視されたが、論争自体は不徹底なままに終わり、憲法学界で憲法訴訟論が優勢になるなかで、新しい民主主義論（参加型民主主義）への展望も不十分なものとなった。

1980年代・90年代は、選挙権論・議院内閣制論などの制度論・統治構造論にひきつがれ、「抵抗の憲法学」から「制度の憲法学」へという展望も示された

11）　2014年12月15日記者会見「集団的自衛権の行使を容認した憲法解釈変更について国民の支持をいただいた」との発言も、選挙の正当化機能の表れといえる。
12）　後述第2節10頁、後注26参照。

が、憲法学における憲法訴訟論の隆盛、欧米の「法律学化」論の導入と相まって、主権論の停滞や「戦後民主主義憲法学」の限界が指摘された。

　ここで戦後民主主義とは、歴史学者中村政則によれば「政治的には軍国主義の除去、専制支配からの解放と国民主権の採用・基本的人権の保障を……意味」しており、60年代半ば以降、揶揄的・否定的な意味で使われるようになった用語である。憲法学から見れば、戦争責任・戦後補償、旧植民地人と沖縄県民の選挙権問題などを取り残してきた戦後民主主義改革は不十分なものである。それでも1990年代からは少数者への関心や参加型民主主義・住民投票等への期待が高まったが、米独仏の憲法学・政治学の展開と比較しても、民主主義論の憲法学的な理論化は不十分なものにとどまった。

　この過程について、民主政の理念をめぐる憲法学の議論は、「民主政の擁護と懐疑というふたつのアンビヴァレントな要請の間で、難しい綱渡りを強いられた」と指摘される。2つのベクトルのうち、「リベラル・デモクラシーの現実を受け入れる方向」に対するコンセンサスが広く行き渡り、「その限界を超えた理想へと向かう方向」は「選択肢としての説得力を失っていく」。その例として、「人民主権論の影響力の低下は象徴的」となる。こうして、「憲法が定める西欧型の議会制民主政を議論の共通前提とする傾向」が強まり、民主政論の役割が憲法体制の枠内での解釈・運営、制度改革論などに求められる。この過程が、「『主権論から民主政論へ』と定式化される変化」と関連している、とされるのである。

　同時に、憲法訴訟論にも陰りが見え始める1980年代末以降、人権やデモクラシーをめぐる欧米の政治哲学の影響を受けて、日本の憲法学において、しだいに「憲法科学から憲法哲学へ」という動向が認められた。また、西欧諸国での

---

13)　高橋和之『現代立憲主義の制度構想』有斐閣（2006年）15頁以下〔初出、高橋「戦後憲法学・雑感」成田頼明・園部逸夫・塩野宏・松本英明編『行政の変容と公法の展望』有斐閣（1999年）〕参照。

14)　2006年度の全国憲法研究会研究集会は「戦後民主主義と憲法・憲法学」をテーマに開催された。全国憲法研究会編『憲法問題』18号、三省堂（2007年）参照。

15)　中村政則「明治維新と戦後改革」中村編『戦後日本・占領と戦後改革4・戦後民主主義』岩波書店（1995年）278頁、愛敬浩二「『戦後民主主義』と憲法・憲法学」前掲『憲法問題』18号7-14頁参照。

16)　林知更「憲法原理としての民主政——ドイツにおける展開を手掛かりに」長谷部恭男ほか編『現代立憲主義の諸相（高橋和之先生古稀記念論集）上巻』有斐閣（2013年）6頁参照。

17)　林前掲論文7頁。

憲法理論動向の影響も受けて違憲審査制をともなった立憲主義の興隆が認められ、立憲主義憲法学が進展した。

ただし、2000年代からは、改憲論の高揚、司法改革・法科大学院の開校を背景に、憲法学の解釈学化・矮小化・断片化が進み、基礎理論研究や「論争」の不在、グランドセオリーへの懐疑と「小さな憲法論」の傾向が指摘される[20][21]。

そこで以下では、「停滞」が叫ばれて久しい主権論の展開を中心に、近年の熟議民主主義論や民主主義憲法学の展望と課題を、立憲主義憲法学の課題を踏まえつつ概観しよう。

---

18) 林前掲論文7頁。他方ドイツでは、民主政の擁護と懐疑とのディレンマは通底するものの、1990年ころを境に、「憲法上の民主政原理が国家理論や憲法理論の主題としてよりも、憲法裁判所によって適用される自立した内容を持った法的要請として論じられるようになる」という「変化」が語られる。この点は、主権論の母国フランスの憲法学でも認められる共通項であるため、本書第4章2節で検討する。
19) 愛敬浩二『立憲主義の復権と憲法理論』日本評論社（2012年）10頁以下参照。
20) 林前掲「憲法原理としての民主政」（前注16）、林「戦後憲法学と憲法理論」全国憲法研究会編『憲法問題』18号39頁以下参照。
21) 「大きな憲法学」復活の課題につき、辻村「近代憲法理論の再編と憲法学の課題」日本公法学会編『公法研究』65号、有斐閣（2003年）25-49頁参照。なお、戦後憲政史と憲法学の展開についての略年表は、下記の図表1-1（2014年5月11日広島大学での憲法理論研究会報告時の資料(1)）を参照されたい。

図表1-1　戦後憲政史と憲法学の展開

	1947年～50年代	60年代	70年代	80年代	90年代	2000年代	2010年代
憲政史	再軍備　55年体制　安保国会　保革伯仲　戦後政治総決算　政権交代（1993・2009・2012）						
課題	戦後民主主義確立　議会制民主主義の危機　官僚政治　小選挙区制・行政改革・司法改革						
改憲動向	明文改憲論・憲法調査会　　　解釈改憲論　　　　明文改憲論・国民投票法・憲法審査会						
憲法運動	9条裁判・教科書裁判・公害訴訟（→冬の時代）　選挙権訴訟（→違憲無効判決）						
憲法学	（啓発型）戦後民主主義憲法学　（抵抗＝制度の憲法学）　リベラリズム憲法学・立憲主義憲法学						
論争	国体論争　法解釈論争　主権論争　選挙権論争　議会制論争　（公共圏論）						
方法論	方法二元論・イデオロギー批判　　多数派／協調型リベラル／ラディカル・デモクラシー						
理論動向	社会科学としての憲法学　　憲法訴訟論　　憲法哲学　　物語（大きな憲法学の終焉）						
憲法教育	（啓発型）憲法教育　　　人権判例研究（違憲審査基準論）　　　LS教育（基礎理論欠如）						

第2節　憲法学における国民主権論の展開と功罪
　　　——宮沢説・70年代主権論争・芦部説

1　国体論争と宮沢説通説化の功罪

　日本国憲法の制定過程で、天皇制の処遇と「国体」護持の方法が最も重要な論点となったことから、戦後憲法学の主権論は国体論争から出発した。1946年の帝国議会での金森徳次郎国務大臣の答弁は、「建国の体」としての国体とは「天皇を憧れの中心として、心の繋がりを持って結合して居る国家」のことであるとして、いわゆる「憧れの中心」説を展開し、法的意味よりも精神的・倫理的な結合関係を重視した（天皇制の呪縛、戦争責任の回避）[22]。

　このような国体概念を前提とすれば、天皇が国民の精神的な支柱であるような国家の姿は変更されていないことになるが、法的意味における国体概念を前提とすれば、天皇主権から国民主権の変化は国体の変更にほかならないことになる。この問題をめぐる「宮沢・尾高論争」[23]では、宮沢俊義は、国家主権やノモス主権が認められるとしても、主権が国民に存するか、君主ないし天皇に存するかという問題は残るとして、主権の主体を具体的人間に求め、主権とは「国家の政治のあり方を最終的にきめる力」または「権力あるいは権威」、「国家における最高の意志」であると定義した[24]。

---

22)　清水伸編著『逐条日本国憲法審議録』第1巻、有斐閣（1962年）871頁、827頁参照。
23)　宮沢の「八月革命と国民主権主義」（1946年）を尾高朝雄が『国民主権と天皇制』国立書院（1947年）で批判し、宮沢「国民主権と天皇制についてのおぼえがき——尾高教授の理論をめぐって」1948年〔同『憲法の原理』岩波書店（1967年）281頁以下所収〕、尾高「ノモス主権について」、宮沢「ノモス主権とソフィスト——ふたたび尾高教授の理論をめぐって」、尾高「事実としての主権と当為としての主権」で論争が継続された。尾高は、「国家において最高の権威をもつものを主権と呼ぶのならば、主権はノモスにあるというべきである」として、「矩（のり）」すなわち正しい法の理念や正しい筋途を意味する「ノモス」に主権の本質を求め、ノモスを最高の政治原理とする点では天皇の統治も国民主権も同じであるとして天皇制と国民主権との調和的把握を説いて宮沢を批判した。
24)　宮沢前掲『憲法の原理』285頁。

宮沢は、天皇主権から国民主権に変わったことは国家組織の根本性格の変化であり、ノモス主権論が、天皇制の致命的な傷を包む「ホウタイの役割」を果たしうるという政治的機能に対する批判を行った。宮沢と尾高朝雄は、主権ないし国体の概念について異なる次元にたっていたため、論理の点では平行線をたどったが、憲法理論としては、宮沢説が通説の地位を占めた[25]。
　宮沢説を中心とする戦後第一期の主権論には、次の特徴が認められる。①国民主権ないし国民代表概念の現状隠蔽機能（イデオロギーとしての機能）を批判する、いわゆる「イデオロギー批判」の手法を採用したこと[26]、②天皇制を擁護する「天皇制のアポロギア」の否定としての国民主権の意義を明確にし、旧憲法下の天皇主権と国民主権との断絶の意味を確認することで、「科学としての憲法学」と主権論の意義を確立したこと、③主権を、国の政治のあり方を最終的に決める「権力あるいは権威」として捉え、主権の建前ないし正当〔統〕性の側面を認めたことである。
　このような通説の形成が戦後憲法学の進展に寄与したは間違いない。しかし論争が平行線を辿ったにもかかわらず「宮沢教授の徹底的な勝利」「尾高説の敗北[27]」と解されたことから、逆に尾高説を支持する学説の中で「主権抹殺論」の系譜が強まった面も否定できない[28]。当時の憲法学研究者の多数が「天皇制のアポロギア」としての尾高説を否定して八月革命説を支持し、これを通説化した点は重要だが、反面、宮沢説の定義では主権の権力的契機と権威（正当性の契機）との関係が曖昧で70年代以降の論争や芦部説につながった。さらに主権主体についても、杉原説は、憲法学の「通説的見解」の主権主体を「人民と同視される人間集団としての国民」と解してイデオロギー批判を行ったが、当初（1970年日本公法学会報告時）は美濃部達吉、河村又助教授らの見解を引用してこ

---

25)　論争の詳細は、杉原泰雄『国民主権と国民代表制』有斐閣（1983年）10頁以下、野中俊彦他『憲法Ⅰ（第5版）』有斐閣（2012年）85頁以下〔高橋執筆〕、高見勝利『宮沢俊義の憲法学史研究』有斐閣（2000年）339頁以下参照。

26)　イデオロギーとは、「本質上現実と一致しなければならぬ科学的概念として自らを主張する表象であって実は現実と一致しないもの」と定義される。宮沢「国民代表の概念」1934年（宮沢前掲『憲法の原理』185頁以下参照。

27)　杉原泰雄『国民主権の研究』岩波書店（1971年）9、11頁。

28)　宮沢説の一方的勝利という一般的な評価を不満とする見解が、その後もいわば「主権抹殺論」の系譜として存続した。小嶋和司「『主権』論おぼえがき〈その1〉」法学46巻5号（1983年）1頁以下〔『小嶋和司憲法論集2』木鐸社（1988年）所収〕参照。

のような理解を示していた。その後の単著では「宮沢説的見解」が通説化したことを強調し、美濃部らもこれを否定しなかったことから、宮沢説に代表される憲法学界の通説的見解において主権主体が「人民」として理解された、と説明して批判的分析を行った。ところが、実際には、宮沢説は、主権主体としての国民を「国民の総体、だれでも」と捉えた点で全国民主体説と解することが妥当とされている。このため、近年でも、批判論が提示されることになった。

このように、日本憲法学にとって宮沢説がきわめて重要な役割を果たした一方で、その後の国民主権論・民主主義憲法理論の不在の出発点は、憲法学の大方の認識に反して、宮沢説通説化自体にあったともいうことができる。それは、(a)国家主権と国民主権、主権の本質についての権力的契機と権威（正当性の契機）との関係、(b)旧来の国家法人説からの脱却という面で不明瞭さが残ったためである。これらの関係をめぐって議論が続き、(a)について国家主権と国民主権との関係を問題とした長谷川正安説や70年代主権論争における樋口陽一・杉原泰雄説、(b)について小嶋和司・菅野喜八郎説による宮沢説（八月革命説）批判、国家法人説との関係について、宮沢の批判的スタンスを指摘する高見勝利説と、宮沢説が国家法人説の系譜にあったことを重視する近時の見解などに引き継がれた。

---

29) 杉原「フランス革命と国民主権」日本公法学会編『公法研究』33号（1971年）30、33頁参照。
30) 杉原前掲『国民主権の研究』9頁。
31) 芦部信喜『憲法学Ⅰ』有斐閣（1992年）240頁では、「宮沢俊義によって代表される我が国の従来の通説」として全国民主体説が説明され、佐藤功『日本国憲法概論』（全訂第4版）1991年、小林直樹『新版憲法講義(上)』1980年169-170頁、伊藤正巳『憲法（新版）』1990年98-99頁が引用されている。
32) 時本義昭「宮沢俊義の国民主権論と国家法人説」初宿正典ほか編『国民主権と法の支配（佐藤幸治先生古稀記念論文集）上巻』成文堂（2008年）55-56頁参照。なお、時本は、芦部の国民主権が宮沢説＋黒田覚説であることを指摘したうえで、「主権論の混迷・停滞の原因は、宮沢俊義が尾高朝雄との論争を通じて国家法人説を全面的に否定したという誤解が現在まで続いていることにある。しかも、その誤解に気づく機会が70年代主権論争の中にあったにもかかわらず、その可能性は活かされなかった」（同論文75頁）と指摘する。しかし杉原説が国家法人説の残滓を批判していたことについては、杉原『憲法と国家論』有斐閣（2005年）30頁以下参照。
33) 長谷川正安「主権について」『国家の自衛権と国民の自衛権』勁草書房、1970年〔杉原編『国民主権と天皇制』三省堂、1977年所収〕、長谷川説を含む主権論の展開につき辻村『市民主権の可能性』有信堂（2002年）56頁以下〔初出、辻村「国民主権と国家主権」杉原泰雄先生古稀記念論文集『21世紀の立憲主義』勁草書房、2000年所収〕参照。
34) 小嶋前掲「『主権』論おぼえがき〈その1〉」（前注28）、菅野喜八郎「ノモス主権論争私見」法学50巻7号（1987年）〔同『続・国権の限界問題』木鐸社、1988年所収〕参照。
35) 高見前掲『宮沢俊義の憲法学史研究（前注25）19頁以下参照。

2　70年代主権論争の意義と課題

(1)　意義

　1970年日本公法学会における杉原泰雄・樋口陽一・影山日出彌会員の部会報告を契機に始まったいわゆる「70年代主権論争」は、憲法科学の標榜、イデオロギー批判の手法、フランス主権論の援用、代表制論等との接合などの点で従来とは際立った特徴をもち、国民主権の構造論（とくに主体論）を精緻化した点で成果を得た。樋口・杉原両説はフランスの理論に依拠して「国民（ナシオン）主権」と「人民（プープル）主権」（以下、フランスの用法につきN主権とP主権と略記する場合もある）の対抗を明らかにし、直接民主主義などとの関係でイデオロギー批判を展開して主権論の科学的論点を明確化した。イデオロギー批判の手法に対して後に批判が提起されたが、戦後憲法学の啓発的機能からは、もちろんその意義を過小評価することはできない。

(2)　杉原・樋口説の差異

　反面、杉原・樋口両説間では、(a)イデオロギー批判の対象、(b)主権の本質、(c)主権原理・主権帰属の意義、(d)主権論の効用、(e)主権主体の理解、(f)半代表制の基礎、(g)代表制・統治制度との関係、(h)日本国憲法の国民主権原理の理解と(i)その解釈論など、多くの点で見解が異なった（図表1-2参照）。
　(a)では、二人とも、イデオロギー批判の手法を採用しているが、対象も手法も異なっている。すなわち、当時の通説（宮沢説）が日本国憲法の国民主権原理を「人民主権」（P主権）と理解したことに対してイデオロギー批判を行った

---

36)　時本前掲論文（前注32）62頁参照。時本は、正当性の契機を重視する点で宮沢説の後継者を芦部でなく樋口であると指摘する（同69-70頁）。
37)　杉原前掲『国民主権の研究』、『国民主権と国民代表制』（前注25）、『憲法Ⅰ』有斐閣（1987年）、樋口陽一『近代立憲主義と現代国家』勁草書房（1973年）、『議会制の構造と動態』木鐸社（1973年）など参照。なお、影山説は社会主義国やドイツの主権論を基礎に主権主体把握の重要性を明らかにした。影山日出彌「今日における主権論争と主権論の再構成」法律時報48巻4号（1976年）、杉原前掲『国民主権と国民代表制』71頁以下参照。
38)　高橋和之「イデオロギー批判を超えて」社会科学の方法（1980年）〔『国民内閣制の理念と運用』有斐閣、1994年序章所収〕。

図表1-2　70年代主権論争の主要論点——杉原説と樋口説の異同

	論点	杉原説	樋口説
a	イデオロギー（虚偽表象）批判の対象	通説（宮沢説）の国民主権論（P主権）のイデオロギー性（現実にはN主権であることとの乖離）	直接民主主義のイデオロギー性（その理念と現実の乖離）／（建前＝到達すべき目標と実体＝到達された成果との乖離）
b	主権の実体	国家権力／国家の包括的支配権／統治権	憲法制定権力（永久的に凍結される）
c-1	主権原理の性格	国家権力の帰属を指示する法原理	建前（「権力の正当性の所在」を示すもの）
c-2	主権帰属の意義	権力の実体の帰属（ただし、統治権の所有者には正当性も帰属する）	権力の正当性の帰属→（後に）「権力的契機もある」と説明
d	主権論の有効性	有効（認識論と解釈論を区別し、とくに解釈論にとっての有効性を主張）	主権の観念の使用を避けるべき（実践的要求は、権力に対抗する人権という観念によっておこなうべき）
e-1	主権主体：ナシオン（N）の定義	国籍保持者の総体（全国民）観念的抽象的存在	国民＝nation：抽象的・観念的統一体
e-2	プープル（P）の定義	社会契約参加者の総体（普通選挙権者）／政治に参加しうる年齢に対した者（市民）の総体／一定の時点における市民の総体	国民＝peuple:具体的に把握することのできる個人の集合（70年）[B₂と解される]「杉原説の人民と同じ」→実在する国家構成員の総体＝「国民ぜんぶ」「国民みんな」と説明[Aに近い]
f-1	N主権と代表制	純粋代表制のみならず半代表・半直接制と接合	直接民主主義を原理的に排除（1791年憲法がnation主権を採用）
f-2	P主権と直接制	直接制と接合	直接民主主義と原理的に結びつく（1793年憲法がpeuple主権を採用）
f-3	半代表制の基礎	N主権	国民＝peuple主権（半代表制は事実の世界における建前の定着）
g-1	フランス憲法の主権（認識論）	N主権（P主権に傾斜しているが、P主権・直接制は未実現）	国民＝peuple主権（1793年憲法体制が第三共和制憲法運用過程で定着）
g-2	フランス憲法史・フランス革命の構造論の理解	高橋幸八郎説（「下からの革命」論）批判（1791年憲法を近代市民憲法の典型、1793年憲法を幕間狂言と理解）	高橋幸八郎説支持（1791年憲法は「上からの改革」、1793年憲法は「下からの革命」路線に対応し、後者が定着すると理解）
h	日本国憲法の国民主権（認識論）	N主権（P主権に傾斜した過渡期的性格をもつ）	国民＝peuple主権（ただし、直接民主主義はイデオロギーとして機能）
i	日本国憲法の国民主権の解釈論	人民主権（P主権）（N主権に適合的な規定が混在しているが、実践としての解釈においてはP主権とすべき）	国民＝peuple主権（ただし、解釈実践は人権論で行うべき）

（辻村「国民主権」辻村・長谷部編『憲法理論の再創造』日本評論社2011年112頁をもとに作成）

杉原説と、直接民主主義の理念（現実との乖離）をイデオロギー批判の対象とした樋口説が対立した。

(b)(c)では、主権を国家権力、主権原理を「国家権力の国内における法的帰属を指示する原理」と捉え、国家権力自体の主権主体への帰属（権力的契機）を問題とした杉原説と、主権を憲法制定権力と解し、主権原理を専ら建前の問題（正統性の契機）として捉えた樋口説、(d)では、主権論の解釈論上の有効性を強調した杉原説と、解釈論上の実践的要請には主権の観念をさけて人権論で応えるべきとした樋口説が対立した。

さらに(e)の主権主体について、杉原説が国民（ナシオン）を「観念的・抽象的な国籍保持者の総体」、人民（プープル）を「社会契約参加者の総体」と捉えたのに対して、樋口説は、nation は抽象的・観念的統一体、peuple を「具体的に把握することのできる個人の集合」[39]と捉えていた。

後者は1970年の公法学会では、自己の peuple 概念について「杉原報告にいう人民主権と同じもの」[40]であると発言しており、杉原氏も自説と同様であると解して議論を続けた[41]（多くの評者も同様に解して「有権者主体説」に分類していた）。しかしその後、80年代後半になってから、樋口説の方で、peuple とは「実在する国家構成員の総体」＝「国民ぜんぶ」であることを明確にし[42]、後に芦部説でも樋口説が「実質的には『全国民主体説』である」ことを指摘するにいたった[43]。樋口説の nation と peuple の区別のメルクマールが抽象と具体、非実在と実在という点にとどまって杉原説が問題とした意思決定能力について触れてないため両者の定義にはズレがあり、これが制度論上の差異にもつながった。

すなわち(f)につき、半代表制を建前の定着という次元で理解してその基礎に「peuple 主権」を認めた樋口説に対して、杉原説では半代表制を未だＰ主権に

---

39) 樋口前掲『議会制の構造と動態』37頁。
40) 日本公法学会編『公法研究』33号（1971年）59頁。
41) 杉原「国民主権と憲法制定権力1」法律時報57巻6号（1985年）77頁〔同『憲法と国家論』（前注32）132頁以下所収〕。
42) 樋口「魔力からの解放と解放のための魔力」法律時報59巻5号113頁、法学教室80号12頁の座談会での発言（いずれも1987年）参照。杉原『憲法Ⅰ』（前注37）189頁で即座に批判された。芦部説の理解は18頁以下、樋口説からの後の反論は、樋口『憲法Ⅰ』青林書院（1998年）81頁以下参照。
43) 芦部前掲『憲法学Ⅰ』（前注31）237-241頁では、本文で樋口説を有権者主体説に分類したうえで、240-241頁の注8のなかでこのように指摘した。

転換しないN主権の段階と捉えた。このように樋口説の「peuple主権」は主権主体論・制度論等の点でも杉原説の「人民主権」（P主権）とは異なるもので、杉原説の定義によればむしろN主権に近いものと解される。とすれば、(g)両説の制度論（認識論）上の相違（例えば、フランス第四・第五共和制憲法を半直接制＝peuple主権として捉える樋口説と、これをN主権として捉える杉原説）は、表面的な対立に比して内実は一致することになる。[44]

また、(h)(i)の日本国憲法の国民主権原理の理解についても、杉原説では認識論はN主権、解釈論は「人民主権」（P主権）のように分離して捉えるのに対して、樋口説では、（自説の「peuple主権」の建前が定着しているとして）認識論・解釈論ともに「peuple主権」と解することになる。ここでも樋口説の「peuple主権」が、実は杉原説でいうN主権に近いものであったとすれば、両説の違いは用法の相違に起因するもので、日本国憲法の認識においても実質的な差はないことがわかる。ただ、解釈論上は、樋口説が主権論の有効性に疑問を呈し、いわゆる正統性の契機のみで捉えたことに大きな差異があったが、この点も、後に樋口説が「今日では……権力的契機を含むことなしには、統治の正統的根拠を提供することができなくなっている」[45]と述べて「大きな修正」と評された。[46]実際、樋口説は、主権主体の面でも、主権帰属の面でも、変化したことが認められる。

主権の帰属について、権力の実体の帰属と解するX型と、権力の正当性・権威の帰属と解するY型を区別し、さらに「国民」についてA型（全国民主体説）とB型（有権者主体説B_1型、あるいは政治的意思決定能力者主体説B_2型）という分類とを組みあわせると、日本国憲法の国民主権の理解について、AX型・AY型・BX型・BY型の四つの類型が成立する〔図表1-3参照〕。これらのうち、従来の通説的見解がおもにAY型②（権力の正当性が全国民に帰属すると解する立場）であったのに対して、B_2X型③からその批判が展開されてきたのであり、これらはそれぞれフランスのN主権・P主権に対応する。

---

44) 辻村『フランス革命の憲法原理』日本評論社（1989年）176頁注3、228頁注2などで早くからこれらの点を指摘していた。
45) 樋口前掲（前注42）『憲法Ⅰ』79頁。
46) 渡辺康行「国民主権論の栄枯」高橋和之・大石眞編『憲法の争点（第三版）』有斐閣（1999年）12頁参照。

図表1-3　四つの類型（「国民」と主権帰属の関係）

主権の主体＼主権の帰属	全国民（A型）国籍保持者の総体	有権者（B_1）人民（B_2）（政治的意思決定能力を有する市民の全体）・市民（B_3）
権力（実体）の帰属（X型）	AX型　①	B_1X型　有権者主体説 B_2X型　人民（プープル）主権説　③ B_3X型　市民主権説
正当性（建前）の帰属（Y型）	AY型　② 国民（ナシオン）主権説	BY型　④

（辻村「主権論・代表制論」法学教室356号、特集つまずきのもと「憲法」2010年6月号　8-9頁）

　これによれば杉原説は B_2X 型である。樋口説は、1970年代には、Yが強調されたにもかかわらず③または④（杉原のPと同じ）と自ら主張し、杉原説に依ってもそのように解されていたが、80年代には、②（国民みんな）であることがわかり、また90年代には、Xが強調されて③と見えつつ①が主張されたことになる。

　論理的には、①④は成立しにくいため理解が困難であったが、実際には、樋口説は次に見る芦部説と同様、X・Yの並立説であるため、主体はAまたはBの両者であり得る。したがって、本人にとっては論理自体には「修正」はなく、強調点の違いにすぎないという理解になる。権力的契機も含ませる説明は、樋口説の「大きな修正」にほかならないが、自身からは選択の問題と主張された[47]。私見では、Yの正統性から、Xの権力への修正だけでなく、主体について、AからBへの修正も伴うはずであるにもかかわらず、樋口説は、1970年代に BY 型④、80年代に AY 型②を主張し、90年代に BX 型③になったようにもみえる。この点については以下のように指摘できよう。

　（i）　杉原・樋口説の差異の背景には、同じフランス憲法学を基礎にしながら

---

47)　樋口説は、70年代主権論争当時は BY 型として理解されたため論理的に不合理であるとして批判された（同様に AX 型も論理的には成りたたない）が、後に明示された見解では AY 型であったことになる。樋口前掲『憲法Ⅰ』（前注42）79頁、同『憲法（第3版）』創文社（2007年）114-115頁参照。

も、杉原説がもっぱらカレ・ドゥ・マルベールの理論に依拠して自説を構築したのに対して、樋口説がビュルドーなどの見解を前提にしたことが影響していた（樋口の主体では、実在する国民という理解であり、意思決定能力の点を問題にしなかったことが決定的な要因といえる）。

(ⅱ) ただし、樋口説は、初期の研究以来「peuple 主権」が原理的に直接民主主義と結合することを強調し、フランス1793年の peuple 主権原理（建前）が第三共和制以降定着すると解してきたため、上記のような peuple の理解と直接民主主義との整合性について難点が残った。すなわち、当初から直接民主主義と peuple 主権が原理的に接合すると解していた樋口説にとって、もし主権主体の peuple を「実在する国家構成員の総体」＝「国民ぜんぶ」として「全国民」のように解する場合には（政治的意思決定能力をもたない幼児等をも含める点で代表制と結合せざるをえないため）、直接民主主義と原理的に結合することはできず当初の構造論と矛盾することにならざるをえないからである。実際、樋口説が「peuple 主権」の憲法であると認定した1793年憲法は男子普通選挙制のもとで主権者（peuple）を（21歳以上の）市民の総体と定義しており、意思決定能力を前提とした具体的で実在する市民の総体であって「国民ぜんぶ」ではなかった。

(3) 論争の課題

解釈論の帰結としての「人民主権」（P主権）論を強力に主張することによって戦後憲法政治の民主化を志向した杉原説の意図は、主権論自体の解釈論的意義について懐疑的な樋口説を論争相手にしたことで、その成果を半減させることになったようにも思われる。また、両説の「大きな相違」に対する疑問を顕わにした芦部信喜説（次項にみるいわゆる「折衷説」）が通説となることで、70年代主権論争自体の意義もまた、ある意味では「消去」されてしまったといっても過言ではない。仮に、樋口説以外の学説（ドイツ流の全国民主体説の論者など）と杉原説との間で制度論上の解釈論争が真摯になされたならば、より建設的な

---

48) 樋口前掲『近代立憲主義と現代国家』289頁、同『議会制の構造と動態』（いずれも前注37）36頁以下参照。
49) 詳細は、前掲拙著『フランス革命の憲法原理』（前注44）225頁以下参照。
50) 巻美矢紀論文はこれを「物語」の先駆的試みと指摘している。（法律時報80巻6号）50頁参照。

議会制民主主義論が構築しえたであろうことが惜しまれる[52]。

3 芦部「折衷説」通説化の問題点

(1) 芦部説の通説化

　1980年代以降、憲法学界では、杉原説のようなポジティヴな主権論と小嶋説のようなネガティヴな主権論の対抗の中で、芦部説の「折衷説」が通説的地位を占めた[53]。芦部説では「主権の保持者が『全国民』であるかぎりにおいて、主権は権力の正当性の究極の根拠を示す原理であるが、同時にその原理には、国民自身──実際には『有権者の総体』──が主権の最終的な行使者（具体的には憲法改正の決定権者）だという権力的契機が不可分の形で結合している[54]」と説明された。さらに芦部説は権力的契機と正当性の契機の「融合」を説いたが、本来は、両者を「混同しないことが必要[55]」であり、峻別を重視して憲法の構成原理上の国民主権を解明することがポイントである。

(2) 折衷説の課題

　①芦部説では、有権者が主体として登場する場面が憲法改正に限定して説明されており、本質的には正当性の契機を重視した学説であって、主権主体につ

---

51) この見方については、論争の過小評価であるとの批判がある（愛敬前掲『立憲主義の復権と憲法理論』164頁、前注14）。論争当時のインパクトの強さや憲法学界に与えた影響からすれば、もちろんこの論争の意義を過小評価することはできないし、これらの議論に基づいて研究を進めてきた本書著者の立場からすれば、樋口説を過小評価することが本意ではないことはいうまでもない。ここでの趣旨は、当時の論争をより発展させるためには、尾高説の流れをくむ小嶋・菅野説や、アメリカ的な民主主義論の導入を図る松井説などと杉原説との直接対話があれば、主権論争はより深化したのではないか、という点にある。憲法訴訟論の隆盛や芦部説による主権論争への懐疑の表明や折衷説の通説化によって、主権論が停滞してしまった点も否定できないように見えるからである。本書46-47頁参照。
52) 杉原説は、憲法理論（解釈のための基準）の正統化根拠を憲法適合性に求めたため、循環論法に陥ることが危惧された。他方で、杉原説は「歴史の発展法則」に根拠を求めたため、一定の支持をえた反面、歴史法則や階級的利害決定論、マルクス主義的社会科学論は、強い批判にさらされることになった。長谷部恭男『権力への懐疑』93頁以下、渡辺康行前掲「国民主権論の栄枯」（前注46）参照。
53) 学説の展開は、辻村前掲論文（前注1）、辻村前掲『市民主権の可能性』（前注33）37頁以下参照。
54) 芦部前掲『憲法学Ⅰ』（前注31）243頁。
55) 野中他『憲法Ⅰ（第4版）』有斐閣（2006年）90頁〔高橋和之執筆〕。

いても全国民主体説に属するものといえる。さらに選挙権行使など日常的な主権行使に有権者が参加している事実からすれば、権力的契機を憲法改正権中心に捉える見解には疑問がある。

②また（上記と別の著作では）国民主権には二つの側面が「併存している」と説明される。これらはフランスのナシオン主権とプープル主権に対応するが、プープルについて「今日では性別・年齢別の差なく文字どおりの『みんな』だとする説が有力である」と付言された。ここでは前記樋口説の（80年代後半以降に明示された）peuple 観念を念頭において、杉原・樋口両説の「見解に大きな相違がみられる」ことが批判的に指摘され、70年代主権論争の意義を減殺する効果がもたらされた。

他方、佐藤（幸治）説も、国民主権を「憲法を定立し統治の正当性を根拠づける」原理としての側面と「実定憲法上の構成原理」としての側面とに分けて、前者の国民主権の主体をA（全国民）、後者の国民主権の主体をB（有権者団）として捉えた。

③これらの芦部説・佐藤説のような見解は、（権力的契機と正当性の契機の）「並存」あるいは（国民主権の）二側面として捉えるならば妥当な説明の仕方といえる（事実、杉原説も、自説がもっぱら権力的契機のみを強調する見解ではないことを明示し、統治権の所有者には正当性もあることを認めていた）。しかし上記の二つの契機を一つに「融合」ないし「折衷」させることは論理的には無理があり、このような「融合説」「折衷説」という呼称自体が混乱を招いたと解することができる。

以上のように、いわゆる「折衷説」の通説化によって主権論の深化が中断さ

---

56) 前掲の図表1-3に依れば、芦部説はAY型とB_1X型の並存（佐藤説は解釈論上B_1X型）として理解できる（後注58参照）。

57) 芦部〔高橋補訂〕『憲法（第5版）』岩波書店（2011年）43頁参照。なお、この注記は1993年の初版にはなく、1997年の新版から追記された。それに先立って、70年代主権論争に対する批判論が法学教室1984年4・5月号掲載論文で明らかにされていた。

58) 佐藤幸治『憲法』青林書院（1995年）99頁。佐藤説は、解釈論上は実定法上の構成原理としての国民主権は（芦部説の分類にしたがえば）権力的契機＝有権者主体説で理解することになり、厳密には「折衷説」ではない（杉原説に近い）。また、芦部説においても、自由委任か命令委任か、など具体的な憲法解釈に関わる制度論的論点ではいずれかに重点をおいて解釈せざるをえないため、制度論上の解釈課題が残った。

59) 杉原前掲「国民主権と憲法制定権力3」法律時報57巻8号（1985年）68頁参照。

れた面があったが、逆にいえば、当時の理論的課題は、今日でもそのまま存続しているということができる。日本国憲法の解釈論（佐藤説にいう「実定憲法上の構成原理」）としての国民主権原理の内容（主権主体と制度論との関係）等をめぐる論点には重要な課題が包含されていることを忘れてはならない。

(3) 自由委任論の陥穽？

　芦部説の通説化については、通説は（論争にかかわらず）違う所で形成されたという指摘もあるが[60]、芦部説の場合には、代表制論と併せて検討することでその見解の本質を知ることができよう。

　すなわち、70年代主権論争以後は、旧来の「国民（ナシオン）主権」＝純粋代表制論を前提とした解釈（および国家法人説に依拠しつつこれと同様の帰結をもたらしていた解釈）〔A説〕は後退し、今日では、43条1項の規定には、命令的委任の禁止のような禁止的規範意味とともに、「代表者と被代表者の意思の一致」を要請する積極的規範意味があると解されている。さらに、「全国民の代表」は主権者としての「人民」の意思を確認・表明する手段であると解して、「人民主権」と「人民代表」のように解釈する見解〔B説〕（杉原説）が出現した[61][62]。この立場では、43条に関して命令的委任の禁止よりも全国民の意思の正確な反映を重視し、51条についても政治責任が免責されないことを強調することによって、議員を主権者のコントロールに服させる解釈論を展開するため、国会議員の罷免の法定も認められることになる。

　これに対してA説とB説の中間に位置する芦部説〔C説〕では、国民主権について全国民主体説によって（国民〔ナシオン〕主権的に）説明しつつ、有権者の主権行使に基づく主権の権力的契機をも認め、さらに43条を「国民意思を国会が事実上忠実に反映するという『社会学的代表』」として理解し、社会学的代表制論によって旧来の古典的代表制論を修正する立場が表明されている[63]。芦部説の場合には、社会学的代表と解することからどのような解釈論的帰結が導

---

60) 渡辺康行前掲「国民主権論の栄枯」（前注46）参照。
61) 樋口前掲『憲法Ⅰ』（前注42）154頁以下参照。
62) 杉原前掲『憲法Ⅰ』（前注37）164頁以下参照。
63) 有倉遼吉＝小林孝輔編『基本法コンメンタール・憲法（第3版）』「43条」183頁〔芦部信喜執筆〕（芦部『憲法叢書2』信山社、1995年、241頁以下所収）、芦部前掲『憲法学Ⅰ』（前注31）243頁。

かれるか必ずしも明らかではないが、憲法の直接民主制的な規定をも重視することになると思われる。反面、議員に対する自由委任（命令的委任の禁止）や免責特権について旧来の代表制論を維持しており、国会議員の地位についてはA説と同様の帰結を導いている。ここに「国民（ナシオン）主権」論＝純粋代表制論に通じるその本質が示されているといえよう[64]（図表1-4参照）。

---

64) 2014年5月11日憲法理論研究会報告資料4、図表1-4参照。

図表1-4 主権原理と選挙権論・代表制論の関係

主権論（主権の帰属・主体）	選挙権論（選挙権の本質）	（適合的な選挙制度）	代表制論（適合的な代表制）	（移籍による議席喪失）	直接制の採用
A説（全国民主体説体説）ナシオン主権（正当性の帰属）	選挙権公務説（全国民のためにする公務）	制限選挙（正当化可）（理論的には普通選挙も可）	純粋代表制＝命令的委任の禁止＝自由委任論［定義により半代表制可］	議席非喪失	理論上採用可（実際上は困難）
C説（芦部説）（融合・結合・併存）	二元説（選挙という公務に参加する権利）	普通選挙	社会学的代表（民意の事実上の反映）（自由委任論）	議席非喪失（自発的移籍時は喪失可）	憲法改正時に採用可
中間形態（併存）	二元説（権利・公務）	普通選挙（制限選挙も可）	半代表制？（命令的委任禁止の緩和、民意の反映）		
B説（人民〈プープル〉主権説）（権力の帰属）（人民または市民主体説）	選挙権権利説（主権者としての権利）	普通選挙（制限選挙や強制選挙は不可）	［定義により半代表制も可＝民意の反映は規範的要請］半直接制（人民投票／人民発案／人民拒否等）、命令的委任・直接制	議席喪失可リコール	理論上・実際上、採用

（辻村「主権論・代表制論」法学教室356号、特集つまずきのもと「憲法」2010年6月号 8-9頁をもとに作成）

第3節　選挙権論・議会制民主主義論の展開と功罪

1　選挙と代表民主制

(1)　憲法理論における議会制民主主義論——間接民主政から半代表制論へ

　すでにみたように、日本の戦後民主主義論は、戦後改革のいわばスローガンの位置を占めたもので、政治理論ないし憲法の統治原理との関係で明確に理論化されたものではない。憲法学では、日本国憲法が国会を国権の最高機関としつつ議会優位の議院内閣制を構築し、主権者国民との関係では選挙を媒介とした代表民主政（間接民主政）の構造を確立したことで、当初の啓発型憲法学においても、「議会制民主主義」の確立が課題とされた。

　日本国憲法では、民主主義の語は用いられていないが、憲法前文第1段では、「国政は、国民の厳粛な信託によるものであつて、その権威は国民に由来し、その権力は国民の代表者がこれを行使し、その福利は国民がこれを享受する。これは人類普遍の原理であり、この憲法は、かかる原理に基くものである。」と定めた。そこで、清宮四郎は、「民主制は、日本国憲法のもっとも重要な基本原理」と解した。

　さらに代表制との関係では、43条の「国民代表制」を命令的委任の禁止や自由委任の原則を基調としたフランスの純粋代表制のように理解することが一般的であった。43条の解釈において、芦部説によって社会学的代表制が論じられ、樋口説によって命令的委任禁止の緩和と半代表制、杉原説によって人民代表制が論じられるのは、1970年代以降のことである。

　他方、国会と内閣との関係では、「国民を代表する国会が国政の基本方針を決定し、行政権がそれを執行する」という構造がその「正しいあり方」であるとされた。この理解を前提として、宮沢は、議会の運営や選挙による民意反映

---

65)　清宮四郎『憲法Ⅰ（第3版）』有斐閣（1979年）57頁。
66)　清宮前掲書69頁。

機能に注目し、とくに1960年の日米安保改定時に見られた「乱闘国会」や「強行採決」の常態を批判して「議会制の生理と病理」を発表した。これ以後、議会制民主主義の危機という言葉が長期間定着することになった。

　実際、日本社会党結成と自由民主党の発足後の1955年以降の「五五年体制」下では、二大政党制によるイギリス型議院内閣制ではなく、自民党の一党独裁による長期単独政権が続き、1993年までの38年間一度も政権交代を経験しなかった。この間に派閥抗争や国対政治、官僚政治、利益誘導型の金権政治・金権選挙が常態化した。とくに利益誘導型の「金権選挙」は、派閥と後援会組織を基盤にした「三バン選挙」（地盤、看板、カバン＝財力を要素とする選挙）、地方の中央権力への従属構造を利用した集票系列、政界・財界癒着を背景にした企業系列利用（官庁・企業ぐるみ選挙）を特徴とする与党の集票構造に支えられていた。

　これに対して中曽根康弘議員（後の首相）によって1960年代に首相公選制が提唱され、また憲法学界では1990年代に高橋和之による国民内閣制論が出現することになった（後述）。

(2) 選挙権・選挙制度との関係

　上記のような議会制民主主義のもとでは、選挙によって多様な民意を可能な限り忠実に国会に反映させるために、選挙制度が重要な意義をもった。しかし、1960年代から議員定数不均衡訴訟が提起され、1976〈昭和51〉年4月14日の判決（民集30巻3号223頁）で最高裁からようやく違憲判断がだされた経過にも示されるように、選挙権の実現状態や選挙制度の改革、さらには選挙を通じた民主主義の実現は困難を極めた。

　その背景には、日本では、普通選挙の歴史が浅く、男子普通選挙制が1925年から、男女の普通選挙制が1946年から開始されたという事情がある。選挙民の意識からしても、また、代表に対する選挙民のコントロール機能・制度の欠如からしても、日本国憲法で確立された議会制が、「純粋代表制」の段階にとど

---

67) 高橋和之『現代立憲主義の制度構想』有斐閣（2006年）1頁。
68) 宮沢俊義「議会制の生理と病理」日本公法学会編『公法研究』23号（1961年）〔宮沢『憲法と政治制度』岩波書店（1968年）33頁以下所収〕。

まっていた（主権者は、選挙のときだけ主権者であり、その他の時期は奴隷になっているというルソーの批判どおりの状態）にあったといえる。さらに、選挙民の意識の向上を妨げる要因として、選挙違反（とくに買収）を前提に考案された選挙規制（戸別訪問の禁止等）など選挙法のパターナリズムも存在した。また、金権選挙、「三バン選挙」の実態、選挙権の権利性の弱さなどは、普通選挙制度の確立を前提とした「半代表制」（命令的委任禁止の緩和、比例代表制等）の未成熟を示すものでもあった。これらの責任が憲法学にもあるという認識にたって1980年代から展開されたのが、1970年代主権論争を下敷きにした、選挙権論争であった。

2　80年代選挙権論争の功罪

(1) 意義

1980年代以降、代表制や議会制度上の具体的問題に即して国民主権の意義を論じる傾向が強まったことは大きな意味をもった。とくに80年代初頭からの選挙権論争では、「選挙権の本質」が公務か（選挙権公務説）、権利か（権利一元説）、あるいは公務的性格と権利的性格を併せ持ったもの（二元説）か、という選挙権の法的性格をめぐる議論が進展した。

これは、フランス革命期以来、「人民（プープル）主権論―選挙権権利説―普通選挙制」の体系と、「国民（ナシオン）主権論―選挙権公務説―制限選挙制」の体系という二つの理論体系が成立し、大革命期には選挙権の性格が権利ではなく公務であると解し、主権者国民を能動市民と受動市民に区分することによって、後者を実際上主権者から排除する理論構成が採用された事実がある。こうしてナシオン主権＝公務説を根拠に制限選挙制が正当化され、プープル主権＝権利説を根拠に普通選挙制が要請されたことをふまえて、第三共和制期以降、カレ・ド・マルベールやデュヴェルジェらによって、主権論と選挙権論の理論的接合がはかられた[69]。

日本では、大日本帝国憲法の天皇主権のもとで、選挙権は立法権の主体である天皇に協賛するための公務に他ならないという考え方から、制限選挙制が正

69）　詳細は辻村『「権利」としての選挙権』勁草書房（1989年）第二章、本書第4章233頁以下参照。

当化された。憲法学説の展開については、第2章第1節に譲るが、天皇主権に立脚する穂積八束説が公務説、森口繁治説がラーバントらの権限説、美濃部達吉説が国家法人説の立場から二元説を採用していた。日本国憲法下でも、「参政の権利と選挙という公務に参加する義務」との二元説が長く通説の地位を占めた。[70] このほか、個人の権利と同時に社会的職務と解する二元説（同じ投票行為に「権利と義務の性格を同時に認める」二元説）も存在し[71]、しだいに権利的性格を重視する傾向が強まったことから「論争に実益がない」と考えられる傾向が生じた。[72]

(2) 選挙権権利説の問題提起

これに対して、1970年代後半から「人民（プープル）主権」ないし「市民主権」論[73]の解釈を基礎として選挙権権利説が提示された。ここでは選挙は主権行使の一形態（主権者の権利行使の集積）として捉えられ、選挙において主権者（人民を構成する市民）は、主権者たる地位によって主権行使に参加し、自己の意思と利益に基づいて選挙（投票）を行うと考えられた。投票行為は主権者個人の権利行使の場となり、選挙権の権利の内容は、資格請求権、投票権、信任権などを含む公務員選定権（選任権）であると解された。[74] 選挙権権利説のもとでは、主権者の権利としての選挙権の行使は可能な限り自由・平等でなければならず、選挙権公務説や二元説の中で広範に認められてきた不合理な立法裁量

---

70) 辻村前掲『「権利」としての選挙権』170-173頁、清宮四郎『憲法要論（全訂版）』法文社（1961年）152頁、同『憲法Ⅰ（第3版）』有斐閣（1979年）137頁、宮沢俊義『憲法』有斐閣（1950年）152頁、芦部信喜『憲法と議会政』東京大学出版会（1975年）282頁、本書第2章68頁参照。
71) 二元説の展開については、辻村前掲書（前注69）174-177頁、加藤一彦「選挙論における『二元説』の意義」東京経済大学『現代法学』8号（2005年）115頁以下参照。
72) 野中俊彦「選挙権の法的性格」清宮・佐藤・阿部・杉原編『新版・憲法演習3』有斐閣（1980年）5頁。「両説の対立点が意外と小さい」という指摘は、野中・中村・高橋・高見『憲法Ⅰ（第5版）』有斐閣（2012年）537頁以下〔高見執筆〕でも行われている。最近の若手研究者による検討として、大岩慎太郎「選挙権解釈再考の可能性——日本における選挙権解釈論の展開」青森法政論叢14号（2013年）等がある。今日でも関心を引くテーマである限り、今後も一層の論究が必要であろう。
73) 人民を集合的に捉える「人民（プープル）主権」論とは異なり、人民を構成する個々の市民に注目したものが「市民主権」論である。詳しくは、辻村前掲『市民主権の可能性』（前注33）165頁以下参照。
74) 辻村前掲『「権利」としての選挙権』（前注69）182-194頁参照。

が制約されなければならないことが帰結される。しかし日本の選挙権論争では、上記のような理解についての誤解や無理解からくる混乱が生じ、基本的権利と基本的人権（ないし自然権）の用法との区別も十分になされてこなかった。選挙権権利説の立場では、1789年フランス人権宣言において「人の権利」と区別された「市民の権利」として理解される。

　選挙権論の射程ないし制度論との関連についても、フランス憲法学では選挙権の権利性から普通・平等選挙や任意投票制（棄権の自由）等が要請されることが明らかにされている。日本の最高裁では、1976〈昭和51〉年違憲判決によって、選挙権が基本的権利であることを理由に、選挙権の平等もまた憲法上の要請であると明言した。しかし、選挙権権利説では投票価値の平等について1対1を原則として要請するのに対して、選挙権の公務性を承認する公務説や二元説では、選挙制度に関する立法裁量を根拠に1対1からの乖離を容認し得るなどの議論は尽くされることはなかった。二元説でも1対1を理想とするため権利説との間に違いはないという指摘も生じたが、疑問であろう。

　司法過程でも、最高裁が上記1976〈昭和51〉年違憲判決以来、投票権の本質を権利として捉えてきたことが示唆される。しかし実際には、いわゆる非人口的要素の容認や合理的期間論の活用によって広い立法裁量を認め、緩やかな違

---

75) 論争時の誤解を招いた論点については、本書第2章77頁以下参照。とくに権利の性格につき、赤坂幸一「人口比例と有権者数比例の間」ジュリスト増刊「論究ジュリスト5号」（2013年春号）45頁注22では、藤田宙靖『最高裁回想録』有斐閣（2012年）107頁が選挙権を「基本的人権の一つであること自体は疑いがない」とした点について疑問の余地があるとし、人権と基本権との混同を指摘した。ただ、ここでいう「基本権」とはドイツ憲法学上、自然権に対して実定法上の権利を意味する観念であると考えられるが、フランス憲法学上では、1789年宣言（人および市民の権利宣言）以来、選挙権を人権と区別された「市民の権利」として理解してきた。
　日本の最高裁の1976〈昭和51〉年判決以来の「選挙権は……基本的権利」という用法における権利の本質が必ずしも明らかではない点も本書第2章78-79頁参照。

76) 本書73頁、辻村前掲『「権利」としての選挙権』（前注69）187頁参照。

77) 選挙権権利説への批判論の中に「選挙権の法的性格論は、結局は、選挙権の定義あるいはそれに盛り込む内容の違いに帰着する」という見解があり（野中俊彦「選挙権論・再考」同『選挙権の研究』信山社、2001年、30頁以下、49頁）、これを支持するものもある（浅野博宣「投票価値の平等について」安西文雄ほか『憲法学の現代的論点（第2版）』有斐閣、2009年、465頁）。野中説の批判にはすでに辻村「選挙権論の『原点』と『争点』・再論──野中教授の批判に応えて」杉原・樋口編『論争憲法学』日本評論社（1994年）239頁以下（初出・法律時報1990年10月号）で応答したが、権利としての本質から、1人1票原則を超えて主権者の投票価値の平等も要請されると考えている。この点は、「選挙権は、概念上当然に、相互に平等な内容を有するという意味を内包している」と解する高橋説（高橋和之『立憲主義と日本国憲法（第2版）』有斐閣、2010年、273頁）と同旨である。

憲審査基準論を採用してきた。また、2000年以降の在外国民選挙権最高裁違憲判決（2005〈平成17〉年9月14日）[79]や投票価値平等訴訟最高裁判決（2011〈平成23〉年3月23日）[80]では、判例の違憲審査基準もしだいに厳しくなったようにみえる。見方によっては人民（プープル）主権＝選挙権権利説への展開を展望しているようにもとれるが、反面、定住外国人地方参政権訴訟判決[81]では国籍保持者の総体を主権主体と解する全国民主体説＝国民（ナシオン）主権論（「正当性の契機」論）を前提としており、その後も従来の通説・判例を超える分析がなされているとはいえない。

　また、学説上も権利説と二元説の具体的対立点が不明確になり、論争の具体的効果や実益を疑問視する見解が強まった[82]。反面、権利内容の理解や基礎理論が異なることは無視しえない。例えば、棄権の自由について、選挙権の本質を権利と考えた場合には、自由行使が前提となり、強制投票禁止は権利性からの論理的帰結となる。選挙活動の自由についても、従来の憲法学説が戸別訪問禁止違憲論の根拠としてきた憲法21条論とは別に、主権者の選挙権や被選挙権（立候補権）の内容として捉えることが可能であると考えられる。このように、権利説の法的性格や権利の内容についての理解は、選挙原則にも論理的に結びついているため併せて検討する必要がある。さらに日本だけでなく、フランス

78）　野中・中村・髙橋・高見前掲『憲法Ⅰ（第5版）』538-539頁〔高見執筆〕参照。このほか、選挙権の公務性（「公務としての特殊な性格」）を根拠に、受刑者・成年被後見人等の権利制約を正当化する芦部説についても、二元説からくる制約を認める点で、権利説とは異なるものといえる。芦部〔高橋補訂〕『憲法（第3版）』（2002年）239頁、同『憲法（第5版）』（2011年）253頁。ここでは「受刑者には選挙権を認めるべきだという説もある」というカッコ書きが付されている。なお、2000年の法改正によって旧来の禁治産者にかわる成年被後見人制度が導入された後、その選挙権をはく奪する公職選挙法11条1項を違憲無効とした2013〈平成25〉年3月14日東京地裁判決をうけて同年5月31日に公選法が改正され、同年7月の参議院選挙以降成年被後見人にも選挙権が認められた。これは、成年後見人制度が（政治的意思決定能力の問題ではなく）財産管理能力を基準に設定された制度であったことが主たる理由であった。ほかにも、2013〈平成25〉年9月27日の大阪高裁判決は、「受刑者の選挙権を一律に制限するやむを得ない理由があるとは言えない」として受刑者の選挙権をはく奪する公選法の規定が、選挙権を保障した憲法15条1項や44条などに違反するとの初判断を示した。これらの動向は、選挙権の権利性を重視する傾向の現れであるといえるが、理論的には課題も多い。詳細は本書の第3章172頁以下で検討する。
79）　在外国民選挙権訴訟判決（2005年9月14日）民集59巻7号2087頁参照。同判決につき、辻村『憲法（第4版）』日本評論社（2012年）333頁以下、本書第3章191頁以下参照。
80）　「1人別枠訴訟」最高裁判決（民集65巻2号755頁）。本書第2章95頁以下参照。
81）　1995〈平成7〉年2月28日判決（民集49巻2号639頁）参照。
82）　野中ほか前掲『憲法Ⅰ（第5版）』（前注78）535頁以下〔高見執筆〕参照。

でも主権論・代表選論をふまえた選挙権本質論が一層重要な意義を持ち始めており、1999年の憲法改正以降、公職・選挙職における男女平等を促進するためのパリテの法理も展開を見せている[83]（このため本書では、投票価値平等の問題を第2章で扱うほか、選挙人資格や権利行使の問題を第3章、フランスのパリテの問題を第4章第3節で検討する）。

3　90年代議会制民主主義論争と国民内閣制論

(1)　高橋・高見論争

　1990年代以降の特徴として、芦部信喜・杉原泰雄・樋口陽一・佐藤幸治らの次の世代によって統治構造や民主主義との関係を念頭においた議論が展開されたことがある。仮に「国民主権論」が停滞しているとしても、実質的問題は解釈論や制度設計論として試みられ続けている。また、一部の例外を除き、概ねフランスにおけるナシオン主権とプープル主権の対比の意義が理解され、解釈論としてプープル主権的な理解が定着しつつあるようにみえる。「〔ナシオン主権とプープル主権の〕対比を使って日本国憲法の国民主権の位置を説明すれば、基本的にはそれは peuple 主権として理解できるであろう」[85]とする高橋（和之）説や人民主権論を現代的な市民主権論に展開する辻村説[86]のほか、大石（眞）説も「『国民』主権は……（ナシオン主権とプープル主権のうち）後者すなわち『人民』主権の考え方を採用していることは明らかであろう」[87]と指摘する。ここでは（仮に基礎理論に違いがあるとしても）いずれも憲法15条や96条など半直接制的な規定から憲法解釈論上の帰結が導かれ、組織原理の局面（権力的契機）を重

---

83)　糠塚康江『パリテの論理――男女共同参画の技法』信山社（2005年）、三浦まり・衛藤幹子編著『ジェンダー・クオータ』明石書房（2014年）93頁以下（石田久仁子執筆）参照。
84)　例えばアメリカ憲法学を基礎にプロセス憲法学を説く松井説では、フランスの議論を離れて民主主義の問題として捉えることを提唱した（松井茂記『憲法（第三版）』有斐閣、2007年137頁）。また阪本説はフランス流のルソー理論やプープル主権論に敵対的立場をとった（阪本昌成『憲法理論（補訂第3版）』成文堂、2000年104頁）が、これらの論者固有の理論的基礎を踏まえてない一般読者には混乱を生じさせるおそれがあった。
85)　野中ほか前掲書（前注78）93頁〔高橋執筆〕参照。
86)　辻村前掲『憲法（第4版）』（前注79）361頁以下、同前掲『市民主権の可能性』（前注33）第3章参照。
87)　大石眞『憲法講義Ⅰ』有斐閣（2004年）65頁。

視する視点から統治制度論と結合されている。

　とくに、高見（勝利）説と高橋説との間で、議会制民主主義や議院内閣制のあり方をめぐる論争が展開されたことが重要である。高橋説は、デュヴェルジェの民主制論等に依拠して行政国家現象を所与のものとする立場から、国民内閣制という形で多数派形成を促進する「多数派支配型デモクラシー」と均衡型議院内閣制を支持した。この見解は、内閣の民主的正統性を強めるための諸制度の改革（多数政党の総裁を自動的に内閣総理大臣に選出することを可能とする二大政党制とそのための小選挙区制などの採用）を通じて、議院内閣制をいわば「国民内閣制」のように機能させようとする構想である。高橋説では、国会と内閣の関係について、従来の「法定―執行」の図式にかえて、「統治―コントロール」図式で理解すべきことを説き、議院内閣制の理解について従来の議会優位型の責任本質説にかえて均衡本質説をとる。基本的に行政権優位の構想のもとに、多数派を獲得した政党の党首が内閣を組織して官僚を統制・指導するという制度である。

　これに対して、高見説は、「穏健な」多党制による「コンセンサス型デモクラシー」と議会中心型の議院内閣制を志向した。この見解は、芦部説を中心とする従来の通説であり、高橋説の「国民内閣制」でなく「穏健な」多党制のもとでも、国民に対して責任を負いうる公正な政治を実現できると考える立場である。その根底には、二大政党制を目指した小選挙区制や並立制に対する懐疑、官僚統制の効果に対する疑問があり、日本の政治文化の観点からも、対決型よりは協調型のほうが望ましいと解するものである。

　以上のような議論のあと、日本の議院内閣制は、実際に1999年以降の行政改革によって行政権優位の形で進展した。1993年、2009年には政権交代によって自民党・民主党の二大政党制の傾向もあらわれたことから、日本の憲政史にこのような見解が影響を与えたことも伺える。しかし、実際に主権者の選挙によ

88）　髙橋和之「現代デモクラシーの課題」『現代立憲主義の制度構想』有斐閣（2006年）第１部参照。
89）　髙橋『国民内閣制の理念と現実』有斐閣（1994年）17頁以下。
90）　髙見勝利「デモクラシーの諸形態」岩波講座『現代の法３　政治の過程と法』岩波書店（1997年）（同『現代日本の議会政と憲法』岩波書店、2008年、Ⅰ－１章に所収）。
91）　髙見「岐路に立つデモクラシー」ジュリスト1089号（1996年）、同「国民内閣制論についての覚え書き」ジュリスト1145号（1998年）〔髙見『現代日本の議会政と憲法』岩波書店、2008年Ⅰ－２・３章に所収〕。

る自民党から民主党への政権交代が実現したのは2009年のことであり、1994年の小選挙区比例代表並立制導入から15年も経った後であったことから、小選挙区制による二大政党制、行政権強化の構造がこの理論の方向で実現したと解することには躊躇がある。その後の2012年12月総選挙による再度の政権交代時にも、二大政党制ではなく多党制の様相を示していたことからも、短絡的理解ができないことが窺える。

　また、高橋説と高見説との間の議論は、直接には国民主権論と関わらない土俵で行われたため、主権論を基礎として考えるか、民主主義論とするか、両者の役割分担を図るか、という点でも課題が残った。理論的には、高橋説のように行政国家下での強い行政権（いわゆる「行政までの民主主義」）を志向する立場では、国民主権論をその根拠とする立論も可能であった。実際に、1999年の内閣法 2 条改正（平成11年法律88号）により、「内閣は国民主権の理念にのっとり、……職務を行う」ことが明記されたが、立法過程での主権論議は皆無であった。公職選挙後の党籍変更についても、一般に憲法学教科書では芦部説（自由委任説＝議席非喪失説）と杉原説（命令的委任説＝議席喪失説）との対抗が説明されてきたが、2000年の法改正により、衆参両議院の比例代表選出議員が選挙後に他の届出政党等に移籍した場合に議席を喪失する規定（公職選挙法99条の 2 では「当選を失う」、国会法109条の 2 では「退職者となる」と明記）が置かれた。ここでは本質的論議が一切ないままに、一見杉原説の「人民主権」説と同じ帰結とみえる法改正が実現したが、学説上は、自由委任論を前提に党籍喪失を自発的党籍変更の場合に限定していない点で違憲と解するものや、留保なしに違憲とする見解などが存在する。

　これらのことは、まさに立法過程における主権論の不在を示すものといえる。当時の憲法学の主流であった高橋説や佐藤説が、国民内閣制論や行政改革論議を通じて強い行政権の定着を支持し、小選挙区制の導入を許したことは、別途

92）　芦部前掲〔高橋補訂〕『憲法（第 5 版）』（前注78）284頁〔高橋補訂部分〕では、2000年の法改正後の国会法109条の 2 と公選法99条の 2 について、「この規定は、議員資格の喪失を自発的な党籍変更の場合に限定することさえしておらず、自由委任の原理との関係で問題をはらんでいる」と指摘し、芦部説の自由委任論を前提に説明している。

93）　学説の分類は、糠塚康江「国民代表の概念」大石眞・石川健治編『憲法の争点』有斐閣（2008年）193頁参照。

批判的に検討しておかなければならないだろう。

(2) 小選挙区制導入問題

日本に独特な制度として各選挙区の定数を3人から5人程度とする中選挙区制が衆議院について長く採用されてきた（1946年の総選挙が大選挙区制で行われたほかは、1925年から1993年総選挙まで中選挙区制で行われてきた）が、1994年に、衆議院議員定数500人中300人を小選挙区制、200人を比例代表制によって選出する小選挙区比例代表並立制に改められ、さらに2000年の公職選挙法改正で、定数が480人（小選挙区選出議員300人、比例代表選出議員180人）に削減された（公職選挙法4条1項）。その後、2013年改正によって定数が475人（小選挙区選出議員295人、比例代表選出議員180人）となった。

小選挙区制については、一般に、その長所として、(a)有権者が候補者の人物をよく知ることができる、(b)選挙区が狭いため選挙費用が節約できる、(c)二大政党化を促して政局が安定する、などの諸点が指摘される。また、短所として、(d)候補者の選択の幅が狭く投票が死票となることが多い（得票率と議席率が乖離するため民意を正確に反映する点で問題がある）、(e)競争が激しく買収等の選挙腐敗がおこりやすい、(f)議員が地域的な利益代表になりやすい、などの諸点が指摘される。実際に、1996年10月総選挙では、小選挙区制の短所である得票率と議席（占有）率の乖離が明確に示された。例えば、小選挙区での自民党の得票率は38.6％に対して議席率56.3％、民主党の得票率は10.6％に対して議席率は5.7％であり、与党自民党に有利な結果となった。その後の2009年8月総選挙結果では、小選挙区の民主党の得票率は47.4％であったのに対して議席率は73.7％、反対に自民党は得票率38.7％・議席率21.3％となり、二大政党化のもとで、地滑り的に政権交代が実現した。すなわち、小選挙区制による二大政党化は、得票率と議席率との乖離を含む形で実現されるため、これこそが小選挙区制の特質であることがわかる。

このように、小選挙区制導入から15年経過した2009年になってようやく、二大政党制といえる状態での政権交代が実現したが、その後の2012年選挙の実態などを見れば、二大政党制が定着したわけではないことが一目瞭然となる。にもかかわらず、2012年に小選挙区効果で政権に復帰した自民党では、全体での得票率38.3％（小選挙区43.0％、約2564万票、比例代表27.6％、1662万票）で議席率

61.3％、294議席（改選前119議席）を獲得した。小選挙区選挙だけでみると、得票率43.0％に対して議席率はなんと79％に及んだ。逆に、比例代表選挙の自民党の得票数は2009年1881万票（26.7％）に対して2012年1662万票（27.6％）と票数が219万票も減少しており、小選挙区と合わせても、2009年の得票数合計4611万票に対して、2012年4226万票と、385万票も減少している。[94]

　このような実態にもかかわらず、すべての常任委員会で過半数を確保し、法案の委員会通過を可能とするのに必要な議席数（絶対安定多数269議席）を大幅に超えて294議席も確保しただけでなく、与党としても、公明党の31議席と合わせて法案の衆議院再可決が可能となる3分の2を超えて325議席となった。（他方で、民主党は改選前の230議席から57議席に議席を減らし、2009年総選挙時の308議席と比べると5分の1以下にとどまって野に下った。内閣官房長官をはじめ現職閣僚8人が落選するなど、歴史的な大敗であった。）

　続く2013年7月の参議院選挙でも、ねじれ解消を目標として、65議席（選挙区47議席、比例区18議席）を獲得し、非改選を加えて114議席となって自民党が第一党に返り咲いた。1人区は31選挙区中29選挙区で議席を獲得したことからここでも小選挙区効果が示された。また、公明党の11議席を加えると、非改選も含めた与党の議席数は過半数（122）を上回る135となり、ねじれ解消が実現した。しかし、その結果、強すぎる与党と、（離合集散の結果としての）弱すぎる野党との間で独裁政治の様相を呈し、第二次安倍政権では、高い支持率を背景に秘密保護法制定、原発再稼働、集団的自衛権の憲法解釈変更などの強引な政治運営を行った。

　さらに2014年12月14日総選挙では、すでにみたように戦後最低の52.66％という投票率のもとで、与党自民党は小選挙区での得票率48.10％（絶対得票率24.5％）にもかかわらず75.59％の議席率を得ることになり、小選挙区制の特性を反映した結果を生み出した。[95]

　この意味でも、小選挙区導入の効果を過小評価することはできず、選挙制度の

---

94)　選挙結果データは、総務省公式データによる。
　　http://www.soumu.go.jp/senkyo/senkyo_s/data/shugiin46/index.html
　　http://www.soumu.go.jp/senkyo/senkyo_s/data/sangiin/index.html
95)　本書5頁、前注9参照。総務省衆議院議員総選挙結果（速報）（http://www.soumu.go.jp/senkyo/senkyo_s/data/shugiin47/index.html）、日本経済新聞2014年12月15日夕刊2面参照。

在り方を含めたデモクラシー論・代表制論の憲法理論的再検討が不可欠となる。

(3) 憲法学の展開――憲法科学から憲法哲学へ

　憲法論における主権論・代表制論の不在のなかで、実際の政治は、リベラル・デモクラシーの方向で進展した。アメリカでは主権の所在でなく民主主義の問題として議論していることから、デモクラシー論へのパラダイム転換（科学から解釈へ）も主張された。また、近年でも、「主権論から民主政論へ」の展開を必然と捉え、とくに「人民主権論の影響力の低下は象徴的」であると解する傾向が認められる[96]。しかし、デモクラシー論や民主政論が要請されつつも、いかなるデモクラシーかという点については議論が深まったということはできない。また、かつて社会科学としての憲法学が叫ばれたのに比して、「憲法科学」の方法論が明確にされたとはいえない。

　このような状況下で、愛敬浩二は、憲法科学から憲法哲学への展開を理論化して見せた[97]。

　愛敬によれば、1960年代後半から1970年代前半に、杉原泰雄・樋口陽一・影山日出彌らの当時の若手研究者を中心に「憲法科学の黄金時代」が築かれたが、その後憲法訴訟論が有力になった。1980年代以降は、その憲法訴訟論の流行にも陰りが見え、「憲法哲学的研究」と称すべき研究成果が出始めた。欧米の政治哲学・社会哲学と憲法学の共同という観点から、ハーバーマス、キムリッカ、ドゥオーキンらの影響も大きくなった。ここでは、詳細に立ち入ることはできないが、前記の杉原・樋口・影山という70年代主権論争の主役たちが憲法科学の担い手として位置づけられつつ、樋口の「変化」や杉原による憲法哲学（憲法総論）の言及が指摘されていることを確認しておこう。すなわち、日本の戦後憲法学では、マルクス主義法学（長谷川・影山など）やケルゼン流の方法二元論の潮流（宮沢・樋口など）があり、歴史学の優位という特徴が両者に共通していた。とくに「フランス革命の歴史的理解をめぐる憲法科学論争」としての70

96）　パラダイム・シフトを主張した松井茂記「国民主権原理と憲法学」山之内靖ほか『講座社会科学の方法Ⅵ・社会変動のなかの法』岩波書店（1993年）4頁以下のほか、主権論の展開は、辻村前掲『憲法（第4版）』46頁以下、同「国民主権」法律時報80巻8号（2008年）88頁以下、辻村前掲『市民主権の可能性』（前注33）19頁以下、近年の傾向は本書7頁を参照。

97）　愛敬前掲『立憲主義の復権と憲法理論』（前注19）第1章参照。

年代主権論争を主導した杉原は、憲法総論を、憲法科学の問題として位置づけて歴史学研究を実践し、憲法解釈学と区別された憲法認識論として、日本国憲法とフランス憲法における主権原理の歴史的意義と課題を解明したといえる。[98]

そして、杉原憲法学では、フランス革命期の憲法史研究から、次第に19世紀前半のフランス憲法、パリ・コミューン、第三・第四共和制憲法へと研究対象が拡大するにつれ、ナシオン主権の系譜としての、1791・1795年・1830年・1875年・1946年憲法の系譜と、1793年憲法、ジャン・ヴァルレ、バブーフからマルクス、パリ・コミューンなどによって確立されたプープル主権の系譜を区別し、カレ・ドゥ・マルベールが確立した二つの体系論を基礎として、憲法史研究の体系化を目指した。[99]

この研究過程で、実定憲法の認識論としてはナシオン主権、近未来の理想的構想を目指すための解釈論としてプープル主権を当てはめるに際して、1871年のパリ・コミューンで確立されたプープル主権の諸制度（住民自治等）を重視し、マルクスがこれを「労働の経済的解放をなしとげるための、ついに発見された政治形態」と称したことからプープル主権と社会主義との関係を問題にして「人民主権」の主要な歴史的社会的担い手が労働者階級を中心とする民衆層であったことを強調した。[100]また、「国民主権から人民主権への傾斜」論を前提とすることで、歴史的発展段階論を採用したが、1990年代初頭にソ連＝東欧型社会主義体制が崩壊したことから「人民主権」が「資本主義体制の根源的な批判・否定を当面の課題としえなくなった」ことを認めざるを得なくなった。[101]

この点では、杉原説の「人民（プープル）主権」論はもともと社会主義との関係を必然的な前提にしたわけではなく、アメリカやフランスなど資本主義体

---

98) 愛敬による憲法学の分類図（愛敬前掲書17頁、小林直樹『憲法学の基本問題』有斐閣2002年10頁を引用）では、憲法哲学（原理論）・理論憲法学（憲法史学・比較憲法学等）・応用憲法学（憲法解釈学・憲法政策学）の３分類になっている。杉原憲法学でも、憲法哲学（憲法総論）を別にして、憲法科学と憲法解釈学に２分類している。杉原編集代表『新版 体系憲法事典』青林書院（2008年）278頁参照。
99) 杉原『人民主権の史的研究』岩波書店（1978年）、同『国民主権の史的展開』岩波書店（1985年）、同『憲法と資本主義』勁草書房（2008年）163頁以下参照。
100) 杉原前掲『憲法と国家論』（前注32）264頁。
101) 杉原前掲『憲法と国家論』209頁。これによって、21世紀初頭の「人民主権」は、「社会国家・文化国家・平和国家等の理念を活性化する資本主義体制の具体化を当面の課題としている」と明示され、今や「体制内改革原理」としての「人民主権」論が検討課題となった、とされる（同210頁）。

制下での人民主権の可能性を検討の視野にいれていた。日本国憲法の解釈においても、資本主義から逸脱すべきとまで主張していたわけではなく、階級決定論や社会主義論、歴史的発展段階論と必然的に結びついていたわけではないことが確認できる。

　そこで、本来のフランス革命期以来のプープル主権論の構造を踏まえつつ、日本国憲法解釈論として、プープル主権論批判の根源としての階級決定論や社会主義論、歴史的発展段階論を除外して解釈論として論じたものが、「市民主権」論である。これについては多くの議論・批判論があり、誤解も少なからず含まれるため、以下で改めて検討しておこう。

第4節　「市民主権」論・参加民主主義論の有効性と課題

1　「市民主権」論の意義

(1)　背景

　1990年代の憲法学や国際政治学では、グローバリゼーション下の欧州統合や地域化の進展による「近代国民国家の枠組みのゆらぎ」によって、主権論の意義を否定ないし疑問視する議論が強まった。他方、欧米では「憲法制定権ないし主権の再登場」といわれる現象も生じ、欧州市民や「新しい市民権」論、シティズンシップ論に関心が集まった。日本でも、主権論が停滞する一方で、住民投票の活性化などを背景に、「市民」の再生、「citoyenの可能性」論が、ネガティヴな主権論を展開してきた当の樋口説によっても説かれることになった。

　実際、日本国憲法が15条や96条など「人民主権」＝半直接制に適合的な規定

---

102)　杉原前掲『憲法と国家論』251頁以下参照。
103)　江橋崇「主権理論の変容」日本公法学会編『公法研究』55号（1993年）1頁以下。諸国の学説の展開は、辻村前掲『市民主権の可能性』（前注33）72頁以下参照。
104)　樋口「近代理性主義擁護の最後のモヒカン？」法律時報73巻1号（2001年）15頁参照。

を置くことからしても、主権主体としての市民（政治的意思決定権者）がみずから主権行使できるような憲法解釈が求められる。そこで杉原説の国家法人説的構成や階級決定論的理解に関する批判点を克服する視座に立ち、集合体としての人民ではなく、政治的意思決定能力を有する政治的市民（citoyen-politique）を政治権力の主体として捉える「市民主権」論が展開された[107]。この見解では、フランスの1793年憲法が一定の外国人をも主権者としての「市民」に含めていたように、主権行使に適する一定の定住外国人（とくに特別永住者などを含む「永住外国人」）を主権主体に含めることが可能となる。

このような「市民主権」論のもとで政治的市民としての主権者を拡大し、かつ、選挙やレファレンダム（国民投票・住民投票）等の半直接制的な意思決定手段を導入して主権行使手段を拡大し、主権者市民の政治参画を活性化させることは、2000年代初頭の課題であった。国民主権論における主権主体論の精緻化とともに、直接的意思決定手段としての国民投票、住民投票との関係を明確化することが課題となったことは、世界の参加民主主義の展開とも歩調を合わせるものであった。

実際、この考え方は、日本国憲法の国民主権原理の解釈論として、「人民（プープル）主権」論ないし（主権者人民を構成する具体的な個人としての「市民」の主権行使を重視する）「市民主権」論、さらに選挙権を主権者の権利と解する「権利説」の立場を前提として、（これらの原理に最も適合的で日本国憲法自身が採用していると考えられる）「半直接制」を実現することが望ましいと解する立場をとっている。このような理論的な立場を前提としつつ、憲法解釈論および立法論として、現実に主権者の主権行使を活性化する方法を問題にする場合には、基本的に、主権主体ないし主権行使者の拡大と、主権行使手段（政治的意思形成手段）の拡大という二つの局面で考えることができる。

---

105) 樋口「〈çotoyen〉の可能性」杉原泰雄ほか編『平和と国際協調の憲法学』勁草書房（1990年）（樋口『近代国民国家の憲法構造』東京大学出版会（1994年）所収）、辻村前掲『市民主権の可能性』第三章参照。
106) 長谷部恭男『権力への懐疑』日本評論社（1991年）96頁、批判論については辻村前掲『市民主権の可能性』43頁以下参照。
107) 一般に政治的意思決定能力を有すると解される年齢（世界の約90％の国と地域で選挙資格年齢を18歳にしている動向からすれば、これと同等程度）以上の市民を主権主体と解することになろう。現状につき、本書第3章第1節159頁参照。

(2) 主権主体としての「市民」

「市民（citizen、citoyen）」の概念も国民などと同様に多義的であり、国によってもその用法は異なっている（例えば、アメリカでは、市民権 citizenship は国籍 nationality とほぼ同一視され、ヨーロッパでは「欧州市民」の観念をめぐって、市民と国民、市民権と国籍との関係が議論されている）。「市民主権」論では、主権者人民を構成する具体的な個人としての「市民」、すなわち政治的権利の主体＝主権行使の主体としての「市民」のように狭義に用いており、いわば政治的市民（citoyen-politique）を意味する。これに対して、一般に「市民運動」の主体や「市民社会」の構成員のように概括的・非限定的な用法として広義に用いる場合は、いわば社会的市民（citoyen-civil）としてこれと区別される（図表1-5・6参照）。[108]

主権主体を、主権者人民を構成する「市民」として理解する場合には、具体的存在としての「市民」がみずから主権を行使することができるため、主権主体と主権行使者は区別されない。選挙権は主権行使の権利となり、選挙権者は政治的意思決定権者としての「市民」の資格に一致する。ここでは政治的意思決定能力をもつ年齢に達した者は憲法上の成年として選挙資格をもつことが要請される（この点で、従来から「人民（プープル）主権」説では主権主体は有権者と解されるとして「有権者主体説」と接合させる傾向にあったが、現行法の枠内であることを意味するため「有権者」の用法は妥当ではない）。

この立場からすれば、主権主体の拡大によって主権行使を強化する手段については、第一に、一般に政治的意思決定能力をもつと解される年齢に、選挙資格年齢を引き下げることが課題となる。この点は、2007年の「日本国憲法の改正手続に関する法律（国民投票法）」では国民投票資格年齢を18歳に引き下げたことから、選挙資格年齢や民法上の成年との整合が問題となった（後述）。[109]

第二は、永住外国人（ないし定住外国人）に選挙資格を与えるかどうかが問題となる。これについては、従来は「外国人の人権」論としてアプローチしてきたが、参政権が主権的権利であることからすれば、人権保障の内外人平等主義

---

108) 二つの市民概念については、樋口前掲「〈çitoyen〉の可能性」（前注105）141頁以下、辻村前掲『市民主権の可能性』165頁以下参照。（図表1-5・6は、2014年5月11日憲法理論研究会報告の資料として作成した概念図である）。

図表1-5　市民主権下の意見形成と意思決定

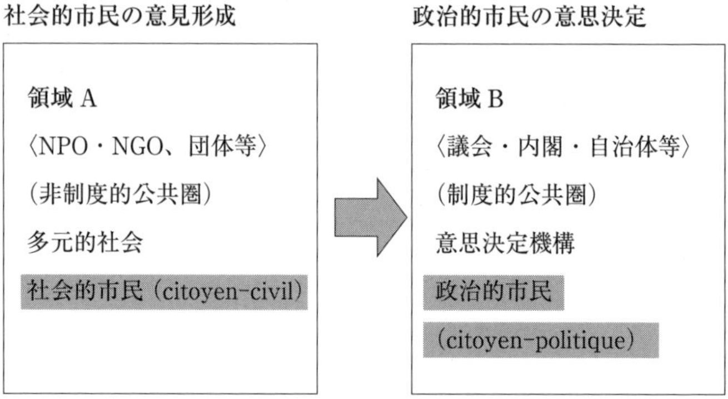

社会的市民の意見形成
政治的市民の意思決定
領域A
〈NPO・NGO、団体等〉
(非制度的公共圏)
多元的社会
社会的市民(citoyen-civil)
領域B
〈議会・内閣・自治体等〉
(制度的公共圏)
意思決定機構
政治的市民
(citoyen-politique)

図表1-6　社会的市民と政治的市民の関係

B社会的市民
(未成年者・外国人等を含む)
A政治的市民
(選挙権者＝
主権者P)

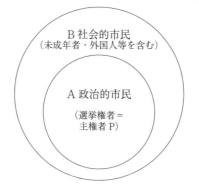

の土俵よりはむしろ主権論の土俵で論じることが必要となる。すなわち、従来の学説は国民主権原理を十分に吟味することなく主権主体の「国民」を国籍保

109)　理論的には、憲法15条のいう憲法上の成年は、民事上(民法3条)の成年と一致しなければならないということはないが、前者は主権者としての資格を意味することから、主権行使としての国民投票と選挙の資格年齢は18歳に統一すべきであろう。実際2015年3月に公選法改正案が国会に提出され70年ぶりの選挙資格年齢引き下げが実現することになった(住民投票については、地方の住民投票の一部で資格年齢を16歳等に引き下げた場合に、論理的整合性が問題となりうるが、地方の特殊性や諮問内容との関係で国民投票と異なることも許容されると解される)。また、被選挙権も、立候補の自由を中心にその本質を捉える場合には選挙権と同様に主権的権利であり、選挙年齢よりも10歳(参議院議員・都道府県知事の場合)ないし5歳(衆議院議員・市町村長・地方議会議員の場合)も高くしている公職選挙法10条の合理性は疑わしいといえる。選挙資格年齢・被選挙資格年齢の問題は、本書第3章第1節159頁以下参照。

持者と解してきたが、日本国憲法の規定（英訳文）では、前文で主権主体とされ、15条で選挙権の主体とされているのは people であって、憲法10条のいう国民（a japanese national）や国籍法上の国民と同じではない。憲法の国民主権をフランスでいう「国民（ナシオン）主権」のように解すれば、主権主体は国籍保持者の全体となるため従来の結論が導かれやすい（論理的には、この場合にも、憲法自体に選挙権者を国籍保持者に限定することが記されているわけではなく、選挙権の行使の要件は法律で定めるため、一定の外国人の参政権を承認する余地もある）。これに対して、「人民（プープル）主権」のように解する場合は、主権は、人民すなわち日本国憲法のいう people を構成する意思決定能力をもった「市民」の総体に属し、個々の「市民」が主権を行使することになるため、主権者＝選挙権者としての「市民」に（永住権者など国民と同視することも可能な一定の）外国人を含めることも、理論上整合的に導くことができる。ただし、近年では在外国民の選挙権保障が一般化しているため、外国人参政権問題（属地主義的理解）と在外国民選挙権問題（属人主義的理解）との理論的関係も考慮しておかなければならない。

(3) 「市民」の主権行使手段の拡大

次に「市民」の政治的意思形成手段の拡大が問題となる。今日、世界各国で直接民主制の動きが高まり、レファレンダム（全国レベルの人民投票ないし国民投票、および地方レベルの住民投票）が広く行われている。日本国憲法は、部分的であれ、95条・96条で住民投票や国民投票などの直接的手続を導入しており「半直接制」を採用したものと解することができる。そこで、憲法解釈上、憲法に明示されている場合以外に、法律の改廃等についてのレファレンダム制度

---

110) この問題は、欧州連合（EU）加盟国の国民（すなわち拡大された国籍保持者）に限って欧州市民権を認めるか、国籍と切り離された「新しい市民権（nouvelle citoyenneté）」概念を用いて広く旧植民地出身の移民労働者にも市民権を認めるのか等の議論があったことと関係している。ここでは、フランス革命期の1793年憲法が、「人民（プープル）主権」の立場を前提に外国人を主権者としての市民（選挙権者）として認めたのと同様の論法を用いて外国人参政権を承認しようとする立論があった（辻村前掲『市民主権の可能性』第3部4章）。
111) 韓国では在外に居住する国籍保持者に国政選挙権を認めたため、在日韓国人に対する選挙権を求める外国人参政権論は一定の修正を迫られることになったといえる。本書第3章158頁参照。
112) 辻村前掲『憲法（第4版）』（前注79）358頁以下参照。

を導入することができるかどうかが問題になる。上記のような「半直接制」を前提に考察する場合には、法律の改廃に関するレファレンダムについては、立法一般に決定型レファレンダムを導入することは憲法41条の議会中心立法の原則からして認められない反面、決定型ではない諮問型・助言型レファレンダムの活用は十分可能と考えられる。その他、条約や行政の方針に対する世論調査的な意味をもつレファレンダムも、憲法の建前から禁止されていないと考えられるが、人民投票の発案権者が行政権力の担当者である場合に、独裁的権力の強化を目的として信任作用を利用するプレビシット（plébiscite）の危険が高まることも考慮しておかなければならない。それを避けるためには、人民発案（イニシアティヴ）の制度と併用することや司法審査装置を確立することなども検討課題となろう。またレファレンダムが諮問型である限り、結果について何らの強制的効果をもちえないことや、諮問の仕方によっては誘導的になりうること、情報量の不平等や宣伝効果による世論操作の危険、投票の組織のための財政的負担の問題など、困難な課題があることも事実である。もとより、その効果は主権者の民主的成熟度にかかわる点もあり、現状では、効果よりもリスクのほうが大きいと思われるため、まずはより生活に密着した問題について地方自治特別法や条例に基づく住民投票の方法で、実践的経験を積むことが望まれる。

　なお、「人民主権」ないし「市民」主体に注目する「市民主権」の前提にたった場合の主権者の意見の反映手段としては、レファレンダムのほかにも、議員に対する報告制度の義務づけや、リコール制度の法制化、あるいは議員自体を命令的委任によって拘束する方法などが考えられる。命令的委任の方法は、国会議員を「全国民の代表」と規定する憲法43条の文言に抵触するほか、全国レベルでは実施困難であると思われるが、地方議会議員については十分実施可能であろう。

113）憲法43条の解釈において、命令的委任の禁止を前提とした自由委任と解するか（芦部説）、フランスの半代表制論で承認された「命令的委任禁止の緩和」と解するか（杉原説、樋口説）については解釈論が分かれており、前者でも社会学的代表制、後者では半代表制論によって近代の自由委任論の修正を図っている。樋口前掲『憲法Ⅰ』（前注42）154頁以下参照。この点は、本章第2節20頁でもふれたため繰り返しは避ける。辻村前掲『憲法（第4版）』（前注79）356頁以下参照。

2　「市民主権」論に関する議論

(1)　「市民主権」論の理解

　2002年の日本公法学会総会報告で辻村による「市民主権」論の構想が発表されると、同じ機会に部会報告者であった石川健治やこれに対するコメント・質疑の中から批判や問題点が提起された[114]。また2003年の全国憲法研究会の総会でも愛敬らによってコメントされ[115]、これに対して、辻村が応対する機会があった[116]。このため、「現在の論争の主役は辻村みよ子教授である[117]」という評価も示された。

　そして2014年には、山元一「現代憲法理論における主権──「市民主権」論をめぐる一考察[118]」において、詳細な検討が得られたことに心より感謝している。山元によって、筆者の市民主権論の内容が適切に要約されているため、ここではそれをもとに要点を列記することにしたい（コメントにあたる部分は注に付記する）[119]。

---

114)　日本公法学会編『公法研究』75号、有斐閣（2003年）。
115)　全国憲法研究会編『憲法問題』14号（2004年）96頁以下、また本秀紀は、本「民主主義論の展望」全国憲法研究会編『続・憲法改正問題』日本評論社（2006年）59頁のほか、憲法理論叢書に書評を掲載して下さった。これらはいずれも、後に本秀紀『政治的公共圏の憲法理論──民主主義憲法学の可能性』日本評論社（2012年）に所収されている。
116)　辻村「『市民』と『市民主権』の可能性・再論」樋口他編『国家と自由』日本評論社（2004年）135頁、同『フランス憲法と現代立憲主義の挑戦』有信堂（2010年）、同「主権論・代表制論」法学教室357号（2010年）（特集「つまずきのもと憲法」）、同「国民主権──国民主権論の『停滞』は必然か」辻村・長谷部編『憲法理論の再創造』日本評論社（2011年）などで可能な限り応答したつもりであったが、必ずしも十分に有益な「論争」を展開することはできなかったとしたら申し訳なく思う。実際には2003年からの10年間は東北大学21世紀COEプログラム「男女共同参画社会の法と政策」、同グローバルCOEプログラム「グローバル時代の男女共同参画と多文化共生」の拠点リーダーとしての職責で忙殺されたことも影響しているが、社会科学分野では異例の大型研究プロジェクト（後者では東京大学社会科学研究所や多くの海外の大学と連携してダブルディグリー制度を確立）の成果は、出版物30冊以上、国際シンポジウム・研究会開催215回、共同研究者延べ300名以上という数字にも示されている。http://www.law.tohoku.ac.jp/gcoe 参照。
117)　渡辺康行「主権の意味と構造」大石＝石川編前掲『憲法の争点』（2008年）19頁。
118)　山元一「現代憲法理論における主権──「市民主権」論をめぐる一考察」〔東北大学〕法学77巻6号（辻村みよ子教授退職記念号）（2014年）235頁以下。
119)　山元論文については、日本公法学会編『公法研究』76号（2014年）232頁の学界展望〔駒村圭吾執筆〕でも大きく取り上げられているため、参照されたい。

(ア) 主権の観念は多義的であるが、その本質は（日本の学説の第一の用法にあたる統治権ないし国家権力の総体すなわち）「国家権力のなかに含まれる諸権限の総体」であり、主権原理とは、国家権力の実体の帰属を法的に指示する原理である（杉原説と同旨）[120]。

　(イ) 主権論の本質は、もともと階級性よりも単一・不可分性にあったことを無視することはできず、「史的唯物論や社会主義との結合」は必然的なものではない[121]。人民主権は「単一不可分の主権（国家権力）を人民に帰属させる法原理であり」、人民とは「市民の総体」にほかならない。

　(ウ) 市民の観念も多義的であるが、①主権主体としての市民は政治的市民 citoyen-politique（政治的意思決定権者）であり、このほかに、広義の②社会的市民 citoyen-civil（未成年者や一定の外国人を含む）がある。①による政治的意思形成の実現（第一の道）が主たるものであり、②の政治・社会参加（第二の道）を活性化するためにも、①による「市民主権」の実現が不可欠である[122]。

　(エ) 「市民主権論」では、「主権主体としての市民がみずから主権を行使するため主権主体と主権行使者は区別されず」、選挙権者の資格は政治的意思決定権者としての市民の資格に一致する。これは「憲法上の成年」として観念されるが、ここでは「いわゆる永住市民」をも主権主体に位置付けることが可能となる。

---

120) 山元前掲論文238-239頁の（辻村『市民主権の可能性』287頁からの）引用では、「第一の用法における主権、すなわち」の部分が省略されているが、ここでは、通説が第三の用法（国家の最高意思決定権ないし最高機関権限）と解したことに対比して第一の用法（統治権ないし国家権力の総体）によることを示した点に意義がある。また、樋口説が主権論を専ら正統性の契機でとらえたのに対して、権力の実体の側面で捉えることを明らかにしたもので、権力の総体（不可分性）にかかわる点は次の論点となる。

121) この点が、杉原説の「人民主権」論との相違点であると認識している。すでにみたように、杉原説自体も1990年代のソ連＝東欧社会主義体制の崩壊によって人民主権論が資本主義体制への批判・否定の目標を達成しえなくなったことを認めており、資本主義体制下の憲法理論・憲法解釈論としての課題のほうに軸足を移している（本書34頁、前注101参照）。さらに欧州連合等の統合やグローバル化を前提にした近代国民国家の再編や外国人参政権容認論議の中で、新たな市民主権的な理解が強まっていることからしても、「市民主権」論が普遍的な意味を持ちうるものである（社会主義との結合等に関する杉原説のほうが過剰な要素を認めてきたと解するならば、それを除外したという理解が成り立つ）と考えている。

122) ①②のうち、市民主権の本来の主体は①であるが、①と②の関係は同心円で描くことができ、②の意見や行動を前提として①による主権的な意思決定が行われることになる（本書38頁の図表1-6参照）。

(オ) 統治機構の分野では、日本国憲法では79、95、96条など、半直接制が採用されていると解釈できる。「市民主権」論に基づいてレファレンダムやリコール制度などが考えられるが、立法一般に決定型レファレンダムを導入することはことは憲法41条に反するとしても、諮問型の活用は十分に可能である。

(カ) 対外的主権については、フランスで「主権の多義性から、国家の諸権限の総体としての主権が一部制約される場合でも、……主権を保持し続ける」という議論が行われている。その「多大な示唆」を踏まえて論ずるなら、「旧来の絶対的・『剛直』で（マサカリのような）無制約な命令権」ではなく「『柔軟な』権限付与の権能」として捉えられるところの、「絶対的でない『柔らかな主権観念』に基づく議論」が展開され、「デモスとしての市民」を基礎とする主権論が構築されるべきである。

(2) 市民主権論の特徴

上記のように要約される「市民主権」論は、種々の特徴を持っている。次項でみるように批判論も提示されているため、予めメリットであると解している点について纏めると以下にようになる。

①主権者市民（政治的意思決定権者）が自ら主権行使できる構造を憲法解釈論として提示したこと。②杉原説の国家法人説的構成や階級論的・社会主義的理解を克服する視座を明示したこと。③従来の「人民主権」論における主権主体としての「人民」が、市民の総体として定義されていたことから、端的に政治的意思決定能力を有する政治的市民（citoyen-politique）を主権主体として捉え、これによって、主体の拡大という課題（永住外国人の選挙権・市民権論、未成年者の選挙権問題）に対応しようとした見解であること。④選挙やレファレンダム等の半直接制的意思決定手段による市民の政治参画活性化を志向するための憲法解釈論であること。⑤社会的市民（citoyen-civil）の現代的意義を重視しつつ、（社会的市民における）意見形成・熟議における市民参画の意義を確認し、本来の主権主体である「政治的市民」における政治的意思決定と併せて論じる議論であること、などであろう（ただし、この場合の「市民主権」論は、市民運動の立場から政治学や憲法学［江橋説］などで市民を主体とする政治参画論という意味で一般に〈市民主権論〉と称されている議論とは異なるもので、憲法解釈論として提示されたものであることを予め明確にしておかなければならない[123])。

(3) 批判論と応答

このような「市民主権」論には、2003年の公法学会当時から以下のような種々の疑問や批判点が指摘されてきた。

1) 石川健治の批判論

第一は、公法学会報告および質疑討論における石川健治の批判（2003年）である[124]。その論点は、下記の二点である。

① 「多者たる市民は、集合して単数形の peuple を構成する事によって、はじめて主権者になりうるのであって、主権論としての強固な構成を保っていた。多者たる市民を主語にして怪しまない市民主権論の文法は、要求される最低限度の論理性を欠いているのではないか」。「多元主義的なアメリカ政治理論への転出が、事実上行われている可能性がある」。

② 「ディスクールセオリーを主権論として構成するなら、コミュニケーション形式のごとき、一者の影にならざるをえない。他方、影でない実体を前提に討議民主主義を構成しようとするならもはや主権論ではない」。

このうち、①の批判に対して、棟居快行会員から、〔主権の構成的な面をみれば、〕辻村会員が取り組んでいるような苦悩に満ちた課題（主権は、構成的に多者を一者に練り上げてゆくもの）を背負う宿命になる。「一者と多者」という対立を利用して一定の帰結を引き出しているのは、単なるトリックではないのか、という発言があった。

また、石川説の本質に関連して、高見勝利会員から石川会員の主権の定義は至高性に限られていることが指摘された。

ついで毛利透会員からも、②に関して、「ハーバーマスの手続的主権論は、討論によって主体なき一者をめざすものではないのか。辻村市民主権論もそれをめざすものではないのか。」という質問があり、石川会員から「市民主権論をハーバーマスの方向で善解することは、不可能である。彼のいう手続的主権論によれば、国民主権という場合の「国民」の座にすわるのは、もはやその担

---

123) ここでは、江橋崇『市民主権からの憲法理論——増補型改正の提案』生活社（2005年）、同『「官」の憲法と「民」の憲法——国民投票と市民主権』信山社、2006年）や、松下圭一の議論（後注168）を念頭に置いている。
124) 石川健治「憲法学における一者と多者」日本公法学会編『公法研究』65号（2003年）139頁参照。

い手となる実体ではなく、主体なきコミュニケーション形式に過ぎないからである」と答えている。

さらに、後日、憲法学界では、①の議論に対して、愛敬浩二から「heterogeneous な利害・価値観を homogeneous な主権者意思へと変換する方法・理論が存在し、それらを主権論として論じる意義があれば、『主権の文法』を理由として、その議論の可能性を否定する必要はない」という見解が公表された。また、本秀紀が、「抗議するのは、むしろ一者でなく、多者ではないか。……一者と多者は静態的ではない」。多者状態の変革による一者的問題状況の創出が課題である、と指摘している。

これらの議論を踏まえて、私見を述べると、まず主権の定義について、(日本でいう第二の用法の) 国家権力の独立性・至高性という定義だけでは十分ではない。とくに国内の政治や民主主義論との関係で検討する際には、(日本でいう第一の用法) すなわち国家権力 (実体) そのものと解する必要があり、第三の用法との関係を考える必要がある。さらにのちに見るように、フランスでは、諸権限の総体としての権力という定義 (トロペール) がされるようになっており、「一者になっていなければ主権ではない」という議論は視野が狭いといわざるを得ないだろう。主体論・担い手論についても、peuple (一者) ならいいが市民 (多者) を主語にすると主権論でなくなる (民主主義の政治理論になる) というのは教条的ではないかと考えている。多元的主権論を論じるつもりはないが、それ以外にも連邦制の州やコミューン等の (不可分一体の国家権力以外の) 権力論も成立し得るし、多元主義的理解は政治理論に限らない (ただし私見は「分有主権論」ではない)。多者が権力を担う場合には一者に収れんさせる必要があり、収れんの際に擬制が働く以上法人説的にならざるをえないとすれば、peuple 同様、単数形の citoyen-politique の法人説的理解も論理的には可能となろう。

また、私見では citoyen-politique は各人が国家権力行使者＝意思決定権者であり主権論の領域にほかならない。いずれにしても、日本国憲法下では国民主権原理の解釈論が必要であり、(愛敬が適切に指摘するように)「heterogeneous

---

125) 『公法研究』前掲65号156頁。質問者の見解は、毛利透『統治構造の憲法論』岩波書店 (2014年) 8頁および14頁注9参照。
126) 愛敬前掲『立憲主義の復権と憲法理論』(前注19) 163頁。
127) 本秀紀前掲『政治的公共圏の憲法理論――民主主義憲法学の可能性』(前注115) 280頁。

な利害・価値観を homogeneous な主権者意思へと変換する理論」が検討課題であることに変わりはないため、今後も検討が必要である（フランスに依拠した樋口の視点も同様であろう）。この点については、社会的市民としての意見形成と、政治的市民による意思形成、すなわち国家意思の形成段階を二段階に捉えてこれを接合しようとする議論として、ハーバーマスの発想にも近いのではないかと考えるが、この点は、後に検討する。

2) 愛敬浩二の批判論

第二の批評者は、愛敬浩二である。2003年の時点で、① homogeneous な市民(a)の面では、主権の担い手は誰か、は決定的な問題だが、heterogeneous な市民(b)の面では、討論を通じた公論形成のプロセスの重要性が高まる一方、主権主体論の重要性は低下するため主権論を維持し得るのか、という疑問が提起されていた。これに対して、市民主権論の主体は(a)であり、主体論は重要な意味を持つ。さらに私見は日本国憲法の解釈として提示されたものであり、社会変容があっても憲法解釈論のレベルでは主権論の意義は失われない、と応答したところである。その後2012年の著書で、愛敬は、②上記(b)の多元的な利害・価値観を、(a)の一元的な主権者意思へと変換する方法や可能性に関する実質的議論がない（選挙等は手段の問題である）と再度批判を行った。また、筆者が憲法解釈論として提起した議論であると応答した点について、予想外であったという感想を加え、憲法解釈論でなく「憲法理論」のレベルにある、と指摘した。[128]

これについて、私見では、(b)の条件下でも主権論を維持し得るのか、という点では、citoyen-civil はハーバーマスの意見形成の次元であり政治理論の領域ともいえるが（この点では、石川が指摘するように、主権論というより政治論の領域

---

[128] 愛敬前掲『立憲主義の復権と憲法理論』（前注19）153頁以下参照。162頁注22では、(b)の多元的な利害・価値観を、(a)の一元的な主権者意思へと変換する方法について、両方の市民の「資格・身分」を持つ個人が各自「努力・工夫すべき」というもの、と私見を解釈しているが、「努力・工夫」のニュアンスが各個人のバラバラで事実上の営為を意味するのに対して、より制度的・構造的な連関（ハーバーマスの「コミュニケーション」、アッカーマンの「熟議」など、より組織的・構造的に構築すべき手段）を意図していることを付記しておこう。この点では、近年のブルース・アッカマン、ジェイムズ・S・フィシュキン（川岸令和・谷澤正嗣・青山豊訳）『熟議の日：普通の市民が主権者になるために』早稲田大学出版部（2015年）なども参考になろう。

であると言うこともできるかもしれないが)、市民主権論の本質的な領域は(a)であり、これは「国民主権」の解釈論として提示される。ただし、憲法理論のレベルにあることと憲法解釈のレベルでの説明が必要であることは矛盾するわけではなく、少なくとも、解釈の次元では小嶋説のように「マサカリ」のみであるとはいえないだろう。果たして、解釈に使えない主権抹殺論でよいのか、逆に愛敬説では「国民主権」の「国民」を解釈論ではどう説明するのか（杉原説のプープル主権か、芦部説の折衷説か？　もし後者であるならば、その本質は全国民主体説のため正当性の契機を中心に理解することになり、マサカリの行使には結びつかないのではないか)、という質問を再度提起したい。

3)　本秀紀の批判論

　これらの批判論に比して、ラディカル・デモクラシーやプープル主権論に親和的な民主主義憲法学の立場から市民主権論の検討や批判を行ったのが、本秀紀である。ここでは、以下のように疑問を提起した。①「魔力を持った主権概念を、解釈論として使えるよう飼いならそうとしたところに『市民主権』の困難性がある」。プープル主権論の可能性を減じたのではないか。②杉原説は「歴史的担い手」を論じたからこそプープル主権論が正当化されたのであり、史的唯物論的方法論や社会主義との結合を忌避した結果、選択の問題になった。「主権概念の固有の意義＝抗議性」まで捨ててしまうのか、と。[129]

　この疑問は、「市民主権」論が「杉原説における発展法則による正当化から離脱したことによって……、新たな正当化根拠をどこに求めるかという課題を背負うことになった[130]」とする渡辺康行の批評と軌を一にしている。本源的な疑問と言えようが、現時点での筆者からの応答は下記のとおりである。すなわち、人民を構成する市民の総体を主権者として構成する「人民主権」論の本質（ナシオン主権と対置される場合の本質）は不変であり、市民主権論として理解した場合にもその可能性は減じられてはいない。強力な運動論的視点を持った杉原説流のプープル主権論や「マサカリ」としての主権論への憧れは減じたかもしれないが、社会主義的・階級的説明を避けた現実的な議論が解釈論には重要と

---

129)　本秀紀前掲『政治的公共圏の憲法理論——民主主義憲法学の可能性』（前注115）275頁以下参照。
130)　渡辺前掲論文（前注117）19頁。

考える。この意味で筆者の「市民主権」論は、主権を「マサカリ」や抗議概念（運動論）にとどめず、市民の時代に適した主体と手段を与えて、憲法の国民主権原理を活性化するための現実的な解釈論として提起されたものである。

この点、本秀紀は、③「日本憲法学がマサカリを捨て去るのは、もっと先でいい」と結論付けるが、ここでは、主権が多義的であることから、「マサカリ」としての主権を捨て去ってはいないことを指摘しておこう。多義的な主権概念のうち、対外的独立性や最高性を有する国民（国家）主権には「マサカリ」部分があると解するのが一般的である。この点では国内的な意思決定部分で市民主権論を強調したことと矛盾しない（この論点は国内と国外の区別論に関連するため、次に述べる）。

また、④民主政の過程において多元的な民意をいかに統合し国政に反映するかという問題に関して、「『非制度的公共圏』における熟議のなかから民意を『制度的公共圏』での国家意思形成へとつなぐ新たな国民代表像が求められている」と指摘する。この点は同感であり、今後の主権論の課題であると考える。

4）　山元一の批判論

次に、前述の山元一の指摘を検討しておこう。2014年の前掲論文（本書41頁）で、①個人主義的トーンの免れない市民と、現代社会の共同性を前提とする主権主体の観念が両立するのか、および、②今日の憲法学が取り扱うべき主題を適切に問題にしえないのではないかという市民主権論に対する2種類の批判を整理したうえで、②については、解釈論として論じる意味は十分あるとしつつ、①について疑問視する。ここではさらに下記(A)～(C)の疑問点が提示されているが、これらに対する筆者の見解は以下のとおりである。

「市民」概念が個人主義的であるため、現代社会の共同性と両立可能かという①については、「市民」概念は多義的であり、そのうち、社会的市民 citoyen-civil の方は多様な個人であるが、政治的市民 citoyen-politique の方は多様な個人の集積から一つの国家意思を形成することを目指して行動（協働）する主権者を意味する、と解している。市民主権論が（法理論的には）主として後者を問題とするにしても、（むしろ社会学・政治学的には）前者が意見形成を通じて重要な位置を占めており、この両者の関係を理解して、社会的市民の意見を政治的市民の意思として集約してゆく過程を問題にする場合には、市民の

（バラバラに行動する個人としての）性格と現代社会の共同性を前提とする主権主体とを矛盾なく説明することが可能であると考える。

(A) 主権論の本質が、一方では、諸権限の総和とされつつ、他方では、単一不可分な国家権力とされていることに矛盾はないか、という指摘については、前者は近年のフランスでの議論も踏まえた市民主権論からの説明であるのに対して、後者の議論は従来の「人民主権」論の説明の仕方によることもあり、視点がやや異なる。加えて、従来の「人民主権」論では対外的な主権移譲の場面を想定していなかったことから、単一不可分性を強調していればよかったが、近年では、フランスでも説明の仕方が変化していることが反映されている。言い換えれば、対外的な主権移譲の場面では、主権は可分的（諸権限の総和）と解することが可能である。この点について山元は、対外的には可分的で、国内の支配権の場面では、不可分性を容認するという議論で、整合し得るか、という疑問を提起する。この点の私見では、対外的には可分、対内的には不可分という区別論は（次に見るトロペールやアケの議論とともに）可能な説明であると考えており、さらに、国内の支配権（第三類型）についても、主権主体に注目して、市民主権を「政治的市民に『諸権限の総和』としての国家権力が帰属する法原理」と理解することも論理的に不可能ではないと考えている。ただし、ここでいう可分性の理解は、「分有主権論」（全体を部分に切り分けて一部を所有ないし行使するという見解）ではない（この点については、次の(B)で述べる）。

(B) ジャン＝ジャックルソーの人民主権論に対して「分有主権論」であるとの批判がなされることについて、私見はこの批判論を退けるに際して「重畳的所有」の論理を援用した。[131] この点について山元は、「封建制社会における土地所有権の在り方」（フランス革命のイメージに反するもの）を引き合いに出したこ

---

131) ルソーがその『社会契約論』において、「国家が1万人の市民からなる場合に……主権の1万分の1の分前を持つ」と述べる点については、1個の主権が（1万個の切片に）分割されるのではなく、（1万枚の薄いパイ皮のように分有ないし共有され、全体に対する影響力を持つことで）主権者の参画による影響力を示していると捉えることで、「主権は分割されない」というルソーの命題と齟齬なく理解することができる、と辻村前掲『フランス憲法と現代立憲主義の挑戦』有信堂（2010年）68頁、同「『権利』としての選挙権と『投票価値平等』」明治大学法科大学院論集14号（2014年）83頁以下で指摘した。長谷部恭男『憲法の円環』岩波書店（2013年）114頁（初出、奥平・樋口編『危機の憲法学』弘文堂、2013年）も、「1万分の1の『分け前』という言い方は株式会社の株式と同じ観念的な分け前を意味しており、市民が文字通り国家を分割所有しているという意味ではない」と指摘するとおりである。

とを疑問視する。しかし私見は、決して現代的市民主権論を封建制で基礎づけたわけではない（説明上のメタファーにすぎない）。ルソーの「分有主権論」をめぐってフランス憲法学でも長く批判があったことから、これに対する考え方を述べたものに過ぎない（「封建時代」という点には全く意味はない）ことを回答しておきたい。[132]

(C) 上記(A)に関連して、国内における主権の不可分性論が不可欠であるとすれば、国家法人説的理解になるのではないか、との指摘を頂いた。この点について、私見では、人民という集合体に主権が帰属する「人民主権」論の構成は、たしかに法人説的ではあるが、少なくとも権力が「国家」に集約される国家法人説に依拠する議論とは異なっている。[133]また、ナシオン主権的な国家法人説では主権主体にとっては国籍要件が必要となるのに対して、「市民主権」論では、すでにみたように、国籍要件から解放された主権主体論も可能となる。これらの点で、従来のプープル主権論、ナシオン主権論と異なる理解を示したものであるが、「市民主権」論においても、市民の総体を一つに捉えて法人説的な構成をとっているではないか、という見方も無下に否定することはできないともいえる。

これらの点は、フランスの近年の議論でも争点になっているため、ミシェル・トロペールの主権論等との比較の視座をふまえて次項でこの点を概観し、さらに本書第4章第2節で、フランスの議論を検討することにしよう。

3　現代における主権論・民主主義論の展開と憲法学

(1)　主権論の現代的展開：トロペール、リュシェール、アケ等の主権論

フランスでは、第三共和制期の公法学説において大革命期以来の主権論の理論化が行われ、カレ・ド・マルベールの三つの分類が大きな影響を与えてきた。それは、「主権は、第一に、完全に独立した権力の最高性、とりわけ国家

---

132) 「重畳的所有」の議論は、ルソーの「分有主権論」批判に対する反論のなかの例えとして援用したものであり、私見における説明の仕方の是非よりもルソーの理論に対する議論こそが重要であると考える。この点は、前注131、辻村前掲『市民主権の可能性』43頁（注66）のほか、小島前掲「選挙権権利説の意義」50頁以下、本書252頁も参照されたい。
133)　山元前掲論文（前注118）247頁参照。

第4節 「市民主権」論・参加民主主義論の有効性と課題　51

権力の独立性を示す。第二に、国家権力のなかに含まれる諸権力の全体を意味する。さらにそれは、第三に、国家における国家権力の最高の保持者（＝主体）の地位を特徴づけ、ここでは主権は機関権限と同視される」という説明である[134]。日本でも議論されてきたように、フランスではこのうち第二の国家権力（実力）としての主権を重視し、それを憲法制定権力論によって基礎づけることが一般的であった。しかし1992年の欧州連合の形成後は、フランスがたびたび憲法改正を強いられたことから、欧州連合条約の合憲性をフランス憲法院が審査する機会が増え、フランスの主権を移譲ないし制約できるのかという議論が盛んとなった[135]。フランス憲法院は、1976年12月30日判決では、主権の移譲と制約を区別して前者を違憲とする見解を示していたが、1992年4月9日のマーストリヒト（第一）判決以降は、「国民（＝国家）主権行使の本質的要件」を侵害するか否かという審査基準論を設定し、多くの合憲判決を下してきた。

　これをうけて、フランス憲法学では、1990年代に多くの著作やシンポジウム等で主権論が取り上げられることになり、主権論の「再燃」・「再登場」現象を示すものが登場した[136]。詳細は、本書第4章第2節に譲るが、とくに、ミシェル・トロペールは、カレ・ドゥ・マルベールの主権の上記の定義に依拠しつつ、国家は多くの権限によって構成されており、そのなかには国民主権行使の本質的条件を侵害しないため移譲できる諸権限と、憲法改正の後でなければ移譲しえない権限が含まれていると解説した[137]。

　こうしてトロペールは、主権の制約を国家権力の総体を意味する第二の主権

---

134)　R.Carré de Malberg, *Contribution à la théorie générale de l'Etat*, 1920, t.1.p.79. 詳細および日本の学説への影響について、辻村前掲『フランス憲法と現代立憲主義の挑戦』（前注131）45頁以下も参照。

135)　詳細は本書第4章第2節245頁以下参照。欧州連合条約に関連する憲法改正は、いずれもそれに先行する憲法院の違憲判決に由来する。(a)マーストリヒト条約批准に関する1992年6月26日改正と同年4月9日判決、(b)シェンゲン条約に関する1993年11月25日改正と同年8月13日判決、(c)アムステルダム条約に関する1999年1月25日改正と1997年12月31日判決、(d)欧州憲法条約に関する2005年3月1日改正と2004年11月19日判決、(e)リスボン条約に関する2008年2月4日改正と2007年12月20日判決それである。

136)　樋口陽一「『近代理性主義擁護の最期のモヒカン』？──憲法学にとっての20世紀」法律時報73巻1号（2001年）15頁。

137)　Michèle Troper, "Comment définit-elle la souveraineté nationale ?", op. cit., Télécharger le dossier quarantième", http://www.conseil.constitutionnel.fr/05 htm.　山元前掲論文（前注118）247頁以下、本書247頁以下参照。

の用法によって正当化した。このような見解は、フランソワ・リュシェールなどにも認められ、フランス憲法学における主権の再定義が行われた[138]。ここでは、国家における対内的な意味での主権行使の方法として、人民を構成する市民に注目する見解も展開された。また、若手研究者のアルノー・アケも、主権観念の展開を、とくに不可分性に注目して再検討しており[139]、近年のフランスでは、権力の実体、主体の両面での一定の「軟化」を承認しつつ、現代的に適用させる傾向が認められる[140]。

(2) 民主主義論の展開：ハーバーマス、ロザンヴァロンのデモクラシー論

20世紀後半以降、歴史的状況の変化の中で、デモクラシー論も変化を遂げた。議会制・代表デモクラシーに限定せず、社会や議会外部との関係、さらには家族や親密圏との関係などにも射程を拡大してきた。デモクラシーが行われる単位が多層化・不確実化し、既存の制度的な単位が見直されて非制度的な空間におけるデモクラシー論（社会運動やアソシエーションなど）が重視されるようになってきた[141]。デモクラシー論は、1980年代末以降、「熟議論的転回」(the deliberative turn) と呼ばれる主導理論の交代があり、その背景には、非制度的次元の公共的議論の活性化により利益モデルにかわる議論が求められたことがあるとされる[142]。

そこで非制度的デモクラシー論の重要性を踏まえつつ、さらに憲法学においては制度的なデモクラシーの構築を無視できないことなどからして、ここでは、市民主権論や代表制論との関係が深いと思われる熟議デモクラシー論（ハーバーマス）と、カウンター・デモクラシー論（ロザンヴァロン）をみておくことにしよう。

---

138) François Luchaire, "La souveraineté", *Revue française de droit constitutionnel*, n°.43, pp. 451 et s.
139) Arnaud Haquet, *Le concept de souveraineté en droit constitutionnel français*, PUF, 2004, p.89.
140) 不可分性の前提がなければ、主権論は文法的・論理的に成り立たない、と解する石川説も、三つの用法の第一の用法で捉えている限り従来の主権論と齟齬はない。ただ、現代的な修正を施す近年の傾向を踏まえて「市民主権」の構造を理論的に整合させることも同時に不可能ではないであろう。フランス主権論の展開は、第4章第2節（本書233頁以下）に譲る。
141) 齋藤純一・田村哲樹編『デモクラシー論（新アクセス・シリーズ）』日本経済評論社（2012年）xi参照。
142) 齋藤・田村前掲編181頁〔齋藤執筆〕。

1) 熟議デモクラシー

　熟議民主主義ないし熟議デモクラシー（deliberative democracy）とは、田村哲樹の定義によれば、「人々が対話や相互作用の中で見解、判断、選好を変化させていくことを重視する民主主義の考え方」であり、あるべき民主主義の一つのモデルとして注目を浴びてきた。[143]1980年代のユルゲン・ハーバーマスの構想に民主的手続主義の「理念的な源泉」を見出したコーエンなど、影響を受けた思想家たちは非常に多い。[144]

　ハーバーマスは、1980年代前半の著作では[145]「理想的な条件で自らが支持する理由に基づいてより善き議論を提出しようとするコミュニケイション的行為にこそ、伝統や慣習に回収されない規範性を生み出す源泉がある」と主張していた。[146]1980年代後半には「手続としての国民主権」（1988年）で、[147]「フランス革命の模範的指導力がはたして尽きてしまったのか」を政治理論の次元で検討し、「民主主義と人権が立憲国家の普遍主義的核心をなす」という認識のもとで、「人権を主権的国民意思の表明」と理解したフランス革命に基礎を置く「手続としての国民主権論」を展開した。[148]ここでは、フランス革命で惹起された自由主義と徹底した民主主義の弁証法が世界に重大な影響を与え、その思想的先駆者であるルソーが示した「人権と民主主義の統合」により、国民主権の実践が同時に人権を保障することを明らかにした。[149]ハーバーマスは、ジャック・ルーなどアンラジェやバブーフなどの思想も考慮に入れて、連帯的な結合によって

143）　田村哲樹『熟議の理由——民主主義の政治理論』勁草書房、2008、ii頁。田村は、闘技民主主義をこれに対置して検討する。一般にラディカル・デモクラシーとして理解されるシャンタル・ムフやマーク・ウォーレンのうち前者の議論を闘技議民主主義とし、この批判をうけた熟議民主主義の理論家として、ユルゲン・ハーバーマス、ヨシュア・コーエン、アイリス・ヤング、セイラ・ベンハビブ、ジェームズ・ボーマン（プリコミットメント論）、ジョン・ドライゼックなどが検討対象とされる。
144）　齋藤・田村編前掲編（前注141）140頁〔井上彰執筆〕。
145）　Jürgen Habermas, *Theorie des kommunikativen Handelns*, 1981, 河上倫逸他ほか訳『コミュニケーション的行為の理論(上)』未来社（1985年）参照。
146）　齋藤・田村前掲編書140頁〔井上彰執筆〕。
147）　J.Habermas, "Volkssouveränität als Verfahren" (1988), in *Faktizität und Geltung. Beiträge zur Diskurstheorie des Rechts und des demokratischen Rechtsstaate*, Frankfurt am Main, 1992, S.600ff.
148）　ハーバーマス（河上倫逸他訳）『事実性と妥当性(下)』未来社（2003年）241頁以下参照（訳文の表記を一部変更した個所もあるが、原則として訳書に依拠しておく。以下同様）。
149）　ハーバーマス（河上他訳）前掲（下巻）250-251頁参照。

支えられた公共圏という初期自由主義との接点を見出し、政治的なものの概念のなかで、「コミュニケイション的に算出される権力」と「行政府に執行される権力」を区別した[150]。逆向きのこれら二つの過程が政治的公共圏において出会い、交錯することを指摘したのである。

さらに1990年代には、1992年の Faktizität und Geltungで[151]、手続的主権論と意見形成―意思決定論の内容を以下のように明らかにした。「国民主権の手続化、ならびに政治的公共圏という周辺化ネットワークへの政治システムの再結合化は、脱中心化された社会という像に合致する。……討議理論が重視するのは、民主的手続を通じて、もしくは政治的公共圏のコミュニケイションの網の目において実施される、了解過程のより高次の間主観性である。こうした主体なきコミュニケイションによって、議会および……その諸機関の内外で議論の場〔アリーナ〕が形成され、……合理的な意見形成・意思形成〔決定〕が……実施される」。「主観哲学的概念を放棄すれば、主権は、……憲法上の諸権限の匿名性へと転換される必要もなくなる。自己組織化する法共同体の「自己」は、主体なきコミュニケイション形式のなかに消滅する……。ここでは、国民主権の理念と結びついた直観は否認されるわけではなく、……匿名であるとはいえ、生成された国民主権は、コミュニケイション的に産出された権力として実効性を発揮するために、民主的手続およびその高度なコミュニケイション的諸前提の法的執行へと場を移すのである[152]」。

このようなハーバーマスの理論については、日本の憲法学でも、彼の手続的主権論における主権の実質は権力か、「影」か、という形で議論されてきた[153]。実際、法理論としての国民主権と、コミュニケーション権力論との間に質的相違があるのか、意見形成と意思決定過程の主体を各々社会的市民と政治的市民

---

150) ハーバーマス（河上他訳）前掲（下巻）259-262頁。アンラジェの憲法思想については、辻村『フランス革命の憲法原理』（前注44）314頁以下参照。

151) J. Habermas, *Faktizität und Geltung. Beiträge zur Diskurstheorie des Rechts und des demokratischen Rechtsstaate*, Frankfurt am Main, 1992.ハーバーマス（河上他訳）前掲『事実性と妥当性(下)』2003参照。なお英訳・フランス語訳タイトルはそれぞれ、Contributions to a discourse theory of law and democracy / Jürgen Habermas; translated by William Rehg, 1996: *Droit et démocratie: entre faits et normes*, Gallimard, 1997である。これらのほうが本質を捉えているように見える。

152) ハーバーマス（河上他訳）前掲（下巻）22-25頁参照。

153) 日本公法学会での質疑につき、前掲『公法研究』65号156頁（前注125）参照。

第 4 節　「市民主権」論・参加民主主義論の有効性と課題　55

に見いだせないか、などが検討に値しよう。
　この点に関してハーバーマスは以下のように説明している。「匿名化され、間主観的に解体された主体なき国民主権というものは、民主的手続、そしてこの手続を実施する高度なコミュニケーション的諸前提へと取り込まれる。そうした国民主権は、法治国家的に制度化された意思形成と、文化的に動員される公共圏との把握困難な相互行為として、より適切に捉え直される。コミュニケイション的に流動化された主権は、自律的公共圏に由来する公共的討議の権力としてその真価を発揮する」[154]、「討議理論的に把握された法治国家では、国民主権はもはや具体的に同定しうる自律的国民の総体として実体化されはしない。国民主権は、もろもろのフォーラムと団体によるいわば主体なきコミュニケイション的循環過程にまで引き戻される」[155]、「政治的支配の行使は、討議的に構造化された意見形成・意思形成によって国家市民が作りだす制定法に従って実施され、……正統化される」[156]。
　以上の記述からは、手続的主権論の主体は実体がなく、主体なきコミュニケーション形式にすぎず、ハーバーマスにとって、主権論は法原理ではなく民主主義的手続論にすぎないとも理解できる[157]。ただしここでは、「人権と国民主権という二つの理念は、民主的法治国家の規範的自己理解を決定づけている」（上139頁）として道徳原理とは区別されており、「国民主権原理は、すべての政治的権力が国家市民 Nationaler Bürger のコミュニケイション的権力から導かれる、ということを意味する」（上204頁）、「政治的多元主義下では、すべての国家市民に対して開かれた政治的公共圏におけるインフォーマルな意見形成によって（議会の意見・意思形成を）補完する必要性が生じる」（上205頁）ともされている。「手続主義的な法理解は、民主的な意見形成・意思形成のコミュニケーション的前提と手続的条件を唯一の正統化の源泉として掲げる」（下302頁）のであり、斎藤純一が指摘するように[158]、意見形成（理性の契機：主知主義）と意思決定（意志の契機）過程を媒介するものとして、法を生み出す政治過程、公

---

154)　ハーバーマス（河上他訳）前掲（下巻）266頁。
155)　ハーバーマス（河上他訳）前掲（上巻）168頁。
156)　同（上巻）204頁。
157)　山元「最近のフランス憲法学における民主主義論の動向」前掲『現代立憲主義の諸相（上巻）』87頁以下参照。

共の討議が挙げられる[159]。市民社会では熟議を通じて洗練された意見が抽出されて、国家（議会）や投票による意思決定の場に届けられる。

これについて、具体的には、市民社会の自発的結社への国家からの権限の委譲によってアソシエーションによる自由とアカウンタビリティとを実現すること（アソーシアティヴ・デモクラシー）や「熟議の日」の設立、「熟議世論調査」などを構想することができよう[160]。

また、このように政治的公共圏における意見形成―意思決定の二段階の過程を媒介させる議論は、後者において議会で決定され行政府によって施行される権力がもともと（影でなく）国家権力として存在することを前提としているといえる。たしかに旧来の主権概念や固定的な主体概念との差別化が試みられているとしても、意見形成―意思決定の過程をそれぞれ社会的市民の意見形成と政治的市民の意思決定の過程に置き換えてみれば、これを「市民主権」論における意見・意思集約の媒介過程と軌を一にする発想と捉えることも不可能ではないであろう[161]。

この点で、同様に前者の意見形成過程に注目する議論として、近年のカウンター・デモクラシー論が検討に値する。

2）P. ロザンヴァロンのカウンター・デモクラシー論

カウンター・デモクラシーとは、2006年にフランスの歴史学者ピエル・ロザンヴァロンが著した『コントル・デモクラシー――不信の時代の政治』（Pierre Rosanvallon, *La contre-démocratie, La politique à l'âge de la défiance*, Editions du

---

158) 斎藤純一「ハーバーマス――正統化の危機、正統化の根拠」岩波講座『政治哲学（第5巻）』岩波書店（2014年）173頁。ルソーとカントでは、「法原理は……民主主義原理そのものの裏面をなすにすぎない」とも指摘される（齋藤・田村前掲編書xi）。

159) 田村前掲126頁では、「分断化された社会における民主主義の熟議と決定の契機との繋がり」を緩めることをドライゼックは望ましいと考えていることを指摘する。Dryzek, *Deliberaitive Global Politics:Discourse and Democracy in a Divided World*, 2006, p.47．

160) 熟議民主主義の制度化の例としての後二者は、ジェームズ・フィシュキン、ブルース・アッカーマンの提案とされ、熟議世論調査は、選挙の1－2週間前に地域で開催されるグループ討論会などが想定されている。ちなみに、国家・議会の制度的次元では、代表たち（民主主義的な権威）によって「制度化された熟議」が実施される。田村前掲128, 132, 136頁参照。

161) ただし、市民の意思決定への参加を過度に求めるものではなく、むしろ責任の重さから市民を解放するために複線モデルがとられたことにつき、田村前掲『熟議の理由』126頁、毛利透『民主制の規範理論――憲法パトリオティズムは可能か』勁草書房（2002年）80頁も参照。

第 4 節　「市民主権」論・参加民主主義論の有効性と課題　57

Seuil, 2006)の英訳本タイトルに由来する[162]。それは、デモクラシーへの反対を意味するのではなく、従来の代表民主制とは異なる、もうひとつの「対抗的な」デモクラシーのことである。社会全体に拡散した間接的諸力からなるデモクラシーであり、選挙に依拠する民主制への不信に由来する。ここでは、代表民主制とカウンター・デモクラシーとは、対立的にではなく協調的・補完的に理解されなければならない。すなわち、選挙と選挙の間を、人民の監視（peuple-surveillant）、人民の拒否投票（peuple-veto）、人民の審判（peuple-juge）の三つの次元で埋め合わせることで、本来の選挙による人民の主権行使（peuple-electeur）を完全にする、という構図である[163]。

　かつてJ.=J. ルソーが、「イギリス人が自由なのは、議員を選挙する間だけのことで、議員が選ばれるやいなや……人民は奴隷となり無に帰してしまう[164]」と述べたように、主権行使の機会が選挙に限定されていた近代の純粋代表制のもとでは国民主権（＝ナシオン主権）は建前にすぎず、国民は実質的主権者たりえなかった。これに対して現代では、主権者と代表者との間の意思の一致をめざす「半代表制」や、直接民主制を部分的に取り入れた「半直接制」が採用されるようになり、国民主権原理も、「人民（プープル）主権」ないし「市民主権」として理解される傾向にある。ここでは、主権者人民（市民）は、人民投票など直接民主制の手続や日常的な監視活動などを通して、選挙以外のときも、たえず主権を行使することが求められる。

　ただし、人民投票や住民投票がフランスなどの諸国のように憲法上の制度として常態化していない日本では、ロザンヴァロンのいう人民の監視や批判（拒否）行動は、より日常的なデモ行進や市民運動、インターネットを利用した意思表示、NGOの活動などによって「遠巻き」に行われることになる。これらの手段が、カウンター・デモクラシーとよばれる内容であり、反原発デモなどに示される日本の市民主体の運動をめぐって、にわかに注目を集めているテー

---

[162]　Pierre Rosanvallon, *La contre-démocratie, La politique à l'âge de la défiance*, Editions du Seuil, 2006の英訳本タイトルに由来。*Counter-Democracy, Politics in an age of Distrust*, Translated by A. Goldhammer, Cambridge, 2008。辻村「カウンター・デモクラシーと選挙の効果的協同へ」世界835号（岩波書店、2012年10月号）199頁以下参照。
[163]　P.Rosanvallon, *op.cit*., 2006, p.23.
[164]　ルソー（著）、桑原武夫・前川貞次郎訳『社会契約論』岩波文庫（1954年）133頁。

マである。

　ロザンヴァロンは、①選挙による代表民主制、②カウンター・デモクラシー、③政治による社会の制度化が、民主主義の実践の三つの柱を構成していると指摘し、現代の多元的制度を構想する。このうち①では、主権原理上の人民（peuple-principe）を中心に据える政治的原理と、いわば社会的人民（peuple-société）による社会的原理をいかに一致させるかが問題となる。彼は、1990年代からの参加民主主義や熟議民主主義の動向にその解決を見出すが、同時に議論の拡散等の不十分さをふまえて、21世紀初頭の主要な作業として②のカウンター・デモクラシーの構築を重視するに至るのである。

　なお、上述の「二つの人民」の対比は、かつて樋口陽一が提示し、「市民主権」論で区別した政治的市民（citoyen-politique）と社会的市民（citoyen-civil）のそれに対応する。ここでいう「二つの市民」は、それぞれ、本来の主権者としての政治的市民（有権者）を主体とする主権行使（選挙・人民投票など）と、社会的市民を主体とするデモなど多様な市民運動の担い手となる。すなわち、仮に選挙資格ないし政治的意思決定能力を有する18歳以上の市民を政治的市民、それよりも若い15〜18歳くらいの中・高校生やNGOなどの団体をも含めた広範な主体を社会的市民と解する場合には、その範囲は後者のほうが広い。この両者の範囲は中心部分で重なり同心円を描くが、カウンター・デモクラシーでは、両者の「協同」こそが、重要になる。

　実際に、日本と違って高校生のデモなどが当たり前になっているフランスでは、カウンター・デモクラシーの担い手を、選挙による代表民主制の担い手（有権者）よりも広範囲に想定することが可能となる。この点で印象的だったのは、2010年秋にサルコジ大統領が推進した年金制度改革・定年年齢引き上げに反対して、全国の高校生が連日街頭デモを繰り返した時のことである。高校生の隊列の末尾に「Parents〔両親〕」と書いたプラカードが続き、デモを企画した高校生の親たちが賛同して行進していた光景である。あくまでイニシアティヴは高校生側にあり、「わが子がこんなに熱心に取り組んでいるのに、親も漫然としてはいられない」と、親たちまでもが街頭に出た。まさに「デモ好き」

---

165)　P.Rosanvallon, *op.cit.*, p.299.
166)　樋口前掲「〈citoyen〉の可能性」（前注105）。

といわれる国の民主的実践の光景であった。

　翻って日本の若者は、校則や内申書との関係で政治活動を禁止・抑制されてきたためか、デモの経験もほとんどない。成人した大学生についてみても、主権者市民（政治的市民）としての関心も乏しく、社会的市民にもなり得てないのが実情であろう。女性団体の運動などを含め、市民運動のエンパワーメントが一朝一夕にできないことからしても、選挙資格年齢の引き下げや、真の意味での主権者教育によって、「担い手」を養成することも切実な課題である。日本では、投票価値平等の徹底、ポジティヴ・アクションによる男女共同参画の推進、選挙資格年齢の引下げによる主権者の拡大などがいずれも今後の選挙改革の課題であり、同時にカウンター・デモクラシーを実現するための前提的な処方箋に他ならない。

　さらに、インターネットや街頭での意思表示、デモ行進を通じた政治参画を多くの市民が経験することは、政治を主権者市民の手に取り戻すために有益かつ不可欠の手段である。この点で、日本社会には根深い「デモ暴徒論」が存在することも忘れてはならない（東京都公安条例事件の1960〈昭和35〉年7月20日最高裁判決は、「〔集団行動は〕時に、昂奮、激昂の渦中に巻きこまれ、甚だしい場合には一瞬にして暴徒と化し……警察力を以ってしても如何ともし得ないような事態に発展する危険が存在すること、群集心理の法則と現実の経験に徴して明らかである」と述べていた）。このような短絡的な対応を慎み、憲法21条が保障する表現の自由や「市民主権」の実践によるカウンター・デモクラシーこそが、政治への信頼を取り戻すための希望であることを確信して、真摯に、「主権者による、主権者のための」選挙改革や政治改革を推進しなければならない。

　上記の展開のほかにも、アメリカ・フランス等の民主主義論の展開は注目すべきものがある。とくにフランスでは、事後的違憲審査制の導入や活性化に伴い、従来の法律の一般意志論との関連でこれを正当化するために、憲法学において、民主主義と立憲主義との対抗関係を調和的に解する試みが進んでいる（ドミニク・ルソー等）[167]。

　日本では、市民政治論や参加民主主義論との関係における政治学との接合という意味で、松下圭一の分節主権論・「市民自治」論や「国会内閣制」の議論

---

167)　詳細は、山元『現代フランス憲法理論』信山社（2014年）333頁以下参照。

があるが、ここでは深入りすることはさける。

これよりも、改憲論の動向の中で立憲主義の意義が強く主張されていることを踏まえて、近時の憲法学における立憲主義憲法学の動向を見ておこう。立憲主義の観念も多義的で、あらためていかなる立憲主義か、を問わなければならないからである。

第5節　立憲主義憲法学・民主主義憲法学の課題

1　立憲主義憲法学の課題

日本国憲法に民主主義の語は用いられていないが、1950年代に清宮四郎は『憲法Ⅰ』で、「民主制は日本国憲法の採用する、最も重要な基本原理であり、この原理は、憲法の全面に浸みわたっている」と記述した。他方、清宮は、立憲主義については明示せず、この憲法教科書の索引にも立憲君主制があるだけである。

他方、宮沢俊義のほうは、1928年の『憲法大意』のなかで、狭義の憲法とは「立憲主義を基礎とする憲法」であり、「立憲主義とは、国家組織に関する一定の原理」で消極・積極二つの側面を持つと述べ、1937年にも立憲主義と題する書物を刊行していた。

芦部信喜は、前文第1項後段が「これは人類普遍の原理であり、この憲法は、かかる原理に基くものである。」と定める点について、国民主権とそれに基づく代表民主制の原理を宣言したものと解した。そのうえで、国民主権（民主の

---

168)　大津浩「『市民政治』・『参加民主主義』と憲法学」全国憲法研究会前掲『憲法問題』18号、72頁以下、松下圭一『市民自治の憲法理論』岩波書店（1975年）、同『国会内閣制の基礎理論　松下圭一法学論集』岩波書店（2009年）参照。
169)　清宮四郎『憲法Ⅰ』有斐閣、初版（1957年）39頁、第3版（1979年）57頁。
170)　髙見勝利『宮沢俊義の憲法学史的研究』有斐閣（2000年）231頁。1948年にも宮沢『憲法の大意』有斐閣があり。1937年の『立憲主義と三民主義・五権憲法の原理』でも立憲主義が重視されていた。「立憲主義の原理」『憲法の原理』岩波書店（1967年）1頁以下に所収。

原理）も基本的人権（自由の原理）も、「人間の尊厳」という「最も基本的な原理に由来し、この二つが合して広義の民主主義を構成し、それが、人類普遍の原理」とされているのである、と解説した[171]。立憲主義についても詳細な歴史的記述がおかれている。

このように、立憲主義と民主主義はいずれも戦前の憲法学から主要概念として論じられてきたものであったが、現在の日本の社会では、立憲主義が一般に理解されているとはいいがたい。

とくに、昨今の安倍政権下で「立憲主義を知らない」という言説が勢いづいている。たとえば、安倍首相自身、2014年2月12日の衆議院予算委員会で「（憲法は）国家権力を縛るものだという考え方があるが、それはかつて王権が絶対権力を持っていた時代の主流的考え方」だとしたうえで「政府の最高責任者は私だ」と述べ[172]、同月13日の東京新聞朝刊が、「首相、立憲主義を否定」の見出しを付けたこともあって[173]、首相の「立憲主義」に対する考えが改めて注目された。

また、首相補佐官で自民党憲法起草委員会の事務局長である礒崎陽輔議員が「立憲主義なんていう考え方は聞いたことがない」とツイートして問題になった[174]。明治憲法下のほうがむしろ立憲主義への理解があったことを感じさせる状況といえるが、実際、首相ブレーンの一人とされる長谷川三千子氏も、イギリスの立憲君主制を重視し、憲法の教科書がフランスやアメリカの近代立憲主義

---

171) 芦部信喜『憲法』初版、岩波書店（1988年）、同新版（1999年）37頁。ここでは、当然に近代市民革命を経て近代憲法に実定化された立憲主義が説明されている（15頁以下参照）。

172) http://newclassic.jp/8329#footnote_0_8329 http://www.jiji.com/jc/zc?k=201402/2014020300729

173) 東京新聞2014年2月13日の記事は、「2014年2月12日の集団的自衛権をめぐる国会審議の中で、安倍晋三首相は12日の衆院予算委員会で、集団的自衛権の行使を認める憲法解釈の変更をめぐり『（政府の）最高責任者は私だ。政府の答弁に私が責任を持って、その上で、選挙で審判を受ける』と述べた。憲法解釈に関する政府見解は整合性が求められ、歴代内閣は内閣法制局の議論の積み重ねを尊重してきた。首相の発言は、それを覆して自ら解釈改憲を進める考えを示したものだ。首相主導で解釈改憲に踏み切れば、国民の自由や権利を守るため、政府を縛る憲法の立憲主義の否定になる」と批判した。http://www.tokyo-np.co.jp/article/politics/news/CK2014021302000135.html
これに対して、「立憲主義とは、政府が憲法に立脚した統治を行うことをいいます。その憲法の解釈権は、行政府では内閣法制局ではなく、内閣が持つのが通説で、首相答弁は、当たり前の話です。東京〔新聞〕さん、子供だましはもうやめましょうね。（編集長 乾正人）」という編集長見解が2014年2月15日の産経新聞に出された。http://www.sankei.com/politics/news/140215/plt1402150016-n1.html

の解説から始まっているのはおかしい、とシンポジウムで発言していた。[175)]

　これに対して、憲法学説からは、戦前において立憲主義は指導層の共通認識であり、立憲・非立憲が問題になっていたことが応答されている[176)]。他方で、近年の憲法学における立憲主義論は、憲法裁判による違憲審査制度を前提とした法治国家論の隆盛を示すものであり、この議論が強まったのは、1980年代以降であるという説明もある[177)]。この後者の論法だと礒崎首相補佐官らの抗弁を批判することが困難になるため、一般的用法と憲法学的用法とをわけて議論することが必要と思われる。

　そこで、いかなる立憲主義か、という問題に到達する。いうまでもなく、立憲主義とは、憲法を制定して政治権力を制限する考え方である（憲法にしたがって統治すべきことを内容とする）。歴史的観念であり、国によっても異なるが、一般に、(A)古典的な立憲主義（17世紀ころまでのイギリス等）と、(B)近代的な立憲主義（18世紀市民革命後のフランス、アメリカ等）に区別され、(B)では、国民主権、基本的人権保障、権力分立が要素となる（1789年フランス人権宣言16条が参照される）。

　日本では、日本国憲法が(B)の近代立憲主義を採用したのに対して、大日本帝国憲法（1989年制定の明治憲法）が立憲主義の建前をとりつつ、内実は君主主権、臣民の権利、権力非分立（天皇への集中）の原理を採用したことから、(A')外見的立憲主義と呼ばれ、これと近代立憲主義が対比されてきた。明治憲法下で

---

174)　礒崎陽輔議員のツイッターで「時々、憲法改正草案に対して、「立憲主義」を理解していないという意味不明の批判を頂きます。この言葉は、Wikipediaにも載っていますが、学生時代の憲法講義では聴いたことがありません。昔からある学説なのでしょうか。」と発言（10：47 PM -5月28日 https://mobile.twitter.com/isozaki_yousuke/status/206985016130023424）。東大法学部1986年ころ卒業の学生は芦部教授の憲法の講義を受けたはずであるが、立憲主義について聞いていないと述べた人物が憲法改正草案を起草したことは問題であろう。そのためか、2012年の自民党改憲草案も、憲法を作って国民が政府を縛る、国民の人権を守るために国家がある、という日本国憲法＝近代立憲主義の考えをとらず、国民が国のために存在するという逆立ちした論理になっている。

175)　2014年3月8日東京銀杏会トップフォーラムでの発言（東京銀杏会『銀杏』15号（2014年）117-119頁参照）。ここでは美濃部達吉の『日本国憲法原論』のなかの「日本憲法」の用法に注目してフランスやアメリカの憲法とは異なる日本固有の憲法を重視する議論を展開した。

176)　樋口陽一『いま「憲法改正」をどう考えるか』岩波書店（2013年）13頁以下参照（「戦前：〈立憲主義〉は指導層の共通認識だった」）。

177)　樋口前掲『いま「憲法改正」をどう考えるか』16頁、憲法学界の用法につき、愛敬前掲『立憲主義の復権と憲法理論』（前注19）2頁以下参照。

は美濃部達吉ら「立憲学派」が国家法人説（天皇機関説）に基づいて憲法による天皇主権の制限（立憲君主制）を主張したが、これは(A)の枠内であって、(B)ではない。日本国憲法では、近代立憲主義が原則となるため、現行憲法下で立憲主義といえば、近代立憲主義のことを指す。[178]

この関係のなかで、(A)をもって立憲主義を理解しようとする保守政党の流れに抗して、国民主権、基本的人権保障を要件とする近代立憲主義の重要性をとくことが、一般向けの議論としてまず必要となろう。

つぎに、理論上の課題として、司法による憲法訴訟と結びついたものだけを立憲主義と称してこれと民主主義と対比させる立論[179]は、その議論の対象次第では危険をはらむことも危惧される。

とくに、2000年からの憲法調査会を契機に、国民投票制が憲法改正論の流れのなかで重視され、第一次安倍政権下の2007年憲法改正手続法（国民投票制）制定、第二次安倍政権下での「改憲のための国民主権論」を援用（僭称）した96条改正論が叫ばれる昨今では、一般の用法と憲法研究者との議論の違いを自覚したうえで、立憲主義の定義、射程、種類を明らかにし、いかなる立憲主義かを明確にすることが今後の急務であるといえよう。

立憲主義の過少がいわれるなかで、硬性憲法を強調する脈絡での立憲主義を重視し、自民党憲法改正草案との関係での近代立憲主義の重要性を再確認するとともに、新しい「法的立憲主義」をいかに位置づけるかが立憲主義憲法学の課題である。

2　民主主義憲法学の課題

他方、近年の保守政治における立憲主義軽視を許した背景には、民主主義憲法学の責任も大きいといわなければならな。とくに1960年代以降のいわゆる「護憲派憲法学」の限界として、憲法史研究など基礎研究の不足や、人権と主権・平和主義を統合する憲法理論の構築の不足も指摘することができよう。大

---

[178]　芹沢斉「立憲主義」杉原編前掲『新版　体系憲法事典』（前注98）137-142頁参照。
[179]　例えば、阪口正二郎『立憲主義と民主主義』日本評論社（2001年）、愛敬前掲（前注19）2頁以下の「法的立憲主義」の解説を参照。

きな憲法学の終焉(矮小化、基礎理論の不足)が起こっていることは、法科大学院が開校した2004年以降の論争不在の現状とも重なりあう。

　さらに一般的にみて、リベラリズム憲法学が主流を占めたことに伴い、憲法科学から憲法哲学への移行とあわせて問題が残ったといわざるをえない。運動論・担い手論の衰退、格差の放置など、日本社会のなかで日本国憲法の基礎原理を根づかせるために戦後憲法学が重視してきた方法論が、一変したようにさえみえるからである。ここでは、憲法学者のモティベーションや存在意義、パトス〈情念〉の欠如、効利主義的精神と「解釈オタク」といわれる研究者の増加など、研究者の意識や方法にかかわる問題も指摘できるかもしれない。

　さらに民主主義憲法学の課題として、国民主権論の視点から国民投票制論の問題点(もろ刃の剣であること)を明らかにするためにも、国民主権の再解釈、理論化が急務となる[180]。

　この点で、憲法学界で長谷部説によって「憲法制定権力の消去可能性」が論じられたことも重要であり、主権論の停滞下での国民主権論の活性化の課題と並んで、憲法制定権力論等の検討が不可避となろう。かつて芦部説は、旧自由党などの憲法全面改訂論の台頭という事実に直面して、1956年から60年代前半にかけて、主権＝憲法制定権力を認める立場から、改正の限界を精力的に論じた[181]。シュミット流の決断主義的な制憲権(始源的制憲権 pouvoir constituant originaire)や法実証主義的な改正無限解説を批判して、「制度化された制憲権」(pouvoir constituant institué)＝憲法改正権を制限するためである。

　これに対して杉原説は、芦部説(「国民主権＝人民憲法制定権力説」)の非科学性を批判し、「法外の現象」を認めるべきではないとした。人民に憲法制定権力のみを帰属させることで、「統治権を人民から剥奪すること」や、「『国民＝人民』の名による憲法制定権力の悪用を懸念[182]」したからである。実際、改正無限界説を採用してきたフランスでは、1962年の憲法改正が憲法制定権力を有す

---

[180]　井口秀作「『民主過程』をめぐる憲法学説」全国憲法研究会編『憲法問題』19号(2008年)79頁以下参照。
[181]　芦部『憲法改正権力』東京大学出版会(1983年)とくに第二部所収の諸論文参照。近年でも、2005年11月の自民党新憲法草案等の動向からすれば、新憲法制定という形での憲法の全面改定問題を憲法改正の限界論の視点から検討しておくことも重要である。
[182]　杉原前掲『憲法と国家論』(前注32)195頁(初出1958年)。

る人民の投票によって承認されたことで「手続的瑕疵が治癒された」と解された。この論理と同様に、仮に今後、新憲法制定にも匹敵するような憲法の全面改定が企図され、清濁混淆した全面改定案の発議に対して国民の承諾が得られた場合には、憲法制定権力の発動であることを僭称して、これが正当化される危険が伴うようにみえる。

　この意味でも、長谷部説や杉原説による憲法制定権力観念の駆逐提案には、理論上のみならず実際的の意義が認められる。反面、憲法改正の限界を枠づけるために芦部説が憲法制定権力論の再構築を試みたことに照らしてみても、憲法制定権力観念駆逐の効果には両刃の剣の面があることが窺える。

　憲法制定権力の観念を用いずに如何に改正の限界を定めるか、また、憲法全面改定を企図する国会の発議を阻止する権限を実定憲法上の憲法改正権の枠内で根拠づけることができるか否か、などの難題が即座に提起されるからである。この点、杉原説では、pouvoir constitué、実定憲法原理としての「人民主権」原理から改正の限界を導くことになろうが、フランスやドイツのように憲法典に限界が明記されてない場合にはその画定は容易ではない[183]。また上記のように憲法改正国民投票によって（改正の限界を超える）全面改訂が承認された場合には、主権者人民の意思が推認される（瑕疵が治癒されてしまう）のではないかという危惧がある。

　これに対して杉原説を批判してきた長谷部説は、主権論を相対化し、「改正の限界の存在を導出するために憲法制定権力を持ち出すことは不要」とする[184]。ではいかなる論理によって改正の限界を導き、どのように事実としての「実務慣行」による限界を確定するのか、など議論を要する点も多いため、昨今の問

---

183) フランスでは、憲法制定権力は主権的である（C.C.no92-312 DC, 2 sep.1992）と解したうえで改正無限界説を採用する。しかし共和政体は廃止し得ないことを定める憲法89条5項等をめぐって、たえず主権論を根拠に改正権限の制約が問題とされてきた。昨今の議論につき、; Moea Vonsy, "Le Parlement constituant n'est pas souvrain", *RDP.*, No3, 2007, pp.793 et s. 主権概念の展開につき A. Haquet, *Le concept de souveraineté en droit constitutionnel français*, supra note 139, pp.31-118参照。

184) 長谷部恭男「憲法制定権力の消去可能性について」岩波憲法講座6、岩波書店（2007年）65頁以下（同『憲法の境界』羽鳥書店（2009年）所収）。同「われら日本国民は、国会における代表者を通じて行動し、この憲法を確定する」日本公法学会編『公法研究』70号（2008年）15頁以下、同『憲法第6版』新世社（2014年）15頁参照。長谷部説における主権概念の相対化につき、岡田信弘「主権論再考」ジュリスト1334号（2007年）43頁（長谷部＝杉田『これが憲法だ！』朝日新聞社（2006年）43頁を引用）も参照。

題提起を契機に主権と憲法制定権力に関する理論が精緻化されることが望まれる。

いずれにしても、憲法96条の国民投票権の行使においては、最低投票率等の整備によって可能な限り民意の正確な集約をはかるとともに、事後の司法的コントロールを完備するなど、主権者の主権行使が完全に行われるための条件整備が前提となる。[185] またその前提として、憲法改正手続における主権行使手続の本質や主権者の地位に関する憲法理論の構築が求められる。この意味でも主権論の「停滞」や主権不要論の言説に安住するわけにはいかない。

---

185) 憲法改正手続の問題点につき、辻村『比較のなかの改憲論』岩波新書（2014年）、三輪隆・浦田一郎・清水雅彦「改憲手続の憲法問題」民科法律部会編『改憲・改革と法』法律時報増刊（2008年）、福井康佐『国民投票制』信山社（2007年）、吉田利宏『国民投票法　論点解説集』日本評論社（2007年）、長谷部「改憲発議要件の緩和と国民投票」・井口「『国民投票法案』批判的検討」・毛利透「国民主権と民主主義」全国憲法研究会編『続・憲法改正問題』法律時報増刊（2006年）など参照。

第2章 「権利」としての選挙権と投票価値平等

第1節 主権と選挙権をめぐる理論的課題

1 問題の所在

　選挙は民主主義の根幹であり、選挙制度の決定は諸国の重要な政治課題であり続けてきた。日本国憲法下でも投票価値の平等など種々の選挙問題が提起されてきたが、憲法学界で選挙権の本質に関する論争が始まるのは、1970年代後半のことにすぎない。

　選挙権の本質（法的性格）をめぐる「選挙権論争」は、国民主権の憲法学的意味が問われたいわゆる「70年代主権論争[1]」に続いて始まった。この主権論争によって、国民主権の主体は全国民（ナシオン）か、人民（選挙権者、プープル）か、主権とは建前（正統性の契機）か、実力（権力的契機）か、などの問題が議論され、日本の主権論が本来の民主主義論の土俵にあがった後に、「80年代選

---

[1] 日本の憲法学界における「70年代主権論争」は、本書第1章12頁以下でみたように、日本国憲法制定による天皇主権から国民主権への変更の背後にどのような法理論があったかを問題にした「国体論争」（八月革命説の通説化）に続いて展開された。その意義につき、辻村『フランス憲法と現代立憲主義の挑戦』有信堂（2010年）163頁以下、同「国民主権」辻村みよ子・長谷部恭男編『憲法理論の再創造』日本評論社（2011年）109頁以下、同『憲法（第4版）』日本評論社（2012年）46頁以下も参照。

挙権論争」と称される議論がおこった。[2]

前章でみたように、主権論自体は芦部説の「折衷説」が通説化されたことによってその本質的視点を失い、[3]憲法訴訟論の台頭によって影を薄めたが、主権論から派生した選挙権論争は、実は日本の民主主義論の展開にとって重要な論争であった。

なぜなら、大日本帝国憲法の天皇主権下では「天皇のための公務」であった選挙権の法的性格が日本国憲法の国民主権下でどのような性格に変わったのか、憲法15条1項で初めて「権利」と明示された選挙権の本質は何か、を問題にする基本的な問いだったからである。国民主権下の普通・平等・自由選挙のもとで、主権者の意思を国会に正確に反映させるため、民主主義の根幹に関わる理論的再検討が必要であった。にもかかわらず、憲法学界では、戦前からの二元説が（天皇主権下の公務説・二元説との差異を明確にしないまま）国民主権のもとでも通説的地位を占め続けた。また、「70年代主権論争」後もフランスの主権論に基礎をおいた議論に対する理解が深まらず、「選挙権は基本的人権か」という人権論の土俵にひきこまれた回り道もあって、[4]最終的には十分に浸透しないままに今日に至った観がある。

ところが、2000年代になると、在外国民選挙権訴訟最高裁違憲判決（2005

---

2) 選挙権論争の展開については、本書第1章24頁以下のほか、初期の研究成果として、辻村「フランス革命期の選挙権論――主権論との交錯」一橋論叢78巻6号（1977年）696頁以下、同「選挙権の本質と選挙原則」一橋論叢86巻2号（1981年）210頁以下、同「選挙権論争の現況と学説の展開」憲法理論研究会編『参政権の研究』有斐閣（1987年）5頁以下、同「選挙権の『権利性』と『公務性』」法律時報59巻7号（1987年）71頁以下〔以上、辻村『『権利』としての選挙権――選挙権の本質と日本の選挙問題』現代法選書21、勁草書房（1989年）所収〕、同「選挙権論の『原点』と『争点』・再論――野中教授の批判に応えて」法律時報62巻11号（1990年）82頁以下〔杉原・樋口編『論争憲法学』日本評論社（1994年）239頁以下所収〕、杉原泰雄「参政権論についての覚書」法律時報52巻3号（1982年）71頁以下などがある。

3) 本書第1章18頁以下、辻村「主権論」（特集「つまずきのもと『憲法』」）法学教室257号（2010年6月号）6頁以下参照。主権は本来多義的であり、国家権力自体（権力的契機）と国家の最高・独立性の正当化（正当化の契機）の意義を内包する。これらがどのように相互に関連し、各担い手をいかに構想するかになどについてフランスの主権論を土俵とした論争が、「70年代主権論争」によって進展したが、杉原・樋口両説がいずれもフランスの議論に立脚しつつ、異なる見解が表明され続けたことに対して芦部教授が疑問を提起したことから、芦部説が「折衷説」という形でまとめられた。この見解が長く憲法学界の通説となってきたが、主権の多様性にかかる本質論的理解にとっては、むしろ誤解や無理解につながったという一面も否定することができない。この点は本書18頁以下参照。

〈平成17〉年9月14日民集59巻7号2087頁)や投票価値平等をめぐる「1人別枠訴訟」最高裁違憲状態判決(2011〈平成23〉年3月23日民集65巻2号755頁)等の展開のなかで選挙権の意義が重視されてきた。[5] 2009年8月と2012年12月の総選挙における二度の政権交代を経て、選挙権や選挙制度の再検討が憲法学の重要な課題となり、法律雑誌の特集でも選挙権権利説の再検討が行われた。[6] そのなかで、「選挙権権利説の意義——プープル主権論の迫力」[7]のように、日本のみならずフランス憲法学における選挙権権利説の意義を主権論の展開のなかで再確認し、憲法理論的課題に迫ろうとした若手研究者の論文も登場した。

　実際、日本だけでなくフランスでも、主権論・代表選論をふまえた選挙権本質論の意義は衰えていない。それどころか、昨今の投票価値平等の推進、フランス憲法院の違憲判決等によって、一層重要な意義を持ち始めている。[8] さらにフランスでは、近年、選挙問題を総合的に研究した若手研究者の学位論文が学術賞(パリ大学リシュリュー賞)を受賞して刊行された。[9] そこではフランス大革命期以降の選挙権理論と制度論的検討が詳細に行われているため、これを咀嚼して日本にも通用する諸課題を示すことが有意義である。

　加えて、1999年の憲法改正以降、フランスでは公職・選挙職における男女平等を促進するためのパリテ(男女同数)の法理が展開を見せている。折しも世

---

4) 本書77-78頁参照。奥平康弘「選挙権は『基本的人権』か——選挙権論をめぐって(1)(2)」法学セミナー340号・341号(1983年)に端を発し、長谷川正安・浦田一郎の反論(同343号・348号)等によって一時的に「論争」と称されたが、これは人権や主権に関する論者の用法を精査せず、アメリカ流の人権論にたった批判が奥平によって展開されたもので、本来の選挙権論争にとっては混乱の種になったともいえよう。辻村前掲『「権利」としての選挙権』(前注2)2-3頁、38-50頁参照。

5) 前者の在外国民選挙権訴訟では、判例の違憲審査基準が厳しく解されたようにみえるが、後者の投票価値平等訴訟では、憲法14条に関する最高裁の違憲審査基準は合理性の基準のままであり、立法事実の変化を重視して著しい不均衡を違憲と判断したものであることが示された。この点は、本書197頁以下参照。

6) ジュリスト増刊『論究ジュリスト』5号(2013年春号)特集参照。

7) 小島慎司「選挙権権利説の意義——プープル主権論の迫力」前掲ジュリスト増刊『論究ジュリスト』5号49頁以下参照。

8) 赤坂幸一「人口比例と有権者比例の間」前掲『論究ジュリスト』5号42頁以下、只野雅人「国民議会選挙における投票価値の平等」フランス憲法判例研究会編(編集代表辻村みよ子)『フランスの憲法判例II』信山社(2013年)181頁以下参照。

9) Bruno Daugeron, *La notion d'élection en droit constitutionnel, Contribution à une théorie juridique de l'élection à partir du droit public français*, 2011, Dalloz.(総頁1298頁、注記4162に及ぶ大作である。)本書第4章第2節257頁以下参照。

界100カ国近くでクオータ制（割当制）等が導入されるに至っていることから日本でも関心が高まっており、これらの理論的特徴と意義を明らかにすることも、近年の課題となっている。

　これらの諸問題は、主権論・代表制論・選挙権論・女性参政権論から「ジェンダー平等」（男女共同参画）のためのポジティヴ・アクション、パリテ、クオータ制論へと研究対象を拡大させてきた本書著者の研究課題でもある。そこで、これらのテーマを本書第4章で検討するが、本章第1節では、第2節以下での判例分析に先立って、主権論、選挙権の法的性格論、選挙制度論等との関係で、日本の投票価値平等問題の理論的課題をまとめて提示しておくことにしたい。以下では、フランスと日本における主権論・選挙権論の研究成果と課題を敷衍することから始めよう。

2　フランスにおける選挙権論の展開と課題

(1)　フランス革命期の選挙権論・選挙制度論

　1789年8月26日に採択されたフランス人権宣言（「人および市民の権利宣言」）では、「あらゆる権力の源泉は国民に存する。主権者は、みずからもしくは代表者を通じて主権の行使する」（第3条）と定めて国民主権を宣言し、代表民主制を許容しつつ、第6条ですべての市民の立法参与権を明記した。この規定は、「法律は一般意思の表明である。すべて市民は、……その形成に参与する権利をもつ」と定めることですべての市民の選挙権の承認、すなわち、普通選挙権の正当化にもつながる内容を持っていた。しかし、J.J ルソーやミラボーの思想が反映されたこの規定について、穏健派の主流であったバルナーヴらは、「選挙権は権利ではなく公務（fonction-publique）に過ぎない」と解釈し、1789年8月30日からの審議を経て同年12月22日に成立した選挙法令では、厳格な制限選挙制を採用した。その背景には、能動的市民のみが公務に参加できるというシィエスの「納税者株主論」があった。これに対して、同年10月に普通選挙制

10）　当時の議論につき、辻村前掲『「権利」としての選挙権』（前注2）68頁以下、杉原泰雄『国民主権の研究』岩波書店（1971年）220頁以下、243頁、三輪隆「1789年の権利宣言における政治的権利(2)」早稲田法学会誌27巻260頁以下参照。

導入を主張したロベスピエールは、選挙権を、主権者人民を構成する市民の権利として理論化した。[11]

こうして、フランス革命期に、「人民(プープル)主権論―選挙権権利説―普通選挙制」の体系と、「国民(ナシオン)主権論―選挙権公務説―制限選挙制」の体系という「二つの理論体系」が成立した。この過程では、後者の体系に従って選挙権の性格が権利ではなく公務であると解することにより普通選挙制導入の要請を拒絶し、主権者国民を能動市民(有産階層の男性)と受動市民(無産階層の男性・僕婢、女性、未成年者)に区分することによって受動市民を主権者から排除する理論構成が採用された。[12]これに対して、前者の選挙権権利説の体系は1793年の共和制憲法制定期に男子普通選挙権を要請する論理として採用され、その後は(男女を含めた)普通選挙運動の理論的支柱となっていった。

もっとも、後者の国民主権(ナシオン)主権・選挙権公務説の系譜のもとでも政策上普通選挙制を許容することがありうるため、主権論・代表制論を踏まえた理論的帰結と政策上の選択とを区別しておくことが必要である。ここでは選挙権権利説は制限選挙制とは相いれないものであるという理論的連関が重要であるが、これらの諸理論は、第三共和制期以降のフランス憲法学で明確にされることになる。

(2) 第三共和制期フランス公法学説における選挙権論の確立

19世紀末以降に活躍した第三共和制期の公法学の巨匠たち、とくにエスマン、デュギー、カレ・ドゥ・マルベール、オーリウらは、大革命期以降の憲法原理を競うように理論化した。とくにエスマンは、国民(ナシオン)主権として確立された主権概念が19世紀の政治過程(普通選挙制・比例代表制等の導入、命令的委任の緩和など)を通じて人民(プープル)主権の方向に展開を見せ、大革命期の「純粋代表制(démocratie représentative-pur)」とは異なる「半代表制(démocratie semi-résentative)」が出現したことを明らかにした。同時に彼は、大革命

---

11) ロベスピエールの憲法論につき、辻村『フランス革命の憲法原理』日本評論社(1989年、第3刷2014年)256頁以下、とくに、1789年10月22日の演説に示された普通選挙権の要求は264頁、M. Bouloiseau,, G.Lefebvre., A.Soboul (dir.), *Ouevres de Maximilien Robespierre*, t.VI, Paris, 1950, P.130.
12) 辻村前掲論文「フランス革命期の選挙権論」〔前掲『「権利」としての選挙権』(前注2)66頁以下所収〕参照。

期以降、国民（ナシオン）主権・国民代表制論の系譜のもとで定着したことを示して、フランスにおける「選挙権権利説」の排斥＝選挙権公務説の確立という検討結果を明らかにした。[13]

他方、カレ・ドゥ・マルベールは、ナシオン主権とプープル主権の二つの主権論を峻別するに際して、両者がそれぞれ選挙権公務説（théorie de l'électrat-fonction）と選挙権権利説（théorie de l'électrat-droit）と理論的に結合することを明晰な論理によって示した。自らは、ルソーの理論に起源をもつ選挙権権利説を排斥して選挙権公務説を基本的に採用したうえで、選挙民の権利行使の局面から、段階的に（successivement）全体のために行う公務行使の局面に変わるという「二段階説」を提唱したことが特徴的である。[14]

第三共和制期の公法学説では、二元説を理論化したデュギーや、制度論の基礎の上に選挙権力を重視したオーリウを含めて[15]、概ね大革命期の主権論・選挙権論を国民（ナシオン）主権・選挙公務説の系譜で理解したうえでこれを二元説的に修正する立場を前提としており、選挙権権利説についての歴史的・理論的検討は十分ではなかった。これは当時のドイツ国法学の影響を考慮すれば十分に理解できる対応であった。[16]

(3) 第四・第五共和制期の展開

第四共和制期以降になると、憲法学の政治学的傾向が強まるにしたがって、フランス憲法学・政治学のなかで選挙権論について一定の統一的理解が形成されるようになる。とくに、「国民の主権はフランス人民に属する」（1946年憲法3条1項）に示された国民（ナシオン）主権と人民（プープル）主権の折衷的理解の登場（前者から後者への「傾斜」の進行）や男女の普通選挙権の確立、比例

---

13) A.Esmein, Eléments de droit constitutionnel, 1898, pp.188 et s.
14) R.Carre de Malberg, Contribution à la théorie générale de l'Etat, t.II, 1922, pp.426 et s. 日本の憲法学では、杉原説が依拠するプープル主権・ナシオン主権の峻別論はカレ・ドゥ・マルベールの『一般国家学〔国家の一般理論〕』によるものである。実際、杉原説の「人民（プープル）主権」論は、カレ・ドゥ・マルベールを通した J.=J. ルソー理解を経て日本の憲法解釈論に到達したのであり、カレ・ドゥ・マルベールの峻別論が重視されてきた。
15) 髙橋和之「フランス憲法学説史研究序説(1)～(5)完」国家学会雑誌85巻1・2号～9・10号(1972年)、同『現代憲法理論の源流』有斐閣（1986年）、小島慎司『制度と自由——モーリス・オーリウによる修道会教育規制法律批判をめぐって』岩波書店（2013年）参照。
16) 辻村前掲『「権利」としての選挙権』（前注2）125-133頁参照。

代表制の導入等を背景に、選挙権の権利性を重視する傾向が認められ、選挙権公務説との解釈論上の差異が自覚的に論じられた。例えば、強制投票制が選挙権公務説の理論的帰結であることは、1920年代後半のデュギーやオーリウの著書でも明らかにされていたが、第四共和政期以降は、ヴデルのテキスト（1949年）やデュヴェルジェ（1971年）、シャントブ（1978年）等において、「国民（ナシオン）主権―選挙権公務説―制限選挙・強制投票制等の許容」、「人民（プープル）主権―選挙権権利説―普通選挙・自由選挙（任意投票制）の要請」という「二つの体系」論が一般的に論じられている。前者の体系では選挙権得喪条件や選挙制度・原則が立法裁量に委ねられるのに対して、後者の体系では（普通選挙・任意投票制等も許容しうる反面）、選挙権の本質を「人民を構成する市民の主権的な権利」と捉えることから、普通選挙制や自由選挙制が論理必然的な帰結として要請される。

　もっとも、第五共和制期のフランス憲法学では、主権論の「二つの体系」を総合する傾向や、選挙権論における二元説的傾向が強まったことから、変容が生じたことも否定できない。また、上記の「二つの体系」論を前提としつつも、人民（プープル）主権論をルソーの「分有主権論」によって理解したうえでこれを批判・否定する見解がデュヴェルジェなどにより提示されたことも事実である。これに対する私見はすでに指摘したところであるが、今後も議論が必要であろう。

　さらに、選挙制度論との関係では、フランス憲法学にも多くの課題が残存している。例えば、第五共和制以前の選挙権論では、普通選挙制や自由選挙制

---

17) 辻村前掲『「権利」としての選挙権』155-168頁、186-188頁、L.Duguit, *Traité de droit constitutionnel*, t.2, 3ᵉ éd. 1928, p.587; P.M.Hauriou, *Précis de droit constitutionnel*, 1929, 2ᵉ, ed.P.567; G.Vedel, *Manuel élémentaire de droit constitutionnel*, 1949, pp.144-145; M.Duverger, *Institution politique et droit constitutionnel*, t.1, 12ᵉ éd.1971, pp.100-103; B.Chantebout, *Droit constitutionnel et science politique*, 1978, pp.598-599.
18) 本書第1章49頁注131で指摘したように、ルソーが「国家が1万人の市民からなる場合に……主権の1万分の1の持分を持つ」と述べる点は、1個の主権が（1万個の切片に）分割されるような「分有主権」を意味するのではなくのではなく、各市民が1万分の1の影響力を共有し全体に対する影響力を持つことで、主権者の参画による主権行使を意味していると解すべきであろう。辻村前掲『「権利」としての選挙権』149、157-158頁、辻村『市民主権の可能性』有信堂（2002年）43頁（注66）、辻村前掲『フランス憲法と現代立憲主義の挑戦』（前注1）68頁（注77）、同『「権利」としての選挙権と『投票価値平等』」明治大学法科大学院論集14号（2014年）83頁以下参照。

(任意投票制)との関係をこえて、投票価値平等(一票の較差)の問題を主権論や選挙制度論との関係で論じることはあまりなかった。しかし、1980年代から憲法院による違憲審査が活性化されて以降、1986年7月1・2日および同年11月18日の憲法院判決において、小選挙区2回投票制によって実施されていた国民議会選挙の定数配分・選挙区割りが人口比例を基準とすべきこと、許容される較差は「一般利益(intérêt général)」の要請を考慮すべきこと、選挙区人口は県平均から20％乖離してはならないことなどが判示された[19]。これによって、従来10倍以上あった定数配分の最大較差が3.59倍に縮小した。その後、2008年の国勢調査結果では5.96倍に拡大したため、2008年7月23日の憲法改正後、同年12月11日に改正法律が採択された。これについて憲法院に提訴され、2009年1月8日に当該法律および必要的に審査が義務づけられた組織法律に関して、憲法院は平等選挙原則との関係で一部違憲判決を下した[20]。

2009年の憲法院判決では、法律上・事実上の状況変化すなわち「立法事実の変化」を理由に、各県最低2議席という規定を違憲と判断して「投票の前の平等を最大限尊重」すべきことを示した(さらに人口比だけでなく選挙人数比をも考慮しうるとした点を違憲とした、本書第4章227頁参照)[21]。この結果、最大較差が2.4

---

[19] Décision n° 86-208 DC du 1-2 juillet 1986、Décision n° 86-218 DC du 18 novembre 1986. フランス憲法判例研究会編(辻村みよ子編集代表)『フランスの憲法判例』信山社(2002年) no.40〔只野雅人執筆〕参照。

[20] 2010年1月21日に採択されたオルドナンス承認法律については同年2月18日判決が合憲判断を下した。Décision n° 2008-573 DC du 8 janvier 2009、Décision n° 2010-602 DC du 18 février 2010. フランス憲法判例研究会編(辻村編集代表)前掲『フランスの憲法判例Ⅱ』(前注8) no.36〔只野執筆〕参照。なお、憲法院は、元老院選挙にも人口比例原則を適用すべきことを明らかにしているが(Décision n° 2000-431 DC du 6 juillet 2000)、フランスでは、憲法上元老院は「地域代表」であることが明示されているため、本章ではこれに関する検討は割愛する。同書Ⅱ、no.37〔大山礼子執筆〕を参照されたい。

[21] 赤坂前掲「人口比例と有権者数比例の間」(前注8)は、人口比例原則と国民主権との間の理論的関係に関心を抱いて、第三共和制期の学説(ラフリエール)やドイツ連邦憲法裁判所2012年1月31日判決の検討を行っている点で、本章の課題に即して興味深い。ここでは詳細に立ち入れないが、私見では、ラフリエール等の公法学説は基本的にナシオン主権論―選挙権公務説の系譜を前提に全国民代表の観念に依拠しているため、人口比例原則が基礎にならざるを得ない、と思われる。もしプープル主権論―選挙権権利説の系譜を前提にした場合には、有権者数(選挙人数)比が前提になろう。ただし、前述のように、前者の系譜は立法裁量によって後者の帰結の援用を許容するため、現実の法制度では後者(有権者数比)の採用も不可能でなく、その理論的基礎が明示されてない場合はいずれの主権・代表制論が基礎に置かれているかは判明できないことになるため、併せて主権論・代表論を踏まえた検討の進展が期待される。

倍に縮小したが、日本の衆議院選挙に関する「1人別枠方式」を違憲とした最高裁判決と類似の理論構成が得られたことが注目される。

　こうして、フランスと日本では、ともに選挙権と主権論・代表制論との理論的関係や投票価値平等の論究が重要な課題となっている。そこで本章では、これらの論点を主権論・代表制論、選挙権の本質との関係で明らかにするために、日本の選挙権論の展開をみたうえで投票価値平等訴訟の理論的課題について概観し（第2節）、その後、諸判決に即して具体的に検討することにしよう（第3・4節）。

第2節　日本における選挙権論の展開と課題

1　日本の選挙権論の課題

　日本の憲法学における「80年代選挙権論争」において、選挙権の法的性格をめぐる大日本帝国憲法下の学説状況が明らかにされた。すなわち、天皇主権下では、選挙権は立法権の主体である天皇に協賛するための公務に他ならず制限選挙が確立された。この制度を理論的に説明するに際して、戦前の憲法学界では、天皇主権に立脚する穂積八束説が公務説、森口繁治説がラーバントらの権限説、美濃部達吉説が国家法人説の立場から二元説を採用した。[22]

　日本国憲法の国民主権論のもとでも、清宮四郎説が、選挙権を「選挙に参加することができる資格または地位」と解し、「参政の権利と選挙という公務に参加する義務」との二元説を唱え、宮沢俊義説や芦部信喜説もこれを支持して長く通説の地位を占めた。[23] これに対して、野村敬造説はフランスの学説になら

---

22)　辻村前掲『「権利」としての選挙権』（前注2）169-173頁、辻村「選挙権の本質と選挙原則」一橋論叢86巻2号（1981年）参照。
23)　辻村前掲『「権利」としての選挙権』173-175頁、清宮四郎『憲法要論（全訂版）』法文社（1961年）152頁、同『憲法Ⅰ（第3版）』有斐閣（1979年）137頁、宮沢俊義『憲法』有斐閣（1950年）152頁、芦部信喜『憲法と議会政』東京大学出版会（1975年）282頁参照。

って、個人の権利と同時に社会的職務と解する二元説、林田和博説は、国家意思の形成に参与する権利としての基本権としつつ「共同利益と個人利益が不可分に絡み合っている」とする二元説を採用した。[24]

　その後は、①「参政の権利と投票の義務」という二元説と、②同じ投票行為に「権利と義務の性格を同時に認める」二元説とが併存した。このうち、②の論理に対する批判が提示されるにつれて、次第に権利的性格が重視された。そこで「選挙人たる地位と投票行為の両方にわたる権利」という意味で「代表を選挙する権利」としての選挙権と権利行使の公務性を認める、権利説に近い二元説が、1980年代以降、野中俊彦・吉田善明らによって主張された。[25] この時期には権利一元説との差異などもかなり明確に論じられるようになった反面、解釈論上の差異が大きくないことから、論争に実益がない、という形での処理が図られる傾向があった。

　また芦部説は、当初は「参政の権利と投票〔選挙〕の義務」という清宮説以来の二元説によって公務的性格を認めていたが、1980年代の著作では「選挙という公務に参加する権利」という説明を行うようになり、選挙権権利説の立場から疑問を提起された。[26]「選挙（公務）に参加する権利」と解釈する見解は、選挙権の本質を一元的に「権利」と解する選挙権権利説と基本的に同じものだからである。すなわち、一般には、選挙権権利説は「権利一元説」であって、公務の性格を一切認めていないと解される傾向があったが、権利説においても「選挙」自体については一定の社会的職務ないし公務的性格を全面的に否定しているわけではない。それは、選挙が、選挙権者による権利行使の場であるに

---

24)　二元説の展開については、辻村前掲『「権利」としての選挙権』174-177頁、加藤一彦「選挙権論における『二元説』の意義」東京経済大学『現代法学』8号（2005年）115頁以下参照。
25)　野中俊彦「選挙権の法的性格」清宮・佐藤・阿部・杉原編『新版・憲法演習3』有斐閣（1980年）5頁。「両説の対立点が意外と小さい」という指摘は、野中・中村・高橋・高見『憲法Ⅰ（第5版）』有斐閣（2012年）537頁以下〔高見執筆〕でも行われている。最近の若手研究者による検討として、大岩慎太郎「選挙権解釈再考の可能性——日本における選挙権解釈論の展開」青森法政論叢14号（2013年）等がある。今日でも関心を引くテーマであり、一層の論究が必要であろう。
26)　芦部前掲『憲法と議会政』（前注23）282頁では「参政の権利であり公務である」とし、芦部（高橋補訂）『憲法（第4版）』岩波書店（2007年）247頁でも公務的性格を認めているが、他方、芦部『憲法演習』有斐閣（1982年）67頁、同・新版（1988年）72-74頁では「公務に参加する権利」のように説明している。この点は、辻村『憲法（第3版）』日本評論社（2008年）331頁、同第4版（2012年）327頁参照。

せよ、特定時期に特定の場所で行使することが定められる点で、権利や自由の観点だけで説明することはできない（この意味で主権的権利に内在する制約がある）からである。このことは日本国憲法47条で選挙に関する事項に立法裁量を認めている点とも関連するが、この規定のもとでも、選挙を権利行使の集積と捉える選挙権権利説では、不合理な立法裁量は認められず、必要最小限の制約にとどめることが求められる。

2　選挙権権利説の論点と射程

1970年代後半から提示された選挙権権利説では、国民主権原理の「人民（プープル）主権」ないし「市民主権」論的な解釈を基礎として、選挙を主権行使の一形態として捉え、各選挙人（主権者）の権利行使の集積として捉えている。ここでは、選挙において主権者（人民を構成する市民）は、主権者たる地位によって主権行使に参加し、自己の意思と利益に基づいて選挙（投票）を行う。この結果、投票行為は主権者個人の権利行使の場となり、選挙権の権利の内容は、選挙人資格請求権、投票権、信任権などを含む公務員選定権（選任権）であると解される。さらに、選挙権は選挙における権利行使の全過程に及ぶ権利であると解することから、立候補の自由（被選挙権）、選挙運動の自由、投票へのアクセスの権利（在宅投票制、在外投票制等）、自由（任意）投票（棄権の自由、強制投票制の否定）、投票価値の平等、公正な当落決定過程・公職就任にいたる全過程で権利が保障されるべきものと解される[27]。

ここでは、主権者の権利としての選挙権の行使は可能な限り自由・平等でなければならず、選挙権公務説や二元説のなかで広範に認められてきた不合理な立法裁量が制約されなければならないことが帰結される。

ところが、日本の選挙権論争では、種々の誤解や無理解からくる混乱が生じ、重要な論点が課題として残った。

その論点の第一は、権利の性格に関するものである。選挙権権利説が「権利一元説」である点は間違いないにせよ、この権利は主権者に認められた主権者としての権利であり、「人民（プープル）主権」論では人民（市民の総体）の権利、

---

[27]　辻村前掲『「権利」としての選挙権』（前注2）182-194頁、本書第1章25頁以下参照。

「市民主権」論では主権者としての各市民の権利として理解される。したがって、勿論、この権利はすべての人に帰属する自然権としての人権とは異なるものであり、この意味での基本的人権ではない。ところが、自然権と捉えたうえでこれを批判・排斥する傾向がとくに論争の初期には目立っていた。また、日本の最高裁判決が、上記のように「選挙権が……最も重要な基本的権利の一つ」としてきた点について、「最も重要な基本的人権の一つであること自体は疑いがない」と表現される場合もあるが、基本的権利と基本的人権の用法は区別すべきであろう。選挙権権利説の立場では、1789年フランス人権宣言において「人の権利」と区別された「市民の権利」として理解されていた。

　第二点は、奥平説によって問題にされた「内在的制約」論に関わる。選挙権権利説では、主権的権利に内在する制約（権利行使の時や場所が予め制約されていることなど）を意味していたが、奥平説は、選挙権を基本的人権（自然権）のように理解したうえで、基本的人権論上の内在的制約と誤解したことが、論争に一層の混乱を招いた。

　第三点は、選挙権論の射程、ないし制度論との関連である。すでにみたように、フランス憲法学においても、選挙権の権利性から普通・平等選挙や任意投票制（棄権の自由）等が要請されることが明らかにされた。この点、選挙権権

28）　前注4の奥平前掲「選挙権は『基本的人権』か」法学セミナー340・341号（1983年）、これに対する反論として浦田一郎「選挙権論をめぐって——奥平康弘氏の批判に対する反論」法学セミナー343号（1983年）など参照。詳細は辻村前掲『『権利』としての選挙権』2-4頁〔初出、辻村「選挙権論と選挙問題の現況」憲法理論研究会編『参政権論』有斐閣（1987年）5頁以下〕参照。

29）　赤坂幸一前掲「人口比例と有権者数比例の間」（前注21）45頁注22では藤田宙靖最高裁判事（藤田宙靖『最高裁回想録』有斐閣（2012年）107頁）が選挙権を「基本的人権の一つであること自体は疑いがない」とした点について疑問の余地があるとし、人権と基本権の区別の必要を指摘した。ただし、この「基本権」はドイツ憲法学上、自然権に対して実定法上の権利を意味する観念であると考えられるのに対して、フランス憲法学上では、1789年宣言（人および市民の権利宣言）以来、選挙権を人権と区別された「市民の権利」として理解してきたため、これとの区別も必要となる。実際、日本の最高裁は1976〈昭和51〉年判決以来、「選挙権は……基本的権利」と述べてきたが、この用法における権利の本質は必ずしも明らかではない。なお、最高裁は、三井美唄炭鉱事件判決（1968〈昭和43〉年12月4日、刑集22巻13号1425頁）において、立候補の自由もまた、15条1項の保障する「重要な基本的人権の一つと解すべきである」と判示した。当時の学説・判例では、被選挙権を「公務員になりうる資格」と解してその権利性を認めてなかったのに対して、最高裁が立候補の自由を人権と解したことは権利説の立場に近いものとして注目されたが、最高裁が、被選挙権の本質を「立候補権（ないし立候補の自由）」中心に解していたかどうか、また、「基本的人権」と「基本的権利」との関係をどのように理解していたかは定かではない（本書第1章26頁、注75参照）。

利説では、投票価値の平等の違憲審査基準について最大較差1対1を原則として要請するのに対して、選挙権の公務性を承認する公務説や二元説では、選挙制度に関する立法裁量を根拠に1対1からの乖離を容認し得ることになろう[30]。近年では、二元説でも1対1を理想とするため権利説との間に違いはないという指摘があるが[31]、この点は疑問であろう。従来の最高裁の判例理論や多くの学説が1対1基準説をとらずに1対2基準あるいはそれ以上の較差を容認してきた根拠は、選挙制度についての広い立法裁量論であり、その根底には、選挙権の本質を純粋に権利として捉えず、公務の面があることを根拠に人口比例原則の後退・譲歩を容認し、権利を制約しうるものと解する理解があったと考えられる。

なお、最高裁判決では、1955〈昭和30〉年2月9日判決（刑集9巻2号217頁）においてすでに選挙権を「国民の最も重要な基本的権利の一つ」と述べ、1976〈昭和51〉年4月14日最高裁判決（民集30巻3号223頁）で投票価値の平等を憲法上の選挙権平等原則の規範的要請と解したことから、少なくとも投票権の本質を権利として捉えてきたことが示唆される。しかし実際には、いわゆる非人口的要素の容認や合理的期間論の活用によって広い立法裁量を認め、緩やかな違憲審査基準論を採用してきた。ほかにも種々の論点が存在するため、第2節以下で投票価値平等をめぐる具体的な判決を検討するのに先立って、理論的課題を概観しておこう。

---

30) 選挙権権利説への批判論の中に「選挙権の法的性格論は、結局は、選挙権の定義あるいはそれに盛り込む内容の違いに帰着する」という見解があり（野中俊彦「選挙権論・再考」同『選挙権の研究』信山社〔2001年〕30頁以下、49頁）、これを支持するものもある（浅野博宣「投票価値の平等について」安西文雄ほか『憲法学の現代的論点（第2版）』有斐閣（2009年）465頁。野中説からの批判にはすでに辻村前掲「選挙権論の『原点』と『争点』・再論——野中教授の批判に応えて」（前注2）で応答したが、権利としての本質から、単なる一人一票原則を超えて主権者の投票価値の平等も要請されると考えている。この点は、「選挙権は、概念上当然に、相互に平等な内容を有するという意味を内包している」と解する高橋説（高橋『立憲主義と日本国憲法（第2版）』有斐閣（2010年）273頁と同旨である。
31) 野中・中村・高橋・高見前掲『憲法Ⅰ（第5版）』538-539頁〔高見執筆〕、本書第1章26頁（注78）参照。

3 投票価値平等訴訟の展開と課題

(1) 議員定数不均衡訴訟の展開

1947年の衆・参議院議員選挙法、1950年公職選挙法など戦後初期の選挙法では、中選挙区制下で各選挙区の人口に基づいて議員定数が配分され、議員1人当たり人口の最大較差も衆議院では1対2未満（1947年選挙時には1対1.51）、参議院では1対2.62であった。その後定数不均衡が拡大して1962年参議院選挙時に最大較差1対4.09（選挙人数比）になったことに対して最初の選挙無効請求訴訟が提起されたが、1964〈昭和39〉年2月5日の最高裁判決では、「立法政策の当否の問題」であるとして合憲とした。

しかし、1976〈昭和51〉年4月14日最高裁判決（判旨等は本章第2節90頁以下参照）は、初めて「投票価値の平等も憲法の要求するところ」であると認め、1972年衆議院選挙時の1対4.99の最大較差（選挙人数比）をもつ定数配分規定を違憲とした。審査基準として、①政策的裁量を考慮に入れてもなお合理性を有するといえない程度に達していたこと、②憲法上要求される合理的期間内における是正がされなかったこと、という2つの基準を用いて違憲性を認定したが、選挙の効力については、「事情判決の法理」を用いて本件選挙を有効とした。また1985〈昭和60〉年7月17日最高裁判決（民集39巻5号1100頁）も1対4.40（同上）について違憲判決を下したが、1対2.99について合憲と解したことから概ね1対3程度の許容基準が推察されるなど、違憲基準が不明確なままとなった[32]。さらに、選挙無効訴訟の当事者適格や違憲判断の根拠規定、可分論・不可分論、非人口的要素を容認する「公正かつ効果的な代表」[33]の問題等について理論的な課題が残った。

---

[32] 定数訴訟の展開については、本書第2章第2節以下のほか、辻村「衆議院議員定数不均衡事件」石村修・浦田一郎・芹沢斉編著『時代を刻んだ憲法判例』尚学社（2012年）208頁以下、辻村前掲『「権利」としての選挙権』（前注2）214頁以下参照。

[33] 人口比例原則を緩やかに解し、人口の少ない過疎地区への較差拡大を正当化する論理として用いられたアメリカの代表理論である。本書93頁（後注51）、芦部前掲『憲法と議会政』（前注23）528頁、最近の論稿では、浅野前掲「投票価値の平等について」（前注31）458頁以下参照。

(2) 衆議院小選挙区比例代表制並立制下の展開

　1994年公職選挙法改正による並立制導入後は、衆議院小選挙区選出議員選挙では「議員定数不均衡訴訟」ではなく、選挙区間の投票価値不平等の原因となった「1人別枠方式」（選挙区数の決定に際して、予め各都道府県に1を配当したのちに人口比例して配分する方式）の合憲性が争われた。衆議院議員選挙区画定審議会設置法（区画審設置法）で最大較差1対2未満を基本とする旨が定められたことに反して、1対2に収めることができなくなったからである。

　これに対して最高裁は、2011〈平成23〉年3月23日大法廷判決（民集65巻2号755頁）で最大較差1対2.304（2009年8月31日総選挙時、選挙人数比）の不均衡をもたらした「1人別枠方式」について初めて「違憲状態」と判示しつつ、合理的期間論によって合憲判決を下した（以下、本章第2節参照）。

　しかし、次の2012年12月16日総選挙が、（0増5減による緊急是正と1人別枠方式の廃止を決めただけで新たな区割りが行われず）違憲状態の旧区割りのまま実施された。これについて、全国の16の高裁判決のうち2件が違憲無効、12件が違憲、2件が違憲状態と判断した（合憲判断は皆無であった）。とくに2013〈平成25〉年3月25日の広島高裁判決では、明確に選挙の違憲を認定するともに事情判決を避けて初めて選挙を無効とした。ついで、翌3月26日広島高裁岡山支部が下した判決でも、「無効判決確定により、当該特定の選挙が将来に向かって失効するものと解するべきである」として選挙やり直しを求める判決を言い渡した。ここでは、前記1976年判決の反対意見が採用した「可分論」ではなく、選挙を一体として捉えた上で、個別的効力説にたって当該選挙区の選挙のみを無効とした。

　ところが、上告審の2013〈平成25〉年11月20日最高裁大法廷判決では、2.43倍の最大較差を違憲状態と断定しつつも、安易な合理的期間論を採用して請求を棄却した。このため、各界から判決の「後退」が批判されることになった[34]。

　その後2014年12月総選挙（最大較差1対2.13）についても17件の選挙無効訴訟が提訴され、2015年3月以降高裁で違憲判断が続いたため、最高裁の判決が注目されている。

---

34)　辻村『比較のなかの改憲論——日本国憲法の位置』岩波新書（2014年）211頁以下、2013年11月21日の朝日新聞・読売新聞における福田博元最高裁判事、川人貞史・高橋和之教授らのコメント（本書112頁、後注59）参照。

(3) 参議院定数訴訟の展開

参議院については、1983〈昭和58〉年4月27日最高裁判決（民集37巻3号345頁）が、二院制下の選挙制度の合理性や半数改選制・偶数定数制のほか、都道府県代表としての性格などを理由に人口比例原則の譲歩・後退を導いて1対5.26の最大較差（選挙人数比、以下同様）を合憲とした。その後1994〈平成6〉年まで定数是正されず最大較差が1対6.70に及んだが、1996〈平成8〉年9月11日判決（民集50巻8号2283頁）は最大較差1対6.59について初めて違憲状態と断定し、合理的期間論によって最終的に合憲と判断した。2000〈平成12〉年の定数是正後、2004〈平成16〉年1月14日、2006〈平成18〉年10月4日、2009〈平成21〉年9月30日の3つの最高裁判決は、それぞれ最大較差1対5.06、5.13、4.86の不均衡を合憲と判断したが、いずれも5～6名の裁判官が違憲の立場から反対意見を述べるなど、厳しい判断が続いた。

選挙人数の最大較差が1対5.0になった2010年選挙について、2012〈平成24〉年10月17日判決（判時2166号3頁）が、従来の判断枠組みを踏襲しつつも投票価値の平等を重視し、最大較差1対5の不均衡を違憲状態と判断した。この判決では、従来の1対6基準説を否定する結果になったものの具体的な許容基準は明示せず、「合理的期間」についても（その語を用いないままに）約9カ月間では「国会の裁量権の限界」内で違憲とはいえないと述べるにとどまった。また、二院制下の参議院選挙制度の合理性など「参議院の独自性」を重視していた従来の判例理論とは異なって、衆参両院の制度を「同質的な選挙制度」と指摘し、憲法上の要請を半数改選制に限定する立場から立法裁量論を後退させ、投票価値平等を重視した。[35] その後、2013年7月の参議院選挙をめぐって、2014〈平成26年〉11月26日に最高裁判決が「違憲状態」（合憲）判決を下した（本章第3節、137頁以下参照）。

(4) 理論的課題

以上のように、1960年代からの投票価値平等訴訟（「一票の較差」訴訟）は、参議院については今日まで議員定数不均衡訴訟（議員定数訴訟）として、衆議

---

[35] 辻村「参議院における議員定数不均衡」長谷部恭男・石川健治・宍戸常寿編『憲法判例百選Ⅱ（第6版）』有斐閣（2013年）332-333頁参照。

院では1994年の小選挙区制導入までは議員定数訴訟として、導入後は「1人別枠訴訟」として争われてきた。最高裁の判例理論の問題性については、衆議院についての上記1976〈昭和51〉年最高裁違憲判決後も、下記のような理論的課題が残存している。[36]

1) 平等権か選挙権か

第一の論点は、公職選挙法204条の「選挙無効訴訟」として争われてきた投票価値平等訴訟の違憲性の根拠が、憲法14条の平等権違反なのか、それとも、15条の選挙権侵害なのか、という点にあった。[37]これは、以下のとおり、(a)公選法204条の適用、(b)定数配分規定違憲論の根拠規定、(c)違憲判断の指標（最大較差か、平均値からの較差か）などの解釈にも差異をもたらすことになった。

(a) 公選法204条を定数配分規定違憲訴訟に適用できるかどうかに関しては当初から議論があったが、1976年最高裁判決多数意見は「国民の基本的権利を侵害する国権行為に対しては、できるだけその是正、救済の途が開かれるべき」であるという救済的観点から、「議員定数配分規定が選挙権の平等に違反することを選挙無効の原因として主張することを殊更に排除する」ことが当を得た解釈ではないと判断した。この論点については、高橋説が指摘したように、①公選法204条を民衆訴訟と解して定数配分の違憲を主張する場合（「平等原則説」）は具体的権利侵害を主張することは求められず、憲法14条もしくは44条が援用されるのに対して、②民衆訴訟ではなく具体的権利の救済を主張する場合（「平等権説」）は原告と他の選挙区との差別を問題とすることになる、という差異が生じるはずである。さらに、③定数不均衡問題を選挙権という具体的権利の侵害と解する立場（「選挙権説」）では、15条1項が援用されることになり、投票価値不平等についての原告の主張も異なってくる。[38]これらのうち、最高裁の立場は当初は必ずしも明瞭ではなかったが、1983〈昭和58〉年11月7日判決（民集37巻9号1243頁）以後、①の立場であることがほぼ判明した。これに

---

36) 重要な理論的論点を指摘した論稿として、高橋和之「定数不均衡違憲判決に関する若干の考察」法学志林74巻4号（1977年）79頁以下参照。
37) 高橋前掲「定数不均衡違憲判決に関する若干の考察」80頁以下参照。
38) 高橋「定数不均衡訴訟に関する判例理論の現況と問題点」法学教室42号（1984年3月号）95頁以下参照。学説の命名もこれによる。

対して、1976年判決の上記岡原裁判官等の反対意見は②の立場、高橋説ないし私見（選挙権権利説の立場）は③として理解することになろう。

(b) 根拠規定について、1960年代からの定数配分違憲訴訟では、上記の論点には深入りせずに、提訴者は憲法14条の視点（上記の①の立場）からのみ論じ、選挙権の権利としての本質には言及してこなかった[39]。学説は、通説の14条説（芦部説等）のほか、15条1項説（辻村説、高橋説）、43条説（樋口説）[40]、44条説（長尾説）[41]などが主張されたが、最高裁は、これらの区別や相互の関係を明らかにすることなく、「憲法14条、15条1項・3項、44条但書」を列挙した。

これに対して高橋説は、「個人の選挙権は、最初から相互に価値が等しいものとして概念化されているのであるから、個々の選挙権の価値は当然平均値に等しいもののはずである。ゆえに、……平均値から大きく偏たる価値をもつ選挙権が与えられるなら、それは選挙権そのものの侵害だということになる[42]」と指摘した。ここでは当該選挙区と平均値との比較が基本になると解して③説を採用しているようである。しかし、15条1項を根拠と解する点では私見と一致する反面、その根拠についてルソーの主権論を「分有主権」として解する点（前述、本書49頁参照）、および、権利説の帰結として平均値指標説を導く点は必ずしも一致していない。高橋説では、岡原裁判官等の反対意見が15条根拠説・平均値指標説・可分論を関連づけて採用したことをもって、15条根拠説と、平均値指標説・可分論が必然的な関係にあると解しているようにみえるが、この点は再検討の余地があろう（後述）。

(c) 違憲判断の指標について、1960年代以降の原告代理人（越山弁護士等）たちは、アメリカやドイツの訴訟を参照して、(ア)最大較差（議員一人あたりの有権者数の最大値と最小値との比）、(イ)議員一人あたりの有権者数の平均値からの平均偏差、(ウ)議員総定数の最小過半数を選出するに要した最小有権者数の有権者総数に占める比率という、3種の指標を提示していた。

---

39) 辻村前掲「衆議院議員定数不均衡事件」（前注32）石村他編『時代を刻んだ憲法判例』208頁以下参照。越山康、山口邦明弁護士等の弁護団は、アメリカの判例等も参照して一貫して憲法14条1項違反を主張してきた。

40) 樋口陽一「違憲審査における積極主義と消極主義──衆議院議員定数配分の違憲判決に即して」判例タイムズ337号12頁（同『司法の積極性と消極性』勁草書房1978年所収）。

41) 長尾一紘「選挙に関する憲法上の原則(下)」Law School №14（1979年）95頁以下。

42) 高橋前掲「定数不均衡違憲判決に関する若干の考察」（前注36）83頁。

これに対して1976年判決多数意見では、議員一人あたり選挙人数と全国平均値との偏差および最大較差を問題にしたが、岡原裁判官他の反対意見では、ドイツの例（平均値から上下33.3％以内を合憲とする）やアメリカの少数意見の例（10〜15％を超えない偏差を合憲とする）などを指摘したうえで、千葉一区の選挙人数を全国平均値と比較して違憲と判断し、「必然的に他のすべての選挙区全部について違憲の瑕疵を来すものとは考えない」として可分論を採用した。ここでは、選挙区全体を違憲とする不可分論の立場を取らず、定数の一部是正も可能であるとする可分論に立って平均的な多数の選挙区については違憲としない（選挙無効の判決が確定した当該選挙区についてのみ議員が資格を失う）と解することで、「事情判決」を回避できると考えたようである。

　このような岡原裁判官等の反対意見は、多数意見と同様、憲法14条、15条1・3項、44条但書を根拠に「選挙権平等の要求に反し違憲の瑕疵がある」と述べていたが、高橋説の上記②の「平等権説」の立場と思われ、③の「選挙権説」であるとは断定できない。また、15条根拠説（③「選挙権説」）の帰結が平均値指標説と必然的に結びつくかのような見解はとれないであろう。[43]

　なお学説は、上記3種の(ア)の指標のみでは単純に失するため(イ)・(ウ)を併用するほうがより合理的とするものもあったが[44]、後述のように「不可分論」を前提にするのであれば、論理的には、平均値からの偏差を問題にするのではなく、最大較差の指標を用いることが妥当となろう。

　また、許容される較差の基準については、学説の多くが芦部説[45]にならって1対2を基準としているが、「一人一票原則」の反対解釈を整数比にする必然性はなく、選挙権が主権者の権利である以上可能な限り1対1に近づけることが憲法上要請されるといわざるをえない。とすれば、たとえ1対2以下でも、その合理性が立証されない限り違憲問題は生じうると考えるのが妥当であろう。[46]ただし、アメリカで最大較差1対1.04にすぎないテキサス州法（連邦議会選挙）

---

43) 高橋前掲「定数不均衡違憲判決に関する若干の考察」80頁では反対意見を③の権利説で理解しているが、同前掲「定数不均衡訴訟に関する判例理論の現況と問題点」（前注38）97頁では②（ないし③「無意識的にであるが選挙権説的発想をとった」）と記されている。
44) 芦部「議員定数配分規定違憲判決の意義と問題点」ジュリスト617号（1976年）44頁。
45) 芦部後掲『憲法訴訟の現代的展開』有斐閣（1981年）325頁、同〔高橋補訂〕『憲法（第5版）』岩波書店（2011年）139頁参照。

や、1対1.3のフロリダ州法（州議会選挙）が違憲とされた厳格審査の例を引用する場合には、その訴訟形態の差異（アメリカでは現行規定の違憲宣言と次回選挙の差止命令が求められるのに対して、日本では、過去の選挙の違憲無効が求められる）について十分認識しておく必要がある。

2) 可分論か不可分論か

第二の論点は、可分論・不可分論の問題である。この点は、違憲判決の効力以外にも、訴訟の形態や当事者適格について、下記のように重要な差異をもたらすことになる。

まず、違憲判決の効力に関して問題になった「可分論」は、上記の1976〈昭和51〉年最高裁判決岡原裁判官等5名の反対意見のように、同判決多数意見が採用した「事情判決」の援用を回避したいという意図に出たものであった。ところが違憲判決後も国会が党利党略を優先して定数是正を怠ったため、1983〈昭和58〉年11月7日最高裁判決反対意見や1985〈昭和60〉年7月17日最高裁判決少数意見以降、将来効判決等の可能性が繰り返し示唆され、選挙無効をも辞さないとする傾向が強まった。

その後、衆議院小選挙区制導入後の「1人別枠訴訟」では、前述のように2013〈平成25〉年3月25・26日の広島高裁・同岡山支部判決で選挙無効判決が出現した[47]。ただしこれらは「可分論」ではなく従来どおり不可分論に立っており、違憲判決の「個別的効力」論を前提として、当該選挙区の選挙だけを無効とした。

参議院選挙区選出議員選挙の定数配分規定不均衡訴訟の場合も、従来どおり

---

46) 高橋「議員定数配分の不平等」奥平康弘・杉原泰雄編『憲法学4』有斐閣（1976年）115頁、同「定数不均衡訴訟に関する判例理論の現況と問題点」（前注38）100頁参照。長谷部恭男『憲法（第5版）』新世社（2011年）171頁、同第6版（2014年）176頁も「1対1を基本原則とした上で、どのような理由と必要に基づいてこの原則から乖離したかを、政府の側に立証させることで、その合憲性を審査すべき」とする。なお、訴訟代理人のうち越山康、山口邦明弁護士らは、当初から「投票価値は……一対一以外は原則として平等とは考えられない……」と主張していた（判例時報984号32頁など参照）。

47) 2013〈平成25〉年3月25日広島高裁判決（判時2185号362頁）、同年3月26日広島高裁岡山支部判決（裁判所ウェブサイト、TKC法律情報データベース）については、本書101頁以下。辻村『人権をめぐる十五講——現代の難問に挑む』岩波書店（2013年）244頁、辻村前掲『比較のなかの改憲論』（前注34）211頁でも言及した。

定数配分規定の不可分性が前提となっている。2013年7月参議院選挙のすべての選挙区について訴訟が提起された後、広島高裁岡山支部判決（片野裁判長）は同年11月28日に違憲無効判決を下したが、ここでも、不可分論を前提に当該選挙区の選挙が将来に向かって失効する、と判断した。

このように、司法府が不可分論を採用してきた背景には、投票価値不平等の指標について最大較差を使用することで、当事者適格を広く認める論理があると考えられる。すなわち、1976年違憲判決直後から高橋説らによって問題提起されてきた当事者適格論については、不可分論を前提に、不均衡が平均的ないしは比較的小さな（一票の価値が比較的重い）選挙区の選挙人を含め、（一票の重みが最も重い選挙区を除き）すべての選挙区からの提訴が可能とされていた。もともと救済的意味をもって公選法204条を適用してきた本件訴訟においては、当事者適格を広く認めることができる不可分論が採用されたことは妥当であったといえる。しかし今後は、その訴訟類型も含め、投票価値平等を厳格に確保するための立法的解決方法についても検討する必要があろう。

最高裁や憲法学界・政治学界を含めて、広範な視座から70年代以降の主権論争・選挙権論争の意義を再び問い直し、今後の民主主義・国民主権の実現のための投票価値平等の重要性を再認識する理論的な営みを、さらに深化させなければならない。

そこで、次節以下では、衆議院および参議院における投票価値平等訴訟の展開と論点について、各判決を対象として具体的に検討することにする。

第3節　衆議院議員選挙投票価値平等問題
──議員定数不均衡訴訟と「1人別枠訴訟」

1　1976〈昭和51〉年4月14日衆議院定数訴訟最高裁違憲判決

(1)　**訴訟の展開**

戦後初の総選挙である1946年4月10日第22回衆議院議員選挙は、帝国議会最

後の選挙として、男女平等な普通選挙制により、定数468、大選挙区制限連記制で行われた。この選挙では、女性が39人（8.4％）当選し共産党も議席を獲得するなどの結果となったが、この制度に各政党から批判が寄せられた。そこで日本国憲法体制への移行のための総選挙が1947年4月に施行されるのを前に、同年2月24日に衆議院議員選挙法が改正され、中選挙区制が復活した。中選挙区制は、定数を3～5人に設定する日本独特の制度で大選挙区制の一種であるが、衆議院議員選挙では、戦前は1928年から1942年、戦後は1947年から1993年の間導入された。

　1947年4月27日の第23回衆議院議員選挙では、従来の区割りにもとづいて、1946年の人口調査結果をもとに議員数を（基準値15万人に1人の割合で）都道府県に配分したうえで、各選挙区の人口比に応じて配分された。このときは定数466、3人区40区、4人区39区、5人区38区であり、議員1人当たり人口の最大値と最小値の格差（最大較差）は1対2を下まわる程度（1対1.51、最小：愛媛1区、最大：鹿児島2区）であった。1950年に衆参両院と地方議会等の選挙法を一本化して公職選挙法が制定・施行されたときは、衆議院議員選挙の定数配分に関する「別表第一」末尾に「本表は、この法律施行の日から5年ごとに、直近に行われた国勢調査の結果によつて、更正するのを例とする」として、人口比例原則が明示された。参議院では、1947年参議院議員選挙法で、定数250（全国区100、地方区150）の地方区について人口に応じて定数配分され、1950年の公職選挙法制定時にも維持されたが、最大較差は1対2.62（人口比、最大：宮城県、最小：鳥取県）であった。

　しかしその後、急激な人口の変動（戦地からの復員や引き上げによる人口増加、都市への人口集中など）によって、選挙区間で議員定数と人口との関係に不均衡が生じた。例えば1955年10月の国勢調査では、東京都の人口は418万人から803万人に激増したのに対して、鳥取県では、58万人から61万人に増加したに過ぎなかった。このため衆議院の1954年10月総選挙時には1対2.82、参議院では1962年7月通常選挙時に1対4.1（いずれも選挙人数比の最大較差）に拡大した。

　これに対して、1959年ころから清水馨八郎（千葉大教授、地理学者）の「選挙権は不平等だ」（『文芸春秋』1959年2月号）とする論文等を契機に、マスコミでもこの問題が取り上げられるようになり、1962年以降、選挙のたびに数多くの選挙無効請求訴訟が提起されることになった。1962年に最初に提訴したのが、

当時司法修習生だった故越山康弁護士である。越山康が、日本で最初に議員定数不均衡訴訟を起こすことになった契機は、司法修習中に、裁判官から1962年3月26日のアメリカ合衆国最高裁 Baker 判決（Baker v. Carr, 369 U.S. 186（1962））を紹介した「Newsweek」誌を手渡されたことであったことが知られている。[49]
越山は、その Baker 判決にヒントを得て、同年7月に実施された参議院議員選挙について提訴した。日本で最初に提訴されたのは参議院選挙無効訴訟（被告：東京都選挙管理委員会）である。原告は、1962年7月1日選挙における地方区の定数不均衡（議員1人当たり選挙人数の最大較差）は1対4.088（東京都/鳥取県）であったため、「何らの合理的根拠に基づくことなく、住所のいかんという社会的関係において、国民を不平等に扱うものであって明らかに日本国憲法14条の規定に違反する」として参議院東京都選挙区選出議員選挙の無効を主張した。その理由として、「平等選挙においては、いずれの選挙人の一票も他のそれと均等の価値を与えられていなければならないと解すべきである。……民主制、とりわけ代表民主制の最肝要事である選挙における平等は、たんに、「投票の数」の平等にとどまらず、さらに、「投票の価値」の平等をも当然に要請するものと解される」ことを強調した。しかし東京高裁1963〈昭和38〉年1月30日判決（民集18巻2号304頁）は「右の不均衡は、未だ一般国民の正義観念に照らし、到底その存在を容認することを得ないと認められるほど甚だしいものとは考えられない」として請求を棄却した。上告審では、最高裁大法廷で初

---

48) 芦部信喜「議員定数不均衡の司法審査」ジュリスト296号、1964年〔同『憲法訴訟の理論』有斐閣、1973年195頁所収〕。
49) この Baker 判決とは、政治問題（Political Questions）であることを理由として、投票価値不平等の問題には司法審査は及ばないと判断していた合衆国最高裁が、判例（Coleglove V. Green, 238 U.S. 549（1946））を変更して、これを司法審査の範囲内と捉えて裁判所が判断できるとした判決である。Baker 判決がテネシー州の州議会議員選挙の各有権者数が著しく不均衡であることについて違憲判断を下した後、連邦議会下院選挙に関する Wesberry v. Sanders 376 U.S. 1（1964）判決が、「連邦議会選挙における一人の投票は、実行可能な限り正確に他人の投票と同等の価値をもたなければならない」ことを指摘し、Reynolds v. Sims 377 U.S. 533（1962）判決が、連邦憲法修正14条1節の平等規定から、議席が実質的に人口の基礎の上に配分されるべきことが要求されることを明示した。1964年にはこれらに続いて多数の判決のなかで、最大較差1対2.4のニューヨーク州、1対2.65のヴァージニア州など14州の州議会議員定数配分が平等条項違反とされた（田中二郎後掲・本書223頁注23参照）。1969年の Kirkpatrick v. Preisler 396 U.S. 526（1969）判決では、1対1.06というミズーリ州の事例についても「正確に数字的な平等」が要求されて厳格な傾向が続いた（高橋和之「議員定数配分の不平等」奥平・杉原編『憲法学4』（前注46）131頁参照）。しかしその後は、「効果的代表」の理論（前注33、後注51参照）等によって、緩やかな基準が採用されている。

の判決が下されたが、1964〈昭和39〉年2月5日判決（民集18巻2号270頁）は、訴訟を違法とせず、統治行為論も採用しないことを明らかにしつつ、この程度の格差では「なお立法政策の当否の問題」にとどまり「違憲問題を生じるとは認められない」とした。

衆議院では、1964年に衆議院定数を19増とする公選法改正が実施され、最大較差は一時的に2.19対1（人口比）に縮小された。

(2) 1976〈昭和51〉年最高裁判決の争点と内容

1972〈昭和47〉年12月10日の衆議院議員選挙当時には、各選挙区の議員1人当たりの選挙人数の最大値（大阪府第3区、39495人）と最小値（兵庫県第5区、79172人）との較差が、4.99対1に及ぶ不均衡が認められた。

そこで、東京都第7区、神奈川県第1区、埼玉県第1区、千葉県第1区の各選挙人は、東京高等裁判所に対して、公職選挙法第204条にもとづく選挙無効の訴えを提起した。本件は、そのうち千葉県第1区の選挙人を原告とするものである。

原告は、「住所（選挙区）のいかんという関係に置いて一部の国民を不平等に取り扱ったものであって、明らかに憲法14条の規定に違反する」として本件選挙の無効を主張し、上記最大較差が4.99対1、千葉県第1区と兵庫県第5区との較差が4.81対1に達していたことは「憲法上許容できる限界を超えるもの」といわざるをえないとした。これに対して、被告〔千葉県選挙管理委員会〕は、国家統治の基本に関する高度の政治問題が司法審査の対象とならないものであることは、すでに最高裁判所の苫米地判決あるいは砂川判決において明らかにされているとし、本件訴えは司法審査になじまないものとして却下を主張した。また、公選法別表第一末尾の更新規定について、これは訓示的規定であって定数の変更を絶対的に義務づけた規定ではない、と主張した。

一審東京高裁は、議員定数配分規定は国会の裁量的権限に属するものではあるが、国民の基本的権利である選挙権に関することがらであって、統治行為の理論をもってこれが裁判所の審査権限外の事項であるということはできない、とした。さらに、投票価値の不平等が国民の正義公平観念に照らし容認できないものと認められる程度に至った場合には、立法府の合理的裁量の範囲を超え、憲法上許されない、と指摘しつつも、最終的に、容認できない程度に至ってい

るとは認められない、として、原告の請求を棄却し、訴訟費用を原告の負担とした。そこで、原告は上告し、上告人および上告代理人越山康、同山口邦明は上告理由として、当該選挙が憲法14条1項に違反し無効であると主張した。

これに対して1976〈昭和51〉年4月14日最高裁判決（民集30巻3号223頁）は、原判決を変更して、投票価値平等が憲法の要求する原則であることを初めて認め、「昭和47年12月10日に行われた衆議院議員選挙の千葉県第1区における選挙は、違法である」旨を宣言して議員定数不均衡に対する最初の画期的な違憲判決となった[50]（裁判官岡原昌男・同下田武三・同江里口清雄・同大塚喜一郎・同吉田豊の反対意見、および同岸盛一、同天野武一の反対意見がある）。

1976〈昭和51〉年最高裁判決の主な論点は、①公選法204条による訴訟の適法性、②投票価値平等の基準（不均衡の許容基準）、③違憲判決の効力（選挙の有効性）である。

①について、公選法204条による訴訟の適法性について、多数意見は、救済的見地から公選法204条による訴訟の適法性を肯定した。岡原他5裁判官の反対意見も選挙無効を認定する立場をとり、本条の適用を前提としたが、岸裁判官の反対意見は、公選法204条により争う途を閉ざさないために留保付賛成の立場をとった。反対に、天野裁判官の反対意見は、「本件の訴えは、公選法の前記規定の許容する範囲外のものというべきであり、かつ、そのような訴えのために道を開いた実定法規が制定されていない以上は、結局、不適法の訴えとして却下されるほかない」として、訴えを却下すべきとした。

②について、判決は下記のように指摘した。

(i) 選挙権の平等と選挙原則

「憲法一四条一項に定める法の下の平等は、選挙権に関しては、……選挙権の内容、すなわち各選挙人の投票の価値の平等もまた、憲法の要求するところであると解するのが、相当である」。「しかしながら……憲法は、前記投票価値

---

50) 本判決の評釈は多数に上るが、越路正巳・大東法学6号、越山安久・法曹時報31巻8号、戸松秀典・法律時報52巻6号52頁、野坂泰司・法学教室303号61頁、野中俊彦・別冊ジュリスト61号418頁、野中俊彦・ジュリスト臨時増刊642号12頁、浜田純一・法学協会雑誌95巻1号、畑尻剛・中央ロー・ジャーナル7巻1号65頁、樋口陽一・判例タイムズ337号2頁、山本浩三・別冊ジュリスト69号260頁、山本浩三・ジュリスト96号316頁、山元一・別冊ジュリスト155号326頁、吉田善明・ジュリスト増刊（憲法の判例〔第三版〕）22頁、吉田善明・別冊法学教室（憲法の基本判例）53頁など参照。

の平等についても、これをそれらの選挙制度の決定について国会が考慮すべき唯一絶対の基準としているわけではなく、国会は、……他にしんしゃくすることのできる事項をも考慮して、公正かつ効果的な代表という目標を実現するために適切な選挙制度を具体的に決定することができるのであり、……原則として、国会が正当に考慮することのできる他の政策的目的ないしは理由との関連において調和的に実現されるべきものと解さなければならない」。

(ii) 本件議員定数配分規定の合憲性

「〔本件選挙における〕選挙人の投票価値の不平等は、前述のような諸般の要素、特に右の急激な社会的変化に対応するについてのある程度の政策的裁量を考慮に入れてもなお、一般的に合理性を有するものとはとうてい考えられない程度に達しているばかりでなく、これを更に超えるに至つているものというほかはなく……本件議員定数配分規定の下における各選挙区の議員定数と人口数との比率の偏差は、右選挙当時には、憲法の選挙権の平等の要求に反する程度になつていたものといわなければならない。しかしながら、……これによって直ちに当該議員定数配分規定を憲法違反とすべきものではなく、人口の変動の状態をも考慮して合理的期間内における是正が憲法上要求されていると考えられるのにそれが行われない場合に始めて憲法違反と断ぜられるべきものと解するのが、相当である」。「この見地に立つて本件議員定数配分規定をみると、……昭和三九年の改正後本件選挙の時まで八年余にわたつてこの点についての改正がなんら施されていないことをしんしゃくするときは、前記規定は、……憲法上要求される合理的期間内における是正がされなかつたものと認めざるをえない。それ故、本件議員定数配分規定は、本件選挙当時、憲法の選挙権の平等の要求に違反し、違憲と断ぜられるべきものであつたというべきである」。「選挙区割及び議員定数の配分は、……不可分の一体をなすと考えられるから、右配分規定は、単に憲法に違反する不平等を招来している部分のみでなく、全体として違憲の瑕疵を帯びるものと解すべきである」。

ここでは、判旨は、投票価値の平等が憲法上の要請であることを初めて明らかにして最大較差1対4.99（選挙人数比）の不均衡を違憲としたが、反面、不均衡の許容基準については、(a)投票価値の不平等が、諸般の要素をしんしゃくしてもなお「一般的に合理性を有するものとはとうてい考えられない程度」を超える場合で、(b)「合理的期間内における是正」が行われない場合に違憲とな

る、という二つの抽象的な基準を示したにとどまった。その基礎には、人口以外の要素（非人口的要素）も認める「効果的代表」論[51]の立場があった。

③本件選挙の効力について、判旨は以下のようにのべて、初めて事情判決の法理を援用した。

「本件選挙が憲法に違反する議員定数配分規定に基づいて行われた……ことを理由としてこれを無効とする判決をしても、これによって直ちに違憲状態が是正されるわけではなく、かえつて憲法の所期するところに必ずしも適合しない結果を生ずる……。これらの事情等を考慮するときは、本件においては、前記の法理〔行政訴訟法31条1項の事情判決の法理〕にしたがい、本件選挙は憲法に違反する議員定数配分規定に基づいて行われた点において違法である旨を判示するにとどめ、選挙自体はこれを無効としないこととするのが、相当であり、……選挙を無効とする旨の判決を求める請求を棄却するとともに、当該選挙が違法である旨を主文で宣言するのが、相当である」。

これに対して、岡原裁判官ら5裁判官の反対意見は、「本件選挙当時の議員定数配分規定は、千葉県第一区に関する限り違憲無効であり、これに基づく選挙もまた無効なものとして、上告人の請求を認容すべき」とし、「平均的投票価値をもつ選挙区は全国的に見れば圧倒的に多いのであるから、選挙無効の判決によつて衆議院が活動できなくなるほど多数の議員がその資格を失うことになるはずはない。……本件選挙の効力について事情判決の法理を適用する必要はないのであるから、本件選挙は違法であるがこれを無効とすべきではないとする多数意見の結論には同調することができない」と述べた。

また、岸裁判官の反対意見は、「本件配分規定のうち、千葉県第一区に関する部分は、その定数配分が過少に限定されている点において、かつ、その限度で違憲なのであるから、……本件千葉県第一区の選挙を無効とするとともに、右選挙によつて当選した当選人らは当選を失わない旨の判決をすべきである。

---

51) 効果的代表制論は、合衆国最高裁判例の展開において、1960年代の諸判決では1対1.30の較差も違憲とされるなど厳格な比例原則を要求する判断が示された傾向に対して、1970年代からは「公正かつ効果的な代表」の論理のもとに緩やかに解する判例が出現したことに由来する。しかし芦部説は、これを理由に人口比原則を崩すことを批判していた。芦部「議員定数配分規定違憲判決の意義と問題点」ジュリスト617号（1976年）42頁参照。辻村前掲「衆議院議員定数不均衡事件」石村修ほか編著『時代を刻んだ憲法判例』（前注32）210頁。

それ故……原判決を変更して右趣旨の判決をすべきである」とした。

(3) 1976〈昭和51〉年判決以後の展開

1976〈昭和51〉年最高裁判決では、合憲性の基準について、(a)「投票価値の不平等が、国会において通常考慮しうる諸般の要素をしんしゃくしてもなお、一般的に合理性を有するものとはとうてい考えられない程度に達しているときは、もはや国会の合理的裁量の限界を超えているものと推定される」として合理性の基準によって1対4.99の不均衡を違憲と判断した。さらに(b)「合理的期間内における是正」が行われない場合に違憲となるという基準を示し、8年余の期間を不合理とした。

本判決後、1983〈昭和58〉年11月7日判決（民集37巻9号1243頁）が最大較差1対3.94の不均衡を違憲状態としつつ1対2.92（人口比）について合憲判断を下した。また1985〈昭和60〉年7月17日最高裁判決も1対4.40（同上）について違憲判決を下し、概ね1対3程度以上を違憲する判断が定着したかに解され、一般に1対3を基準としたものと推定されて立法の指針とされた（本書115頁の図表2-1参照）。しかしその理論的根拠が乏しいことは言うまでもない。

学説は、「一人一票」原則の反対解釈として1対2を基準とする見解が通説であるが、選挙権が主権者の権利である以上、可能な限り1対1に近づけることが憲法上要請され、たとえ1対2以下でも違憲問題は生じうると考えるのが妥当であろう。最大較差1対2の基準を明示した1980〈昭和55〉年12月23日東京高裁判決の原告〔越山康、山口邦明代理人〕らも、「投票価値は……一対一以外は原則として平等とは考えられない……」と主張していた。合理的期間論についても、本判決後、1985〈昭和60〉年7月17日大法廷判決（民集39巻5号1100頁）は定数是正後8年半（施行後7年）を違憲とし、1993〈平成5〉年1月

---

52) 芦部信喜「参議院定数訴訟と立法府の裁量」法学教室34号（1983年）（同『人権と憲法訴訟』有斐閣、1994年所収）、同『憲法訴訟の現代的展開』有斐閣（1981年）325頁、同〔高橋補訂〕前掲『憲法（第5版）』（前注45）139頁ほか参照。

53) 高橋和之前掲「定数不均衡違憲判決に関する若干の考察」（前注36）100頁、長谷部恭男『憲法（第5版）』新世社（2011年）171頁も同旨。筆者は、辻村「選挙権──議員定数不均衡違憲訴訟」大須賀明ほか編『憲法判例の研究』敬文堂（1982年）179頁、同前掲『「権利」としての選挙権」（前注2）233頁などで早くからこの見解を表明してきた。

54) 判例時報984号32頁など参照。

20日大法廷判決（民集47巻1号67頁）は、3年7カ月経過した事例を合憲としたため、これらを参考にして判断されてきた。

違憲判決の効力については、1983〈昭和58〉年11月7日大法廷判決（民集37巻9号1243頁）の反対意見や上記1985〈昭和60〉年違憲判決の少数意見では、将来効判決や無効判決が示唆された。違憲判決の効力を強めようとする見解は、とくに1993〈平成5〉年1月20日大法廷判決（民集47巻1号67頁）の少数意見に顕著であり、中島・佐藤・木崎裁判官の各反対意見では、一定期間内の是正がない場合の無効判決の効力発生が求められた。

2　2011〈平成23〉年3月23日「1人別枠訴訟」最高裁判決

(1)　小選挙区比例代表並立制導入後の展開

1994年に並立制が導入された後は、小選挙区については「定数不均衡訴訟」ではなく、選挙区間の投票価値不平等の原因となった「1人別枠方式」（選挙区数の決定に際して、予め各都道府県に1を配当したのちに人口比例して配分する方式）の合憲性が争われた。衆議院議員選挙区画定審議会設置法（区画審設置法）3条1項では、選挙区間の人口の最大較差が2倍未満になるように区割りをすることを基本とすべきものして、基準として最大較差が1対2未満を基本とする旨が定められた（他方、同条2項では、「1人別枠方式」が採用され、この方式について、相対的に人口の少ない県に定数を多めに配分し、人口の少ない県に居住する国民の意思をも十分に国政に反映させることができるようにすることを目的とする旨の説明がされてきた）。実際には、この「1人別枠方式」を採用した結果、最大較差を2倍に収めることができなくなり、選挙のたびに選挙無効訴訟が提起された。

これに対して、最高裁は、1999〈平成11〉年11月10日最大判（民集53巻8号1557頁）、2001〈平成13〉年12月18日三小判（民集55巻7号1712頁）、2007〈平成19〉年6月13日最大判（民集61巻4号1617頁）の3判決において、第41・42・44回選挙について、それぞれ最大較差2.309、2.471、2.171倍の投票価値不平等に対して合憲判断を下した。

その後、戦後はじめて選挙による政権交代が実現した2009年8月30日の衆議院総選挙では、選挙当日における選挙人数の最大較差は1対2.304であった。これに対して、2009年12月から翌年3月までに全国の7高等裁判所に9件の選

挙無効訴訟が提訴され、「１人別枠方式」の結果による不平等について違憲判断が続いた。最終的に違憲判決となったのは、大阪高判2009〈平成21〉年12月28日、広島高判2010〈平成22〉年１月25日、福岡高判2010年３月12日、名古屋高判2010年３月18日の４件、違憲状態とした判決は、東京高判2010年２月24日、福岡高判那覇支部2010年３月９日、高松高判2010年４月８日の３件である（合憲判決は、東京高判2010年３月11日、札幌高判2010年４月27日の２件のみである）。

　一連の訴訟で、違憲および違憲状態判決が続出した背景には、2009年総選挙により政権交代が実現したことで主権者（有権者）にとって選挙権が重要な意義をもつことが再認識された現状があった。例えば、2009〈平成21〉年12月28日大阪高裁判決（判時2075号３頁）では、「近時小選挙区比例代表並立制下で有権者もたびたび投票行動により政治情勢が大きく変化し得ることを目の当たりに経験してきており、特にその較差が二倍に達するような事態は、……大多数の国民の視点からこれを耐え難い国民の間の不平等と感じるのが通常となっており、客観的にも著しい不平等と評価すべき状況に至っている」(判決要旨３頁）という判断が示された。

(2)　2011〈平成23〉年３月23日最高裁判決の判旨

　一連の高裁判決を受けて、最高裁は、民主党政権への政権交代を実現した2009年８月31日選挙における「１人別枠方式」について、2011〈平成23〉年３月23日大法廷判決（民集65巻２号755頁）で初めて「違憲状態」と判断した。

　大阪府第９区の選挙人を上告人とする平成22（行ツ）129号および東京都の８つの選挙区に係るこの207号選挙無効請求事件の大法廷判決では、まず、選挙当日において選挙人数が最も少ない高知県第３区と選挙人数が最も多い千葉県第４区との間で最大較差は１対2.304で、高知県第３区と比べて較差が２倍以上となっている選挙区は45選挙区であったことを認定した。ついで「選挙制度の合憲性は、これらの諸事情〔人口以外の諸要素の考慮等〕を総合的に考慮した上でなお、国会に与えられた裁量権の行使として合理性を有するか否かによって判断されることになる。以上は、前掲各大法廷判決の趣旨とするところであって、これを変更する必要は認められない」と従来の判例理論を踏襲した。そのうえで、「１人別枠方式は、……本件選挙時においては、本件選挙制度導入後の最初の総選挙が平成８年に実施されてから既に10年以上を経過しており、

……安定した運用がされるようになっていたと評価することができるのであって、もはや1人別枠方式の上記のような合理性は失われていた……。……本件区割基準のうち1人別枠方式に係る部分は、憲法の投票価値の平等の要求に反する状態に至っていた……。……これ〔本件選挙区割り〕もまた、本件選挙時において、憲法の投票価値の平等の要求に反する状態に至っていたものというべきである」。「しかしながら、……いずれも憲法上要求される合理的期間内における是正がされなかったとはいえず、本件区割基準規定及び本件区割規定が憲法14条1項等の憲法の規定に違反するものということはできない」と判断した。

以上の論理により、本判決は、原審判決〔憲法違反として解しつつ行政事件訴訟法31条1項に示された一般的な法の基本原則に従い、本件請求を棄却した上で、当該選挙区における本件選挙が違法であることを主文において宣言〕を変更して、被上告人の請求を棄却した（裁判官田原睦夫、同宮川光治の各反対意見があるほか、裁判官竹内行夫、同須藤正彦の各補足意見、裁判官古田佑紀の意見がある）。

(3) 主な争点

本判決の主たる争点は、①投票価値平等の基準（区画審設置法3条1項の趣旨に沿って2倍未満とする「区画基準」）、②1人別枠制度の合憲性（制度の運用、全国民代表との関係）、③是正のための合理的期間の判断の3点である[55]。

多数意見は、①の2倍未満の基準（最大較差1対2基準）に基づいて立法裁量を従来の判決よりも狭く解した結果、②「1人別枠方式」が選挙時には憲法の投票価値平等に反する状態になったことを認め、「違憲状態」と判定した。反面で、③の合理的期間論によって最終的に選挙の合憲性を承認し、本判決は最終的に合憲判決となった。

本件多数意見では、①について、投票価値平等に関する従来の理論枠組み

---

55) 本判決に関する評釈として、新井誠・法律時報83巻7号1頁、榎透・法学セミナー679号116頁、大津浩・国際人権22号153頁、岡田信弘・ジュリスト臨時増刊1440号〔平成23年度重要判例解説〕8頁、片桐直人・速報判例解説（法学セミナー増刊）9号27頁、長谷部恭男・法学教室380号38頁、平井直也・法律のひろば64巻8号54頁、渡辺康行・判例時報2136号158頁、安西文雄・憲法判例百選（第6版）338頁参照。

（非人口的要素の承認など）も維持しており、上記大阪高裁判決等の高裁違憲判決や田原・宮川裁判官の反対意見などの違憲判決とは論理を異にする。すなわち、多数意見は、選挙制度に関する立法裁量を認める「公正かつ効果的代表」論と非人口的要素の許容から、1対2以上でも（1対3程度までは）合憲と解してきた従来の理論枠組みを踏襲したが、並立制導入後の上記1999年から2007年までの3つの最高裁判決もこの枠組みを踏襲していた。このことからすれば、本判決と従来の判例理論との関係のみならず、本判決と直近の2007年判決との理論的整合性も問われることになる。

　この点、2007〈平成19〉年6月13日判決では、「1人別枠方式……を前提としたうえで、……最大較差ができるだけ2倍未満に収まるように区割りが行われるべきことを定めたと解される」として基準を緩やかに解し、区割り規定はその制定当時も、選挙時も合憲と解していた〔下線筆者〕。これに対して、本件2011年判決では、2倍未満を「基本とすべきもの」と捉え、較差2倍以上の選挙区も増加した点などを指摘して、本件選挙時点で「違憲状態」を認定した。その根拠として、②について、2007年判決当時は「1人別枠方式を維持し続けることについてある程度の合理性があった」としてその合憲判断を支持したうえで、本件選挙時はすでに1996年の並立制選挙導入から10年が経過して並立制が安定的運用されていたため、「もはや1人別枠方式の……合理性は失われていた」と解した。さらに、議員が全国民代表である（選出地域は問わない）ことを根拠に「1人別枠方式」の不合理性を導いた。

　しかし、このような時間の経過による変化を理由とする論法は、従来の判決との整合性を保つための便宜的説明であり、①の基準自体が従来の判決と異なるのか否かを曖昧にしたうえで、②の論点について、10年間の経過を理由に、「1人別枠方式」の新たな不合理化論を展開して本判決の「違憲状態」判断を正当化したものといえる。[56] 実際、2002〈平成14〉年法改正時と選挙時では、全国民代表としての議員の性格は不変であり、10年の間に、（人口過疎地域への配慮が必要な）地域代表から、（この配慮が不要な）全国民代表に変わったわけではない。

---

[56]　新井誠「衆議院議員小選挙区選挙の『一人別枠方式』の違憲状態と立法裁量統制」法律時報83巻7号（2011年）2頁参照。

①②の論点に関する多数意見の「取繕い」の論理は、本件反対意見によって喝破されていた。すなわち、田原反対意見では、多数意見が「投票価値平等に一定の限度で譲歩を求める」ことを容認した点を批判し、投票価値平等に優先する「政策的目標ないし理由」は見出しがたいことを指摘した。そのうえで、「1人別枠方式」が、2002〈平成14〉年改正当時から合理性がなく、人口過疎地域への配慮という理由が破たんしていたことを（前記2007年6月13日判決における藤田・今井・中川・田原裁判官の「4裁判官の見解」を引用して）指摘した。さらに同判決での判断を一歩進めて、国会の立法不作為の違憲性をも認めるに至った。

　このように、多数意見は、①②について本件選挙時のみについて違憲状態と判断し、並立制導入時や法改正時には「1人別枠方式」も合理性があったと解することで、従来の論理との整合性をはかった。しかし、①で投票価値平等の譲歩を認める従来の論法を維持したため、本件選挙時に初めて違憲状態に転じたとする判断の根拠には疑問が残った。①②について違憲状態を認めた本判決多数意見が、結局は③の合理的期間論によって最終的に合憲判決にしたことで、「2倍未満の基準」をゆるやかに捉えた2007年判決との同質性（程度の差にすぎないこと）を示したと解することができよう。

　本判決では、立法事実や時間の経過を理由とする立法裁量の統制を志向する反面、従来の理論枠組みを維持したために、2倍原則を設定したことの意義を立法趣旨以外の投票価値平等論の本質から論理的に帰結することを困難にしてしまったといえる。

3　2012年総選挙をめぐる高裁判決と最高裁「違憲状態」判決

(1)　2012年12月総選挙と高裁判決

　2011〈平成23〉年3月23日最高裁判決の後、同年3月11日の東日本大震災による日本社会と政治の混迷もあり、投票価値平等を確保するための改革は進展しなかった。野に下った自民党と与党民主党との間の政治的な駆け引きのもとで、国会の議論は党利党略に終始した。具体的には、2011年10月以降、衆議院議員選挙制度に関する各党協議会の会合が十数回開催されて議員の定数削減や選挙制度の抜本的改革の問題について検討が重ねられたが、成案を得られない

まま、2010年10月国勢調査結果に基づく区画審による選挙区割りの改定案の勧告の期限である2012年2月25日を徒過した。その後は同年6月・7月に複数の政党の提案に係る改正法案が第180回国会に提出された。これらの改正法案は、[a] 1人別枠方式の廃止と「0増5減（各都道府県の選挙区数を増やすことなく議員1人当たりの人口の少ない5県の各選挙区数をそれぞれ1減ずる）」の点で内容を同じくし、[b]比例代表選挙の総定数削減および小選挙区選挙との連用制採否の点で内容を異にするものであった。このうち[b]をめぐる政党間の意見対立のため、同国会会期中にはいずれも成立に至らず、同年10月に召集された第181回国会において、継続審議とされていた上記[a]のみを内容とする改正法案が、同年11月15日に衆議院で可決され、翌16日の衆議院解散の当日に参議院で可決されて平成24年法律第95号として成立した。

　実際、民主党・自民党両党の党首討論によって選挙改革の実施を条件に野田首相が解散を決めたのちに、国会が衆議院について「0増5減」の緊急是正法を議決したが、同年11月の改正案で「1人別枠方式」が廃棄されたわけではなかった。しかも2012〈平成24〉年改正法の改正内容に沿った選挙区割りの改定には新たな区画審の勧告およびこれに基づく別途の法律の制定を要したことから、同年12月16日の総選挙までに新たな選挙区割りを定めることは時間的に不可能であった。このため、本件選挙は、前回の2009〈平成21〉年選挙と同様の区割規定およびこれに基づく選挙区割りの下で、違憲状態のままで実施された。その結果、民主党が惨敗して自民党が政権に復帰した。

　このような本件区割規定が憲法に違反するとして、各選挙区における選挙を無効とすることを求める選挙無効訴訟が、8高等裁判所および6高等裁判所支部に提起された。そして、2013〈平成25〉年3月6日の東京高裁違憲判決を皮切りに、同年4月11日までの間に17件の判決が言い渡された。違憲判決が相次ぎ、2013〈平成25〉年3月7日札幌高裁判決では、解散直前に成立した「0増5減」案について、上記2011年最高裁判決で勧告された立法府の定数是正努力に沿うものではないと手厳しい批判がなされた。

　こうして、2012年総選挙の合憲性を争う一連の訴訟では、「無効」判決2件、「違憲」判決12件、「違憲状態」判決2件、合憲1件という結果となった。

(2) 2013〈平成25〉年3月25・26日広島高裁・同岡山支部違憲無効判決
1) 広島高裁判決

そのうちとくに、2013〈平成25〉年3月25日に広島高裁（筏津順子裁判長）が下した判決（判時2185号36頁）では、明確に「違憲」を認定するともに、初めて選挙の無効を認定した点で注目された。ここでは、1976年最高裁判決の岡原昌男裁判官以下5名が採用した「可分論」ではなく、選挙を一体として捉えたうえで、立法府の怠慢に司法の我慢が限度を突破したとして全体について違憲と断定した。

この判決では、①「1人別枠方式」を含む本件区割規定の合憲性について、憲法の投票価値の平等の要求に反する状態に至っていたものと断じたうえで、合理的期間内の是正措置に関する争点について検討し、次のように違憲判断を下した。

「本件選挙までの間に、本件区割基準中の1人別枠方式は廃止されたけれども、これを前提とする本件区割規定の是正がされなかったことをもって、憲法の投票価値の平等の要求に反する状態について、憲法上要求される合理的期間内に是正がされなかったといえるかを判断するに当たっては、憲法の投票価値の平等の要求に反する状態を生じさせていた本件区割基準中の1人別枠方式を廃止し、これを前提とする本件区割規定を是正するための憲法上要求される合理的期間の起算日をいつとするのかが問題になるところ、……上記起算日については、平成23年判決の言渡しの日である平成23年3月23日とするのが相当である」。「国会の広範な裁量権は、憲法の投票価値の平等の要求に反する状態を是正し、民主的政治過程のゆがみを是正するという極めて高度の必要性から、制約を受けるところとなったものというべきであり、国会においては、本件区割規定の改正等の立法的措置を講ずるという喫緊の課題に限って、まずもって優先的に実行する憲法上の義務を国民に対して負うことになったと解するのが相当である。……そして、本件区割規定の改正等の立法的措置を講ずるという喫緊の課題に限って、まずもって優先的に実行するとすれば、……既に、平成23年判決が言い渡され、国会が上記の憲法上の義務を国民に対して負っていることが明らかにされている以上、……なお紛糾が生ずるなどということは……憲法上予定されていない事態というべきであるし、また、緊急是正法の施行を受けて、審議を再開した区画審に関しては、6か月以内においてできるだけ速

やかに勧告を行うものとされているのであるから……国会が正に国難というべき東日本大震災の対応に追われていたことを最大限考慮したとしても、平成23年判決の言渡しの日である平成23年3月23日から1年半が経過する平成24年9月23日までに、本件区割基準中の1人別枠方式及びこれを前提とする本件区割規定の是正がされなかったのであれば、憲法の投票価値の平等の要求に反する状態については、憲法上要求される合理的期間内に是正されていなかったものといわざるを得ない。……平成23年3月23日から本件選挙の日である平成24年12月16日までの間に、本件区割基準中の1人別枠方式は廃止されたけれども、これを前提とする本件区割規定は是正されなかったのであるから、憲法上要求される合理的期間内に、本件区割基準中の1人別枠方式及びこれを前提とする本件区割規定の是正はされなかったものといわざるを得ない。そうすると、本件区割規定は、本件選挙当時において、憲法14条1項等の憲法の規定に違反するものと断ぜざるを得ない」。

　②次に、違憲判決の効力について、下記のように、事情判決は相当ではないと指摘し、訴訟の個別的効力の原則から当該広島1区と2区の選挙についてのみ無効とした。

　「本件選挙は、憲法上要求される合理的期間内に本件区割規定の是正がされず、かえって、平成23年判決以降、憲法の投票価値の平等の要求に反する状態が悪化の一途をたどっていると評価せざるを得ない状況下で……施行されたものなのであるから、選挙人の基本的権利である選挙権の制約及びそれに伴って生じている民主的政治過程のゆがみの程度は重大といわざるを得ず、また、最高裁判所の違憲審査権も軽視されているといわざるを得ないのであって、もはや憲法上許されるべきではない事態に至っていると認めるのが相当であることに照らすと、上記不都合、その他諸般の事情……を総合勘案しても、上記の一般的な法の基本原則を適用し、事情判決をするのは相当ではない。そうすると、本件選挙については、憲法の規定に反する本件区割規定に基づいて施行されたものであるところ、事情判決をするのも相当ではないのであるから、無効と断ぜざるを得ない」。「もっとも、本件選挙を直ちに無効とすると、本件区割規定の是正が当該選挙区から選出された議員が存在しない状態で行われざるを得ないなど、一時的にせよ憲法の予定しない事態が現出することになるから、本件選挙を直ちに無効とすることは必ずしも相当ではない。……本件選挙について、

無効と断ぜざるを得ない場合には、裁判所は、本件選挙を無効とするが、その効果は一定期間経過後に始めて発生するという内容の将来効判決をすべきであると解される」。

また、当選無効の時期については、下記のように検討して、区割画定審議会が招集された2012年11月27日から1年となる2013年11月26日までに選挙制度の抜本的な是正措置が取られなかった場合に無効となるとした。

「緊急是正法に基づく区割りの改定作業を開始しており、平成25年5月26日までに改定案を勧告する予定となっていること、……上記改正によって、投票価値の平等の要請にかなうものとなることを、なお期待することができないではないこと、本件選挙の無効を1年以上の長期にわたって放置することは政治的混乱を招くものであり適切でないなど、諸般の事情を総合すると、本件選挙の無効の効果については、同年11月26日の経過後に始めて発生することとするのが相当である」。

この判決では、事情判決を採用しない場合に将来効判決を選択して、約1年半後の効力発生を相当とした点に特徴がある。この点は、翌日の岡山支部判決と異なっており、興味深い。

2) 広島高裁岡山支部判決

2013〈平成25〉年3月26日広島高裁岡山支部（片野悟好裁判長）が下した判決（裁判所ウェブサイト）では、原告が属する当該岡山第2区と高知県第3区（議員1人当たり選挙人数の最も少ない過大代表区）との較差は1対1.412で、2倍未満であったにもかかわらず、違憲の区割規定に基づく選挙はすべて違憲であるという（「不可分論」にたつ）判断のもとに、岡山2区の選挙が違憲無効とされた。しかもここでは、以下のように、1対1の基準が示されているように見える。

「国民主権の下において、主権者としての国民は、1人1人が平等の権利をもって国政に参加する権限を有するところ、……その代表者の選出に当たっては、国民1人1人が平等の権利を有するというべきである。また、国民1人1人が平等の権利でもって代表者を選出するからこそ、国民の多数意見と国会の多数意見が一致し、国民主権を実質的に保障することが可能となる。このように、国政選挙における投票価値の平等は、国民主権・代表民主制の原理及び法の下の平等の原則から、憲法の要求するところである」。「国会は、選挙に関す

る事項を法律で定めるに当たり、選挙区制を採用する際は、投票価値の平等……を実現するように十分に配慮しなければならない。したがって、投票価値の平等に反する選挙に関する定めは、合理的な理由がない限り、憲法に違反し無効というべきである」。

「本件区割基準及びこれに基づく本件区割規定は、本件選挙時、憲法の投票価値の平等の要求に著しく反する状態に至っていたことは明らかである。……国会は、遅くとも、本件区割基準が投票価値の平等に反する状態に至っている旨判断した平成23年大法廷判決が言い渡されたときには、本件区割規定が違憲状態にあると認識することができたと認められるところ、平成23年大法廷判決から本件選挙までは、1年9か月弱（634日）の期間が存在した。……平成23年大法廷判決は、できるだけ速やかに立法的措置を講ずる必要がある旨指摘したこと等も併せかんがみれば、……1年9か月弱は、本件区割規定ないし本件選挙制度を改定するための合理的な期間として、不十分であったと認めることは到底できない。……本件選挙施行までに改定された選挙区割りを作成し、これに基づいて本件選挙を施行しなかったことは、国会の怠慢であり、平成23年大法廷判決など司法の判断に対する甚だしい軽視というほかない。したがって、国会は、合理的期間内に本件区割規定を是正しなかったというべきであるから、本件区割規定は、憲法の投票価値の平等の要求（憲法が定める国民主権・代表民主制の原理、憲法14条、44条但し書など）に違反し、違憲といわざるをえない」。

このように、国会の姿勢を「怠慢であり、司法の判断に対する甚だしい軽視というほかない」として選挙は違憲であると断じた。さらに、以下のように事情判決の手法を否定し、(広島高裁判決のように条件付きの将来効判決ではなく)、即刻無効として、選挙やり直しを求める判決を言い渡した。[57]

「公職選挙法に定める本件区割規定は、上記のとおり憲法に違反し、無効というべきであるから（憲法98条1項）、憲法に違反する本件区割規定に基づいて施行された本件選挙のうち岡山県第2区における選挙も無効とするべきである。

選挙を無効とする旨の判決の効果については、憲法に違反する法律は原則として当初から無効であり（憲法98条1項）、これに基づいてなされた行為の効力

---

57) 裁判所ウェブサイト掲載。評釈として、桐山桂一・世界843号20頁、斎藤一久・法学セミナー703号142頁、片桐直人・新・判例解説 Watch（法学セミナー増刊）14号19頁がある。

も否定されるべきであるから、無効判決の対象となった選挙により選出された議員がすべて当初から議員としての資格を有しないと解する余地がある。しかし、……このような解釈は採用し得ない。本件選挙訴訟は、将来に向かって形成的に無効とする訴訟である公職選挙法204条に基づくものであることにかんがみれば、無効判決確定により、当該特定の選挙が将来に向かって失効するものと解するべきである」。

「投票価値の平等は、上記のとおり、国民主権・代表民主制のもとにおいて、最も重要な基準とされるべきであ［り］、……無効判決が確定した選挙区における選挙本件選挙を違憲としながら、選挙の効力については有効と扱うべきとのいわゆる事情判決の法理を適用することは相当ではない。……以上検討したところによれば、本件区割規定は憲法に違反し無効であり、本件区割規定に基づいて施行された本件選挙のうち岡山県第2区における選挙も無効であるといわざるを得ない」。

その後、多くの高裁判決について上告がなされたため、最終判断は最高裁に委ねられた。しかし、投票価値平等に関する訴訟が提起されて40年近い年月を経て、広島高裁岡山支部判決のような違憲無効判決が出現したことは画期的なことであった。背景には、近年の一人一票実現をめざす市民運動や選挙による政権交代の実現などの要因がある。憲法学界では、主権論・選挙権論が停滞して選挙権権利説にも理解不足が残ったが、高裁判決では、次節で見る広島高裁岡山支部2013〈平成25〉年11月28日判決のように、参議院についても選挙の無効にまで踏み込んだ裁判例が出現したことは、一歩前進と言えるであろう。

(3) 2013〈平成25〉年11月20日最高裁判決の判旨

高裁で無効判決が出現したことからマスコミ等で最高裁の厳しい判断が予想されていたにもかかわらず、2013〈平成25〉年11月20日に下された最高裁大法廷判決は、「違憲状態」を認めたものの、大変手ぬるい内容となった。[58]

判決は、上記の経緯を認めたうえで、さらに本判決後の事情を事実認定とし

---

58) 違憲判決であった東京高裁判決等を原審とする本判決（判例変更・請求棄却）は、民集67巻8号1503頁に登載。また、違憲無効判決を示した広島高裁岡山支部判決等を原審とする上告審判決（破棄自判）は集民245号1頁に登載。

て加えた。

　(i)「本件選挙後の事情についてみると、平成24年改正法の成立後、同改正法の附則の規定に従って区画審による審議が行われ、平成25年3月28日、区画審は、内閣総理大臣に対し、選挙区割りの改定案の勧告を行った。この改定案は、平成24年改正法の附則の規定に基づき、各都道府県の選挙区数の0増5減を前提に、選挙区間の人口較差が2倍未満となるように17都県の42選挙区において区割りを改めることを内容とするものであった。

　上記勧告を受けて、同年4月12日、内閣は、平成24年改正法に基づき、同改正法のうち上記0増5減を内容とする公職選挙法の改正規定の施行期日を定めるとともに、上記改定案に基づく選挙区割の改定を内容とする公職選挙法の改正事項（本件区割規定の改正規定及びその施行期日）を定める法制上の措置として、平成24年改正法の一部を改正する法律案を第183回国会に提出した。この改正法案は、同月23日に衆議院で可決されたが、参議院では同日の送付から60日の経過後も議決に至らなかったため、同年6月24日、衆議院において、参議院で否決されたものとみなした上で出席議員の3分の2以上の多数により再可決され（憲法59条2項、4項）、平成25年法律第68号（以下「平成25年改正法」という。）として成立した。平成25年改正法は同月28日に公布されて施行され……各都道府県の選挙区数の0増5減とともに上記改定案のとおりの選挙区割りの改定が行われ、平成22年国勢調査の結果による選挙区間の人口の最大較差は1.998倍に縮小されている」。

　(ii)　そのうえで、本判決は、以下のように述べて従来の基準を踏襲した。

　「投票価値の平等は、選挙制度の仕組みを決定する絶対の基準ではなく、国会が正当に考慮することのできる他の政策的目的ないし理由との関連において調和的に実現されるべきものであるところ、国会の両議院の議員の選挙については、憲法上、議員の定数、選挙区、投票の方法その他選挙に関する事項は法律で定めるべきものとされ（43条2項、47条）、選挙制度の仕組みの決定について国会に広範な裁量が認められている」。「選挙制度の仕組みのうち定数配分及び選挙区割りを決定するに際して、憲法上、議員1人当たりの選挙人数ないし人口ができる限り平等に保たれることを最も重要かつ基本的な基準とすることが求められているというべきであるが、それ以外の要素も合理性を有する限り国会において考慮することが許容されているものと解されるのであって、具体

的な選挙区を定めるに当たっては、都道府県を細分化した市町村その他の行政区画などを基本的な単位として、地域の面積、人口密度、住民構成、交通事情、地理的状況などの諸要素を考慮しつつ、国政遂行のための民意の的確な反映を実現するとともに、投票価値の平等を確保するという要請との調和を図ることが求められているところである。したがって……上記の裁量権を考慮してもなおその限界を超えており、これを是認することができない場合に、初めてこれが憲法に違反することになるものと解すべきである。(以上は、衆議院議員の選挙に関する最高裁昭和51年4月14日大法廷判決・民集30巻3号223頁以降の累次の大法廷判決の趣旨とするところであって……これを変更する必要は認められない)」。

(iii) 「平成23年大法廷判決は、上記の基本的な判断枠組みに立った上で、本件旧区割基準のうち1人別枠方式に係る部分は、……人口比例の配分により定数の急激かつ大幅な減少を受ける人口の少ない県への配慮という経緯に由来するもので、その合理性には時間的な限界があったところ、……平成21年選挙時には、その不合理性が投票価値の較差としても現れ、……憲法の投票価値の平等の要求に反する状態に至っており、上記の状態にあった同方式を含む本件旧区割基準に基づいて定められた本件選挙区割りも、前記2(4)のような平成21年選挙時における選挙区間の較差の状況の下において、憲法の投票価値の平等の要求に反する状態に至っていた旨判示したものである」。

「本件選挙は、このように平成21年選挙時に既に憲法の投票価値の平等の要求に反する状態に至っていた本件選挙区割りの下で再び施行されたものであること、前記……のとおり選挙区間の較差は平成21年選挙時よりも更に拡大して最大較差が2.425倍に達していたこと等に照らせば、本件選挙時において、前回の平成21年選挙時と同様に、本件選挙区割りは憲法の投票価値の平等の要求に反する状態にあったものといわざるを得ない」。

(iv) 「当裁判所大法廷は、これまで、[1]定数配分又は選挙区割りが前記のような諸事情を総合的に考慮した上で投票価値の較差において憲法の投票価値の平等の要求に反する状態に至っているか否か、[2]上記の状態に至っている場合に、憲法上要求される合理的期間内における是正がされなかったとして定数配分規定又は区割規定が憲法の規定に違反するに至っているか否か、[3]当該規定が憲法の規定に違反するに至っている場合に、選挙を無効とすることなく選挙の違法を宣言するにとどめるか否かといった判断の枠組みに従って審査を

行ってきた。……換言すれば、裁判所が選挙制度の憲法適合性について上記の判断枠組みの各段階において一定の判断を示すことにより、国会がこれを踏まえて所要の適切な是正の措置を講ずることが、憲法の趣旨に沿うものというべきである。このような憲法秩序の下における司法権と立法権との関係に照らすと、上記[1]の段階において憲法の投票価値の平等の要求に反する状態に至っている旨の司法の判断がされれば国会はこれを受けて是正を行う責務を負うものであるところ、上記[2]の段階において憲法上要求される合理的期間内における是正がされなかったといえるか否かを判断するに当たっては、単に期間の長短のみならず、是正のために採るべき措置の内容、そのために検討を要する事項、実際に必要となる手続や作業等の諸般の事情を総合考慮して、国会における是正の実現に向けた取組が司法の判断の趣旨を踏まえた立法裁量権の行使として相当なものであったといえるか否かという観点から評価すべきものと解される」。

(v)「そこで、本件において、憲法上要求される合理的期間内における是正がされなかったといえるか否かについて検討する。……本件旧区割基準中の1人別枠方式に係る部分及び同方式を含む同区割基準に基づいて定められた選挙区割りについては、……これらが憲法の投票価値の平等の要求に反する状態に至っているとする当裁判所大法廷の判断が示されたのは、平成23年3月23日であり、国会においてこれらが上記の状態にあると認識し得たのはこの時点からであったというべきである。

これらの憲法の投票価値の平等の要求に反する状態を解消するためには、旧区画審設置法3条2項の定める1人別枠方式を廃止し、同条1項の趣旨に沿って平成22年国勢調査の結果を基に各都道府県への選挙区の数すなわち議員の定数の配分を見直し、それを前提として多数の選挙区の区割りを改定することが求められていたところである。その一連の過程を実現していくことは、多くの議員の身分にも直接関わる事柄であり、……制度の仕組みの見直しに準ずる作業を要するものということができ、立法の経緯等にも鑑み、国会における合意の形成が容易な事柄ではないといわざるを得ない。……そうした中で、平成22年国勢調査の結果に基づく区画審による選挙区割りの改定案の勧告の期限を経過した後、まず憲法の投票価値の平等の要求に反する状態の是正が最も優先されるべき課題であるとの認識の下に法改正の作業が進められ、1人別枠方式を

定めた旧区画審設置法3条2項の規定の削除と選挙区間の人口較差を2倍未満に抑えるための前記0増5減による定数配分の見直しが行われたものといえる。

　このような上記0増5減による定数配分の見直しの内容を現に実施し得るものとするためには、1人別枠方式の廃止及び定数配分と区割り改定の枠組みを定める法改正の後、新たな区割基準に従い区画審が選挙区割りの改定案の勧告を行い、これに基づいて新たな選挙区割りを定める法改正を行うという二段階の法改正を含む作業を経る必要があったところ、前者の改正を内容とする平成24年改正法が成立した時点で衆議院が解散されたため、平成23年大法廷判決の言渡しから約1年9か月後に施行された本件選挙は従前の定数と選挙区割りの下において施行せざるを得なかったことは前記のとおりであるが、本件選挙前に成立した平成24年改正法の定めた枠組みに基づき、本来の任期満了時までに、区画審の改定案の勧告を経て平成25年改正法が成立し、定数配分の上記0増5減の措置が行われ、平成22年国勢調査の結果に基づく選挙区間の人口較差を2倍未満に抑える選挙区割りの改定が実現されたところである。このように、平成21年選挙に関する平成23年大法廷判決を受けて、立法府における是正のための取組が行われ、本件選挙前の時点において是正の実現に向けた一定の前進と評価し得る法改正が成立に至っていたものということができる」。

　(vi)「以上に鑑みると……本件選挙までに、1人別枠方式を定めた旧区画審設置法3条2項の規定が削除され、かつ、全国の選挙区間の人口較差を2倍未満に収めることを可能とする定数配分と区割り改定の枠組みが定められており、……国会における是正の実現に向けた取組が平成23年大法廷判決の趣旨を踏まえた立法裁量権の行使として相当なものでなかったということはできず、本件において憲法上要求される合理的期間を徒過したものと断ずることはできない。

　以上のとおりであって、本件選挙時において、本件区割規定の定める本件選挙区割りは、前回の平成21年選挙時と同様に憲法の投票価値の平等の要求に反する状態にあったものではあるが、憲法上要求される合理的期間内における是正がされなかったとはいえず、本件区割規定が憲法14条1項等の憲法の規定に違反するものということはできない。投票価値の平等は憲法上の要請であり、1人別枠方式の構造的な問題は最終的に解決されているとはいえないことは前記のとおりであって、国会においては、今後も、新区画審設置法3条の趣旨に沿った選挙制度の整備に向けた取組が着実に続けられていく必要があるという

べきである」。

こうして本判決は、当該選挙区における本件選挙が違法であることを主文において宣言した原審各判決は、前記判示と抵触する限度において変更を免れない、と判断し、「原審各判決を変更して、原審原告らの請求をいずれも棄却するとともに、原審原告らの各上告を棄却する」という判決を下した。

(4) 個別意見

本判決には、大谷剛彦・大橋正春・木内道祥裁判官の各反対意見があるほか、鬼丸かおる裁判官の意見がある。

(a) 鬼丸裁判官の意見は、「憲法は、衆議院議員の選挙について、国民の投票価値をできる限り1対1に近い平等なものとすることを基本的に保障しているものというべきである」としたうえで、「投票価値の較差については、それが生ずる理由を明らかにした上で、当該理由を投票価値の平等と比較衡量してその適否を検証すべきものである」と考え、「本件選挙時の選挙区割りは憲法の投票価値の平等の要求に反する状態であった」とした。しかし、「投票価値の平等を保障する選挙制度を実現するためには、単に1人別枠方式を廃止するにとどまらず、都道府県への選挙区数の配分、各都道府県における選挙区割りの見直し、その結果についての全選挙区の選挙人数を比較対照した上での再度の選挙区割りの見直しといった相当に膨大かつ複雑な作業を必要とする」ことになり「これらの作業には相当程度の長期間を要するものといわざるを得ない」ため、「本件選挙施行までの約1年9か月の間に、多数意見において必要とされる内容の改正のみならず、私が憲法上の要請と考えるところのできる限り1対1に近い投票価値の平等を実現するために上記のような選挙区割りの是正作業を行うことは相当に困難であったと認められる」として多数意見と同様の結論に達した。

(b) これに対して、大谷裁判官の反対意見は、「多数意見と異なり、本件選挙時まで区割規定の是正が実施されなかったことは、憲法上要求される合理的な期間内における是正がなされなかったとして、本件区割規定が憲法の規定に違反するに至っていたといわざるを得ず、したがって本件選挙は違法であるが、いわゆる事情判決の法理により、違法を宣言するにとどめ、本件選挙を無効としないこととするのが相当」とした。ここでは、従来の判例法理を前提に検討

すると、「この時点［平成24年2月の勧告期限］までに、1人別枠方式を廃し、旧区画審設置法3条1項による定数配分の枠組みが定められ、選挙区の改定の勧告に至っていれば、漸次的な改定であるにせよ平成25年改正後の新区割規定のような改定は、事柄の性質上必要な作業的、手続的な期間を考慮してもなお実施が可能であった」とした。本来、「区割規定の改正には区画審の勧告手続が必要とされ、手続に時間を要する上、議員の利害等が関係し、合意形成や議院の審議に相当な時間を要すること、衆議院では解散があり得ることなどは、これを見込んで実施可能な工程が考えられるべきであり、このような工程に基づけば、本件選挙時までに、少なくとも漸次的な是正策である上記の新区割規定への改正を了することは可能であったと考えられる」からである。そのうえで、事情判決の法理の適用を妥当とした。

(c) 大橋裁判官の反対意見も、「立法府は、合理的期間内に本件選挙区割りの違憲状態を是正しなかったものであるから、本件選挙当時、本件区割規定は憲法14条1項等の憲法の規定に違反していた」と判断し、事情判決の法理の適用を結論付けたが、今後は、「判断枠組みを変えて選挙無効判決の是正の実現の可能性を回復する方向が望ましく、今後の検討課題と考える」とした点に特徴がある。

(d) 木内裁判官も違憲判断を示し事情判決の法理適用を妥当としたが、不可分論に立ったとしても、「裁判所が選挙を無効とする選挙区をその中で投票価値平等の侵害のごく著しいものに限定し、衆議院としての機能が不全となる事態を回避することは可能である」とした。

(5) 理論的課題

2013〈平成25〉年11月20日の最高裁判決は、上記の(ⅱ)(ⅲ)に示されるように、第一段階の投票価値平等の判定基準について非人口的要素を認め、立法府の裁量を広く認めるもので、従来の判例理論を踏襲している。さらに、第二段階の合理的期間論の認定に際しては、(ⅳ)に示されるように、立法府の取組みに対してきわめて寛大な態度でその困難性を前提に最終的に合憲と判断しており((ⅴ))、2011〈平成23〉年最高裁判決反対意見や多くの高裁判決が立法府の怠慢を批判していたことと対照的である。本判決では「合憲」と判断した裁判官が皆無であった点は評価できるが、反面、少なくとも次の3点において、本判決

多数意見は非難を免れえないと考える。

1) 批判1――選挙権の権利性の後退

第一は、本判決の立法裁量尊重論の前提として、従来の最高裁の「違憲状態」判決よりも、選挙権の権利性の尊重を後退させている点である。実際、国民主権原理や民主主義の実践における選挙権の意義を重視するならば、本判決の3つの反対意見が明示するように、2011〈平成23〉年3月23日の最高裁判決で「違憲状態」と判断された以上、選挙改革の困難性や解散の可能性等を勘案して早期に法改正に着手する義務があったと考えるべきである。本判決多数意見のように、選挙改革には困難が伴うために1年9か月では足りない、と判断することは、立法府に対する厳しさを欠いた「甘い」判断といえよう。司法府と立法府の関係を考慮して立法府をあえて尊重することを明示的に指摘したことは、同様の論理で定数不均衡を合憲と解してきた旧来の判例理論を彷彿とさせるものである。国会の各政党や政権与党は、主権者の選挙権が完全な形で（違憲状態を脱した形で）行使されることを保障する義務を負っており、区割りの改訂に必要な期間（3か月程度）や法改正に必要な期間を考慮に入れて解散時期を決定する必要があったといえるからである。本判決直後に、新聞各紙や多くの憲法・政治学研究者によって批判論が提示されたのも同様の理由によるものである。[59]

2) 批判2――立法裁量の許容

第二に、その問題性は、本判決多数意見が、本件選挙以後の経緯を考慮して立法裁量を許容している点に顕著に示される。いうまでもなく、本件は2013年11月16日の解散決定の後、同年12月16日に実施された総選挙の効力を争うものであり、本選挙当日の時点で違憲であったことを原告・被上告人らは主張していた。したがって多くの高裁判決が指摘したように、当時の状況に照らして主権者が選挙権を「違憲状態」の旧区割のままで実施することになることが明ら

---

59) 2013年11月21日の各紙朝刊参照。とくに政治学教授の川人貞史は「甘い判決」、憲法学教授の高橋和之も「国会の裁量権に配慮しすぎている」（読売新聞朝刊、東京版38面）と批判し、福田博元最高裁判事も「国会に対する温情判決」（毎日新聞朝刊、東京版31面）と述べた。

かになっており、多くの国民はこの点を批判したのであった。その当時の状況が違憲かどうかを問題にする裁判で、最高裁は、その後の法改正で1対2未満に収まったことなどを考慮要素に入れて好意的に判断しており、理論的にも問題が多い。

3) 批判3——非人口的要素の容認

第三に、中選挙区制下の1976年段階で非人口的要素を加味した判決が出されたことと、1994年の法改正で小選挙区制を導入することの条件として「人口較差を2倍未満に抑えること」（最大較差について1対2という基準が提示されたこと）との関連が問題となる。中選挙区制下での「議員定数配分」が問題とされていた当時の1976〈昭和51〉年4月14日違憲判決から1985〈昭和60〉年7月17日違憲判決（民集39巻5号1110頁）を経て、1995〈平成7〉年6月8日合憲判決（民集49巻6号1443頁）までは、最高裁は、最大較差1対2.92について合憲、1対4.99、3.94について「違憲状態」と判断していた（このため、おおむね1対3程度まで最高裁が許容していると解されてきた）。これに対して、小選挙区制のもとで1人別枠方式の合憲性が問題になった訴訟では、並立制導入の制度改革の趣旨を踏まえて1対2未満という立法裁量の限界に関する基準の「変更」が前提とされていた。にもかかわらず、最高裁がこのような立法事実の「変更」を考慮せずに1976年以降の最高裁判決の判例理論を踏襲することは許されないだろう。最高裁は、小選挙区比例代表並立制に制度が変更された後にも従来の判例理論をどこまで援用できるのか、最大較差を2倍未満にすることを明示して立法裁量を制限した区画審設置法の趣旨をどのように説明するのかなどの課題を論理的に明らかにすることが必要である。それなくしては、非人口的要素の容認や広い立法裁量論自体が、区画審設置法の趣旨に反することになってしまうからである[60]。

---

60) 2014年6月に衆議院議長のもとに設置された「衆議院選挙制度に関する調査会」では新たな定数配分手法の「アダムス方式」を検討していることが報道されている（日本経済新聞2015年2月22日朝刊）。これは都道府県に1議席を配分する点で「1人別枠方式」に類似しており、最高裁が示した制度改革の方向性との関係が問題となるため、今後の展開が注目される。

4) 重要な理論的課題の残存

そのほかにも、衆議院議員選挙における投票価値平等訴訟の動向には、重要な理論的課題が残存している。近年の最高裁「違憲状態」判決によって、ようやく投票価値平等を最大限に重視しようとする傾向が認められる反面、以下のような本質論的課題については、理論が精緻化されたとはいえない（本書第2章第2節3(4)82頁以下参照）。

(a) 選挙権の性格と投票価値平等の根拠

日本国憲法下の通説は、選挙権の法的性格について二元説を採用してきた。権利説では権利の性格を強調して立法裁量による権利制約を制限しようとするのに対して、公務性を認める二元説で立法裁量を統制する立論が可能かどうか問題となる。また最高裁は、投票価値平等の根拠条文として憲法14条1項、15条1・3項、44条但書を列挙してきたが、これらの規定の相互関係は明らかではない。学説では、44条・14条を重視する立場、43条1項を強調する立場[61]、15条1項を援用すべきとする説[62]などがあるが、平等論と権利論のアプローチの違いは訴訟要件論にも影響を与えるため、明確にする必要がある。

(b) 選挙無効訴訟の類型と当事者適格

公選法204条の選挙無効訴訟として提訴する場合、投票価値の低い選挙区からの提訴に限るか否かなど当事者適格については議論が不足してきた。憲法学説においても、前述の選挙権論の不在のために投票価値の問題を平等論でのみ捉え、選挙人の権利侵害が必要となるのか等について十分に吟味してこなかった。この点で、参議院に関する2012〈平成24〉10月17日最高裁判決（後述）の田原裁判官の反対意見が、従来は不可分論の立場からは全ての選挙区からの提訴が可能と捉えてきたのに対して、可分論の立場から、「選挙人の権利が……実質的に侵害されたこと」を理由として選挙無効訴訟が認められるという解釈を打ち出したことは、重要な視点であろう。投票価値平等を権利侵害問題として重視する権利説の立場からしても、また、公務説のなかの権利性の面からも、このような議論が歓迎される。

---

61) 樋口陽一『司法の積極性と消極性』勁草書房（1978年）121頁以下参照。
62) 高橋和之前掲「議員定数配分の不平等」奥平・杉原編『憲法学4』（前注46）82頁以下、辻村前掲『「権利」としての選挙権』（前注2）227頁以下参照。

図表2-1　衆議院議員定数不均衡・1人別枠方式違憲訴訟の展開

判決日（法廷）	対象選挙（投票日／回）	最大格差※	判決内容[反対意見人数]	判例集
[1964（昭39）.10.20（東京高裁）]	1963（昭38）.11.21（第30回）	3.55	請求棄却（合憲）	行集15-10-1976
	1964（昭39）定数是正（19増）〈2.19〉			
①1976（昭51）.4.14（大）	1972（昭47）.12.10（第33回）	4.99	違憲[7名]	民集30-3-223
	1975（昭50）定数是正（20増）〈2.92〉			
②1983（昭58）.11.7.（大）	1980（昭55）.6.22（第36回）	3.94	違憲状態※※[7名]	民集37-9-1243
③1985（昭60）.7.17（大）	1983（昭58）.12.18（第37回）	4.40	違憲[1名]	民集39-5-1100
	1986（昭61）定数是正（8増7減）〈2.99〉			
④1988（昭63）.10.21（2小）	1986（昭61）.7.6（第38回）	2.92	合憲[1名]	民集42-8-644
⑤1993（平5）.1.20（大）	1990（平2）.2.18（第39回）	3.18	違憲状態※※[5名]	民集47-1-67
	1992（平4）定数是正（9増10減）〈2.77〉			
⑥1995（平7）.6.8（一小）	1993（平5）.7.18（第40回）	2.82	合憲[2名]	民集49-6-1443
	1994（平6）法改正　小選挙区比例代表制（小選挙区1人別枠方式）導入			
⑦1999（平11）.11.10（大）	1996（平8）.10.20（第41回）	2.309	合憲[5名]	民集53-8-1441
⑧2001（平13）.12.18（三小）	2000（平12）.6.25（第42回）	2.471	合憲[1名]	民集55-7-1712
	2002（平14）法改正　小選挙区（5増5減）			
⑨2005（平17）.9.27（三小）	2003（平15）.11.9（第43回）		却下[3名]	判タ1192-247
⑩2007（平19）.6.13（大）	2005（平17）.9.11（第44回）	2.171	合憲[3名]	民集61-4-1617
⑪2011（平23）.3.23（大）	2009（平21）.8.30（第45回）	2.304	違憲状態※※[2名]	民集65-2-755
⑫2013（平25）.11.20（大）	2012（平24）.12.16（第46回）	2.430	違憲状態※※[3名]	民集67-8-1503

※最大較差は、原則として選挙人数比。〈　〉のみ人口比。　※※合理的期間論により合憲判決。
（辻村「衆議院議員定数不均衡事件」石村他編『時代を刻んだ憲法判例』尚学社（2012年）220頁の図表をもとに辻村作成、2015年2月現在）

(c)　代表制論と人口比例原則

　代表制論との関係でも、本判決では「公正かつ効果的な代表という目標を実現するために適切な選挙制度を具体的に決定することができる」とし、いわゆる非人口的要素を認めて人口比例原則を相対化しているため、「効果的代表」の内実が問題となる。学説では、憲法43条1項に関する学説が「社会学的代

図表2-2 参議院議員定数不均衡違憲訴訟の展開

判決日(法廷)	対象選挙(投票日/回)	最大格差※	判決内容[反対意見人数]	判例集
[1963(昭38).1.30(東京高裁)]	1962(昭37).7.1(第6回)	4.09	合憲	行集14-1-21
①1964(昭39).2.5(大)	1962(昭37).7.1(第6回)	4.09	合憲	民集18-2-270
②1974(昭49).4.25(一小)	1971(昭46).6.22(第9回)	5.08	合憲	判時737-3
③1983(昭58).4.27(大)	1977(昭52).7.10(第11回)	5.26	合憲[2名]	民集37-3-345
④1986(昭61).3.27(一小)	1980(昭55).6.22(第12回)	5.37	合憲	判時1195-66
⑤1987(昭62).9.24(一小)	1983(昭58).6.26(第13回)	5.56	合憲	判時1273-35
⑥1988(昭63).10.21(二小)	1986(昭61).7.7(第14回)	5.85	合憲[1名]	判時1321-123
⑦1996(平8).9.11(大)	1992(平4).7.26(第16回)	6.59	違憲状態※※[6名]	民集50-8-2283
	1994(平6)法改正選挙区(4増4減)〈4.81〉			
⑧1998(平10).9.2(大)	1995(平7).7.23(第17回)	4.97	合憲[5名]	民集52-6-1373
⑨2000(平12).9.6(大)	1998(平10).7.12(第18回)	4.98	合憲[5名]	民集54-7-1997
	2000(平12)法改正選挙区(6減)〈4.79〉			
⑩2004(平16).1.14(大)	2001(平13).7.29(第19回)	5.06	合憲[6名]	民集58-1-56
⑪2006(平18).10.4(大)	2004(平16).7.11(第20回)	5.13	合憲[5名]	民集60-8-2696
	2006(平18)法改正選挙区(4増4減)〈4.84〉			
⑫2009(平21).9.30(大)	2007(平19).7.29(第21回)	4.86	合憲[5名]	民集63-7-1520
⑬2012(平24).10.17(大)	2010(平18).7.1(第22回)	5.00	違憲状態※※[反対3名]	民集66-10-3357
⑭2014(平26).11.26(大)	2013(平25).7.21(第23回)	4.77	違憲状態※※[反対4名、うち違憲無効1名]	民集68-9-1363

※最大較差は、原則として選挙人数比。〈 〉のみ人口比。 ※※合理的期間論により合憲判決。
(辻村「参議院議員定数不均衡事件」石村他編『時代を刻んだ憲法判例』尚学社(2012年)220頁の図表をもとに辻村作成、2015年2月現在)

表」やフランスの「半代表制」の議論を用いて、可能な限り議会の構成を選挙人団の構成に近付けることを求める傾向にあるため、代表制論に遡った検討がさらに必要であろう。[63]

---

63) 辻村前掲『「権利」としての選挙権』(前注2)180頁、本書80頁(注33)参照。

この点では、衆議院「１人別枠方式」違憲状態判決と参議院定数不均衡違憲状態判決の関係が問題になる。従来は、二院制下の選挙制度の合理性を根拠に、衆議院については人口比例原則を要請しつつ、参議院については人口比例原則の後退論を導き、最大較差１対５を超える不均衡をも合憲と判断してきた。衆議院「１人別枠方式」訴訟では、本件2013〈平成25〉年11月20日最高裁判決の鬼丸裁判官の反対意見で、本来１対１が原則であることが明示された。2012〈平成24〉年10月17日の参議院に関する最高裁判決（後述）では、従来の判例理論を維持した多数意見は社会状況の変化を理由に厳格な解釈を導き、また反対意見では参議院についても１対２や１対１が基準となることを明示するようになった。これまで筆者が繰り返し指摘してきたように、憲法上は両院の差異は参議院の半数改選制下の偶数定数制に起因する誤差のみであることが、ようやく最高裁でも理解されてきたことが窺える。2014年12月16日総選挙（最大較差１対2.13）についても17件の提訴があり、2015年３月25日福岡高裁「違憲」判決をはじめ多くの判決が下されて動向が注目される。今後はさらに本質論的な理解を深めることで、立法府が主権者の権利を重視した制度改革を実施することが必要であろう。

第４節　参議院議員定数不均衡訴訟

１　参議院議員定数訴訟の展開

(1)　1964〈昭和39〉年最高裁判決から1994年法改正まで
　戦後初期の1945・47年の衆・参議院議員選挙法、1950年公職選挙法では、すでにみたように各選挙区の人口に基づいて定数が配分され、議員１人当たり人

---

64)　辻村「参議院の『独自性』と『特殊性』——参議院の役割と選挙制度・再考」ジュリスト868号（1986年）、「議員定数不均衡と参議院の『特殊性』」高橋・長谷部・石川編『憲法判例百選Ⅱ（第５版）』有斐閣（2007年）、同長谷部・石川・宍戸編『憲法判例百選Ⅱ（第６版）』所収参照。

口の最大較差も衆議院では1対2未満、参議院では1対2.62であった。

　その後、定数の不均衡が拡大し、投票価値が著しい選挙区が多数出現したため、選挙無効請求訴訟が開始された。日本で最初に提訴された参議院選挙無効訴訟（被告：東京都選挙管理委員会）では、1962年7月1日選挙における地方区の定数不均衡（議員1人当たり有権者数の最大格差）は1対4.088（東京都/鳥取県）であったため、原告は、「何らの合理的根拠に基づくことなく、住所のいかんという社会的関係において、国民を不平等に扱うものであって明らかに日本国憲法14条の規定に違反する」として参議院東京都選挙区選出議員選挙の無効を主張した。その理由として、「平等選挙においては、いずれの選挙人の一票も他のそれと均等の価値を与えられていなければならないと解すべきである。……民主制、とりわけ代表民主制の最肝要事である選挙における平等は、たんに、「投票の数」の平等にとどまらず、さらに、「投票の価値」の平等をも当然に要請するものと解される」ことを強調した。しかし東京高裁1963〈昭和38〉年1月30日（民集18巻2号304頁）判決は「右の不均衡は、未だ一般国民の正義観念に照らし、到底その存在を容認することを得ないと認められるほど甚だしいものとは考えられない」として請求を棄却した。上告審では、最高裁大法廷で初の判決が下された。

　最高裁1964〈昭和39〉年2月5日判決（民集18巻2号270頁）は、訴訟を違法とせず、統治行為論も採用しないことを明らかにしつつ、この程度の格差では「なお立法政策の当否の問題」にとどまり「違憲問題を生じるとは認められない」とした。ここで多数意見が、選挙権の享有に極端な不平等を生じさせるような場合には違憲問題が生じ、無効を認める場合のあることを示唆したのに対して、斎藤朔郎裁判官が意見を付し、アメリカ合衆国最高裁判所 Baker 判決[65]のフランクフルター少数意見をふまえて、公選法204条の訴訟で本件請求を行うことに強い疑問を呈した。

　さらに1971年施行の選挙では、最大較差1対5.01まで不均衡が拡大した。これに対して東京高裁判決（1973〈昭和48〉年7月31日行裁判例集24巻6・7号726頁）で初めて、「別表第二が、今日なお違憲無効のものでないと断定することは困難である」として立法府に定数是正を促す内容を示したことが注目されたが、

65）　本書89頁（前注49）参照。

その上告審（最一判1974〈昭和49〉年4月25日判時737号3頁）では、立法政策の範囲内の問題として処理された。

ところが、第3節でみた衆議院についての1976〈昭和51〉年4月14日最高裁判決が、投票価値の平等も憲法で保障されていることを明らかにして、1対4.99の最大較差を違憲としたことから、参議院についても、定数是正が問題となった。実際、参議院議員選挙については、1994年6月の公選法改正まで一度も定数是正されずに定数不均衡が拡大の一途をたどり、最大較差が1対6を超えるまでになっていった。

これに対して、最高裁は、1977年選挙に関する1983〈昭和58〉年4月27日大法廷判決（民集37巻3号345頁）で最大較差1対5.26の不均衡を合憲と判断した。その理由として、二院制下の現行選挙制度の合理性や偶数定数制・半数改選制、さらに参議院選挙区（旧地方区）選出議員の地域代表的・職能代表的性格などの「参議院の特殊性」をあげた。参議院については、衆議院に比して人口比例原則の譲歩を容認する論法や地域代表的性格を安易に容認した点などに対して、憲法学説から批判が寄せられた。[66]

その後も、最高裁判決は1986〈昭和61〉・1987〈昭和62〉・1988〈昭和63〉年の小法廷判決で合憲判断をくりかえしたが、1992年選挙後の1994年に最大較差を1対4.81にまで縮小するための法改正が実施された（前出の図表2-2参照）。

(2) 1996〈平成8〉年9月11日最高裁「違憲状態」判決以後
1) 1996〈平成8〉年9月11日の最高裁大法廷判決

1992年選挙が最大較差1対6.59という著しい不均衡のもとで実施され、これについての1996〈平成8〉年9月11日大法廷判決（民集50巻8号2283頁）で初めて最大較差1対6.59の不均衡を「違憲状態」と判断した。この1996〈平成8〉年9月11日判決は、選挙制度の合理性や参議院の特殊性から人口比例原則の後退を認めて投票価値不平等を正当化してきた従来の論理を維持しており、さらに多数意見では合理的期間論によって結局は合憲判決とした。[67] 許容基準について、最高裁が最大較差1対5.85の不均衡を合憲（最二判1988〈昭和63〉・10・21判

---

66) 芦部「参議院定数訴訟と立法府の裁量」法学教室34号（1983年）12頁、同『人権と憲法訴訟』有斐閣（1994年）246頁参照。

時1321号123頁）、1対6.59を違憲と判断したことから1対6程度の基準論が推測されたが、合理的根拠がないことは言うまでもない。

　この1996〈平成8〉年判決では、6名の裁判官（大野正男・高橋久子・尾崎行信・河合伸一・遠藤光男・福田博裁判官）の反対意見があり、「投票価値の平等は、選挙制度の決定に当たって考慮されるべき極めて重要な基準であるから、単に他の諸要素と並列して論ぜられるべきではなく」、「選挙人数の多い選挙区が選挙人数の少ない選挙区より少数の議員定数しか割り当てられていないといういわゆる逆転現象が本件選挙当時において二四例にも達し」ていた状態を違憲状態と判断し、合理的期間論においても違憲としつつ事情判決の法理により当該選挙を有効とした。

2）　1998〈平成10〉年9月2日大法廷判決

　1994〈平成6〉年の法改正（4増4減、最大較差は1対4.81に縮小）のあと、1995年選挙に関する1998〈平成10〉年9月2日大法廷判決（民集52巻6号1373頁）が4.97倍の較差を合憲と判断した。尾崎行信裁判官ら5名の反対意見と尾崎行信・福田博の各追加反対意見が出された。

3）　2000〈平成12〉年9月6日大法廷判決

　1998年選挙に関する2000〈平成12〉年9月6日大法廷判決（民集54巻7号1997頁）が4.98倍の較差を合憲とし、河合伸一裁判官ら5名（河合伸一・遠藤光男・福田博・元原利文・梶谷玄裁判官）の反対意見および福田・遠藤・梶谷裁判官の

---

67)　参議院定数訴訟の経緯につき、国立国会図書館政治議会調査室・課「参議院の一票の格差・定数是正問題」『調査と情報』610号〔三輪和宏・河島太朗執筆〕（2008年）、同「衆議院及び参議院における一票の格差」『調査と情報』714号〔佐藤令執筆〕（2011年）参照。

68)　2004〈平成16〉年1月14日大法廷判決（民集58巻1号56頁）の補足意見1の追加補足意見において島田仁郎裁判官も、「最大較差が1対6.59に及んだとき、これを違憲の問題が生ずる程度の著しい不平等状態であると判示した平成8年大法廷判決は、今後最大較差がその程度に至ればおよそ違憲の判断を免れないであろうという一つの目安とはなっても、逆にその範囲内であれば合憲であるとの保証をしたものではないことを銘記しなければならない」と指摘している。

69)　1996〈平成8〉年最高裁判決につき、辻村・重判平成8年度21頁、同「議員定数不均衡と参議院の特殊性」『憲法判例百選Ⅱ（第5版）』340頁参照。本判決は参議院の非拘束名簿式の制度自体の合憲性も争われており、その評釈として、林知更『憲法判例百選（第5版）』346頁・（同第6版）340頁も参照。

各追加反対意見で違憲判断が示された。その後、2000〈平成12〉年の法改正により、比例代表選出議員選挙制度がいわゆる非拘束名簿式比例代表制に改められ、参議院議員の総定数が10人削減されて242人とされた。選挙区選出議員の定数も6人削減されて146人となり、逆転現象が解消されるとともに、定数4人区の中で人口の少ない3選挙区の定数が2人ずつ削減され、議員1人当たりの人口の最大較差は1対4.79になった。

4) 2004〈平成16〉年1月14日大法廷判決

2001年に施行された通常選挙時には選挙区間における議員1人当たりの選挙人数の最大較差は1対5.06であり、これについて、2004〈平成16〉年1月14日大法廷判決（民集58巻1号56頁）はその結論において合憲とした[70]。しかし、裁判官4名（亀山継夫・横尾和子・藤田宙靖・甲斐中辰夫裁判官）による補足意見2では、「今回の改正もまた、……問題の根本的解決を目指した作業の中でのぎりぎりの判断に基づくものであったとは、到底評価することができない。したがって、例えば、仮に次回選挙においてもなお、無為の裡に漫然と現在の状況が維持されたままであったとしたならば、立法府の義務に適った裁量権の行使がなされなかったものとして、違憲判断がなさるべき余地は、十分に存在するものといわなければならない」と違憲判断の可能性が指摘された。

また、裁判官6名（福田博・梶谷玄・深澤武久・濱田邦夫・滝井繁男・泉徳治裁判官）による反対意見では、「最大較差は1対5.06にまで達していたのであるから、本件定数配分規定は、憲法上の選挙権平等の原則に大きく違背し、憲法に違反するもの」とされた。

さらに、福田追加反対意見は、上記1996年判決以来の厳格な基準を示し、従来の2倍基準等も批判して「現代民主主義政治における投票価値の平等とはあくまでも1対1を基本とするもので、1対2は1対1ではない（別の言い方をすると、1対2が認められるのであれば、どうして1対3や1対4が認められないのかは、理論的に説明できない。）」と指摘した。さらに外国の例と比較して次のよう

---

[70] すべての裁判官が個別意見を書いて態度を明確にしており、真摯な検討が行われたことが示される判決である。野中俊彦・法学教室286号4頁、常本照樹・民商法雑誌131巻1号112頁、近藤敦・法学セミナー605号122頁、寺島壽一・重判平成16年度13頁、新井誠・法学セミナー594号68頁、岡本寛・法学（東北大学）73巻5号142頁など多数。

に論じたことが注目される。[71]

「米国では、1960年代の最高裁判所判決（1962年の判決を嚆矢とする。）で、この点を明確に認めたものが相次いだ（連邦議会（下院）議員について、最も厳しい判決は、基準人口を中心として１選挙区当たり僅か上下各0.7％の乖離（我が国の最大較差に換算すると1.01倍にあたる。）の存在をも違憲とした（1983年判決）が、さすがに厳格すぎるという反対意見が出た。）。現在では、連邦議会については、10年ごとの国勢調査で、議員１人当たりの平均有権者数から２％以上の乖離（我が国の最大較差換算では1.04倍に相当。）があれば、当然に是正が行われることになっている。ドイツにおいても、連邦議会議員下院選出小選挙区については、当初は、33.3％の乖離（我が国の最大較差換算では1.99倍に相当。）が認められていたが、その後25％の乖離が限度とされ（我が国の1.67倍に相当。）、2002年からは15％の乖離（我が国の1.35倍に相当。）が限度となっている」。

5) 2006〈平成18〉年10月４日大法廷判決

2004年通常選挙時には最大較差は１対5.13（選挙人数比）となったところ、2006〈平成18〉年10月４日大法廷判決（民集60巻８号2696頁）が合憲と判断したが、投票価値の不平等の是正については国会における不断の努力が望まれる旨の指摘がされた。ここでは、これまでと同様、以下のように国会の裁量権を前提とする論理が示された。

「公職選挙法が採用した参議院議員についての選挙制度の仕組みが国会にゆだねられた裁量権の合理的行使として是認し得るものである以上、その結果として各選挙区に配分された議員定数とそれぞれの選挙区の選挙人数又は人口との比率に較差が生じ、そのために選挙区間における選挙人の投票価値の平等がそれだけ損なわれることとなったとしても、これをもって直ちに上記の議員定数の定めが憲法の定めに違反して選挙権の平等を侵害したものとすることはできない。そして、社会的、経済的変化の激しい時代にあって不断に生ずる人口の変動につき、それをどのような形で選挙制度の仕組みに反映させるかなどの問題は、複雑かつ高度に政策的な考慮と判断を要するものであって、その決定は、種々の社会情勢の変動に対応して適切な選挙制度の内容を決定する責務と

---

71) 諸外国の最近の動向につき、本書第４章 221頁以下参照。

権限を有する国会の裁量にゆだねられている」。

　そのうえで、2004〈平成16〉年判決の言渡しから本件選挙までの期間は約6か月にすぎず、選挙区間の選挙人の投票価値の不平等を是正する措置を講ずるための期間として必ずしも十分なものではなく、その間に各種の是正案が具体的に検討され、いわゆる4増4減案に基づく公職選挙法の一部を改正する法律案が国会に提出されて2006年6月に成立した。この改正の結果、平成17年10月実施の国勢調査結果の速報値による人口に基づく選挙区間における議員1人当たりの人口の最大較差が1対4.84に縮小したことから、「本件選挙までの間に本件定数配分規定を改正しなかったことが国会の裁量権の限界を超えたものと断ずることはできず、したがって、本件選挙当時において、本件定数配分規定が憲法に違反するに至っていたものとすることはできない」と判断した。

　これに対して、5名の裁判官（横尾和子・滝井繁男・泉徳治・才口千晴・中川了滋裁判官）がそれぞれ違憲の立場から反対意見を述べ、事情判決により選挙を無効とした。例えば、泉裁判官のそれは、「国会に広範な裁量を認めるべきではない」として、1対2以上の較差を違憲とした。

6) 2009〈平成21〉年9月30日大法廷判決

　最大較差が1対4.84であった2007年選挙に関する2009〈平成21〉年9月30日大法廷判決（民集63巻7号1520頁）の多数意見も、上記2004〈平成16〉年・2006〈平成18〉年判決では「較差是正のため国会における不断の努力が求められる旨の指摘がされ、また、不平等を是正するための措置が適切に行われているかどうかといった点をも考慮して判断がされるようになるなど、実質的にはより厳格な評価がされてきている」ことを指摘し、「現行の選挙制度の仕組みを維持する限り、各選挙区の定数を振替える措置によるだけでは、最大較差の大幅な縮小を図ることは困難であり、これを行おうとすれば、現行の選挙制度の仕組み自体の見直しが必要となることは否定できない」と踏み込んだ表現で制度の見直しを求めた[72]。

　竹内行夫裁判官の補足意見でも、「衆議院とは異なった参議院の在り方にふさわしい選挙制度の仕組みの基本となる理念を速やかに提示することが望まれる」とし、古田佑紀裁判官も同調した。

　5名の裁判官（中川了滋・那須弘平・田原睦夫・近藤崇晴・宮川光治裁判官）の各

反対意見があり、「適切な対応がなされることなく1対2をはるかに超えて1対3に近い大幅な較差が残されたまま実施された点において、憲法の違反があった」（中川裁判官）、「それらの改正〔2000年・2012年法改正〕は単なる弥縫策であるとの評価を受けてもやむを得ない」（田原裁判官）、「人口に比例して、選挙区間の投票価値の比率を可能な限り1対1に近づけなければならない」（宮川裁判官）などと厳しい意見を提示しつつ、事情判決の法理を用いる結論を述べた。

その後2010年選挙に関する2012〈平成24〉年10月17日大法廷判決において、「違憲状態」判決が下されるに至った。

2　2012〈平成24〉年10月17日大法廷判決の意義と課題

(1) 経緯

2009年の政権交代後初の参議院議員通常選挙は、2010〈平成22〉年7月1日に実施された。選挙当時、最大較差1対5.0の不均衡があったことに対して、全国で選挙無効訴訟が提起された。そのうち、東京都選挙区の選挙人Xら（原告、上告人）は、平成18年法改正後の公職選挙法14条、別表第三の定める参議院（選挙区選出）議員の定数配分規定が選挙権の平等の保障（憲法15条1項、14条1項、44条但書）に反して違憲であり本件選挙は無効であると主張し、東京都選挙管理委員会を被告として公職選挙法204条に基づき選挙無効確認訴訟を提起した。

全国8高等裁判所と6支部に提訴された同種判決（合計17件）では違憲・違

---

72) 2009〈平成21〉年大法廷判決が「大きな不平等が存する状態」を認定したため、弁護団等では「違憲状態」判決と解してきたが、従来のように「違憲の問題が生ずる程度の著しい不平等状態に至っていた」と明示されてないことから一般には合憲判決のほうに分類している。実際、多数意見と結論を同じくする藤田裁判官の補足意見で「本件選挙当時既に本件定数配分規定が違憲というべき状態にあったと考える余地も無いではない。ただ、少なくとも本件選挙が行われた当時においては、いわゆる4増4減措置自体につき、なお、その後の本格的改正作業に向けての暫定的な措置としての位置付けを認め得るものであったこと、……等に鑑みるならば、参議院における上記のような検討状況についての憲法的判断は、今後の動向を注意深く見守りつつ、次回の参議院議員通常選挙の時期において改めて行うこととするのも、現時点では一つの選択肢であろうかと考える。」として、違憲状態の判断に踏み切れていないことを明示しているため、本書でも、「違憲状態」判決としてカウントしていない。

憲状態（合理的期間論で合憲）という判決が多数を占めた（3つの違憲判決・12の違憲状態（合憲）判決）。このうち本件原審とは別件の東京高裁2010〈平成22〉年11月17日違憲判決（南敏文裁判長、平成22年（行ケ）第21号、判時2098号34頁）では、国会は公選法制定当時の1対2.62という格差を拡大しないよう不断に立法上の配慮をすべきであったことを指摘し、国会の裁量権の限界を超えたものとして違憲を宣言した（ただし、請求は棄却）[73]。また、高松高裁2011〈平成23〉年1月25日違憲判決（判タ1346号137頁）、福岡高裁2011〈平成23〉年1月28日違憲判決（判タ1346号130頁）も、較差と合理的期間論のいずれにおいてもそれぞれの選挙区の選挙が違憲であると判断したが、事情判決の法理を援用して請求を棄却した。

しかし本件原審の東京高裁第11民事部（岡久裁判長）は、本件選挙時には議員1人当たり選挙人数の最大較差は1対5.0であり、平成16年選挙時（1対5.13）より縮小し逆転現象もなかったことから「著しい不平等状態」とはいえず、是正期間も国会の裁量権の限界を超えたものといえないとして合憲判決を下した（請求棄却、平成22年（行ケ）第15号、東京高判2010〈平成22〉・11・17判時2098号24頁）。

これに対してＸらが上告したところ、最高裁は2011年12月に大法廷に回付し、2012〈平成24〉年10月17日に、「違憲状態」を認めて上告を棄却する判決を下した[74]。

(2) 2012〈平成24〉年10月17日大法廷判決の判旨

「平成23年（行ツ）第51号」事件（原審東京高裁平成22年11月17日判決・岡裁判長）に関する大法廷判決（民集66巻10号3357頁）の判旨は、下記のとおりである。
(i) ①「憲法は、選挙権の内容の平等、換言すれば、議員の選出における各

---

73) こちらの東京高裁判決につき、赤坂幸一・重判平成23年度、南野森・ジュリスト377号別冊付録（判例セレクト2011-1）参照。その上告審「平成23年（行ツ）64号事件」においても、最高裁は2011年12月に大法廷に回付し、一括審議したうえで同じく2012〈平成24〉年10月17日に破棄自判の判決を下した。

74) 本判決の評釈として、辻村「参議院における議員定数不均衡」『憲法判例百選（第6版）』（2013年）、工藤達郎・論究ジュリスト4号（2013年）、新井誠・重判平成24年度（2013年）、榎透・法学セミナー697号（2013年）、上田健介・TKCローライブラリー憲法 no.65（2013年）、只野雅人・法学教室393号（2013年）参照。

選挙人の投票の有する影響力の平等、すなわち投票価値の平等を要求していると解される。しかしながら、憲法は、どのような選挙制度が国民の利害や意見を公正かつ効果的に国政に反映させることになるかの決定を国会の裁量に委ねているのであるから、投票価値の平等は、選挙制度の仕組みを決定する唯一、絶対の基準となるものではなく、国会が正当に考慮することができる他の政策的目的ないし理由との関連において調和的に実現されるべきものである。それゆえ、国会が具体的に定めたところがその裁量権の行使として合理性を有するものである限り、それによって投票価値の平等が一定の限度で譲歩を求められることになっても、憲法に違反するとはいえない。憲法が二院制を採用し衆議院と参議院の権限及び議員の任期等に差異を設けている趣旨は、それぞれの議院に特色のある機能を発揮させることによって、国会を公正かつ効果的に国民を代表する機関たらしめようとするところにあると解される」。②「しかしながら、社会的、経済的変化の激しい時代にあって不断に生ずる人口変動の結果、投票価値の著しい不平等状態が生じ、かつ、それが相当期間継続しているにもかかわらずこれを是正する措置を講じないことが、国会の裁量権の限界を超えると判断される場合には、当該議員定数配分規定が憲法に違反するに至るものと解するのが相当である」。③以上は、昭和58年大法廷判決以降の大法廷判決の趣旨であり、「基本的な判断枠組みとしてこれを変更する必要は認められない」。④「もっとも、最大較差1対5前後が常態化する中で、平成16年大法廷判決において、複数の裁判官の補足意見により較差の状況を問題視する指摘がされ、平成18年大法廷判決において、投票価値の平等の重要性を考慮すると、投票価値の不平等の是正については国会における不断の努力が望まれる旨の指摘がされ、さらに、平成21年大法廷判決においては、投票価値の平等という観点からはなお大きな不平等が存する状態であって較差の縮小が求められること及びそのためには選挙制度の仕組み自体の見直しが必要であることが指摘されるに至っており、これらの大法廷判決においては、上記の判断枠組み自体は基本的に維持しつつも、投票価値の平等の観点から実質的にはより厳格な評価がされるようになってきた」。

(ⅱ) ①「いかなる具体的な選挙制度によって、上記の憲法の趣旨を実現し、投票価値の平等の要請と調和させていくかは、二院制の下における参議院の性格や機能及び衆議院との異同をどのように位置付け、これをそれぞれの選挙制

度にいかに反映させていくかという点を含め、国会の合理的な裁量に委ねられているところであるが、その合理性を検討するに当たっては、参議院議員の選挙制度が設けられてから60年余、当裁判所大法廷において……基本的な判断枠組みが最初に示されてからでも30年近くにわたる、制度と社会の状況の変化を考慮することが必要である」。②「急速に変化する社会の情勢の下で、議員の長い任期を背景に国政の運営における参議院の役割はこれまでにも増して大きくなってきているということができる。加えて、衆議院については、この間の改正を通じて、投票価値の平等の要請に対する制度的な配慮として、選挙区間の人口較差が2倍未満となることを基本とする旨の区割りの基準が定められている。これらの事情に照らすと、参議院についても、二院制に係る上記の憲法の趣旨との調和の下に、更に適切に民意が反映されるよう投票価値の平等の要請について十分に配慮することが求められるところである」。③「参議院においては、この間の人口移動により、都道府県間の人口較差が著しく拡大したため、半数改選という憲法上の要請を踏まえた偶数配分を前提に、都道府県を単位として各選挙区の定数を定めるという現行の選挙制度の仕組みの下で、昭和22年の制度発足時には2.62倍であった最大較差が……平成8年大法廷判決において違憲の問題が生ずる程度の投票価値の著しい不平等状態と判断された平成4年選挙の時点では6.59倍にまで達する状況となり、その後若干の定数の調整によって是正が図られたが、基本的な選挙制度の仕組みについて見直しがされることはなく、5倍前後の較差が維持されたまま推移してきた」。

(iii) ①「参議院は衆議院とともに国権の最高機関として適切に民意を国政に反映する責務を負っていることは明らかであり、参議院議員の選挙であること自体から、直ちに投票価値の平等の要請が後退してよいと解すべき理由は見いだし難い」。②都道府県を選挙区の単位とすべき憲法上の要請はなく、その結果「むしろ、都道府県を選挙区の単位として固定する結果、その間の人口較差に起因して投票価値の大きな不平等状態が長期にわたって継続していると認められる状況の下では、上記の仕組み自体を見直すことが必要になるものといわなければならない」。

(iv) ①「人口の都市部への集中による都道府県間の人口較差の拡大が続き、総定数を増やす方法を採ることにも制約がある中で、このような都道府県を各選挙区の単位とする仕組みを維持しながら投票価値の平等の実現を図るという

要求に応えていくことは、もはや著しく困難な状況に至っているものというべきである」。②「これらの事情を総合考慮すると……本件選挙当時、前記の較差が示す選挙区間における投票価値の不均衡は、投票価値の平等の重要性に照らしてもはや看過し得ない程度に達しており、これを正当化すべき特別の理由も見いだせない以上、違憲の問題が生ずる程度の著しい不平等状態に至っていたというほかはない」。③「もっとも、当裁判所が平成21年大法廷判決においてこうした参議院議員の選挙制度の構造的問題及びその仕組み自体の見直しの必要性を指摘したのは本件選挙の約9か月前のことであり、……事柄の性質上課題も多いためその検討に相応の時間を要することは認めざるを得ないこと、……参議院改革協議会の下に設置された専門委員会における協議がされるなど、選挙制度の仕組み自体の見直しを含む制度改革に向けての検討が行われていたこと……などを考慮すると、本件選挙までの間に本件定数配分規定を改正しなかったことが国会の裁量権の限界を超えるものとはいえず、本件定数配分規定が憲法に違反するに至っていたということはできない」。

(ⅴ) ①「国民の意思を適正に反映する選挙制度が民主政治の基盤であり、投票価値の平等が憲法上の要請であることや、さきに述べた国政の運営における参議院の役割に照らせば、より適切な民意の反映が可能となるよう、単に一部の選挙区の定数を増減するにとどまらず、都道府県を単位として各選挙区の定数を設定する現行の方式をしかるべき形で改めるなど、現行の選挙制度の仕組み自体の見直しを内容とする立法的措置を講じ、できるだけ速やかに違憲の問題が生ずる前記の不平等状態を解消する必要がある」。②「参議院議員の選挙制度については、限られた総定数の枠内で、半数改選という憲法上の要請を踏まえて各選挙区の定数が偶数で設定されるという制約の下で、長期にわたり投票価値の大きな較差が続いてきた」。③「しかしながら、以上の次第であるから、本件定数配分規定が本件選挙当時憲法に違反するに至っていたということはできないとした原審の判断は、結論において是認することができる」。

(3) **個別意見**

本判決には、田原睦夫・須藤正彦・大橋正春裁判官の各反対意見、櫻井龍子・金築誠志・千葉勝美裁判官の各補足意見、竹内行夫裁判官の意見がある。

(a) 櫻井裁判官の補足意見は、「参議院の選挙区選出議員の選挙については、

もはや都道府県を単位とする現行制度の仕組みの見直しという抜本的改正を行うことが避けて通れないところまできているといわざるを得ない」とし、立法府が今後の二院制の在り方も念頭に置いて多様な選択肢を視野に入れつつ、十分な議論の上、国民の期待に応える改革を行う叡智を期待してやまない、とした（金築・千葉裁判官の補足意見もほぼ同旨）。

(b)　田原睦夫裁判官の反対意見は、「投票価値の平等は、選挙制度や地政上の関係等に関連する技術上の理由から一定の譲歩を迫られることはあり得るものの、それは選挙制度を構築する上での最も重視されるべき要素であり、他の政策的目的ないし理由との関連において、同一レベルで調和的に実現されるべきものではない」として平成21年判決反対意見と同様、「不平等は憲法14条に違反し違憲状態にある」とし、国会の不作為を違法と評価した。また、原告の選挙人として有する投票の権利それ自体が実質的に侵害されているといえない場合には、原告の請求は棄却されるべきとし、「選挙無効の判決がなされても、それによって参議院の機能が不全になるとの事態が生ずることは想定されない」と述べて、不可分論を前提に最大較差を問題としてきた従来の議論を疑問視した。最終的には、事情判決の法理によって処理するのことを已むを得ないとしつつ、次回選挙が「当面の弥縫策（選挙区間の議員1人当たりの最大較差1対4.75）を施した上で、現行法の枠組みの下で行われるならば、当審として選挙無効の判断をもって対処すべき」とした（須藤裁判官の反対意見も、ほぼ同旨）。

(c)　大橋正春裁判官の反対意見は、藤田裁判官の平成21年大法廷判決補足意見等に賛意を示し、違憲を認定して事情判決の法理によるべきとした。

(4)　検討

参議院議員定数訴訟の最高裁判決は1964〈昭和39〉年2月5日大法廷判決（民集18巻2号270頁）以来合計14件あるが、すべて合憲判決で、そのうち違憲状態を認定したのは1996〈平成8〉年9月11日大法廷判決（民集50巻8号2283頁）、2012〈平成24〉年の本判決および2014〈平成26〉年判決（後述）の3件のみである。本判決は、2006年改正後の定数配分規定下で2回目の2010〈平成22〉年参議院議員選挙に関するものであり、従来の判断枠組みを踏襲しつつ投票価値の平等を重視し、最大較差1対5の不均衡を違憲状態と判断した。

1) 「違憲状態」判決

2012〈平成24〉年の本判決では、12名の裁判官からなる多数意見が「違憲状態」（原判決変更、被上告人の請求を棄却、合理的期間論より合憲判決）、3名の反対意見が違憲（事情判決により選挙は有効）と判断した。多数意見のうち3名が補足意見、1名が意見を付し、都道府県単位の選挙制度の仕組みの見直し等を求めた。

このように本判決では、15名の裁判官全員が1対5.0の不均衡を違憲と判断したことが注目される。とくに12名の多数意見は、従来の判例理論の枠組み（投票価値平等が一定の限度で譲歩を求められても違憲ではない等）を維持しつつ、上記の2004〈平成16〉年・2006〈平成18〉年判決の結論とは異なり、1対5.0の不均衡について違憲判断に転じた。その理由は、2004〈平成16〉年判決において藤田裁判官など多数意見の4名が補足意見で次回選挙までの改正を促して警告し（6名が反対意見＝違憲判断）、2006〈平成18〉年判決の多数意見は国会の不断の努力が望まれる旨を指摘し（5名が反対意見）、2009〈平成21〉年判決でも、10名の多数意見が「現行の選挙制度の仕組みの見直しが必要となる」と指摘し、5名の反対意見と補足意見4名も制度改革の必要を指摘したことが重視された。

これら3つの大法廷判決によって「投票価値の平等の観点から実質的にはより厳格な評価がされるようになってきた」にもかかわらず、2006年以降は法改正が行われなかったことなどの「事情を総合考慮すると……投票価値の平等の重要性に照らしてもはや看過し得ない程度に達しており、これを正当化すべき特別の理由も見出せない」として違憲状態と判断したものである。

ここでは、従来のように最大較差のような数値中心に判断するのではなく、投票価値平等を厳格に評価するようになった「社会の状況の変化」を重視した。また、多数意見は、2009〈平成21〉年判決で制度の見直しの必要性を指摘したのは本件選挙の約9か月前のことであることを理由に、合理的期間論の点で合憲判決に帰着した。これらは、衆議院に関する前記2011〈平成23〉年3月23日、および2013〈平成25〉年11月20日の「1人別枠方式」違憲状態判決の論法と軌を一にするものといえる。

2) 不均衡の許容基準──6倍基準説の否定

従来の最高裁判決では、最大較差5.85倍を合憲（最二小判1988〈昭和63〉・10・

21判時1321号123頁)、6.59倍を違憲と判断したことから、一般に6倍基準説が指摘された。しかしこれには説得的理由がなく、本判決が5.0倍の較差を違憲状態(違憲の問題が生じる程度の著しい不平等状態)と判断したためこの見方が否定された。反面、従来の判断枠組みを踏襲し〔判旨(i)③〕、合憲性判断の2要素(許容限度と是正期間)についても、(a)許容基準を具体的に明示せず、(b)(「合理的期間」の語を用いずに) 2009〈平成21〉年判決後約9カ月間の制度改革の検討等を考慮して「国会の裁量権の限界」内で違憲とはいえないと述べるにとどまった。

この点、反対意見は当初の2.62倍からの拡大を問題とし、田原反対意見では、不平等の許容基準について1対2の基準を明示し、2006〈平成18〉年判決の時点を基準時にして合理的期間論を判断すべきとしたうえで、国会の立法不作為の違憲性にも言及して詳細な違憲論を展開した。また大橋反対意見は、参議院でも投票価値平等がもっとも基本的な要求として位置付けられることを明らかにして、「2倍に達しない較差であっても、これを合理化できる理由が存在しないならば違憲になり得る」ことを指摘した。合理的期間論についても、平成19年選挙時から3年〔田原裁判官〕ないし平成18年判決時から4年〔須藤裁判官〕の期間の立法不作為を違憲と解した。

本判決多数意見では、基準を明確にしないまま投票価値の平等を重視して判断を厳格化したため、その理由と程度が問題となる。本判決では、従来の判断枠組みを踏襲しつつも、参議院について人口比例原則後退論や立法裁量論よりもむしろ投票価値平等を重視し、選挙制度の見直しを求めた。とすれば、参議院についても2012年11月の4増4減(最大較差1対4.75)の法改正では不十分であり、制度を見直す際の許容基準を明確化・厳格化することが求められよう。学説の多数と同様に一人一票原則から1対2(ないし1対1)基準とするか、あるいは東京高裁2010〈平成22〉年11月17日判決(南裁判長、判時2098号34頁)が(最大較差1対2.62を拡大しないよう不断に立法上の配慮をすべきであったと)示唆したように1対2.62を基準とするなど、選挙権の本質や二院制の在り方、代表制の本質(効果的代表論の可否等)に遡った理論的検討が急務となる。

3) 「参議院の独自性」論・「広い立法裁量」論の後退

前記1983〈昭和58〉年判決等では、二院制下の参議院選挙制度の合理性など

「参議院の独自性」を理由に人口比例原則の「譲歩、後退」を容認してきたが、本判決では、憲法上の要請を半数改選制に限定し、投票価値平等を重視した。その背景には、「制度と社会の状況の変化」、とくに衆議院における2倍基準など投票価値平等を厳格に解する傾向があった。また、上記2004・2006・2009〈平成16・18・21〉年の大法廷3判決で選挙制度の見直し等が指摘されてきた事情が重視され、司法判断を軽視した立法府への厳しい評価が窺える。

また、二院制の理解についても、両院の差異よりも両院ともに「適切に民意を国政に反映する責務を負っている」という共通性に着目し、衆参両院の制度を「同質的な選挙制度」と指摘した。その背景には「ねじれ」国会下で参議院の役割が増大したことが指摘される[75]。

総じて、従来の判例が選挙制度に関する広い立法裁量を認めてきたのとは対照的に、本判決では、「都道府県を各選挙区の単位とする仕組み」を維持することは「著しく困難」と断言した〔判旨(iv)①〕。櫻井・金築・千葉裁判官の各補足意見でも制度の真摯な検討が不可避であることに言及し、大橋反対意見も上記2004・2006・2009〈平成16・18・21〉年判決の藤田補足意見等に賛同して立法裁量を制約する方向を示した。

4)「違憲状態」「違憲」判決の効力

衆議院に続き参議院選挙についても違憲ないし違憲状態判決が続くようになると、将来効判決や警告判決を含めた判決の効力の検討が重要な課題となる。本件反対意見も示唆するように、従来の「事情判決」を超えて当該選挙区のみ選挙無効とすることも理論的には十分可能であり、衆議院に関する高裁判決（広島高判2013〈平成25〉年3月25日、広島高岡山支部判同年3月26日）が実際に当該選挙を無効とする判決を下した。とすれば、参議院についても、両院の異同や違憲判決の効力に関する検討が求められることは必至である。実際、本判決でも、3名の裁判官の反対意見（田原・須藤・大橋裁判官）は、違憲判断しつつ事情判決の法理に従って選挙自体を有効とする結論に至ったが、とくに田原反対意見は、無効判決を下した場合の効力を仔細に検討して、当選人は将来に向かって地位を失うのであるから、半数改選の参議院では失職議員の補充選挙の形

---

[75] 只野雅人「選挙権と選挙制度」法学教室393号（2013年）27頁参照。

で解決できることなどを指摘し、従来の議論を先に進める検討を行った。

　以上のように、2004〈平成16〉年判決以降は、現行制度を違憲と判断する立場がしだいに拡大しており、抜本的な制度改革を促す傾向が明らかにされてきた。選挙権という民主主義の根幹にかかわる問題では、憲法上の権利の平等を実現すべきである点のみならず、憲法上の二院制の特質（代表の同質性）からしても現状のような著しい不均衡を正当化することは理論的にはもはや不可能であろう。2004年以降の司法府の判断および2012年の「違憲状態」判決をふまえて、立法府での抜本的な制度改革が望まれる。

　2012年8月末に議員立法で提出され同年11月に採択された「4増4減」改正では最大較差が1対4.75にしかならず不十分であったが、2013年7月の参議院選挙がこれに基づいて実施されたことから、問題が先送りされることになった。

3　2013〈平成25〉年11月28日広島高裁岡山支部「選挙無効」判決

(1)　経緯

　2012〈平成24〉年10月17日大法廷判決が、現行の選挙制度の仕組み自体の見直しを内容とする立法的措置を講じ、できるだけ速やかに不平等状態を解消する必要がある旨の指摘をしたことうけて、同年8月に国会に提出された4増4減の法律案が同年11月26日に公布、施行された。その結果、最大較差は1対4.75となり、いわゆる逆転現象もなくなった。しかし2013年7月21日に施行された参議院通常選挙当時、選挙区間における議員1人当たりの選挙人数の最大較差は、選挙人数が最も少ない鳥取県選挙区を1とした場合、最大の北海道選挙区は4.77になっており、国会で制度の抜本的な見直しに向けて具体的・本質的な協議が行われているとはいえない状況であった。

　そこで、2013年7月参議院選挙の無効を訴える訴訟が全国の高等裁判所に提訴され、同年12月26日までに、16件すべての判決が出そろった。このうち、「違憲無効」を断定したのが、2013〈平成25〉年11月28日広島高裁岡山支部判決（裁判所ウェブサイト）である。ほかに「違憲」（有効）判決（事情判決の法理によって選挙自体は有効とする）が2件（同年12月18日大阪高裁判決、同年12月25日東京高裁判決）、「違憲状態」判決（合理的期間論により合憲）が13件であり、合憲判決は皆無となった。[76)]

(2) 判旨

　本件は、岡山県選挙区の選挙人が提起した選挙無効訴訟であり、広島高裁岡山支部判決は、下記のように判示した。

　(i)「国民主権を実質的に保障するためには、国民の多数意見と国会の多数意見が可能な限り一致することが望まれる。また、法の下の平等を定めた憲法14条1項は、選挙権に関しては、国民は全て政治的価値において平等であるべきであるとする徹底した平等化を志向するものであり、……投票価値の平等を要求しているものと解される。このように、国政選挙における投票価値の平等は、国民主権・代表民主制の原理及び法の下の平等の原則から導かれる憲法の要請である」。

　(ii)「投票価値の平等は、最も基本的な要請とされるべきであるから、国会は、……投票価値の平等を実現するように十分に配慮しなければならない。また、参議院は、憲法上、衆議院とともに国権の最高機関として適切に民意を反映する責務を負っていることは明らかであり、参議院議員の選挙であること自体から、直ちに投票価値の平等の要請が後退してよいと解すべき理由はない。したがって、投票価値の平等に反する選挙に関する定めは、合理的な理由がない限り、憲法に違反し無効というべきである」。

　(iii)「本件選挙当日の選挙区間における議員1人当たりの選挙人数の最大較差は、1対4.77と5倍に匹敵する程度の較差であり、較差が4倍を超える選挙区が6選挙区あり、較差が3倍を超える選挙区が岡山県を含めて11選挙区……に及んでおり、投票価値の不平等状態は依然として継続している。……本件定数配分規定は、本件選挙当時、憲法の投票価値の平等の重要性に照らして看過し得ない程度に達しており、違憲の問題が生ずる程度の著しい不平等状態に至っていると認められる。もっとも、……投票価値の著しい不平等状態が生じているということをもって、直ちに憲法に違反するということはできず、投票価値の著しい不平等状態が相当期間継続しているにもかかわらず、これを是正する措置を講じないことが、国会の裁量権の限界を超えると判断される場合に、当該議員定数配分規定が憲法に違反するに至るものと解するのが相当である」。

　(iv)「国会は、遅くとも、平成21年大法廷判決が言い渡された平成21年9月

---

76)　朝日新聞2013年12月27日朝刊37面の一覧参照。

30日から、……参議院議員の選挙制度の抜本的改革を内容とする立法的措置を講じなければならない責務があったといえる。……平成21年大法廷判決から本件選挙までの間、約3年9か月の期間が存在し……平成23年中に公職選挙法改正案を提出する旨の報告がされたにもかかわらず、結局は、4選挙区において議員定数を4増4減するという本件改正にとどま〔る〕。……以上のような事情を考慮すれば、本件選挙までの間に、国会が、投票価値の著しい不平等状態を是正する措置を講じなかったことは、国会の裁量権の限界を超えるものといわざるを得ず、本件定数配分規定は、憲法に違反するに至っていたといえる」。

(ⅴ)「前記のとおり、本件定数配分規定は、憲法に違反し、無効というべきであるから（憲法98条1項）、憲法に違反する本件定数配分規定に基づいて施行された本件選挙のうち岡山県選挙区における選挙も無効とすべきである。……無効判決がなされても、無効判決が確定した選挙区における選挙の効力についてのみ、判決確定後将来にわたって失効するものと解されること、仮に本件選挙における47選挙区の全ての選挙が無効になったとしても、平成22年選挙によって選出された議員と本件選挙における比例代表選挙による選出議員……によって……参議院としての活動が可能であることなどを考慮すれば、長期にわたって投票価値の平等という憲法上の要請に著しく反する状態を容認することの弊害に比べ、本件選挙を無効と判断することによる弊害が大きいということはできない。したがって、……本件選挙を違憲としながら、選挙の効力については有効と扱うべきとのいわゆる事情判決の法理を適用することは相当ではない。以上によれば、本件定数配分規定は憲法に違反し無効であり、本件定数配分規定に基づいて施行された本件選挙のうち岡山県選挙区における選挙も無効であるといわざるを得ないから、原告の請求は理由がある」（裁判長裁判官　片野悟好　裁判官　濱谷由紀、山本万起子）。

(3)　**検討**

上記のように16の高裁判決のうち広島高裁岡山支部の上記判決のみが違憲無効の判断に至ったが、他の判決は13件が「違憲状態」で合憲、2件が「違憲」判決であった。後者の違憲判決の場合も、上記大法廷判決反対意見と同様、選挙無効まで判断することに躊躇を覚え、事情判決の法理の適用という結論に至っている。

しかし、これまでの50年にわたる投票価値平等訴訟の展開を踏まえ、さらに、権力分立原理から司法府が立法府の広い裁量を認めてきたにもかかわらず一向に不平等が解消しない現状を目のあたりにすれば、残された選択肢は違憲無効判決の可能性であろう。1976〈昭和51〉年大法廷判決ではじめて事情判決の法理が援用された時も、立法府が速やかに法改正を実施することが前提とされており、違憲状態・違憲判決をもってしても法改正が実現しない状況が定着することは想定されていなかったといえる。

　事情判決の法理の援用はあくまで例外的なものであり、不可分論に立ったうえでも選挙無効の弊害はさほど大きいものではない、ということを想起すれば、司法府が違憲無効判決を下すことも十分可能な選択であることを上記広島高裁岡山支部判決は示している。理論的には、下記の諸点が、今後の課題として残存している。

　①参議院の特殊性・独自性の判断基準について、「参議院は、憲法上、衆議院とともに国権の最高機関として適切に民意を反映する責務を負っていることは明らかであり、参議院議員の選挙であること自体から、直ちに投票価値の平等の要請が後退してよいと解すべき理由はない」とする理由ですべてを論じ尽くせるか（憲法の「半数改選制」・偶数定数制を超えた、従来の「効果的代表制」論に対していかに反駁するのか）。

　②較差の許容基準をどのように測定し、限界を画するのか（1対1基準なのか、1対2まで許容するのか、平均からの偏差を基準とするのか）。

　③違憲判決の効力に関する可分説的な議論をどう解するか、などである。

　いずれにしても、本件広島高裁岡山支部判決の論理は極めて明快であり、上記の諸点を論じる必要なくして結論に到達できるものであることから、これらの点が、今後も研究者や訴訟当事者の間で議論されることを期待したい。衆議院について、ようやく1対1ないし1対2の基準が定着してきた今日、選挙権の権利性と主権者としての地位の平等を前提とした投票価値平等の重要性を真摯にとらえるならば、二院制のもとで憲法上の要請が半数改選制（偶数定数制）のみであることからして、最大較差1対5に及ぶ不均衡が50年近くにわたって放置されてきたことを許容することはできない。すでに、本章の各節で理論的課題を提示したため繰り返しは避けるが、高裁判決が毅然として違憲無効判決を下すに至った背景を理解して、最高裁が積極的な最高裁判断を下すことが期

待された。しかし、本件の上告審判決（2014〈平成26〉年11月26日判決）で、最高裁は「違憲状態」を認めるにとどまった。

4 2014〈平成26〉年11月26日最高裁「違憲状態」判決

(1) 経緯

2013〈平成25〉年7月21日に施行された参議院議員通常選挙について、岡山県選挙区の選挙人らが、選挙区間の最大較差が4.77倍に及んだ公職選挙法14条、別表第三の参議院（選挙区選出）議員定数配分規定の違憲無効と本件選挙の上記選挙区における選挙の無効を主張して提訴した。この選挙無効訴訟の上告審（平成26年（行ツ）第78号・第79号選挙無効請求事件、原審広島高裁岡山支部違憲無効判決）において、最高裁2014〈平成26〉年11月26日大法廷判決は、「原審各判決を破棄する。被上告人らの請求をいずれも棄却する」として破棄自判の判決を下した。このほか別件（東京都選挙区及び神奈川県選挙区の選挙人を原告とする平成26年（行ツ）第155号、第156号事件、原審東京高裁判決等）でも、同日の最高裁判決は、原判決を変更して、原審原告らの請求棄却、上告棄却の判決を下した（いずれも訴訟の総費用は被上告人らの負担とする被上告人敗訴判決であった）。参議院に関する高裁での無効判決後、初の最高裁判決であったためマスコミ等でも注目度が高まっていたが、結果は「違憲状態」にとどめて合理的期間論により合憲と判断したもので、これまでの判例を踏襲した、いわば予想どおりの判決であった（民集68巻9号1363頁）。

2年前の2012〈平成24〉年10月17日判決時には、竹崎裁判長以下12名が合憲の多数意見を構成し、反対意見は、田原睦夫・須藤正彦・大橋正春裁判官の3名であった（櫻井龍子・金築誠志・千葉勝美裁判官の各補足意見と竹内行夫裁判官の意見があった）。これに対して2014〈平成26〉年11月の本判決では、裁判長が竹崎博允裁判官から寺田逸郎裁判官に交代し、田原睦夫・竹内行夫・須藤正彦・横田尤孝の4裁判官を加えて5名が退官して、新たに鬼丸かおる・木内道祥・山本庸幸・山崎敏充・池上政幸裁判官の5名が加わった。これらの新任のうち鬼丸・木内・山本の3裁判官がいずれもそれぞれ反対意見を書き、大橋正春裁判官を加えて反対意見が4名に増え（うち山本裁判官以外の3名が弁護士出身）、しかも前内閣法制局長官の山本裁判官が下記のように違憲・無効の立場をとっ

た点で注目される。そのほか、櫻井龍子・金築誠志裁判官が前回に引き続き補足意見を書き、岡部喜代子・山浦善樹・山崎敏充の3裁判官がこれに加わった。また、千葉勝美裁判官は前回同様、個人で補足意見を提出した。

(2) **判旨**

参議院における議員定数不均衡の経緯や従来の判例に関する叙述は、前記2012〈平成24〉年10月17日判決（最高裁平成23年〈行ツ〉第51号、民集66巻10号3357頁、本書124頁以下）と同じであり、従来の判例理論を踏襲する旨を明言している。そのうえで、同2012〈平成24〉年判決後の展開を要約した。

(i)「〔2012〈平成24〉年判決は、〕結論において同選挙当時における本件旧定数配分規定が憲法に違反するに至っていたとはいえないとしたものの、長年にわたる制度及び社会状況の変化を踏まえ、都道府県を各選挙区の単位とする仕組みを維持しながら投票価値の平等の要求に応えていくことはもはや著しく困難な状況に至っていることなどに照らし、違憲の問題が生ずる程度の投票価値の著しい不平等状態が生じていた旨判示するとともに、都道府県を単位として各選挙区の定数を設定する現行の方式をしかるべき形で改めるなど、現行の選挙制度の仕組み自体の見直しを内容とする立法的措置を講じ、できるだけ速やかに違憲の問題が生ずる上記の不平等状態を解消する必要がある旨を指摘した」。

(ii) 同判決の言渡し後「同年11月16日に上記の公職選挙法の一部を改正する法律案が平成24年法律第94号（以下「平成24年改正法」という。）として成立し、同月26日に施行された」。「また、同月以降、選挙制度協議会において平成24年大法廷判決を受けて選挙制度の改革に関する検討が行われ、平成25年6月、選挙制度の改革に関する検討会において、選挙制度協議会の当時の座長から参議院議長及び参議院各会派に対し、平成24年改正法の上記附則の定めに従い、平成28年7月に施行される通常選挙から新選挙制度を適用すべく、平成26年度中に選挙制度の仕組みの見直しを内容とする改革の成案を得た上で、平成27年中の公職選挙法改正の成立を目指して検討を進める旨の工程表が示された。平成25年7月21日、本件定数配分規定の下での初めての通常選挙として、本件選挙が施行された。本件選挙当時の選挙区間の最大較差は、4.77倍であった」。「本件選挙後の事情についてみると、……平成25年9月……選挙制度協議会が設置

され、同検討会において、同27年中の公職選挙法改正の成立を目指すことが確認されるとともに、……（26年5月以降、上記の案〈座長提案〉や参議院の各会派の提案等をめぐり検討と協議が行われている。）」。

(iii)「憲法は、選挙権の内容の平等、換言すれば、議員の選出における各選挙人の投票の有する影響力の平等、すなわち投票価値の平等を要求していると解される。しかしながら、憲法は、国民の利害や意見を公正かつ効果的に国政に反映させるために選挙制度をどのような制度にするかの決定を国会の裁量に委ねているのであるから、投票価値の平等は、選挙制度の仕組みを決定する唯一、絶対の基準となるものではなく、……国会が具体的に定めたところがその裁量権の行使として合理性を有するものである限り、それによって投票価値の平等が一定の限度で譲歩を求められることになっても、憲法に違反するとはいえない。憲法が二院制を採用し衆議院と参議院の権限及び議員の任期等に差異を設けている趣旨は、それぞれの議院に特色のある機能を発揮させることによって、国会を公正かつ効果的に国民を代表する機関たらしめようとするところにあると解される。……以上は、昭和58年大法廷判決以降の参議院議員（地方選出議員ないし選挙区選出議員）選挙に関する累次の大法廷判決の趣旨とするところであり、基本的な判断枠組みとしてこれを変更する必要は認められない。

もっとも、選挙区間の最大較差が5倍前後で常態化する中で、……平成24年大法廷判決においては、……長年にわたる制度及び社会状況の変化を踏まえ、数十年間にもわたり5倍前後の大きな較差が継続することを正当化する理由としては十分なものとはいえなくなっている旨の指摘がされているところである」。

(iv) 上記の見地に立って、本件選挙当時の本件定数配分規定の合憲性について検討する。「両議院とも、政党に重きを置いた選挙制度を旨とする改正が行われている上、都道府県又はそれを細分化した地域を選挙区とする選挙と、より広範な地域を選挙の単位とする比例代表選挙との組合せという類似した選出方法が採られ、その結果として同質的な選挙制度となってきており、急速に変化する社会の情勢の下で、議員の長い任期を背景に国政の運営における参議院の役割がこれまでにも増して大きくなってきているといえることに加えて、衆議院については、この間の改正を通じて、投票価値の平等の要請に対する制度的な配慮として、選挙区間の人口較差が2倍未満となることを基本とする旨の

区割りの基準が定められていることにも照らすと、参議院についても、二院制に係る上記の憲法の趣旨との調和の下に、更に適切に民意が反映されるよう投票価値の平等の要請について十分に配慮することが求められる」。「平成24年大法廷判決の指摘するとおり……長年にわたる制度及び社会状況の変化を踏まえると、数十年間にもわたり5倍前後の大きな較差が継続することを正当化する理由としては十分なものとはいえなくなっているものといわざるを得ない。……昭和58年大法廷判決は、……都道府県を各選挙区の単位とすることによりこれを構成する住民の意思を集約的に反映させ得る旨の指摘をしていたが、……これを参議院議員の各選挙区の単位としなければならないという憲法上の要請はなく、むしろ、都道府県を各選挙区の単位として固定する結果、その間の人口較差に起因して上記のように投票価値の大きな不平等状態が長期にわたって継続している状況の下では、上記の都道府県の意義や実体等をもって上記の選挙制度の仕組みの合理性を基礎付けるには足りなくなっているものといわなければならない」。「以上に鑑みると、……半数改選という憲法上の要請を踏まえて定められた偶数配分を前提に、上記のような都道府県を各選挙区の単位とする仕組みを維持しながら投票価値の平等の実現を図るという要求に応えていくことは、もはや著しく困難な状況に至っているものというべきである。……これらの事情の下では、平成24年大法廷判決の判示するとおり、平成22年選挙当時、本件旧定数配分規定の下での前記の較差が示す選挙区間における投票価値の不均衡は、投票価値の平等の重要性に照らしてもはや看過し得ない程度に達しており、これを正当化すべき特別の理由も見いだせない以上、違憲の問題が生ずる程度の著しい不平等状態に至っていたというほかはない」。

「本件選挙は、平成24年大法廷判決の言渡し後に成立した平成24年改正法による改正後の本件定数配分規定の下で施行されたものであるが、上記ウのとおり、本件旧定数配分規定の下での選挙区間における投票価値の不均衡が違憲の問題が生ずる程度の著しい不平等状態にあると評価されるに至ったのは、総定数の制約の下で偶数配分を前提に、長期にわたり投票価値の大きな較差を生じさせる要因となってきた都道府県を各選挙区の単位とする選挙制度の仕組みが、長年にわたる制度及び社会状況の変化により、もはやそのような較差の継続を正当化する十分な根拠を維持し得なくなっていることによるものであり、同判決において指摘されているとおり、上記の状態を解消するためには、一部の選

挙区の定数の増減にとどまらず、上記制度の仕組み自体の見直しが必要であるといわなければならない。しかるところ、平成24年改正法による前記4増4減の措置は、上記制度の仕組みを維持して一部の選挙区の定数を増減するにとどまり、現に選挙区間の最大較差（本件選挙当時4.77倍）については上記改正の前後を通じてなお5倍前後の水準が続いていたのであるから、上記の状態を解消するには足りないものであったといわざるを得ない……。したがって、平成24年改正法による上記の措置を経た後も、本件選挙当時に至るまで、本件定数配分規定の下での選挙区間における投票価値の不均衡は、平成22年選挙当時と同様に違憲の問題が生ずる程度の著しい不平等状態にあったものというべきである」。

(v)「参議院議員の選挙における投票価値の較差の問題について、当裁判所大法廷は、これまで、[1]当該定数配分規定の下での選挙区間における投票価値の不均衡が、違憲の問題が生ずる程度の著しい不平等状態に至っているか否か、[2]上記の状態に至っている場合に、当該選挙までの期間内にその是正がされなかったことが国会の裁量権の限界を超えるとして当該定数配分規定が憲法に違反するに至っているか否かといった判断の枠組みを前提として審査を行ってきており、こうした判断の方法が採られてきたのは、憲法の予定している司法権と立法権との関係に由来するものと考えられる。……そこで、本件において、本件選挙までに違憲の問題が生ずる程度の投票価値の著しい不平等状態の是正がされなかったことが国会の裁量権の限界を超えるといえるか否かについて検討する。

参議院議員の選挙における投票価値の不均衡については、……平成21年大法廷判決に至るまで上記の状態に至っていたとする判断が示されたことはなかったものであるところ、違憲の問題が生ずる程度の著しい不平等状態に至っているとし、その解消のために選挙制度の仕組み自体の見直しが必要であるとする当裁判所大法廷の判断が示されたのは、平成24年大法廷判決の言渡しがされた平成24年10月17日であり、国会において上記の状態に至っていると認識し得たのはこの時点からであったというべきである。……しかるところ、平成24年大法廷判決の言渡しから本件選挙までの上記期間内に、上記のように高度に政治的な判断や多くの課題の検討を経て改正の方向性や制度設計の方針を策定し、具体的な改正案の立案と法改正の手続と作業を了することは、実現の困難な事

柄であったものといわざるを得ない。

　他方、国会においては、……平成24年大法廷判決の趣旨に沿った方向で選挙制度の仕組みの見直しを内容とする法改正の具体的な方法等の検討が行われてきていることをも考慮に入れると、本件選挙前の国会における是正の実現に向けた上記の取組は、具体的な改正案の策定にまでは至らなかったものの、同判決の趣旨に沿った方向で進められていたものということができる。

　以上に鑑みると、本件選挙は、前記 4 増 4 減の措置後も前回の平成22年選挙当時と同様に違憲の問題が生ずる程度の投票価値の著しい不平等状態の下で施行されたものではあるが、……国会における是正の実現に向けた取組が平成24年大法廷判決の趣旨を踏まえた国会の裁量権の行使の在り方として相当なものでなかったということはできず、本件選挙までの間に更に上記の見直しを内容とする法改正がされなかったことをもって国会の裁量権の限界を超えるものということはできない。……本件定数配分規定が憲法に違反するに至っていたということはできない。参議院議員の選挙制度については……国会において、都道府県を単位として各選挙区の定数を設定する現行の方式をしかるべき形で改めるなどの具体的な改正案の検討と集約が着実に進められ、できるだけ速やかに、現行の選挙制度の仕組み自体の見直しを内容とする立法的措置によって違憲の問題が生ずる前記の不平等状態が解消される必要があるというべきである。よって、裁判官大橋正春、同鬼丸かおる、同木内道祥、同山本庸幸の各反対意見があるほか、裁判官全員一致の意見で、主文のとおり判決する。(なお、裁判官櫻井龍子、同金築誠志、同岡部喜代子、同山浦善樹、同山崎敏充の補足意見、裁判官千葉勝美の補足意見がある。)」。

(3)　個別意見

　(a)　櫻井龍子・金築誠志・岡部喜代子・山浦善樹・山崎敏充の 5 裁判官の補足意見は、多数意見に賛同しつつ選挙制度の仕組みの見直しの在り方について補足し、下記のように述べて立法府の対応を要請した。

　「投票価値の不均衡の是正は、議会制民主主義の根幹に関わり、国権の最高機関としての国会の活動の正統性を支える基本的な条件に関わる極めて重要な問題であって、違憲状態を解消して民意を適正に反映する選挙制度を構築することは、国民全体のために優先して取り組むべき喫緊の課題というべきもので

ある。……平成24年大法廷判決及び本判決の趣旨に沿った選挙制度の仕組み自体の見直しを内容とする立法的措置ができるだけ速やかに実現されることが強く望まれるところである」。

(b) 千葉勝美裁判官の補足意見は、下記のように指摘して、他の最高裁判決等でも披瀝した司法の自己抑制論にたった見解を提示した。[77]

「〔平成18年と平成21年の大法廷判決が警告的な意味で注意喚起したものといえるのに対して、平成24年大法廷判決は〕対象となる選挙時点での投票価値の不均衡は、もはや看過し得ない程度に達し、違憲状態に至っていたとしている。……そうすると、国会としては、平成24年大法廷判決によって早期にその是正を図るべき憲法上の責務を負ったものであり、司法部の上記の説示は、もはや単なる注意喚起ではなく、国会の裁量権行使の方向性に言及した上で、国会に対してこの憲法上の責務を合理的期間内に果たすべきことを求めたものというべきである」。また、「地域代表的性格を保有させるべきであるという見解は、……憲法上の要請ではなく、投票価値の平等という憲法上の原則を支える人口比例原則に優越するものではない」。このように人口比例原則を重視する見解を示す一方で、「私としては、国権の最高機関たる国会において、自ら設定した期限までに制度の仕組みの見直しを内容とする抜本的な改革がされることを、今後の進捗状況を含めて期待をもって注視していきたい」と述べるにとどめた。

(c) 大橋正春裁判官の反対意見は、合理的期間に関する国会の裁量権の検討において「制度の仕組み自体の見直しを内容とする改正の真摯な取組がされないまま期間が経過していくことは国会の裁量権の限界を超えるとの評価を免れない」として「多数意見と異なり、本件定数配分規定は本件選挙当時において憲法に違反し、本件選挙は違法である」とした。そのうえで、本件選挙が違法である旨を宣言するにとどめる事情判決の手法を是としたが、「全ての選挙区について選挙無効とするのではなく、一定の合理的基準（例えば較差が一定以上）に基づいて選択された一部の選挙区についてのみ選挙を無効とし、その他の選挙区については違法を宣言するにとどめることも可能であると考える」と

---

77) 千葉裁判官の補足意見は、受刑者の選挙権制限等の違憲性を問題にした訴訟の上告審判決（2014年7月9日、本書第3章第1節175頁）で、アメリカ合衆国最高裁判所のブランダイス・ルールを重視する立場から、立法裁量優位と司法の自己抑制論を述べていたことと通底する。

して選挙一部無効の可能性にも言及した。

　(d)　鬼丸かおる裁判官の反対意見は、「参議院議員の選挙の投票価値は、民主主義の基本原理に立ち戻り、原則として1対1の等価とすべきである。……違憲の結論を採るに当たっては、憲法の予定する立法権と司法権の関係に鑑み、司法が直ちに選挙を無効とするとの結論を出すのではなく、まず国会自らによる是正の責務の内容及びこれを速やかに実現する必要性を明確に示すことが相当であると思料される。……選挙を無効とすることなく、本件選挙は違法であると宣言することにとどめるのが相当である」とした。鬼丸裁判官が着任後初めて示した衆議院についての2013〈平成25〉年11月20日判決の意見（本書110頁）でも1対1を原則とする考えを示していたが、本件のように参議院議員に関する定数不均衡訴訟で1対1を原則と示すことはほとんどなかったことであり、重要であるといえる。

　(e)　木内道祥反対意見は、「国会が違憲状態にあることを平成24年大法廷判決の言渡しに至るまで認識することができなかったと断ずることが相当とは思われない」として、「多数意見と異なり、国会の裁量権の限界を超えるものであり、本件選挙時において本件定数配分規定は違憲であったと解する」立場をとった。そして「一部の選挙区の選挙に限定して選挙を無効とするについては、選挙を無効とする選挙区を選択する基準を必要とする」として、「一部の選挙区の選挙のみを無効とすることは控えることとし、全ての選挙区の選挙について違法を宣言するにとどめることとするのが相当である」とした。

　(f)　山本庸幸裁判官の反対意見は、下記のように述べて違憲無効判断を示したことが注目される。「国民主権と代表民主制の本来の姿からすれば、投票価値の平等は、他に優先する唯一かつ絶対的な基準として、あらゆる国政選挙において真っ先に守られなければならない……。衆議院議員選挙の場合であれば2倍程度の一票の価値の較差でも許容され、これをもって法の下の平等が保たれていると解する考え方があるが、私は賛成しかねる。……現在の国政選挙の選挙制度において法の下の平等を貫くためには、……どの選挙区においても投票の価値を比較すれば1.0となるのが原則であると考える。その意味において、これは国政選挙における唯一かつ絶対的な基準といって差し支えない。ただし、人口の急激な移動や技術的理由などの区割りの都合によっては1〜2割程度の一票の価値の較差が生ずるのはやむを得ないと考えるが、それでもその場合に

許容されるのは、せいぜい2割程度の較差にとどまるべきであり、これ以上の一票の価値の較差が生ずるような選挙制度は法の下の平等の規定に反し、違憲かつ無効である」。

また、無効判決の効力について、以下のように指摘した。

「参議院も衆議院並みに政党化が進んでいるほか、最近では……国政における参議院の重要性が再認識された……。そうであれば、参議院の寄って立つ選挙制度も衆議院の場合と同様、代表民主制にふさわしく、一票の価値の較差が生じないようにするべきである」。「選挙制度の憲法への適合性を守るべき立場にある裁判所としては、違憲であることを明確に判断した以上はこれを無効とすべきであり、そうした場合に生じ得る問題については、経過的にいかに取り扱うかを同時に決定する権限を有するものと考える」。例えば、①「判決により無効とされた選挙に基づいて選出された議員によって構成された参議院又は衆議院が既に行った議決等の効力」の点も遡及効の否定等によれば問題はない。②「判決により無効とされた選挙に基づいて選出された議員の身分の取扱い」については、「全選挙区が訴訟の対象とされているときは、その無効とされた選挙において一票の価値（各選挙区の有権者数の合計を各選挙区の定数の合計で除して得られた全国平均の有権者数をもって各選挙区の議員1人当たりの有権者数を除して得られた数。以下同じ。）が0.8を下回る選挙区から選出された議員は、全てその身分を失うものと解すべきである。……ちなみにそれ以外の選挙区から選出された議員については、選挙は無効になるものの、議員の身分は継続し、引き続きその任期終了までは参議院議員であり続けることができる。……このように解することにより、参議院はその機能を停止せずに活動することができるだけでなく、必要な場合には緊急集会の開催も可能である」[78]。

ここで、「一票の価値が許容限度の0.8より低い選挙区」から選出された議員は全てその身分を失うとして、選挙違憲判決の効力について、選挙無効のみならず、議員身分の喪失まで指摘したことは、これまでの最高裁判決では多数意見・個別意見を通して過去に見られなかったことであり、検討が必要となろう（後述）。

(4) **検討**

本判決は、2年前の2012〈平成24〉年10月17日大法廷判決（本書125頁以下）

と比較しつつ論じているが、論点は従来の判決と基本的に同じである。

1) 選挙規定および選挙の合憲性——「違憲状態」判決

　本判決では、15名中11名の裁判官からなる多数意見は「違憲状態」と判断し、4名の反対意見が違憲（うち3名は事情判決により選挙は有効、1名は一部無効）と判断した。さらに、本判決では、15名の裁判官全員が2012年判決（1対5.0）の判断を進めて、最大較差1対4.77の不均衡を違憲状態もしくは違憲と判断した。

　その根拠は2012年判決と同様、投票価値平等を厳格に評価するようになった「社会の状況の変化」にあるが、2012〈平成24〉年判決で制度の見直しの必要性を指摘したのは本件選挙の約9か月前のことであるとして合理的期間論の点で合憲判決に帰着したことも、2012年判決と同様である。国会の裁量権の範囲を広く解した点では、国会に対して「甘い」判断となったといえる。

---

78)　山本反対意見に下記の注1・2が付されている。
　（注1）平成25年9月2日現在の選挙人名簿登録者（在外を含む。）の参議院選挙区選出議員の定数146人中、一票の価値が0.8を下回る選挙区の定数は、試算によると50人余であり、これらの議員が欠けたとしても、院の構成には特段の影響はないものと考えられる。
　（注2）他方、衆議院の場合、選挙無効の判決がされると、訴訟の対象とされた選挙区から選出された議員のうち、同じく一票の価値が0.8を下回る選挙区から選出された議員は、全てその身分を失うが、それ以外の選挙区から選出された議員は、選挙は無効になるものの、議員の身分は継続し、引き続きその任期終了又は解散までは衆議院議員であり続けることができる。このように解することによって、衆議院は経過的に、一票の価値が0.8以上の選挙区から選出された議員及び訴訟の対象とされなかった選挙区がある場合にあってはその選挙区から選出された議員のみによって構成されることになり、これらの議員によって構成される院で、一票の価値の平等を実現する新しい選挙区の区割り等を定める法律を定めるべきである。仮にこれらの議員によっては院の構成ができないときは、衆議院が解散されたとき（憲法54条）に準じて、内閣が求めて参議院の緊急集会を開催し、同緊急集会においてその新しい選挙区の区割り等を定める法律を定め、これに基づいて次の衆議院議員選挙を行うべきものと解される。
　なお、一票の価値の平等を実現するための具体的な選挙区の定め方に関しては、もとより新しい選挙区の在り方や定数を定める法律を定める際に国会において十分に議論されるべき事柄であるが、都道府県又はこれを細分化した市町村その他の行政区画などを基本単位としていては、策定が非常に困難か、事実上不可能という結果となることが懸念される。その最大の障害となっているのは都道府県であり、また、これを細分化した市町村その他の行政区画などもその大きな障害となり得るものと考えられる。したがって、これらは、もはや基本単位として取り扱うべきではなく、細分化するにしても例えば投票所単位など更に細分化するか、又は細分化とは全く逆の発想で全国を単一若しくは大まかなブロックに分けて選挙区及び定数を設定するか、そのいずれかでなければ、一票の価値の平等を実現することはできないのではないかと考える。

2) 不均衡の許容基準──合理的期間論における裁量の範囲

　2012〈平成24〉年最高裁判決によって、5.0倍の最大較差を違憲状態（違憲の問題が生じる程度の著しい不平等状態）とする判断が初めて示されたのち、2014〈平成26〉年判決によって4.77倍についても違憲状態の判断が下された。反面、すでにみたように、従来の判断枠組みを踏襲して合憲性判断の2要素（(a)許容限度と(b)是正期間）を採用しているため、(a)について従来は5.85倍でさえ合憲と判断していたこととの関係で、許容基準が具体的に明示されないままに終わった。2012年判決では、田原反対意見が不平等の許容基準について1対2の基準を明示し、大橋反対意見が「2倍に達しない較差であっても、これを合理化できる理由が存在しないならば違憲になり得る」ことを指摘したのに対して、2014年判決の鬼丸反対意見および山本反対意見では、参議院についても1対1が原則であることを示した。ただし山本反対意見では、「2割程度」の偏差までは許容しうることを述べた。この指標は、最大較差を問題にするものではなく、議員1人当たり有権者数（選挙人数）の平均値からのかい離を問題にするものであり、ドイツなど諸外国で採用されている偏差の＋－20％を意味するものであろう。とすれば、最大較差に直せば、(100＋20)÷(100－20)＝1.5となり、約1.5倍までを許容する立場であって、2倍基準説に異を唱えたことと平仄が合う（後述）。

　(b)についても、2012年判決は「合理的期間」の語を用いずに平成21年判決後約9カ月間を「国会の裁量権の限界」内で合憲としたことをうけて、2014年判決も同じく9か月の期間を裁量の範囲内と判断した。ここでも国会における対応を好意的に勘案していた。これに対して、合理的期間論の起算時を平成24年判決時とした多数意見とは異なり、反対意見では、「平成24年改正についても、国会が過去の検討結果を利用して審議を促進させようとの動きを見ることはできず、国会の真摯な努力については疑問を持たざるを得ない」（大橋反対意見）として国会での取り組みを客観的に厳しく評価した。すなわち、「国会が違憲状態にあることを認識し得た時点がいつかを求めるまでもなく、投票価値の較差の是正が本件選挙までにされなかったことは国会の裁量権の限界を超えたものというべき」であるとした。「平成18年大法廷判決が投票価値の不平等の是正について国会の不断の努力が望まれる旨を述べ、平成21年大法廷判決が現行の選挙制度の仕組み自体の見直しが必要であると述べている。そうすると、国

会が違憲状態にあることを平成24年大法廷判決の言渡しに至るまで認識することができなかったと断ずることが相当とは思われない」(木内反対意見)からである。これらの反対意見では、「平成24年大法廷判決や本判決の多数意見のように近年の制度及び社会状況の変化を論ずるまでもなく、憲法の投票価値平等の要請に違反し、違憲状態にあった」(鬼丸反対意見)と解するため、平成24年判決時から合理的期間を起算する多数意見と異なる見解であるが、背景には、選挙制度に関する立法裁量や、ひいては司法審査に対する見方の相違が存在している。

3) 二院制、選挙制度等の立法裁量をめぐる論点

最高裁は、前記1983〈昭和58〉年判決等では、二院制下の参議院選挙制度の合理性など「参議院の独自性」を理由に人口比例原則の「譲歩、後退」を容認してきたのに対して、本判決では多数意見においても憲法上の要請を半数改選制に限定し、投票価値平等を重視した。その背景には、「制度と社会の状況の変化」、とくに衆議院における2倍基準など投票価値平等を厳格に解する傾向があった。また、反対意見のみならず多数意見においても、2004〈平成16〉年判決以降の大法廷判決で選挙制度の見直し等が指摘されてきた事情が重視され、司法判断を軽視した立法府への厳しい評価が窺える。他方で、本判決千葉裁判官の補足意見が、「憲法秩序の下における司法権と立法権との関係に照らすと、……違憲状態であるとされた場合は、早期にその是正を図るための措置を執ることは、国会としての憲法上の責務というべきである。他方、違憲状態にまでは至っていないとされた場合には、……国会としては、あるべき選挙制度を考えていく過程で較差の縮小を検討していくべきであり、また、そのような対応で足りよう」と述べたように、違憲状態判決と合憲判決の境界線を重視することで、後者の後の立法裁量を広く解する視点がある。2012〈平成24〉年判決について検討したのと同様に、近年の最高裁判決には、従来よりも立法裁量を制約しようとする方向が示されたとはいえ、多数意見の根底には司法の自己抑制論も認められる。[79] 従来から選挙制度に係る合理的な裁量の枠内で論じられてき

---

79) 他の判決で千葉裁判官がブランダイス・ルールを引用して司法の自己抑制論を展開していたことについては、前注77参照。

た問題が、実は、重要な主権者の権利にかかわるもので、憲法上の要請（半数改選制のみ）と立証可能な例外以外の例外を認めることなく、議員1人当たりの最大較差は可能な限り1対1に近づけなければならない、という見解に立つ裁判官・弁護士や研究者・市民、諸外国の立法例[80]などが増えている。そのような潮流のもとにあって、今こそ、真に選挙権の権利性を重視する立場から、制度についての立法裁量を制約する方向が求められているといえよう。権利のために制度に係る立法裁量を制約する、という原則に立ち返る場合には、国会の裁量を広くとらえて重視してきた従来の議論こそを見直さなければならない。[81]

4）「違憲状態」・「違憲」判決と「選挙無効」判決との距離

選挙権の権利性を重視して定数規定を違憲と判断することと、選挙自体を無効とすることとの間には非常に大きな隔たりがある。違憲確認訴訟ではなく選挙無効請求訴訟である以上「請求棄却」判決はやむを得ないかもしれないが、近年では、国籍法違憲判決等に見られるように最高裁でも権利救済が重視されている。前記の2004〈平成16〉年判決以降は多数意見でも強く較差解消を促し、2012〈平成24〉年・2014〈平成26〉年判決で相次いで違憲状態が認定された。そのうえ毎回5〜6名の裁判官が反対意見を書いて違憲判断を下したことも、立法府の対応の遅さに業を煮やした結構であろう。高裁でも、「選挙無効」判決が出るようになり、まさに機が熟したかと思われた矢先、最高裁判決の反対意見の中で、初めて参議院議員の身分喪失を伴う選挙無効の判断が示された。前内閣法制局長官としていわば憲法解釈を専門とする職にあった山本裁判官による判断であるだけに注目されるが、[82]法曹界やマスコミ等での反応はさほど大

---

80) 諸外国の区割り規定の改正動向については、本書122頁、第4章第1節221頁以下参照。
81) 本判決に関する新聞紙上の識者コメントで、高橋和之教授が指摘した「従来の立法裁量論が間違っていた」と指摘した点には同感である。日本経済新聞2014年11月27日朝刊参照。
82) 山本庸幸裁判官は、通産省に勤務後、1989年から内閣法制局参事官・部長等を歴任し、2006年から東京大学公共政策大学院客員教授等を務めつつ野田政権下の2011年に同局長官に就任した。第二次安倍内閣のもとで、2013年8月に長官を退任して最高裁判事に就任したが、この時期には、第二次安倍内閣で集団的自衛権の憲法解釈をめぐって動きがあり、集団的自衛権容認論者の外務省出身の小松氏（2014年2月に癌治療のため退任し4月に死去）が山本氏に代わって就任した。山本氏が最高裁判事に就任した後に集団的自衛権について憲法解釈では容認が困難であるとの発言をしたことに対して、官房長官が「違和感」を表明して批判するなどの経緯があった（東京新聞2013年8月21日）。

きくはないようにみえる。理論的には、すでにみたように、従来の「事情判決」を超えて当該選挙区のみ選挙無効とすることは論理的に十分可能な説得力ある議論であり、衆議院に関する高裁判決（広島高判2013〈平成25〉・3・25、広島高岡山支判2013〈平成25〉・3・26）に続いて、参議院に関する広島高裁岡山支部判決（2013〈平成25〉・11・28裁判所ウェブサイト）が実際に当該選挙のみを無効とする判決を下した。その論理は明快であるにしても、①二院制と参議院の独自性の理解、②較差の許容基準、③違憲判決の効力に関する可分論との関係など、今後の理論的課題が残ったこともすでに指摘したとおりである。[83]

とすれば、今回の参議院定数「違憲状態」判決における山本反対意見についても、同様の視点から理論的な検討を加える必要があろう。山本反対意見は、国民主権と代表制、投票価値平等について筋の通った論理を展開しており、「都道府県又はこれを細分化した市町村その他の行政区画などを基本単位とする選挙制度」に問題がある事を明快に指摘している点でも高く評価できよう。反面、これまでの議論に照らして、なお疑問や課題がないわけではない。

例えば、①二院制論を踏まえた「参議院の特殊性」論を批判する論法として、近年の「ねじれ国会」で参議院の重要性が再認識された状況を指摘し、「そうであれば、参議院の寄って立つ選挙制度も衆議院の場合と同様、代表民主制にふさわしく、一票の価値の較差が生じないようにするべきであると考える」と述べる。しかし、論理的には、憲法上の要請として、衆議院と参議院の質的差異と同質性をどう捉えるか、半数改選以外の要請からくる非人口的要素への配慮をすべきか否か、などの言及もほしかったところである。

②の較差の基準についても、「どの選挙区においても投票の価値を比較すれば1.0となるのが原則であると考える。その意味において、これは国政選挙における唯一かつ絶対的な基準といって差し支えない。ただし、人口の急激な移動や技術的理由などの区割りの都合によっては1～2割程度の一票の価値の較差が生ずるのはやむを得ないと考えるが、それでもその場合に許容されるのは、せいぜい2割程度の較差にとどまるべきであり、これ以上の一票の価値の較差が生ずるような選挙制度は法の下の平等の規定に反し、違憲かつ無効であると考える」と述べている。1対1を原則としつつ2割程度の較差を許容する、と

---

83) 本書133頁以下参照。

いう点は、すでにみたように、最大較差に直すと（100＋20）÷（100−20）＝1.5となるため、1対1.5基準という非常に厳格な数値を提示したことになるが、その理論的根拠が明示されているわけではない。従来の学説における挙証責任転換論（1対2を超えたときにその合理性について挙証責任が転換されるという考え方）なども踏まえると、諸外国の制度なども加えた詳細な議論が望まれるところである。

　さらに、③の判決の効力の論点では、「選挙制度の憲法への適合性を守るべき立場にある裁判所としては、違憲であることを明確に判断した以上はこれを無効とすべきであり、そうした場合に生じ得る問題については、経過的にいかに取り扱うかを同時に決定する権限を有するものと考える」として、従来の事情判決の手法を採用せず無効判決にまで進んだことが重要である。この点で、選挙を違憲無効とする判決の効力について、(a)選挙や議決の効力、(b)議員身分の問題を摘出し、後者の議員身分について、これまで訴訟当事者等によってもあまり論じられてこなかった基準を提示した。「本件のように全選挙区が訴訟の対象とされているときは、その無効とされた選挙において一票の価値（各選挙区の有権者数の合計を各選挙区の定数の合計で除して得られた全国平均の有権者数をもって各選挙区の議員1人当たりの有権者数を除して得られた数。以下同じ。）が0.8を下回る選挙区から選出された議員は、全てその身分を失う」という指摘がそれである。簡略化すれば、一票の重みが全国平均の0.8より低い選挙区選出の議員（本件選挙における試算では約50人）が自動的に身分を失うとした点で、独自性が強い。反面、反対意見に注釈がつけられるという異例の扱いになっている点も含め、この「0.8基準」の提示の仕方について唐突である感が否めないのも事実であろう。その計算式の妥当性・説得性について、今後はさらに比較憲法的な視座等も踏まえた理論的検討が求められよう。

　また、選挙が無効になった場合も、0.8を下回らない選挙区から選出された議員については、「選挙は無効になるものの、議員の身分は継続し、引き続きその任期終了までは参議院議員であり続けることができる」とした。この解決方法は、全選挙区を対象とする訴訟において、選挙自体を一括して無効とする点で従来の「不可分論」に立脚しているが、そのうち、全国平均と比較して一定の基準以上とそれ以外の選挙区を区別して取り扱うもので、まさに従来から検討されてきた「可分論」に近い発想が根底にあるともいえる。ここでは、こ

れまでの最高裁判例理論(本件多数意見を含む)や反対意見のなかでも明示することが少なかった可分論的な議論を全国平均との比較によって採用して議員の身分喪失について論究したことの意味が大きいと同時に、このような理解の説得性について更なる議論が期待されるところである。[84]

ともあれ、山本反対意見に対して異端的な扱いをして済ませるのではなく、これらが従来の議論のなかで忘れられてきた重要な理論的課題に応えようとするものであることを十分認識して、今後も、訴訟論上も、憲法理論上も、理論的深化を目指してゆかなければならない。

---

84) 最高裁判決では、衆議院定数訴訟1976〈昭和51〉年4月14日判決岡原他反対意見と1985〈昭和60〉年7月17日判決谷口反対意見参照。例えば、一票の価値の低い人口過密選挙区から(激戦を勝ちぬいて)選出された約50人の議員たちは身分を失い、一票の価値が高い過疎地の選挙区から選出された議員たちは身分を失わないとすることには不公平観が残るであろう。平均からの偏差+－20％をこえる(0.8以下および1.2以上の)過密・過疎区選出議員の両者の身分喪失を問題にする視点も必要となると思われる。

第3章　選挙人資格と選挙権行使

第1節　選挙権の法的性格と選挙人資格

1　選挙権の法的性格論の展開

　日本の憲法学界で1980年代から選挙権論争が盛んになったのち、しだいに選挙権を権利と解する傾向が定着した。しかし実際には、選挙権権利説ないし権利一元説が承認されたということではなく、通説としての二元説のもとで、権利説との違いに「大差がない」（論争に実益がない）という形で議論の収束が図られたにすぎない。本質的な議論に蓋をしたまま選挙権の権利性が強められてきたともいえ、国民主権論・代表制論など基本原理との関係や選挙制度・選挙原則との関係などの理論的課題を意識的に論じてきた論者にとっては、不本意な面も残った。
　判例でも、在外国民選挙権判決（最大判2005〈平成17〉・9・14民集59巻7号2087頁）[1]や投票価値平等判決（衆議院議員選挙の「1人別枠方式」訴訟・最大判2011〈平成23〉・3・23民集65巻2号755頁、参議院議員定数訴訟・最大判2012〈平成24〉・10・17民集66巻10号3357頁）などの判例理論もこれまで以上に選挙権の権利性を重視するようになった。前章でみたように、最高裁での「違憲状態」判決、高裁での

1）　本書第3章第2節191頁以下参照。

多数の違憲判決のほか、広島高裁判決・同岡山支部判決などで違憲無効判決が出される至り、投票価値平等を厳しく捉える傾向が強まった。選挙人資格を争う訴訟においても、2013年に成年被後見人選挙権に関する東京地裁違憲判決や受刑者の選挙権剥奪を違憲とする大阪高裁判決などが登場し、前者では法改正にもつながった。

　ただし、これらの諸判決も明示的に選挙権権利説を採用していたわけではなく、むしろ通説としての二元説を基礎にしつつ、そのなかの権利性を重視したものと捉えることができる。仮にそうであっても、従来の権利説の主張に沿って選挙人資格の拡大が図られることは好ましいことであり、これらの問題についての当事者の主張や判決の趣旨、あるいは諸外国における法制度などを検討しておくことは有意義であろう。

　実際、主権原理や選挙制度との関係を自覚的に論じてきたフランスでは、(i)国民（ナシオン）主権—選挙権公務説—制限選挙、強制投票制、(ii)人民（プープル）主権—選挙権権利説—普通・平等選挙、任意投票制（棄権の自由）という二系列の対抗が憲法学で承認されてきた。近年では、カレ・ドゥ・マルベールの図式化に対する批判論が提示されているとしても、基本的には上記のような区別は理論的に維持されている。これを前提にすると選挙人資格の制限についても(i)の系譜や二元説では公務的性格を根拠に種々の制約が許容されうるのに対して、(ii)では資格要件についての過度な制約は許容されないことになろう。

　これらの点を踏まえて、本章では、選挙権の資格要件を概観したのち、成年被後見人と受刑者の選挙権問題等について検討を加えることにする。

---

2)　本書第2章第2・3節101頁・133頁参照。2013〈平成25〉年3月25日広島高裁判決（判時2185号36頁）、同年3月26日広島高裁岡山支部判決（裁判所ウェブサイト）、斎藤一久「平成24年衆議院議員選挙無効訴訟」法学セミナー703号142頁)、同年11月28日広島高裁岡山支部判決（裁判所ウェブサイト）、三宅裕一郎「参議院選挙無効訴訟と法の下の平等」法学セミナー710号106頁参照。
3)　本書第2章73頁参照。R.Carré de Malberg, *Contribution à la théorie générale de l'Etat*, 1920, t.1. pp. 411 et s.
4)　近年のフランス憲法学の議論については、本書第4章第2節245頁以下参照。

2 選挙権の資格要件──国籍要件と年齢要件

(1) 沿革
　日本国憲法15条3項・44条で普通選挙が保障されたことをうけて衆議院議員選挙法・参議院議員選挙法が一本化され、公職選挙法が1950年に制定された。その9条1項で選挙権の要件（積極的要件）が「日本国民で年齢満20歳以上の者」と定められ、国籍要件と選挙資格年齢（20歳要件）が含まれたことから、外国人と未成年者の選挙権問題が生じることになった。

(2) 国籍要件──外国人の選挙権問題
1) 日本の判例・学説
　日本国憲法15条1項が選挙権を「国民固有の権利」と定めたことから、判例・通説は選挙権を国民に限定するために国籍要件を当然の要請として認めてきた。また、外国人の権利主体性に関して、判例・通説はいわゆる権利性質説を採用し、参政権および参政権的機能を果たすような政治活動の自由は保障されないとしてきた[5]。ところが1980年代以降、在日韓国・朝鮮人など特別永住資格者や永住資格を有する外国人から地方参政権を求める訴訟が相つぎ、定住外国人の参政権問題が社会問題化した。
　判例は、国政選挙権・被選挙権については国民主権の原則から憲法15条の「国民」を国籍保持者と解して訴えを退けたが、最三判1995〈平成7〉年2月28日（民集49巻2号639頁）では、立法政策により定住外国人に地方選挙権を認めることは憲法上禁止されていないという判断（いわゆる許容説の立場）を示した。学説も、(i)全面（国政・地方）禁止説、(ii)全面（国政・地方）許容説、(iii)全面（国政・地方）要請説、(iv)国政禁止・地方許容説、(v)国政禁止・地方要請説、(vi)国政許容・地方要請説の六つに分類できるところ、しだいに従来の禁止説から脱して(iv)説が有力説となった。

---

5) マクリーン事件最高裁大法廷判決（1988〈昭和53〉・10・4民集32巻7号1223頁）、樋口陽一・山内敏弘・辻村みよ子・蟻川恒正『憲法判例を読みなおす』日本評論社（2011年）第4章〔山内執筆〕参照。

また、外国人の分類においても、(a)一般（在来）外国人、(b)定住外国人、(c)永住外国人（一般永住者・特別永住者）などを区別して論じることが必要となる。このうち永住外国人については、一般永住者および在日韓国・朝鮮人の特別永住者を「永住市民」として、国民に準ずる選挙権を認める永住市民権説も提唱されたが、韓国では2009年の法改正によって比例代表制の国政選挙について在外投票制が認められたため、日本でも地方参政権のみを認めることが妥当となる（後述）。外国人参政権問題は、そもそも一国の主権者としての地位に基づく権利と解するか（属人主義的立場）、それとも居住する地域の構成員としての権利を重視するか（属地主義的立場）によって異なる帰結が導かれるため、まずは諸外国の法制度を概観しておこう。

2) 諸外国の状況

(a) 外国人の選挙権・被選挙権

国際研究機関（ACE プロジェクト）の調査結果では、国政選挙の選挙人の要件に国籍（市民権 citizenship）を要求する国が213か国で94.6％（帰化25カ国11.1％、両親の市民権7カ国3.1％）であり、国籍要件を不要とする国はごくわずかである。居住要件を要件にする国が83カ国で36.8％（日本も含む）、両親の国籍まで要求する国が7カ国（3.1％、ナミビア、オマーン、南スーダンなど）、帰化（naturalization）を要件とする国が25カ国（11.1％、アルゼンチン、ブラジル、コンゴ、エジプト、タイなど）である。

これに対して、地方選挙では外国人の権利を認める例が増えつつある。とくに、欧州連合（EU）では、1992年のマーストリヒト条約によって欧州連合市民の概念が新設され、欧州域内に居住する欧州連合加盟国の国民には、欧州市民権として、居住国の地方参政権が相互主義的に認められているため、地方参政権について広範に認めるようになった。その後、欧州連合（EU）加盟国の

---

6) デニズンシップ（永住市民の権利）を提唱した近藤敦『外国人の参政権』明石書店（1996年）、「欧州市民権」の創設によって欧州連合議会選挙等を認めた欧州の議論を参考に市民主権論から特別永住者の参政権を考察した辻村『市民主権の可能性』有信堂（2002年）240頁以下参照。
7) 辻村『比較憲法（新版）』岩波書店（2011年）158頁、後注10参照。
8) ACE Electoral Knowledge Network の調査結果、http://aceproject.org/epic-en/CDTable?question＝VR002（2015年2月20日アクセス）。

なかでも、ベルギー、ルクセンブルク、リトアニア、エストニア、ハンガリーの5カ国では、外国人の対象を拡大して非EU国籍の定住外国人に選挙権のみ認めている。さらに、スウェーデン、デンマーク、フィンランド、スロバキア、スロベニア、オランダ、アイルランドの7カ国では、EU以外の国籍を有するすべての定住外国人に対して地方参政権を認めている。これに対して、フランス、ドイツ、イタリア、オーストリア、チェコ、ギリシャでは、非EU国籍の定住外国人には、参政権を認めていない。このほか、英連邦に属する国々では、相互間で国政の選挙権・被選挙権も認めており、イギリスでは、英連邦の国については、国政・地方の選挙権・被選挙権を認めている[9]。

(b) 在外選挙制度

選挙権を有する国民が、海外に居住する場合に、本国で選挙権を行使できる制度が在外選挙制度である。日本では、1998〈平成10〉年まではこの制度が存在しなかった。また同年の公職選挙法改正で在外選挙制度が新設されたが、対象は衆議院比例代表選挙と参議院比例代表選出議員選挙に限られていたため訴訟が提起され、最大判2005〈平成17〉年9月14日（民集59巻7号2087頁）は、改正前および改正後の公職選挙法の違憲性を認めて国家賠償請求を認容した（後述）。この判決をうけて、2006〈平成18〉年6月に公職選挙法改正が行われ、それまで在外選挙の対象外であった衆議院議員小選挙区選出議員および参議院議員選挙区選出議員選挙にも対象が拡大された。また、在外選挙人名簿の登録に関して、在留届の提出時など3ヶ月の住所要件を満たしていない時点においても、登録申請ができるようになった（2007年1月1日施行）。

諸外国でも、1980年代から在外選挙制度を整備する傾向があったが、欧州統合や世界のグローバル化の影響で、ますますこの制度についての関心が高まった。有権者の居住期間に制限を設けるか否かなど、国によって制度は異なっており、例えば、イギリスでは15年未満、カナダでは「出国から5年未満で、帰国・再居住する意思のある者」に限っている[10]。このことからすれば、この制度は、単に海外に居住して国内の選挙権行使が妨げられているためだけでなく、

---

9) 国立国会図書館政治議会課・佐藤令「総合調査　人口減少社会の外国人問題　外国人の諸権利2外国人参政権をめぐる論点」（2008年）186-188頁参照。
10) 国立国会図書館「在外選挙制度」『調査と情報』514号（2006年）11頁の一覧表参照。

帰国後は自国に居住することから将来の政治・政策についても政治的意思決定権を行使する権利・利益がある者のために実施されるものとも解することができる。

　ここには、前述のとおり、そもそも選挙権は国籍をもとに有権者である個人の資格に伴うものか（いわば属人的な性格か）、あるいは居住や生活実態を考慮して、主に居住地で政治的意思決定に参加することが本意であるのか（属地的な性格か）という、選挙権をめぐる本質的な問題が内包されている。実際に外国人の参政権問題と表裏一体の関係にあるため、居住を重視して外国人の参政権を広く認めることと、自国の在外選挙権を認めることが互いに矛盾する結果をもたらすことになる。また、国政選挙権と地方選挙権の差異の問題も重要な論点となってくる。

　この問題が現実味を帯びてきたのは、日本の外国人参政権容認論の主要目的である在日韓国人・朝鮮人の参政権問題に関連して、2009年に韓国で在外選挙権を認める法改正が行われ、在日韓国人についても韓国国政選挙への参加が認められたことによる。これによって、従来は日本での参政権行使が主張されてきたのに対して、日本での国政選挙権を認めると二重投票の危惧が生じることになった。韓国の在外選挙制の詳細は省略するが、2004年に憲法裁判所に憲法訴願審判請求がなされたのに対して、2007年6月28日に違憲決定が下され、2009年2月12日に公職選挙法が改正され即日施行された。[11] 新設された同法14章の2では、駐在・留学等による海外在住者は大統領選挙と国会議員選挙（地域区・比例代表）、外国に永住権をもつ在外国民は大統領選挙と国会議員選挙（比例代表のみ）、在外国民のうち国内居住申告者は大統領選挙・国会議員選挙（地域区・比例代表）のほか地方選挙も対象となることが定められ、2012年4月の国会議員選挙から実施された。

　このうち日本で特別永住者の地位にある在日韓国人に対しては、国政選挙の比例代表選挙に限って在外投票が認められたため、日本で地方参政権を認めても二重投票などの矛盾はないことになる。しかし理論的には、国政・地方参政

---

11) 詳細は、白井京「韓国の公職選挙法改正──在外国民への選挙権付与」国立国会図書館調査課及び立法考査局『外国の立法』241号（2009年9月）、判決は、韓国憲法裁判所の英文判例集 Constitutional Court of Korea (ed.), *Constitutional Court Decisions, vol.II (2005-2008)*, 2009, pp.222-261 [19-1KCCR 859, 2004Hun-Ma644, 2005Hun-Ma360, consolidated, Jun 28.2007] 参照。

権ともに主権行使のための権利として同質的に捉えることが基本であるため、今後も理論的課題であり続けている。

(3) 年齢要件
1) 各国の法制

選挙資格年齢について、日本では、1945〈昭和20〉年の衆議院議員選挙法改正によって25歳から20歳に引き下げられ、今日の公職選挙法（第9条）まで維持されてきた。世界各国では、1970年前後から18歳に引き下げる傾向が始まり[12]、「満18歳以上」とする国が約86％（16〜18歳90.1％）を占め、大多数の国が18歳以下になった。2015年2月現在では、239の国および地域のうち、16歳8カ国（3.3％）、17歳3カ国（1.2％）、18歳206カ国（86.2％）、19歳1カ国（0.4％、韓国のみ）、20歳5カ国（1.6％）、21歳9カ国（3.7％）であり、20歳とするのは、日本、バーレーン、カメルーン、ナウル、台湾だけである[13]。

日本でも少年法の年齢引き下げ等と関連して公職選挙法の選挙資格年齢の引き下げが検討されたが、憲法第15条3項の「成年者による普通選挙権」という文言に関して、民法上の成年年齢と公職選挙法上の成年年齢の関係が問題とされたため長期間実現されなかった。2007年の「日本国憲法の改正手続に関する法律」（通称、国民投票法）第3条では18歳以上の投票権が定められた（附則第3条で選挙資格年齢引き下げまでは満20歳と定められたが、2014年6月の法改正によって、国民投票資格年齢を当面「20歳以上」、改正法施行の4年後から「18歳以上」に自動的に引き下げることとなった[14]。公職選挙法上の選挙資格年齢については、2014年11月19日に自民・民主党など与野党合同で「18歳以上」に引き下げる改正法案が衆議院に提出され、同年11月21日の衆議院解散によって廃案となった後、2015年3月に再提出された）。

こうして2015年の公職選挙法改正によって70年ぶりに選挙資格年齢が「満18歳以上」に引き下げられ、約240万人の未成年者が2016年7月の参議院選挙か

---

12) イギリスは1969年、フランスは1974年に21歳から18歳に引き下げ、ドイツ、アメリカ、カナダ、イタリア等も1970年代に18歳に引き下げた。国立国会図書館調査及び立法考査局『主要国の各種法定年齢』（2008年12月）参照。
13) ACE Electoral Knowledge Network の調査結果参照。http://aceproject.org/epic-en/CDTable?question＝VR001（2015年2月20日アクセス）、(本書第4章211頁参照）。
14) 日本国憲法の改正手続に関する法律の一部改正する法律案（衆第一四号）が、2014年5月9日に衆議院、同年6月13日に参議院で採択されて成立し、同年6月20日に公布・施行された。

2) 学説

憲法学説では、憲法上の成年と民法上の成年を一致させる必要はなく、普通選挙権の保障にとって、前者を後者より引き下げることは問題がないと考えられてきた。[15]また、ほとんどの学説が、選挙資格要件の決定は立法裁量であるとして現行の20歳要件を容認するなかで、選挙権権利説の立場からは立法裁量を制限するための理論が提示され、当面18歳への選挙資格年齢の引き下げが提案されていた。[16]

(4) 公職選挙法上の欠格事由
1) 法律上の欠格事由

公職選挙法11条1項の「選挙権および被選挙権を有しない者」には、1950年制定当時は、①禁治産者、②禁錮以上の刑に処せられその執行を終わるまでの者、③禁錮以上の刑に処せられその執行を受けることがなくなるまでの者（刑の執行猶予中の者を除く）、④法律で定めるところにより行われる選挙、投票および国民審査に関する犯罪により、禁錮以上の刑に処せられ、その刑の執行猶予中の者、⑤選挙犯罪により刑に処せられ、選挙権・被選挙権が停止された者、とされていた。

ここには、いわゆる「欠格者」として、禁治産者、受刑者、選挙犯罪者の3種類が含まれていた。

禁治産者とは、心神喪失の常況にある者で、家庭裁判所によって禁治産の宣告を受けたものをいう（民法旧7条）。以前は準禁治産者も欠格者とされていたが、1950年の選挙法改正で削除された。また、旧憲法下では、破産者、貧困により扶助を受けている者（軍事扶助法による扶助は例外）、住居のない者、6年以上の懲役・禁錮に処せられた者、華族当主、現役軍人、応召軍人にも選挙権は認められていなかった。破産者の選挙権を認めないことについては、制限選挙

---

15) 佐藤功『ポケット注釈憲法（新版）(上)』有斐閣（1983年）260頁、辻村「なぜ未成年者は選挙権をもっていないのか」法学セミナー424号（1990年4月号）31頁参照。
16) 辻村『市民主権の可能性』（前注6）237頁参照。

を採用していた時期の諸外国にも例があるが、いずれも、選挙権の法的性格を公務と解する場合には、広い裁量によって、欠格事由を拡大して定めることが容易であった。[17]

2) 民法改正による成年後見制度の導入

2000年の民法改正（1999年12月成立・2000年4月施行、法149号）により、第四編の第五章と第六章の間に「第五章の二　保佐及び補助」がおかれ、新7条では「精神上ノ障害ニ因リ事理ヲ弁識スル能力ヲ欠ク常況ニ在ル者ニ付テハ家庭裁判所ハ本人、配偶者、四親等内ノ親族、未成年後見人、未成年後見監督人、保佐人、保佐監督人、補助人、補助監督人又ハ検察官ノ請求ニ因リ後見開始ノ審判ヲ為スコトヲ得」とされた。また、同8条では、旧規定は、「禁治産者ハ之ヲ後見ニフス」となっていたところ、新規定では「後見開始ノ審判ヲ受ケタル者ハ成年被後見人トシテ之ニ成年後見人ヲ付ス」とされた。[18]

3　成年被後見人の選挙権

(1) 成年被後見人排除に対する訴訟の展開と争点
1) 経緯

上記の民法改正をうけて、2000年の公職選挙法改正によって同法11条1項「選挙権及び被選挙権を有しない者」の1号は、「禁治産者」から「成年被後見人」と改められた（2000年改正以降2013年5月改正前）。

---

[17]　1889（明治22）年衆議院議員選挙法では、①瘋癲白痴者及び破産者、②公権を剝奪又は停止された者、③受刑者、④選挙犯罪者となっていたが、以下のように順次改正された。まず、1900（明治33）年法では、①～④のほか、⑤華族の戸主、⑥学生生徒、1919（大正8）年法では、①②が禁治産者及び準禁治産者〔③以下も同様〕、1925（大正14）年法では、①～⑥のほか、⑦兵籍に編集された学生生徒、⑧一定の住所を有せざる者、⑨貧困生活のため公私の救助を受ける者、1945年法では⑥⑦削除（それ以外は同様）、1947年法では、⑤⑧⑨削除、それ以外は、禁治産者及び準禁治産者並びに懲役及び禁錮の刑に処せられ服役中の者とされた。民法11条では、旧規定は「心神耗弱者及ヒ浪費者ハ準禁治産者トシテ之ニ補佐人ヲ附スルコトヲ得」、となっており、「心神耗弱者及ヒ浪費者」が準禁治産者とされていたが、新規定では、「精神上ノ障害ニ因リ事理ヲ弁識スル能力ガ著シク不十分ナル者」に改められた。

[18]　民法11条では、旧規定は「心神耗弱者及ヒ浪費者ハ準禁治産者トシテ之ニ補佐人ヲ附スルコトヲ得」、となっており、「心神耗弱者及ヒ浪費者」が準禁治産者とされていたが、新規定では、「精神上ノ障害ニ因リ事理ヲ弁識スル能力ガ著シク不十分ナル者」に改められた。

「成年被後見人」とは、「成年後見制度」によって後見人が付された者であり、「成年後見制度」とは、前記民法7条以下が定めるように、認知症や知的障害、精神障害等によって十分な判断能力がない人に代わり、家庭裁判所が選任する「成年後見人」等が財産管理や福祉サービスの選択、契約などを支援する制度である。判断能力の程度に応じて後見、保佐、補助の3種類がある。このうち選挙権が失われるのは後見のみである。

これに対して、2012〈平成24〉年2月に、成人の日本国民である原告A（茨城県牛久市に住むダウン症の女性、50歳）が、東京地裁に違憲訴訟を提起した[19]。Aは後見開始の審判（民法7条）を受けて2007年に成年被後見人となったところ、公職選挙法11条1項1号により選挙権を付与されなかったため、この規定が憲法15条3項、14条1項等の規定に違反し無効であるとして、行政事件訴訟法4条の当事者訴訟として、次回の衆議院議員および参議院議員の選挙において投票をすることができる地位にあることの確認および損害賠償を求めた。この訴訟では、①裁判所法3条1項にいう「法律上の争訟」該当性、②公職選挙法11条1項1号の合憲性、が主要な争点となった。

2）当事者の主張
(a) 争点①について

被告〈国〉は、「（公職選挙法の）一一条一項一号が成年被後見人であることを選挙権の欠格事由とした趣旨は、選挙権が選挙人団を構成して<u>公務員を選定する公務としての側面を有する権利</u>であることから、選挙権を行使し、公務員として相応しい者を選定するために最低限必要な判断能力を有さない者については選挙権を付与すべきでないと考えられることを前提に、家庭裁判所において事理弁識能力を欠く常況にある者と判定された成年被後見人は、定型的に見て選挙権を適切に行使することが期待し得ないとして、これを選挙人団から排除したものである。そうすると、たとえ……〔同〕規定が違憲無効であると判断されたとしても、同法九条の規定のみから成年被後見人全般に対して直ちに

---

[19] 成年被後見人の選挙権を求める確認訴訟が2011年2月1日に提訴された際の政府解釈等につき、飯田泰二『成年被後見人の選挙権・被選挙権の制限と権利擁護』明石書店（2012年）参照。先駆的論考として、竹中勲「成年被後見人の選挙権の制約の合憲性」同志社法学61巻2号（2009年）605頁以下がある。

公職選挙法上の選挙権を付与されるとの解釈を採ることは……立法権の侵害に当たる。したがって、原告に次回選挙における選挙権があることの確認を求める本件の訴えは、裁判所が法令の適用によって終局的に解決できるものではなく、法律上の争訟に該当しない。」とし、裁判所の権限外の訴えであるとして却下されるべきであると主張した。

これに対して、原告側は、「そもそも憲法は、全国民に対して、<u>具体的な権利として選挙権ないし選挙権を行使する権利を保障しているのであり</u>、選挙権は、公職選挙法の規定によって初めて発生する権利ではない」。そこで、「同法一一条一項一号の規定が違憲無効であるとされたならば、成年被後見人の選挙権は剥奪されず、当然に選挙権が付与されることになる」。このことは、「最高裁判所平成二〇年六月四日大法廷判決(民集六二巻六号一三六七頁)が、国籍法三条一項所定の国籍取得要件のうち、憲法一四条一項違反を生じさせている部分(準正要件)を除いた要件が満たされるときは日本国籍を取得するとしたことから、法律上の争訟に該当しないなどとして却下判決をすることなく、……法令の一部が憲法違反であるという判断をしていることからも明らかである」と主張した(下線筆者、以下同様)。

(b) 争点②について

原告は、「選挙権は、国民主権の原理のもと、議会制民主主義の根幹を成す権利であり、……<u>選挙を通じた自己実現を図るという意味での人格的権利</u>としても極めて重要である」。「選挙権は、……いったん制約されると権利の回復が困難な性質を持つものであるから、選挙権を制限する立法については厳格な審査基準を用いなければならず、最高裁判所平成一七年九月一四日大法廷判決・(民集五九巻七号二〇八七頁、以下「平成一七年大法廷判決」)の判示するとおり、自ら選挙の公正を害する行為をした者等の選挙権について一定の制限をすることは別として、国民の選挙権又はその行使を制限することは原則として許されず、国民の選挙権又はその行使を制限するためには、そのような<u>制限をすることが</u>「やむを得ない」と認められる<u>事由がなければならない</u>」と主張した。さらに「成年後見制度は、財産管理及び身上監護に関する制度であり、……成年後見制度の下で要求される財産管理能力と選挙権行使のための能力とは質的に全く異なる」として、「後見開始の審判を受けたことで選挙権を奪われることは憲法一四条、四四条ただし書の平等原則に反する」と主張した。[20]

これに対して被告は、「憲法四四条は、選挙人の資格を含む選挙に関する定めを法律に委ねており……憲法上の公務員を選定する権利を公職選挙法が具体化する上での制度設計における立法裁量の問題にとどまるから、公職選挙法一一条一項一号が違憲と判断されるのは、国会の裁量権の逸脱又はその濫用に当たると認められる場合に限られる」。「選挙権の行使は、積極的・能動的な政治的意思形成への参加としての性格を有する一方、……公務としての性格が付与されている。そのような選挙権の行使の公務性から、憲法は、選挙人団を構成する選挙人が、公務としての側面を有する選挙権を行使し、積極的・能動的な政治参加を行う場面においては、その公務を行うのに相応しい能力、すなわち、複数の候補者の中から、その政見、政策等に関する情報を基に、当該公選の公務員として相応しい者を各自の意思に基づき選択する能力を有することを前提にしているとみることができる。このように、選挙権は、……国家機関としての選挙人団を構成する一員として国会議員等の公務員を選定する選挙に参加できる権利であって、その構成員たる資格を有する一定の範囲の国民のみに与えられる国法上の権利である」とした。このため、選挙人の資格を定めるに当たって国会の裁量権を逸脱又は濫用したものとはいえず、同号は合憲であると主張した。

(2) 2013〈平成25〉年3月14日東京地裁判決
1) 判旨

東京地裁2013〈平成25〉年3月14日判決は、公職選挙法11条1項を違憲と判断し、選挙権を行使しうる地位を確認した[21]。判旨は下記のとおりである。

上記争点①（争訟性）については、裁判所法3条1項にいう「法律上の争訟」に該当しないということはできず、他に不適法な訴えであると解すべき事情は

---

20) このような原告の主張に関連して、被告〈国〉によってその著作を証拠提出された奥平康弘東大名誉教授が、「ことわりも留保もなく（四半世紀前に出版された）この文書をもって現在引用されることは、私としては不本意なこと」として意見書を提出し、以下の諸点を指摘して成年後見制度の流用の不合理さを主張した。(i)成年後見制度は自己決定の尊重、残存能力の活用、ノーマライゼーションといった個人の尊重のための制度で、選挙権剥奪はその制度趣旨に反する。(ii)後見の審査においては、選挙能力は実際、審査されていない。(iii)国際的な潮流も選挙に能力を必要としない方向に進んでいる。法学館憲法研究所ウェブサイト http://www.jicl.jp/hitokoto/backnumber/20130422.html 参照。

見出し難いとして被告の主張を退けた。
　争点②（合憲性）については、下記のように指摘した。
　「憲法は、国民主権の原理に基づき、両議院の議員の選挙において投票をすることによって国の政治に参加することができる権利を国民に対して固有の権利として保障しており、その趣旨を確たるものとするため、国民に対して投票をする機会を平等に保障している。以上の憲法の趣旨にかんがみれば、自ら選挙の公正を害する行為をした者等の選挙権について一定の制限をすることは別として、国民の選挙権又はその行使を制限することは原則として許されず、国民の選挙権又はその行使を制限するためには、そのような制限をすることが「やむを得ない」と認められる事由がなければならないというべきである。……このような事由なしに国民の選挙権の行使を制限することは、憲法一五条一項及び三項、四三条一項並びに四四条ただし書に違反する（以上につき、平成一七年大法廷判決参照）。そこで、「やむを得ない事由」があるか否かについて検討すると「たしかに選挙権が単なる権利ではなく、公務員を選定するという一種の公務としての性格をも併せ持つものであることからすれば、選挙権を行使する者は、選挙権を行使するに足る能力を具備していることが必要であるとし、そのような能力を具備していないと考えられる、事理を弁識する能力を欠く者に選挙権を付与しないとすることは、立法目的として合理性を欠くものとはいえない。しかしながら、法は、成年被後見人を、事理を弁識する能力を欠く者として位置付けてはおらず、むしろ、事理を弁識する能力が一時的にせよ回復することがある者として制度を設けている」。「事理を弁識する能力が一時的にせよ回復することが想定される存在である成年被後見人について、そのような能力が回復した場合にも選挙権の行使を認めないとすることは、憲法の意図するところではない」。「成年被後見人となった者は、主権者であり自己統治をすべき国民として選挙権を行使するに足る能力を欠くと断ずることは到底できない……。憲法が、我が国民の選挙権を、国民主権の原理に基づく議会制民主主義の根幹として位置付け、国民の政治への参加の機会を保障する基本的権

21）　判時2178号3頁。定塚誠裁判長が「どうぞ選挙権を行使して社会に参加して下さい。堂々と胸を張っていい人生を生きて下さい。」と原告に語りかけた点を含め、この判決は新聞各紙で大きく報じられた。本判決につき、榎透・判例時報2202号148頁、小泉良幸・TKC ローライブラリー、新・判例解説 Watch 憲法 No.70、中山茂樹・重判（平成25年度）28頁参照。

利として国民の固有の権利として保障しているのは、自らが自らを統治するという民主主義の根本理念を実現するために、様々な境遇にある国民が、……選挙権行使を通じて国政に届けることこそが、議会制民主主義の根幹であり生命線であるからにほかならない」。〔様々なハンディキャップを負う国民も〕「本来、我が国の主権者として自己統治を行う主体であることはいうまでもないことであって、そのような国民から選挙権を奪うのは、まさに自己統治を行うべき民主主義国家におけるプレイヤーとして不適格であるとして、主権者たる地位を事実上剥奪することにほかならないのである。したがって、……選挙の公正を確保しつつ選挙を行うことが事実上不能ないし著しく困難であると認められる「やむを得ない事由」……がない限り、様々なハンディキャップを負った者の意見が、選挙権の行使を通じて国政に届けられることが憲法の要請するところである」。

このように述べた上で、判決は諸外国の制度についても検討し、「そもそも成年後見制度は、国際的潮流となっている高齢者、知的障害者及び精神障害者等の自己決定の尊重、残存能力の活用及びノーマライゼーションという新しい理念に基づいて制度化されたものであるから、……選挙権を行使するに足る判断能力を有する成年被後見人から選挙権を奪うことは、成年後見制度が設けられた上記の趣旨に反するものであり、また上記の新しい理念に基づいて各種改正を進めている内外の動向にも反するものである」。として公職選挙法11条1項1号の制限を違憲と判断した。

2) 判旨の検討

(a) 本判決は、「法律上の争訟」にあたることを肯定しただけでなく、次回選挙で投票しうる「地位」の確認を受ける利益を認めた点で、従来の判断を進めるものである。ただし、その基礎にある選挙権行使の能力については、選挙権の性格や立法裁量に関連して理論的課題が残存する（後述）。

(b) 選挙権の法的性格について、被告である国は、選挙権を「公務員を選定する公務としての側面を有する権利」と解しており、選挙権からの排除を正当化する論理として、「公務の性格」および「選挙権を行使するための事理弁識能力の必要」を根拠としている。このように、選挙権の公務的性格が権利を制約する根拠として用いられている点には、1970年代後半から80年代にかけての

「選挙権論争」において、筆者が指摘してきた問題が正鵠を得ていたことが示される。これに対して、原告は権利説、東京地裁は二元説に立ちつつ、選挙権の中に仮に公務的な性格があることを認めるとしても、「やむを得ない」場合でなければ、主権者である国民の基本的権利としての選挙権を制限できないと解している。本判決が選挙権の権利性を重視して違憲判断を示したことは非常に高く評価できるが、権利説との異同についても留意が必要であろう。

(c) 選挙権の権利の内容について、判決が依拠した最高裁判決（在外国民選挙権訴訟・最大判2005〈平成17〉・9・14）は、権利の所持のみならず権利の行使までも権利であると解した。本判決では、成年被後見人が選挙権を行使できないことを問題としている点で、在宅投票制訴訟や在外国民選挙権訴訟の一環と理解しているようにみえる（後述）。

(d) 本判決は、障害者の権利に関する国際的人権保障の動向を踏まえ、各国で選挙法改正による障害者の投票機会の保障が確保されつつある現状を前提として、比較法的視点をもちつつ、成年被後見人の投票権制限を憲法違反と断定した。この点でも高く評価できるが、さらに、成年後見制度と選挙制度はその趣旨目的が全く異なること（後見開始の審判がされても選挙権を行使するに足る能力が欠けると判断されたことにならない）、成年被後見人は、一定の法律行為を有効に行う能力が回復することが制度として予定されており、選挙権行使に必要な判断能力を有する者が少なからず含まれていること、成年被後見人から選挙権を剥奪することなしには選挙の公正を確保しつつ選挙を行うことが事実上不能ないし著しく困難であると解すべき事実は認めがたいことを違憲判断の根拠とした点が注目される。

(e) 成年後見制度と選挙制度を区別する立場からすれば、「選挙権の適切な行使が可能であるか否かの能力を個別に審査する制度」の創設も可能かどうかが、次に問題となる。被告〈国〉がこれを「実際上困難」と主張したのに対して、東京地裁判決は、「他の制度の概念を借用することなく端的に選挙権を行使する能力を欠く者について選挙権を付与しない旨の規定を置くことは現実に可能」であると判断した。その根拠として、実際にその運用を行っていると解される外国の例を挙げた。とすれば、本判決が違憲としたのは（財産管理・処分能力を問題とする）成年後見制度の「借用」に限られ（過剰包摂論による制度借用違憲論）、他の規定による選挙権制限は理論的には可能であることになり、そ

の是非や基準（選挙権行使に必要な能力）が、次に問題となる。外国との比較も重要となるため、これを先に検討する。

(3) 諸国の法制度
1) 成年後見制度

諸国では、禁治産および準禁治産の制度が保佐・後見の制度に改められる傾向があり、上記東京地裁判決が明示した事例だけでも、アメリカ、フランス、オーストリア、ドイツ、イギリス、カナダなどの例が指摘される。[22,23] これらはいずれも個人の自己決定の尊重という理念に基づく立法であると解されているが、その背景には、障害者の権利についての国際的人権保障の展開があった。とりわけ2006年12月13日に第61回国際連合総会で「障害者の権利に関する条約」[24]が採択され、締約国が障害者に対して政治的権利を保障し、他の者と平等にこの権利を享受する機会を保障することを約束するための具体的規定を定めた。これらの展開は各国の選挙法制にも影響を与えた。[25]

---

22) アメリカ合衆国ミシガン州では「州議会は、精神的無能力（mental incompetence）に基づいて、その者の投票権を排除することができる。」旨規定し、同カリフォルニア州では、「州議会は、精神的に無能力（mentally incompetent）である間は、選挙権者の資格剥奪を規定しなければならない。」とする諸規定がある。

23) フランス民法では、1968年法改正により「後見（Tutelle）」、「保佐（Curatelle）」および「裁判所の保護（Sauvegarde de Justice）」の3類型からなる制度に変更された。カナダ、ケベック州でも、1990年民法改正で、「後見」、「保佐」、「補助人（Conseiller）の選任」の制度に改められた。オーストリアでは、1983年成立の代弁人法によって、禁治産・準禁治産の制度を改めて裁判所の選任する代弁人の権限を①本人の全事務の処理、②一定の範囲の事務の処理、③個別的事務の処理の三段階とする制度が導入された。ドイツでは、1990年世話法による民法の改正により、禁治産制度を改めて裁判所の選任する世話人の権限を個別的に定める制度が導入された。イギリス1985年継続的代理権法（Enduring Power of Attorney Act 1995）、アメリカ合衆国1979年統一継続的代理権法（Uniform Durabule Power of Attorney Act）および各州代理権法、カナダ1987年統一代理権法（Uniform Powers of Attorney Act）を採用した同国各州の代理権法などでは、本人の判断能力低下前に、自ら信頼できる後見人と後見事務を事前に決めることができる制度を法制化したことなどが、本件東京地裁判決で例示されている。資料は、国立国会図書館（調査及び立法考査局）「諸外国における精神疾患を有する者等の選挙権」（2011年12月22日）、日弁連人権擁護委員会「成年被後見人の選挙権喪失に関する人権救済申立事件調査報告書」（2012年12月20日）参照。

24) 略称「障害者権利条約」。外務省仮訳による訳文は http://www.mofa.go.jp/mofaj/files/000018093.pdf 参照。

2) 障害者の権利保障の展開

　上記の国連障害者権利条約の採択をうけて、日本は翌2007年9月29日に同条約に署名し批准に必要な国内法整備を開始した。2009年12月8日の閣議決定に基づいて内閣総理大臣を本部長とする「障がい者制度改革推進本部」が設置され、同月15日に諮問機関として設置された「障がい者制度改革推進会議」が、「選挙権、被選挙権に関する成年被後見人の欠格条項については、後見人が付いているかどうかで差別化する人権侵害の側面が強いことから、廃止も含め、その在り方を検討する」とする第一次意見書を提出した（2010年6月7日）。さらに同推進会議は、障害の種別や特性に応じた必要な施策を講ずることを障害者基本法に盛り込むよう提言し、2012年6月20日成立の「地域社会における共生の実現に向けて新たな障害保健福祉施策を講ずるための関係法律の整備に関する法律」（平成24年法律第51号）に関する衆議院及び参議院の附帯決議として「成年被後見人の政治参加の在り方について検討を行うこと」が盛り込まれた。

　このように、国際的動向に応じて成年被後見人の選挙権剥奪の現状を見直す動きが生じていたことを踏まえて、前記東京地裁2013〈平成25〉年3月14日判決は、公職選挙法11条は、選挙権を保障した憲法第15条や第44条などに違反して無効であるとする初めての司法判断を示した。政府は当初この判決を不服として控訴したが、与党では改正法案の検討を同年4月から開始し、同年5月27日に法改正が成立して、公職選挙法11条1項1号が削除された。このため政府の控訴は取り下げられ、札幌、さいたま、京都の3つの地方裁判所に提訴されていた同種の訴訟でもすべて和解が成立した（同年7月18日）。実際に選挙権を

---

25) 本件東京地裁判決が例示したように、イギリスでは、2006年選挙管理法第73(1)条により「知的障害者及び心神喪失者（idiots and lunatics）」に対する精神疾患を理由とする欠格要件は、選挙権も含めて全て廃止された。カナダでは選挙法（Canada Elections Act）の1993年改正によって「精神疾患により行動の自由を制限されている者又は自己財産の管理を禁じられている者」を選挙権の欠格要件とする条項が削除され、フランスでは2005年の選挙法改正により、選挙法典上の欠格要件として「成年被後見人（les majeurs entutelle）」を挙げていた規定が改正された。オーストリアでも国民議会選挙法によって代弁人（Sachwalter）を付された者は選挙権を有しないものとされていたが、1987年に憲法裁判所が憲法違反と判断したことから1988年に削除された。スウェーデンでも王国選挙法により「裁判所の宣告に基づき禁治産者であるか又は成人年齢に達した後も禁治産者にとどまるべき者」は選挙人名簿に掲載されないと規定されていたが、1988年に禁治産制度が管理後見制度に移行したことを受けて、1989年選挙法改正によって精神疾患を理由とする選挙権の欠格要件はすべて廃止された。

行使できるようにするには、約13万6000人（最高裁調べ）の被後見人を市町村選管ごとの選挙人名簿に登録する作業が必要であり、1カ月程度の周知期間も必要であったが、法改正が早かったためにこれも完了した。

こうして原告は、同年7月22日の参院選で選挙権を行使することができ、本件は立法上の解決をみた。

(4) 今後の理論的課題

上記のような司法上・立法上の解決とは別に、憲法理論上は幾多の課題が残存する。とくに、[i]選挙権の本質との関係で選挙権行使に必要な能力をどのように解するか、[ii]他制度の借用による制約をいかなる基準で違憲とするか、が問題となる。

[i]では、公務説や二元説から選挙権の公務性を根拠に一定の能力を要求する場合だけでなく、選挙権の本質を権利と解する選挙権権利説でも、年齢要件を付する理由が政治的意思決定能力の推定にあることから、一定の政治的意思決定能力を権利行使要件と解することが認められる。実際、禁治産者（「事理を弁識する能力を欠く常況にある者」民法旧7条）を除外することは権利説からも認められていた。[26] ただしこの場合も他制度の安易な借用は戒められるべきであり、選挙権の行使を十分に保障する観点からすれば、本判決の違憲判断はきわめて適切であったと言える。[27] 実際にも、必要な能力を、日常生活上の判断能力の程度と解することが求められている。[28]

[ii]については、選挙権行使を居住要件等で制約している現状があり、選挙資格年齢の上限を定めていない点など、能力と一致しない場合も多い。そこで、個別判断が不可能であるが故に、推定による制度化が実施されていることの問題性が指摘できる。[29] 被選挙資格年齢に至っては、現行法では選挙資格年齢より

---

26) 杉原泰雄「参政権論についての覚書」法律時報52巻3号（1980年）79頁以下参照。
27) 主要な違憲説として、野中俊彦ほか『憲法 I（第5版）』有斐閣（2012年）541-542頁〔高見勝利執筆〕参照。
28) 飯田前掲書（前注17頁）8頁も、2005年の郵政選挙のように日ごろ無関心な者が特定の政治家に惹かれて投票する例を挙げており、選挙権行使の能力は可変的であることを示唆している。
29) フランス1850年の選挙法でも、居住要件の厳格化と欠格事由の拡大によって事実上男子普通選挙を廃止する効力を持ったことが知られている。辻村『「権利」としての選挙権』勁草書房（1989年）118頁参照。

高くしている点や（泡まつ候補を排除するために）高額な供託金を要求する制度などは、選挙権権利説の観点からすれば違憲と解さざるを得ない。[30]

さらに違憲審査基準について、原告は選挙権制約については厳格審査基準を適用すべきことを主張した。2005〈平成17〉年在外国民選挙権最高裁判決を援用した東京地裁判決も、この基準を適用したことが特徴であると解されている。[31]とくに同最高裁判決について、従来の判例理論と異なって「厳格な審査基準を用いて違憲判断を下した」と評価する学説が多いが[32]、国家賠償請求の点では例外的な場合でない限り国家賠償は認められないとする従来の在宅投票制判決の判例理論を踏襲しつつ、例外的な場合にあたることを認めて違憲判断を下していることからしても、選挙権の権利行使制約一般について厳格審査基準の適用が定着したと断定できるかどうかは、なお検証が必要であろう。調査官による判例解説でも、「選挙権の制限については、厳格な基準による合憲性の審査がされるべき」「法の下の平等に関する合理性の基準……より厳格なものでなければならない」と指摘されているが[33]、最高裁判決が従来の二元説的説明（および議員定数判決等における「合理性の基準」論）を明示的に変更していない以上、憲法15条で保障された選挙権の制限に厳格審査基準が適用されたと言えるかどうか、14条の問題とされる投票価値平等制限とどのように差異化するのかなどの理論的課題が残存している。[34]

この点でも、最高裁の「やむを得ない」基準[35]（選挙権とその行使を制限するた

---

30) 辻村『憲法（第4版）』日本評論社（2012年）329-330頁参照。
31) 中山茂樹・重判（平成25年度）29頁。
32) 前注27のほか、大沢秀介「司法積極主義と司法消極主義」戸松秀典・野坂泰司編『憲法訴訟の現状分析』有斐閣（2013年）12頁、米沢広一「在外選挙権と立法不作為」重判（平成17年度）（2006年）7頁、野坂「在外日本国民の選挙権」憲法判例百選（第6版）（2013年）325頁参照。
33) 杉原則彦調査官・民事篇平成17年度〈下〉629頁、法曹時報58巻2号659頁参照。
34) 在外国民選挙権訴訟2005〈平成17〉年9月14日大法廷判決については、本書191頁以下参照。在外国民選挙権判決は、投票価値平等判決等と比して、国会の裁量を前提としているかどうか（立法裁量の制約の根拠や範囲）について「著しい対照をなす」ことは野坂前掲評釈（前注32）でも指摘されているが、「選挙権の行使それ自体が制限されていることを重く見たのであろう」（同325頁）として善解しうるかどうかは疑問がある。本節で検討する受刑者の選挙権のみならず、投票価値平等においても選挙権の権利自体が制限されているのであり、極めて重大な権利制約であることに変わりがないからである。
35) 倉田玲「公職選挙法第11条第1項第2号の憲法適合性の欠如」立命館法学352号（2014年）189頁以下参照。

めには、制限がやむを得ないと認められる事由がなければならないとする基準）が、他の選挙権訴訟でどのように適用されていのるか注目される。そこで次に受刑者の選挙権訴訟について検討しよう。

4　受刑者の選挙権

(1)　沿革と訴訟の展開
1)　受刑者の排除

前項でみたように、日本の選挙法では、旧憲法下の1889〈明治22〉年衆議院議員選挙法以来一貫して受刑者および選挙犯罪者を選挙資格の欠格者と定めてきた。成年被後見人に関連した2013年公職選挙法改正（11条1項1号削除）後も、同2号〜5号で「選挙権及び被選挙権を有しない」と定めており、権利行使だけでなく権利取得も認めていない（一時的剥奪）と解することができる。[36]

2)　訴訟の展開

大阪市西成区の元受刑者の男性Ｘ（69歳）は、傷害事件、威力業務妨害事件、道路交通法違反事件等について懲役刑に処せられて2010〈平成22〉年3〜11月に滋賀刑務所で服役し、同年7月11日の参議院議員通常選挙では公選法11条1項2号に該当するとして選挙権を有しないものとされた。Ｘは、同年11月25日に仮釈放により刑務所を出所し、翌2011年1月29日の懲役刑の執行を終えた。その間、仮釈放中の2010年12月17日に、①公選法11条1項が憲法違反であることの確認、②次回の衆議院議員の総選挙で投票できる地位にあることの確認を求めるとともに、③違憲の公職選挙法により選挙権の行使を否定され精神的損害を受けたとして、国家賠償法1条1項に基づき、慰謝料100万円（および遅延損害金）の支払を請求した。

被告〈国〉は、原告がすでに懲役刑の執行を受け終わっていることから、上

---

36)　公選法11条は、もともと禁治産者と受刑者を同列において欠格者としており、1号が被後見人に変更された後も、権利の不行使ではなく一時的剥奪であったと解することができる。従来の判例・通説では、選挙権の公務的性格を根拠に不適格者の排除による選挙の公正確保という観点からこれを正当化してきた。最大判30・2・9刑集9巻2号221頁、芦部信喜『憲法と議会政』東京大学出版会（1971年）285頁参照。

記①について「法律上の争訟に該当せず、不適法」と主張した。②について原告の権利または法的地位に現に不安、危険が存在するとはいえず、即時確定の現実的利益がないため、「地位確認請求に係る訴えは、確認の利益がない」とした。原告は、③について「やむを得ない事由」なしに「国民の選挙権の行使を制限することは、憲法15条1項及び3項、43条1項並びに44条但書に違反する」と主張し、憲法14条1項違反、国際人権規約B規約（自由権規約）25条違反も指摘した。また、「被告の主張は、選挙権の本質に関する二元説に依拠し、選挙権の公務的性格を強調して選挙人資格の立法裁量を幅広く容認するものであり、判例、学説上も見られない国家主義的発想であり、憲法の趣旨に反するものといわざるを得ない」、として「国会議員の立法不作為は、国家賠償法1条1項の適用上違法の評価を受ける」とした。他方、被告は、「禁錮以上の刑に処せられその執行が終わるまでの者は、民主的意思形成に参加する能動的市民としての資格・適正が疑われる者であるから、その者の選挙権の行使を制限することには合理的な理由がある。公職選挙法11条1項2号の合憲性は、学説もほぼ一致して認めるところ」として、能動的市民の用語を使用した。

　これに対して、2013〈平成25〉年2月6日大阪地裁判決は、①について、既に懲役刑の執行を終えており「違憲確認を求める訴えは、不適法」として却下、②も上記被告の主張と同様の理由で、確認の利益を欠き不適法であるとして訴えを却下した。③の憲法適合性について、受刑者は「一般社会から隔離された刑事施設において処遇を受けること」から、「選挙権を認めるにはふさわしくないとして禁止すべき社会参加の範囲に選挙権の行使を含めることは、一定の正当性が認められる」として合憲判断を示し、国家賠償請求を棄却した。条約適合性についても「法律の規定に合理性が認められる限り、自由権規約25条に違反しない」とした。

　Xは、この判断を不服として控訴し、[i]平成17年最判が示した厳格な基準によった場合、やむを得ないと認められる事由がない限り、選挙権の制限は憲法に違反するとし、(ア)情報入手の制限、(イ)短期受刑者の存在、(ウ)未決収容者との対比について検討を加え、「刑事施設に収容中であるということをもって、

37）　裁判所ウェブサイト、判時2234号35頁、倉田玲・新判例解説watch〔法学セミナー増刊〕13号（2013年）、山﨑友也・法学教室401号（2014年）9頁参照。

選挙権制限の根拠とすることは困難」と述べた。また、[ii]「公職選挙法11条1項2号は、犯罪の種類、刑期の長さ等に関わらず、受刑者の選挙権を一律に否定しており、……機械的・画一的に選挙権を剥奪する内容の規定は、合理的制限の範囲を逸脱している。」とした。[38]

(2) 大阪高裁判決・東京高裁判決・最高裁決定の内容
1) 2013〈平成25〉年9月27日大阪高裁「違憲」判決
本件控訴審の大阪高裁は、2013〈平成25〉年9月27日判決[39]において、主文で控訴棄却とし、控訴人（X）を敗訴とした。反面、「公職選挙法11条1項2号が受刑者の選挙権を一律に制限していることについてやむを得ない事由があるということはできず、同号は、憲法15条1項及び3項、43条1項並びに44条ただし書に違反する」として違憲判断を明らかにした。

判決理由は、争点①、②については原判決どおりとし、争点③のうち、被選挙権行使制限については「やむを得ない理由がある」ため合憲とした。他方で、「犯罪を犯して実刑に処せられたということにより、一律に公民権をも剥奪されなければならないとする合理的根拠はな」く、情報取得の困難性についても、選挙権制限の根拠とすることはできないとして、「公職選挙法11条1項2号が受刑者の選挙権を一律に制限していることについてやむを得ない事由があるということはできず、同号は、憲法15条1項及び3項、43条1項並びに44条ただし書に違反するものといわざるを得ない」と判断した。ただし、争点③のうち、立法不作為の国家賠償法上の違法性については、「国家賠償法上、その廃止立法不作為が違法であるということはできない」とした。

2) 2013〈平成25〉年12月9日東京高裁「合憲」判決
その後、2013年7月の参議院議員選挙（比例代表選挙）の無効を求めた同種

---

38) 控訴人は、(i)原判決取消、(ii)公職選挙法が選挙権の行使を認めない点の違憲確認、(iii)控訴人が次回の衆議院議員総選挙で投票できる地位にあることの確認、(iv)控訴人に対し100万円の支払いを請求した。
39) 裁判所ウェブサイト、判時2234号29頁参照。（裁判長小島浩　裁判官大西嘉彦・橋本都月）、判決確定。倉田玲・新判例解説 watch〔法学セミナー増刊〕14号（2014年）、倉田前掲論文（前注35）、稲葉実香・重判（平成25年度）参照。

の別事件の訴訟が東京高裁に提訴されたところ、上記の大阪高裁判決と正反対の理由により合憲判決が下された。2013〈平成25〉年12月9日東京高裁判決は、公選法の規定は有罪判決で禁錮以上の刑を科せられた者への「制裁の一つとして欠格事由を定めたもの」で、合理的理由があるため、国会の裁量の範囲は逸脱していないとして合憲判断を下し、原告側の請求を棄却した。[40]

この裁判では、①中央選挙管理会の適格性、②18・19歳の国民に選挙権を与えないことの違憲性（憲法15条1項違反）、③供託金制度の違憲性（憲法15条、22条、44条但書違反）、④戸別訪問禁止の憲法21条違反、⑤受刑者の選挙権の一律制限の違憲性（憲法15条1・3項、43条1項、44条但書違反）という多くの理由について主張が行われた。[41]東京高裁判決は、いずれも理由がないとして請求棄却したが、①〜④では立法裁量を理由に合憲判断を明示した。これに対して⑤の受刑者の選挙権制限については、公選法第205条1項の無効理由は選挙管理の任にある機関によって違反がある場合を示すことから、公選法の違憲の主張は「それのみでは直ちに違憲無効の事由にならない」としたうえで、「公選法の規定は有罪判決で禁錮以上の刑を科せられた者への「制裁の一つとして欠格事由を定めたものであり」、合理的理由があるため、国会の裁量の範囲は逸脱ではないとして合憲判断を下し、原告側の請求を棄却していた。

3）2014〈平成26〉年7月9日最高裁決定

さらに最高裁も、2014〈平成26〉年7月9日の第二小法廷決定で、[42]公職選挙法204条の選挙無効訴訟において、同法205条1項所定の選挙無効の原因として本件各規定〔同法9条1項並びに11条1項2号及び3号〕の違憲を主張し得ないと指摘して、上告を棄却した。

これに関して最高裁2014〈平成26〉年7月9日決定多数意見は、公選法の規定において「一定の者につき選挙権を制限していることの憲法適合性については、……同条の選挙無効訴訟の選挙無効訴訟において選挙人らが他者の選挙権の制限に係る当該既定の違憲を主張してこれを争うことは法律上予定されてい

---

40) LEX/DB25504577参照（裁判長加藤新太郎、裁判官柴田秀・河田泰常）。
41) TKCローライブラリー　新・判例解説Watch　憲法No.88〔福嶋敏明執筆〕参照。
42) 判時2241号20頁、裁判所ウェブサイト、LEX/DB25446510参照（裁判長鬼丸かおる、裁判官千葉勝美・小貫芳信・山本庸幸）。

ない」とした。このため、当該諸規定の合憲性を最高裁が具体的に判断することなく、原審の東京高裁判決が確定した。

　ただし、千葉勝己裁判官の補足意見では、原審が最終的に合憲判断を明示したことを批判し、「審級のいかんを問わず、念のため等であってもその中身の合憲性について言及する必要性が認められるようなものとは言えない」と述べた。また、憲法判断を示さない理由として、「受刑者の選挙権の問題に関しては、諸外国の法制度が区々に分かれ、特に英国など欧州において様々な議論が行われており、近年、諸外国における制度の見直しを含む法制上の対応や議論の動向は極めて流動的な状況にある。このことを踏まえると、本件制限規定の合憲性に係る判断を付加することは、上記の場合に当たるとはいえず、ブランダイス・ルールないしその精神に照らして疑問のあるところといわなければならない。なお、このような処理は、上訴審による審査を受ける余地のない形で下級審において憲法判断がされるという点でも、違憲立法審査権の行使の在り方としてその当否が問題となるものといえよう。以上のとおり、事件処理に必要な場合を超えて司法部が違憲立法審査権を行使することには様々な問題があり、その点についての十分な認識と適正な判断が求められるところであると考える」と指摘した。

　ここではアメリカの1936年の判決補足意見で提示された憲法判断回避の原則（ブランダイス・ルール）をあえて持ち出して、違憲立法審査権の在り方として、いわゆる司法消極主義の原則を明示したものといえる。

　しかし、1970年代後半以降、憲法学界における主権論争や選挙権論争のなかで、選挙権の本質とその射程の再検討が促されてきた過程を踏まえると、近年、選挙権の権利性を重視する立場から下級審等で違憲判決が出現するようになったことは注目すべきことといえる。それにもかかわらず、本判決補足意見で、最高裁があえてストップをかけるかのようにアメリカのブランダイス・ルールを持ちだしたことには疑問なしとしない。実際、選挙権訴訟に限ってみても、在外国民選挙権訴訟最高裁大法廷違憲判決（本章第2節参照）のように従来の訴訟類型として定着されていなかった例でも最高裁によって違憲判断が下されており、前記大阪高裁2013〈平成25〉年9月27日判決が違憲判断に踏み切ったのも、最高裁が示した「やむをえない事由」の判断基準を考慮したうえのことであった。

この点からすれば、選挙権訴訟の判断基準や訴訟類型等について、最高裁の一貫した判断が必要であり、国民主権原理のもとで、積極的に民主主義を稼働させるためにも、選挙権の権利性を重視した最高裁の判断が求められる。

4) 争点に関する検討——「やむを得ない事由」の有無

違憲審査基準に関する上記争点③については、被告〈国〉側が公務性を理由に制限を正当化し、原告側が権利性を理由に制限を違憲と解している点、さらに2005〈平成17〉年9月14日在外国民選挙権訴訟最高裁判決の「やむを得ない事由」の基準を前提にしている点で、成年被後見人選挙権訴訟の構図と同様である。ただ、成年被後見人訴訟東京地裁判決では、民主主義国家に生きる国民の尊厳や「自己統治」から厳格審査基準を導いていたのに対して、本件原審（大阪地裁）では「国会の合理的裁量の範囲を逸脱・濫用した場合」のように、従来の選挙権訴訟（議員定数訴訟等）最高裁判決と同様に合理性の基準に立脚していたようにみえる。本件大阪高裁判決では、「やむを得ない事由」基準の根拠づけについて、上記最高裁2005年判決と同様の基準によるべきことを明らかにしたうえで違憲判断を下している。最高裁自身が例外として例示した「自ら選挙の公正を害する行為をしたもの等の選挙権について一定の制限をすることは別として」に直接かかわる論点についても、「選挙犯罪の場合に限定した趣旨に照らしても」受刑者の選挙権制限は許されないと論じているに過ぎないといえよう。ここでは、選挙犯罪の受刑者の場合を例外として排除する論理自体が問題となるが、それについても明らかにされてはいない。最高裁の従来の判例理論では、選挙犯罪者の場合に別個の道徳的非難（「本人の反省を促すことは相当」とした最大判1955〈昭和39〉・2・9刑集9巻2号220頁）や（選挙の公正を確保するための）主権者としての権利放棄等を別の論拠としていることが推測されるが、選挙権の権利性を真に重視した場合（さらにこれを公務と解さない場合）にこのような論理が導出されるか、疑問があろう。

この点、2013〈平成25〉年9月27日大阪高裁判決では、国側が主張した制限理由について「やむを得ない事由」の有無を判断していずれも否定している。そのうち(ア)遵法精神が欠如し公正な選挙権行使が期待できないという点は、大阪地裁判決でさえ根拠がないとした。(イ)刑事施設収容中の事務的支障についても国民投票法における施設内投票の可能性から、これを否定した。(ウ)情報取得

の困難性についても、刑事施設法が新聞・番組視聴等を禁止しておらず選挙公報の入手も容易であるから制約の根拠にできないと判断した。これらの具体的な制約については、不在者投票・期日前投票制度、郵便投票、さらには刑務所内に投票箱を設置するなどの「より制限的でない他の選びうる手段（LRA）」が可能である限り、合理性を論証できないことは、従来から筆者が主張してきたとおりであり、違憲判断は当然といえよう。反面、被選挙権の行使制限については、被選挙権の性質を「公職に就任するための資格」と解したうえで、公職も選挙活動も行えないことから容易に合憲判断を導いているが、近年では立候補権として位置付けることが一般的である。刑期や選挙時期との関係では、施設内の立候補も可能で、選挙運動をしなくても当選しうることからすれば、控訴人側を含め一層十分な理論的検討が必要であったと思われる。

(3) 諸国の法制度

受刑者の選挙権問題も、成年被後見人の選挙権問題と同様に、国際人権領域における議論が進展していることから、諸外国の法制度との比較検討が重要になる。本件訴訟では、原告が国際人権規約B規約（自由権規約）25条を援用するにとどまったが、諸外国でもすでに議論がある。

例えば、イギリスでは、2013年10月16日、殺人罪などで終身刑を受けた受刑者2名が欧州議会選挙や地方議会選挙での投票権を求めた訴訟で、最高裁は請求を退ける判決を言い渡した。イギリスでは受刑者の投票権を原則として認めていないことから、欧州人権裁判所は2005年の判決でイギリス政府に対して法改正を求め、政府も2006年に受刑者の権利拡大を検討した。しかし、キャメロン首相ら与党は受刑者の選挙権容認に積極的ではなく、2013年の最高裁判決が「欧州の法律は具体的な個々の投票権まで認めているわけではない」との判断を示したことを歓迎する傾向が強い。

カナダでは2002年の連邦議会議員選挙の選挙権に関する最高裁判決において、連邦のすべての選挙における受刑者の権利にまで拡大された。このほか、南ア

---

43) 辻村『憲法』日本評論社（2000年）352頁。同第4版（2012年）330頁、本書190頁参照。
44) [2013] UKSC 63 *appeal from:* [2010] EWCA Civ 1439; [2011] CSIH 67 http://supremecourt.uk/decided-cases/docs/UKSC_2012_0160_PressSummary.pdf

フリカ、ロシアなどの諸国でも、受刑者の選挙権制限が違憲または国際人権規約違反であるとの裁判所等の判断が相次いでいる。国際機関の調査結果では、18の欧州諸国で受刑者の選挙権について制限がなく、旧東ヨーロッパやロシア諸国など8カ国では、制限が存在している。アメリカ合衆国では多くの州で選挙権の制限があるが、ニュージーランド、オーストラリア、カナダ、南アフリカ、インドネシアなど多くの国では、受刑者にも選挙権、被選挙権が認められつつある。インドや東ティモールなどでは、受刑者には選挙権がないが、未決拘留の場合は投票権が認められている。ニュージーランド、オーストラリアでは、刑期が3年以下の受刑者には被選挙権も認められる。また、獄中からの投票の方法については、郵便投票や不在者投票、代理人（proxy）の指名などが知られている。[46]

(4) 今後の理論的課題

受刑者の選挙権問題についても、成年被後見人の場合と同様に、幾多の憲法理論的課題が残った。

(i) 第一は、公職選挙法11条1項で各号について「選挙権・被選挙権を有しない」と定める場合に、[A]権利自体の不保持（剥奪）を意味するのか、[B]権利はあるが行使できなくなる（不行使）を意味するのか、必ずしも明確ではない点である。本件大阪高裁判決が援用する在外国民選挙権に係る最高裁2005〈平成17〉年判決は、選挙権は保持したままで海外在住のために行使ができない事例について、不在者投票・在宅投票等の代替措置を取らないことを違憲と解したものであり、後者[B]であって[A]の事例とは本質的に異なる（在宅投票制廃止を違憲とする訴訟も[B]に含まれる）。

これに対して成年被後見人を選挙権・被選挙権の欠格事由としていた旧法11条1項1号の場合は、原告は、一時的剥奪[A]と主張したが、東京地裁判決は

---

45) 2002年10月31日最高裁判決および2003年以降の法改正の展開につき、Election Canada のウェブサイト参照（http://www.elections.ca/res/eim/article_search/article.asp?id=63&lang=e&frmPageSize =）。

46) 前記 ACE の調査結果。"voting facilities for prisoners" 参照。http://aceproject.org/electoral-advice/archive/questions/replies/462474428#188812139、倉田「自由権と選挙権——オーストラリア選挙法の新局面(上)(下)」立命館法学321・322号221頁以下、337号38頁以下も参照。

一時的に回復する場合があることを理由に「選挙人からの排除」を違憲としたことからすれば、本来は不行使[B]と解していたようにもみえる。

　他方、公選法11条1項4号で定められる選挙犯罪者の場合は、同法第252条で選挙の公正を害する罪を犯した場合の選挙権・被選挙権の「停止」について規定されているため[B]と思われるが、その他の一般受刑者については、定かではない。従来の議論では、公務説ないし二元説における公務的発想から、反社会的な犯罪行為を行った者への応報刑ないしは道徳的非難を理由に制限が合理化されたと解されるため、少なくとも一般犯罪の受刑者については上記[A]の一時的不保持（剥奪）と解されていたということができよう。実際、本件受刑者選挙権訴訟の原告は、「機械的・画一的に選挙権を剥奪する」ものとして違憲性を主張しており、[A]と解しているのに対して、被告〔国〕は「能動的市民としての資格・適正が疑われる者であるから、その者の選挙権の行使を制限することは合理的」と[B]の立場で述べている。大阪高裁判決も、規定の違憲性を認定する場面では、「一律に公民権をも剥奪されなければならないとする合理的根拠はない」のように原告同様[A]の理解を示すが、その他の箇所では、選挙権の制限、行使の制限の語を合わせて用いており、いずれの立場かは不明である。

　この問題は、従来は公務的性格を理由とした選挙権の制限（剥奪や不行使等の制約）が広く認められてきた経緯から厳密に論じる必要がなかったのに対して、近年では、障害者の人権同様、受刑者の人権としてその権利が重視されるようになったことで課題として認識されるようになった。厳密に解したうえで、選挙権の本質論とあわせて理論化することが今後の課題となろう。

　(ⅱ)　第二は、訴訟の救済方法にかかわる課題である。本件受刑者選挙権訴訟では、初めて受刑者の選挙権制限が違憲と判断されたことからマスコミ等で注目を集めた。しかし、訴訟の結末としては、確認請求が却下、国家賠償請求が棄却されており、原告側の完全敗訴になっている。最高裁決定に示されたように選挙無効訴訟も対象外であるとすれば、受刑者の選挙権制限の違憲性を訴える訴訟の類型や救済方法の検討が今後の課題となろう。いずれにしても現段階では、立法による救済を待つ以外にないため、学界や政界・国会議員・マスコミ等における本質論的な議論の高まりと、これに対する国会・政党側の早期の対応が期待される。

実際、本件大阪高裁判決は控訴棄却の判決であったため、控訴人が上告することが予想された。しかし、弁護団では、「司法としての結論は出たとも考えられるのであとは政治的解決を目指すべきと考え上告はしないことにした」として立法府に今後の対応を任せることになった。弁護団の声明は、「本判決は日本国民に反省を迫るものである」ことを強調している。公選法制定後現在までの約65年間、公選法第11条1項2号の合憲性についての議論は極めて低調で、国会、行政、司法、マスコミ、市民の間で議論されることはほとんどなく、憲法学界でも合憲説が多数であり、多くは教科書で数行程度触れるだけであったからである。

　「声明」によれば、この訴訟の契機は、元受刑者の「自分は判決で刑務作業を命じられただけなのに、なぜ選挙権まで剥奪されなければならないのか」という疑問であり、いわば「素朴な、そして本質的な懐疑」であった。「政治的意思を表明してきた彼が、懲役刑により選挙権を奪われたことの深刻さは想像に難くない。」と弁護団は指摘する。

　実際、2010年当時の受刑者数（1日平均収容人員）は、64998人（法務省矯正統計）であり、このように多数の主権者が、一時的であれ、選挙権を剥奪されてきたことがわかる。受刑者の意向が議員の選任に反映されていれば、「現在の日本国は、社会から排除された者に優しいまなざしが向けられる社会だったかもしれない。我々は、誰にも顧みられることなく、当然のように失われてきたこれら一票に思いを馳せ、過去の等閑視を真摯に反省すべきであろう」[47]と弁護団が述べるとおりである。主権者の主権行使の権利である選挙権を不当に奪うことなく、多様な主権者の意思を反映させるために、早期に公職選挙法の改正がなされるべきであろう。

　憲法学説では選挙権の本質について二元説が通説であり続けているとしても、しだいに権利を重視する立場が主流になっていることも事実である。さらに、権利性を十分に保障するためには、当初から選挙権権利説が主張してきたように、①選挙人資格の認定・請求の段階にとどまらず、②立候補の自由（被選挙権の保障）、③投票の価値の平等、④投票行動（投票場へのアクセス等）の保障、⑤自由投票（強制投票制の禁止）・自由選挙（選挙活動の自由）、⑥投票検索の禁

47）　弁護団声明 http://okawakazuo.exblog.jp/21194721参照。

止・秘密投票の保障、⑦正確な集計・当選の公表、⑧選挙違反の摘発と連座制の適用等に至るまで、一連の広範な選挙過程において権利の実現が必要となる。このうち、③は議員定数訴訟や「1人別枠訴訟」最高裁判決、④は在外国民選挙権最高裁判決を経て在外投票制の導入や在宅投票制の拡充などの保障が進展したが、例えば①の外国人の参政権、選挙資格年齢、受刑者の選挙権のほか、②の被選挙資格年齢の合憲性など、手が付けられていない問題も多い。さらに主権者の主権行使に必要な選挙活動の自由（戸別訪問の自由）や選挙費用の平等、選挙制度の公正（ゲリマンダリングの禁止等）の問題まで含めれば、射程は相当に広く、難しい課題が多いことがわかる。

本節で扱った①の選挙人資格（国籍・年齢）および欠格事由（成年被後見人・受刑者）の問題も、選挙権論争当時から問題提起されながら、なかなか訴訟が進展せず、判例・通説の岩盤を打ち破ることが非常に困難な領域であった。成年被後見人選挙権訴訟の東京地裁違憲判決でも二元説を脱却することができず、また受刑者の選挙権制限を違憲とした2013〈平成25〉年9月27日大阪高裁判決も、国家賠償法上の認定に際しては判例・通説の動向に依拠している。例えば、「昭和39年当時の代表的な基本書には、選挙権の行使が公務としての性質を有することを根拠として……受刑者を選挙人団から排除することは憲法の要請に応えたものであるとの論述がされている」こと、「平成22年まで……の間に、受刑者の選挙権を制限することが違憲であるとの見解が我が国の憲法学説上の通説ないし多数説の位置を占めるに至っていたことを認めるに足りる証拠はな〔い〕」ことが国家賠償法上の違法性否認の理由に挙げられている[48]。

この大阪高裁判決に対する評釈で、「本判決を契機として、……違憲とする見解が通説になれば、……国賠法上の違法が認定されることもあろうか」、「通説ないし多数説が違憲の疑いを呈している事項では……違法が認められる余地がある」との指摘がなされるに至っている[49]。筆者が選挙権権利説に関する論文を最初に発表してから38年、広島高裁の鑑定証人として2日間にわたって証言してから27年もの長い歳月が経過したが、ようやく学説が立法や司法に貢献で[50]

---

48) 前注39、裁判所ウェブサイト、LEX/DB25501750参照。
49) 稲葉実香前掲「受刑者に対する選挙権制限の合憲性」（重判平成25年度）31頁参照。
50) 辻村前掲『「権利」としての選挙権』（前注29）301頁以下、公職選挙法違反事件の訴訟記録参照。

きる日が近づいたともいえる。立憲主義の危機、「憲法破壊」といわれる憲法状況下で憲法学説の無力が慨嘆されて久しいが、選挙権の権利性を重視する昨今の動向に、一筋の光明を見る思いである。今後の展開に期待したい。

第2節　選挙権の行使

1　在宅投票制廃止違憲訴訟──立法不作為の違憲訴訟

(1)　経緯

　1950〈昭和25〉年4月15日制定の公職選挙法は、不在者投票制の一環として、「疾病、負傷、妊娠、若しくは不具のため又は産褥にあるために歩行が著しく困難」な選挙人に対する在宅投票制を採用し、郵便投票のほか同居の親族による投票の提出を認めた[51]。ところが、同年4月の統一地方選挙で在宅投票制が悪用されて多数の選挙違反があったことを理由に在宅投票制を廃止する公職選挙法改正が1952年に施行された。

　1931年の雪降ろし作業中に屋根から転落して寝たきりとなり、一種一級の身体障害を認定されていた原告（佐藤享如）は、車椅子に乗ることも著しく困難となり、担架等によるのでなければ投票所に行くことができなくなった。1968

---

[51]　1950年の公職選挙法は、選挙当日自ら投票所に行って投票することができない旨を証明するものの投票については、政令で特別の規定を設けることができる旨を定めていわゆる不在者投票制度の制定を政令に委任し、これを受けて（昭和27年政令による改正前の）公職選挙法施行令（昭和25年政令第89号同年4月15日公布、同年5月1日施行）は、当時の同法49条3号前段所定の「選挙人が、疾病、負傷、妊娠、若しくは不具のため又は産褥にあるために歩行が著しく困難であるべき」選挙人の不在者投票について、「かかる選挙人は、郵便をもって若しくは同居の親族によって、当該選挙人名簿の属する市町村の選挙管理委員会の委員長に対して、投票用紙及び投票用封筒の交付を請求し、その現在する場所において投票の記載をなし、若し身体の故障に因つて自ら候補者の氏名を記載することができないときは他人に投票の記載をさせ、これを右選挙管理委員会の委員長に対し、選挙の期日の前日までに到達するように郵便をもって送付し、又は同日までに同居の親族によって提出させることができる」という制度、すなわち一種の在宅投票制度を採っていた（公職選挙法施行令50条4項、58条）。

年から1972年までの間に施行された合計 8 回の国会議員、北海道知事、北海道議会議員、小樽市長または小樽市議会議員の選挙に際して投票をすることができなかったため、国家賠償請求訴訟を起こし、選挙権を行使しえなかったことに対する慰謝料計80万円の支払いを求めた。

原告は、在宅投票制廃止は憲法13条、15条 1 項・ 3 項、14条 1 項、47条に違反し、在宅投票制廃止後復活の立法措置をとらないことによる違憲状態は国会議員の故意または重大な過失による、と主張した。一方被告〈国〉側は、在宅投票制により投票の秘密が著しく害され選挙の自由公正を期し難いという弊害を指摘し、その廃止の合憲性を主張した。

1) 第一審・札幌地裁小樽支部判決

第一審の札幌地裁小樽支部判決（1974〈昭和49〉・12・ 9 民集39巻 7 号1550頁）は、選挙権を「憲法の基本原理である国民主権の表現として、国民の最も重要な基本的権利」であると解し、立法機関が選挙事項を定める際には「普通平等選挙の原則に適合した制度を設けなければなら〔ない〕」として、憲法47条の立法裁量を制約する論理を示した[52]。すなわち、判決は、憲法47条が「選挙区、投票の方法その他両議院の議員の選挙に関する事項は、法律でこれを定める。」として法律に委任しているとしても「立法機関が右事項を定めるにあたつては、かかる普通平等選挙の原則に適合した制度を設けなければならず、法律による具体的な選挙制度の定めによつて、一部の者について、法律の規定上は選挙権が与えられていてもその行使すなわち投票を行なうことが不可能あるいは著しく困難となり、その投票の機会が奪われる結果となることは、これをやむを得ないとする合理的理由の存在しない限り許されないものと解すべきであり、右合理的理由の存否については、選挙権のもつ国民の基本的権利としての重要性を十分に考慮しつつ慎重、厳格に判断する必要がある」とした。そのうえで、「民主政の根幹をなす重要な基本権」である「選挙権そのものの実質的侵害が問題とされている事案においては、被告主張の明白の原則は採用しがたい」と

---

[52] 裁判官　高橋正之・岡崎彰夫・長野益三。一審判決の評釈として、三輪隆・憲法判例百選Ⅱ（第 4 版）別冊ジュリスト155号（2000年）324頁、青井未帆・憲法判例百選Ⅱ（第 5 版）別冊ジュリスト187号（2007年）332頁、樋口他『新版　憲法判例を読みなおす』日本評論社（2011年）212頁以下〔辻村執筆〕など参照。

して、選挙権の権利性を重視する視点から、必要最小限度の原則による厳格な審査基準によって立法裁量を制限する議論を展開した。

　そしてこの基準にたって立法目的と必要性、目的達成の手段を検討した結果、「立法目的が正当であつても、上来説示のとおり国民主権の原理の下で国民の最も重要な基本的権利に属する公務員の選挙権については、普通平等選挙の原則から、一部の者の選挙権の行使を不可能あるいは著しく困難にするような選挙権の制約は、必要やむを得ないとする合理的理由のある場合に限るべきであり、この見地からすれば、右制約の程度も最小限度にとどめなければならない。そして在宅投票制度の廃止によりその選挙権の行使が不可能あるいは著しく困難となる者の存することは、上記のとおりであるから、……右〔在宅投票制度廃止の〕措置が合理性があると評価されるのは、右弊害除去という同じ立法目的を達成できるより制限的でない他の選びうる手段が存せずもしくはこれを利用できない場合に限られるものと解すべきであつて、被告において右のようなより制限的でない他の選びうる手段が存せずもしくはこれを利用できなかつたことを主張・立証しない限り、右制度を廃止した法律改正は、違憲の措置となることを免れないものというべきである。」とのべて、LRA（より制限的でない他の選びうる手段）の基準を採用した。

　こうして、「上記弊害の是正という立法目的を達成するために在宅投票制度全体を廃するのではなく、より制限的でない他の手段が利用できなかつたとの事情について、被告の主張・立証はないものというべきであるから、その余の点につき判断するまでもなく、右法律改正に基づき、原告のような身体障害者の投票を不可能あるいは著しく困難にした国会の立法措置は、前記立法目的達成の手段としてその裁量の限度をこえ、これをやむを得ないとする合理的理由を欠くものであつて、国民主権の原理の表現としての公務員の選定罷免権および選挙権の保障ならびに平等原則に背き、憲法第一五条第一項、第三項、第四四条、第一四条第一項に違反するものといわなければならない。」として画期的な違憲判断を下した。さらに、「かかる違憲の法律改正を行なつたことは、その公権力行使にあたり、右注意義務に違背する過失があつたものと解するのが相当である」として国会の過失を認めて10万円の支払を被告に命じた。訴訟費用についても、10分の1を原告の負担とし、10分の9を被告〈国〉の負担としたため、立法不作為の違憲による国賠請求事件としては異例の、原告勝訴の

判決となった。なお、この判決をうけて1975年1月20日施行の公職選挙法一部改正により、一部の重度身体障害者について在宅投票制が部分的に復活した。

2) 控訴審・札幌高裁判決

控訴審の札幌高裁判決（1978〈昭和53〉・5・24民集39巻7号1590頁）は、国会議員の立法行為または立法不作為についても国家賠償法1条1項の適用があることを認め、憲法における選挙権の保障の中には投票の機会の保障も含まれることを指摘しながら、結論的には一審判決を取り消して被控訴人を敗訴とした（訴訟費用も、第一、二審とも被控訴人の負担とした）。判旨は以下のとおりである。

「憲法が保障する選挙権（以下単に「選挙権」という。）は、憲法の最も基本的な原理である国民主権に基礎を置くものであつて、憲法上国民の有する権利のうち最も基本的な権利である。それは国民主権の憲法のもとにおいては、背骨的な政治原理ともいうべき、いわゆる国民による政治（Government by the people）を保障するものである。即ちそれは、国民が主権者として国政に、又は地方住民として地方自治に参加する機会を保障するものであつて、その意味において議会制民主主義の根幹をなすものであり、又は地方自治の基礎をなすものである。選挙権の保障なくしては、主権在民は空文に帰してしまうし、議会制民主主義も地方自治も砂上の楼閣と化してしまうことは火を見るよりも明らかである。而して投票は、選挙権の行使にほかならないから、選挙権の保障の中には、当然に投票の機会の保障を含むものというべきであり、投票の機会の保障なくして選挙権の保障などあり得ない。投票の機会の保障されない選挙権の保障があるとすれば、それは正に、被控訴人のいうとおり、絵に画いた餅というべきであろう。選挙権を有する国民は、直接にか間接にかは別として、その手が投票箱に届くことが憲法上保障されているものといわなければならない」。

そのうえで、「在宅投票制度を立法しないでこれを故意に放置したことについて、合理的と認められる已むを得ない事由があつたか否か」を検討した結果、「国会が、原則的な投票方法として投票所投票自書主義を採る公職選挙法のもとにおいて……在宅投票制度を設ける立法措置を講ずることを故意に放置していた昭和四四年以降の本件立法不作為は、……憲法一三条、一四条一項、一五条一、三項、四四条但し書、四七条に、そのうちの地方選挙についてのものは

憲法一三条、一四条一項、一五条一、三項、九三条二項にそれぞれ違反するものといわなければならない。従つて国会の昭和四四年以降の本件立法不作為は、その間の国会議員選挙及び地方選挙において選挙権を行使することのできなかつた被控訴人に対してその選挙権を侵害したものとして違法なものであつたといわざるを得ない」と断定した。

しかしながら、昭和27年法律第307号公職選挙法の一部を改正する法律による在宅投票制度廃止のうち、地方公共団体の議員及び長の選挙についてのものには、「前記の合理的と認められる已むを得ない事由があつたと認められること、国会における右法律案の審議過程において、国会議員は、在宅投票制度を廃止しても違憲問題を生ずるとは全く考えていなかつたこと、少なくとも昭和四七年末頃までは憲法上の普通平等選挙の保障には選挙権の行使の機会平等の保障も含まれるとする判例や学説はなかつたこと」などの事情のもとでは、「国会議員が違憲、違法に在宅投票制度を設ける立法をしなかつたことによつて右の者の選挙権を侵害したことにつき故意又は過失があつたとはいえない。」として、結果的には、本件で問題とされた1969年以降の国会議員の故意・過失を否定して、原判決を取消し、被控訴人の請求を棄却した。

上告人は、「選挙権行使の機会の保障は絶対的なものであり、憲法上至高の原理であるから、廃止を合理化する理由がありえようはずもない」などと主張し、地方選挙に関し原判決が在宅投票制度の廃止を合憲としたのは憲法13条、14条1項、15条1・3項、44条但し書、47条、93条1・2項の解釈を誤つたものであるとして上告した。[53]

(2) 1985〈昭和60〉年11月21日最高裁判決

1985〈昭和60〉年11月21日の最高裁第一小法廷判決（民集39巻7号1512頁）は、下級審判決で示されてきた実体的判断への言及を避け、憲法47条の立法裁量論を前提として、この種の立法不作為に国家賠償法を適用することを拒絶して上告を棄却した。[54] このため、立法行為への国家賠償法の適否とりわけ立法不作為の違憲性を、国家賠償請求訴訟を通じて問題にする場合の訴訟要件や国家賠償

---

53) 控訴審判決（高裁民集31巻2号231頁）の評釈として、小林武・南山法学2巻3号、中村睦男・ジュリスト693号参照。

法1条の故意・過失の認定基準等をめぐって議論が展開されることになった。判旨は以下のとおりである。

(i)「上告人の本訴請求は、在宅投票制度は在宅選挙人に対し投票の機会を保障するための憲法上必須の制度であり、これを廃止して復活しない本件立法行為は、在宅選挙人の選挙権の行使を妨げ、憲法一三条、一五条一項及び三項、一四条一項、四四条、四七条並びに九三条の規定に違反するもので、国会議員による違法な公権力の行使であり、上告人はそれが原因で前記八回の選挙において投票をすることができず、精神的損害を受けたとして、国家賠償法一条一項の規定に基づき被上告人に対し右損害の賠償を請求するものである」。

(ii)「国会議員は、立法に関しては、原則として、国民全体に対する関係で政治的責任を負うにとどまり、個別の国民の権利に対応した関係での法的義務を負うものではないというべきであつて、国会議員の立法行為は、立法の内容が憲法の一義的な文言に違反しているにもかかわらず国会があえて当該立法を行うというごとき、容易に想定し難いような例外的な場合でない限り、国家賠償法一条一項の規定の適用上、違法の評価を受けないものといわなければならない」。

(iii)「上告人は、在宅投票制度の設置は憲法の命ずるところであるとの前提に立つて、本件立法行為の違法を主張するのであるが、憲法には在宅投票制度の設置を積極的に命ずる明文の規定が存しないばかりでなく、かえつて、その四七条は「選挙区、投票の方法その他両議院の議員の選挙に関する事項は、法律でこれを定める。」と規定しているのであつて、……国会の裁量的権限に任せる趣旨であることは、当裁判所の判例とするところである。……そうすると、在宅投票制度を廃止しその後前記八回の選挙までにこれを復活しなかつた本件立法行為につき、これが前示の例外的場合に当たると解すべき余地はなく、結局、本件立法行為は国家賠償法一条一項の適用上違法の評価を受けるものではないといわざるを得ない」。

(iv)「上告人の本訴請求はその余の点について判断するまでもなく棄却を免

---

54) 上告費用も上告人の負担とされ、上告人（原告）の敗訴が確定した。最高裁判決の評釈として、釜田泰介・法学教室66号、中村睦男・ジュリスト855号、棟居快行・判例時報1194号、戸波江二・法学セミナー377号、長谷部恭男・行政判例百選2（第6版）別冊ジュリスト212号478頁等多数がある。

れず、本訴請求を棄却した原審の判断は結論において是認することができる。論旨は、原判決の結論に影響を及ぼさない点につき原判決を非難するものであつて、いずれも採用することができない」。(上告棄却)(裁判長裁判官　和田誠一　裁判官　谷口正孝・角田禮次郎・矢口洪一・髙島益郎)

(3) 検討
1) 選挙権の権利性

原告・上告人は、「憲法上の選挙権の保障は、その行使の機会の保障なくしては成り立たず、論理必然的に行使の機会の保障つまり投票の機会の保障を含んでいる」、「選挙権行使の機会の保障は、わが憲法上絶対的な要請である。他の憲法上の諸原則に優越する至高の要請である」として、投票機会の保障を重視した。

一審判決も、「投票は選挙権行使の唯一の形式で、抽象的に選挙人の資格すなわち選挙権が保障されていても、具体的な選挙制度を定めるにあたつて、事実上投票が不可能あるいは著しく困難となる場合は、これを実質的にみれば、選挙権を奪うのと等しいものと解すべきである」と解し、選挙権行使を権利の内容として捉えるか、少なくとも密接不可分なものとして捉えている。この点は控訴審判決も同様であるといえる。

これに対して、最高裁判決は、「憲法には在宅投票制度の設置を積極的に命ずる明文の規定が存しないばかりでなく、かえつて、その四七条は『選挙区、投票の方法その他両議院の議員の選挙に関する事項は、法律でこれを定める。』と規定しているのであつて、これが投票の方法その他選挙に関する事項の具体的決定を原則として立法府である国会の裁量的権限に任せる趣旨である」として立法裁量を広く認めており、選挙権の行使まで権利と解する視点は存在しない。

ここで、原告・上告人および一審判決が、選挙権の行使を選挙権自体と同視している点は、選挙権の行使(投票)まで権利の内容に含ませて理解する選挙権権利説の立場と通底する。これに対して最高裁判決は、選挙権の権利性を選挙人資格の段階にとどめて、投票段階については立法裁量と捉える立場であり、権利性とともに公務性を認めることから立法裁量を広くとらえる二元説(ないし公務説)に親和的であると解することができる。

2) 立法不作為の違憲審査基準

在宅投票制廃止後これを復活しないことをめぐる立法不作為の違憲性については、下級審と最高裁との間に、理解と姿勢の点で際立った対照が認められる。一審判決は、選挙人が投票場に赴く行為も選挙権の権利内容に含める立場から、一部の選挙人の投票機会が奪われる結果になることは「合理的理由の存在しない限り許されない」とし、その合理的理由の存否については「選挙権のもつ国民の基本的権利としての重要性を十分に考慮しつつ慎重、厳格に判断する必要がある」とした。さらに、在宅投票制廃止の合理性判断にあたっては、「弊害除去の目的のため在宅投票制を廃止する場合に、右措置の合理性があると評価されるのは、右弊害除去という同じ立法目的を達成できるより制限的でない他の選びうる手段が存せずもしくはこれを利用できない場合に限られる」として厳格な違憲審査基準である LRA の基準（本書178頁参照）を提示した。この基準にたって一審判決は、在宅投票制廃止を憲法違反と断じたのである。

これに対して、最高裁判決では、「原則的に国会議員は立法に関して政治的責任をおうにとどまり、個別の国民の権利に対応した関係での法的責任を負わない」として、立法不作為を司法審査の対象にすることに消極的な姿勢を示した。ここでは国家賠償法第1条の適用対象を限定することによって、訴訟の場で追及する道を閉ざしたことが批判される。また、本件下級審判決が肯定してきた投票行為の権利性やその侵害についての厳格な審査基準の適用について、最高裁が判断を回避したことは、他の選挙訴訟や国家賠償請求訴訟に重要な影響を与えた。

しかしその後、在外国民の選挙権に関する2005〈平成17年〉年9月14日大法廷判決によって、立法不作為による国家賠償請求が認められた（次項で検討）。

3) 適用違憲論

在宅投票制を廃止した本件公選法一部改正法では、在宅選挙人が選挙権を行使しえない制度となった点が、一審判決では違憲と判断された。しかしそれは、「右改正法四九条及び四四条を在宅選挙人に適用することは違憲」という適用違憲の考え方である。「そうとすれば上告人は右改正法の適用を受けて、選挙権行使の機会を現実に奪われて来たことについて損害賠償請求権を有するものである」ため、「原判決が右改正法の適用につき違憲性を判断しなかつたのは

憲法解釈の誤りがある」と上告人は指摘した。

　これに対して最高裁判決は、もっぱら国賠法上の違法性の有無を問題にした結果、「立法行為につき、これが前示の例外的場合に当たると解すべき余地はなく、結局、本件立法行為は国家賠償法一条一項の適用上違法の評価を受けるものではない」と判断した。

　ここにも、最高裁が、上告人のように選挙権の権利性を重視していないことが示されるが、本件は、憲法上保障された選挙権を行使しえない事態が個人にとって不利益を引き起こしている事例であり、一審判決のように、LRA の基準を用いて厳格に審査することが望ましかったといえる。この点で、在外国民選挙権に関する最高裁大法廷判決の論理との関係が問題となる。

2　在外国民選挙権訴訟
　　──2005〈平成17〉年9月14日最高裁違憲判決

(1)　経緯

　選挙権が（一定年齢以上の）国民の基本的権利であるとしても、その権利をどこで行使するかが重要である。公職選挙法では、選挙権行使のためには選挙人名簿に登録されていることが必要であり、その登録は市町村の選挙管理委員会が、当該市町村に住所を有する満20歳以上の日本国民について行うことと定められる（同法19条以下）。

　このため、「国外に居住していて国内の市町村の区域内に住所を有していない日本国民」（以下、在外国民）は、選挙資格があるにもかかわらず現実に選挙区に居住していないことから権利行使が制約されてきた。主権者国民としての権利実現の観点からすれば在外国民にも投票権行使の機会を保障することが要請されるため、1998〈平成10〉年公職選挙法改正（平成10年法律第47号）によって在外選挙制度が創設され、衆議院・参議院議員選挙比例代表選挙において在外選挙人名簿に記載されている有権者の在外投票が認められた（同49条の2）。しかし、その対象となる選挙について、当分の間は、衆議院比例代表選出議員の選挙および参議院比例代表選出議員の選挙に限ることとされ、小選挙区・選挙区選出議員選挙については認められなかった。

　そこで在外国民であるXらは、国(Y)に対して、①（1998年改正以前の）公職選

挙法が原告らに衆参両院議員の選挙権行使を認めなかったことについての違法（憲法14条1項、15条1項・3項、43条、44条および市民的・政治的権利に関する国際規約〈B規約〉25条に反すること）の確認、②（1998年改正後の）公職選挙法が、衆議院小選挙区選出議員選挙および参議院選挙区選出議員選挙の選挙権行使を認めなかったことの違法（上記憲法・B規約違反）の確認、を請求するとともに、③1996年10月の総選挙で投票することができず損害を被ったとして、1人あたり50000円の損害賠償および遅延損害金の支払いを請求した。

　一審東京地裁判決（1999〈平成11〉・10・28民集59巻7号2216頁）は、上記のうち①②の違憲等の確認については、法律上の争訟にあたらず訴えの利益にも欠けるとして、訴えを却下した。③の国家賠償請求については、前記1985〈昭和60〉年11月21日の在宅投票制最高裁判決を踏襲して、在外選挙制度に関する国会の裁量を広く認定し、「立法をなすべきことを一義的に明白に命じていると解することは困難である」として、請求を棄却した。原告らは、上記①②に加えて、②a衆議院小選挙区選出議員選挙および参議院選挙区選出議員選挙の選挙権を行使する権利を有することの確認を予備的に請求し、さらに上記③を主張して控訴した。

　控訴審東京高裁判決（2000〈平成12〉・11・8民集59巻7号2231頁）は、上記①②については、原審と同様、法律上の争訟にあたらないという理由で不適法とし、②aについても同様に選挙権確認の訴えが許されないことは「当然のところ」として、また、③の国家賠償についても、原審は相当であり控訴は理由がないとして、いずれも却下した。

　これに対して上告人は、在外国民の国政選挙における選挙権の行使を制限する公職選挙法の規定は、憲法14条、15条1項および3項、22条2項、43条、44条等に違反すると主張するとともに、確認の訴えをいずれも不適法として国家賠償請求を認めなかった原審判決を不当として上告した。

(2)　2005〈平成17〉年9月14日最高裁判決

　最高裁2005〈平成17〉年9月14日大法廷判決（民集59巻7号2087頁）は、原審東京高裁判決を破棄して公職選挙法を違憲と判断し、次回の衆議院小選挙区と参議院選挙区選挙で選挙権を行使できる地位の確認をした上で、1996年の総選挙で選挙権を行使できなかったことにつき、1人あたり5000円の慰謝料を支払

うよう命じた。この判決（14名中11名の裁判官の多数意見）は、以下のように判断した。[55]

（ⅰ）在外国民の選挙権の行使を制限することの憲法適合性について

「憲法は、国民主権の原理に基づき、両議院の議員の選挙において投票をすることによって国の政治に参加することができる権利を国民に対して固有の権利として保障しており、その趣旨を確たるものとするため、国民に対して投票をする機会を平等に保障しているものと解するのが相当である。憲法の以上の趣旨にかんがみれば、自ら選挙の公正を害する行為をした者等の選挙権について一定の制限をすることは別として、<u>国民の選挙権又はその行使を制限することは原則として許されず、国民の選挙権又はその行使を制限するためには、そのような制限をすることがやむを得ないと認められる事由がなければならない。……このような〔やむを得ない〕事由なしに国民の選挙権の行使を制限することは、憲法15条1項及び3項、43条1項並びに44条ただし書に違反するといわざるを得ない</u>」。「在外国民は、……憲法によって選挙権を保障されていることに変わりはなく、国には、選挙の公正の確保に留意しつつ、その行使を現実的に可能にするために所要の措置を執るべき責務があるのであって、選挙の公正を確保しつつそのような措置を執ることが事実上不能ないし著しく困難であると認められる場合に限り、当該措置を執らないことについて上記のやむを得ない事由があるというべきである」。（下線は筆者、以下同様）

（ⅱ）本件改正前の公職選挙法の憲法適合性について

「本件選挙が実施された平成8〔1996〕年10月20日までに、在外国民の選挙権の行使を可能にするための法律改正はされなかったことが明らかである。世界各地に散在する多数の在外国民に選挙権の行使を認めるに当たり、公正な選挙の実施や候補者に関する情報の適正な伝達等に関して解決されるべき問題があったとしても、既に昭和59年の時点で、選挙の執行について責任を負う内閣がその解決が可能であることを前提に上記の法律案を国会に提出していることを考慮すると、同法律案が廃案となった後、国会が、10年以上の長きにわたっ

---

[55] 本最高裁判決の評釈として、只野雅人・法学教室306号別冊附録（判例セレクト2005）6頁、杉原則彦・法曹時報58巻2号279頁、赤坂正浩・判例時報1937号171頁、米沢広一・重判（平成17年度）、毛利透・論究ジュリスト1号（2012年春号）81頁、野坂泰司・憲法判例百選2（第6版）別冊ジュリスト218号324頁など多数がある。

て在外選挙制度を何ら創設しないまま放置し、本件選挙において在外国民が投票をすることを認めなかったことについては、やむを得ない事由があったとは到底いうことができない。そうすると、本件改正前の公職選挙法が、本件選挙当時、在外国民であった上告人らの投票を全く認めていなかったことは、憲法15条1項及び3項、43条1項並びに44条ただし書に違反するものであった」。

(iii) 本件改正後の公職選挙法の憲法適合性について

「遅くとも、本判決言渡し後に初めて行われる衆議院議員の総選挙又は参議院議員の通常選挙の時点においては、衆議院小選挙区選出議員の選挙及び参議院選挙区選出議員の選挙について在外国民に投票をすることを認めないことについて、やむを得ない事由があるということはできず、公職選挙法附則8項の規定のうち、在外選挙制度の対象となる選挙を当分の間両議院の比例代表選出議員の選挙に限定する部分は、憲法15条1項及び3項、43条1項並びに44条ただし書に違反するものといわざるを得ない」。

(iv) 確認の訴えについて

「本件の主位的確認請求に係る訴えのうち、本件改正前の公職選挙法が……違法であることの確認を求める訴えは、過去の法律関係の確認を求めるものであり、この確認を求めることが現に存する法律上の紛争の直接かつ抜本的な解決のために適切かつ必要な場合であるとはいえないから、確認の利益が認められず、不適法である」。「また、……上告人らに衆議院小選挙区選出議員の選挙及び参議院選挙区選出議員の選挙における選挙権の行使を認めていない点において違法であることの確認を求める訴えについては、……予備的確認請求に係る訴えの方がより適切な訴えであるということができるから、上記の主位的確認請求に係る訴えは不適法である」。「選挙権は、これを行使することができなければ意味がないものといわざるを得ず、侵害を受けた後に争うことによっては権利行使の実質を回復することができない性質のものであるから、その権利の重要性にかんがみると、具体的な選挙につき選挙権を行使する権利の有無につき争いがある場合にこれを有することの確認を求める訴えについては、それが有効適切な手段であると認められる限り、確認の利益を肯定すべきものである。そして、本件の予備的確認請求に係る訴えは、公法上の法律関係に関する確認の訴えとして、上記の内容に照らし、確認の利益を肯定することができるものに当たるというべきである。なお、この訴えが法律上の争訟に当たること

は論をまたない。そうすると、本件の予備的確認請求に係る訴えについては、……上告人らが、次回の衆議院議員の総選挙における小選挙区選出議員の選挙及び参議院議員の通常選挙における選挙区選出議員の選挙において、在外選挙人名簿に登録されていることに基づいて投票をすることができる地位にあることの確認を請求する趣旨のものとして適法な訴えということができる。……本件の予備的確認請求は理由があり、更に弁論をするまでもなく、これを認容すべきものである」。

(v) 国家賠償請求について

「国会議員の立法行為又は立法不作為が同項の適用上違法となるかどうかは、国会議員の立法過程における行動が個別の国民に対して負う職務上の法的義務に違背したかどうかの問題であって、当該立法の内容又は立法不作為の違憲性の問題とは区別されるべきであり、……国会議員の立法行為又は立法不作為が直ちに違法の評価を受けるものではない。しかしながら、立法の内容又は立法不作為が国民に憲法上保障されている権利を違法に侵害するものであることが明白な場合や、国民に憲法上保障されている権利行使の機会を確保するために所要の立法措置を執ることが必要不可欠であり、それが明白であるにもかかわらず、国会が正当な理由なく長期にわたってこれを怠る場合などには、例外的に、国会議員の立法行為又は立法不作為は、国家賠償法1条1項の規定の適用上、違法の評価を受けるものというべきである。……<u>最高裁昭和60年11月21日第一小法廷判決・民集39巻7号1512頁は、以上と異なる趣旨をいうものではない</u>」。「〔在外国民の〕権利行使の機会を確保するためには、在外選挙制度を設けるなどの立法措置を執ることが必要不可欠であったにもかかわらず、……10年以上の長きにわたって何らの立法措置も執られなかったのであるから、このような著しい不作為は上記の例外的な場合に当たり、このような場合においては、過失の存在を否定することはできない。……したがって、本件においては、上記の違法な立法不作為を理由とする国家賠償請求はこれを認容すべきである。……事情を総合勘案すると、損害賠償として各人に対し慰謝料5000円の支払を命ずるのが相当である」。「以上のとおりであるから、……予備的確認請求に係る訴えを却下すべきものとし、国家賠償請求を棄却すべきものとした原審の判断には、判決に影響を及ぼすことが明らかな法令の違反がある。そして、……上告人らの予備的確認請求は理由があるから認容すべきであり、国家賠償請求

は上告人らに対し各5000円及びこれに対する遅延損害金の支払を求める限度で理由があるから認容し、その余は棄却すべきである。論旨は上記の限度で理由があり、条約違反の論旨について判断するまでもなく、原判決を主文第1項のとおり変更すべきである」。

(3) 個別意見

　横尾和子・上田豊三裁判官の反対意見、上記判示(v)についての泉徳治裁判官の反対意見があるほか、裁判官全員一致の意見で、主文のとおり判決した。福田博裁判官の補足意見がある。

　(a)　横尾裁判官及び上田裁判官の反対意見は、主位的確認請求に係る訴えは不適法であり、予備的請求に係る訴えは適法であるとする多数意見に同調する反面で、在外選挙制度を当分の間比例代表選出議員選挙に限定する部分も基本的に国会の裁量に係ることから違憲とはいえないとした。また、国家賠償請求についても、原審と結論を同じにするため、上告を棄却すべきであるとした。

　(b)　泉裁判官は、多数意見のうち国家賠償請求の認容に関する部分に反対し、それ以外の部分に賛同した。泉反対意見は、「在外国民の選挙権が剥奪され、又は制限されている場合に、それが違憲であることが明らかであるとしても、国家賠償を認めることは適当でない」とし、選挙権の剥奪または制限による精神的苦痛は本来的には金銭賠償になじまない点があることを指摘した。そのなかで、選挙権には公務的な性格もあり純粋な個人的権利とは異なる面もあることや、投票価値不平等などでも選挙の効力に関する訴訟で救済する道を開いたことに言及した。

　(c)　福田博裁判官の補足意見は「在外国民の選挙権の剥奪又は制限が憲法に違反するという判決で被益するのは、現在も国外に居住し、又は滞在する人々であり、選挙後帰国してしまった人々に対しては、心情的満足感を除けば、金銭賠償しか救済の途がない」「代表民主制の根幹を成す選挙権の行使が国会又は国会議員の行為によって妨げられると、その償いに国民の税金が使われるということを国民に広く知らしめる点で、賠償金の支払は、額の多寡にかかわらず、大きな意味を持つ」と指摘した。

(4) 検討
1) 選挙権の権利性と地位確認請求の正当性
　最高裁多数意見は、在外国民が、次回の衆議院小選挙区選出議員選挙および参議院選挙区選出議員の選挙において、在外選挙人名簿に登録されていることに基づいて投票をすることができる地位にあることの確認を求める予備的請求は、適法であると認めた。また、在外国民は、次回の衆議院小選挙区選出議員選挙および参議院選挙区選出議員選挙において、在外選挙人名簿に登録されていることに基づいて投票できる地位にある事も認定した。その前提には、「憲法は、国民主権の原理に基づき、両議院の議員の選挙において投票をすることによって国の政治に参加することができる権利を国民に対して固有の権利として保障しており、その趣旨を確たるものとするため、国民に対して投票をする機会を平等に保障している」という基本的な視点がある。
　ここでは、「自ら選挙の公正を害する行為をした者等の選挙権について一定の制限をすることは別として、国民の選挙権又はその行使を制限することは原則として許されず、国民の選挙権又はその行使を制限するためには、そのような制限をすることがやむを得ないと認められる事由がなければならないというべきである」とした。選挙犯罪者の権利制限を前提的に承認している点は別途問題になりうるが[56]、選挙権および選挙権行使の制限が原則として許されないとしている点は、立法裁量を重視する従来の判例理論との関係では、原則と例外を逆転させているところに注目しておかなければならない。実際、1985〈昭和60〉年11月21日の在宅投票制廃止違憲訴訟の最高裁第一小法廷判決（民集39巻7号1512頁）（本書187頁）では、国会の裁量的権限に任せることが前提とされており、立法裁量自体の限定については考慮していなかった。

2) 立法不作為の違憲審査基準
　本件多数意見は、「国民の選挙権又はその行使を制限することは原則として許されず、国民の選挙権又はその行使を制限するためには、そのような制限をすることがやむを得ないと認められる事由がなければならない」としており、原則と例外を逆転させていることから、違憲審査基準について、厳格審査基準

---

56) 本書第3章第1節177頁参照。

が採用されたと解する学説が多い。実際、本判決では選挙権の権利性を重視して立法不作為について損害賠償まで認めていることから、結果として従来よりも厳格な審査基準を採用しているように見える。反面、最高裁の他の選挙権訴訟において、従来の二元説的な前提にたって公務的性格に起因する制約を比較的安易に認めてきた判例理論を変更することはしていない。本書第2章で検討した近年の投票価値平等訴訟においても、従来の合憲判断を「違憲状態」判断に変えたとはいえ、その根拠は、選挙権の権利制限の違憲審査基準自体の見直しの結果ではなく、小選挙区制導入の際の立法事実や「1人別枠制度」自体の合理性についての「状況の変化」・国民の意識の変化など、広い意味での立法事実の変化によるものであった。この点で、選挙権の権利性にかかわる訴訟における最高裁の違憲審査基準自体が、従来の合理性の基準から厳格審査基準に変わり、選挙権の制限問題についてこの基準が定着したということはできないように見える。

　また最高裁判決では、立法不作為の違憲審査と、国家賠償法上の賠償責任の認定は明確に区別しており、後者においては、例外的な場合しか責任を認めていない。本判決多数意見が、「国会議員の立法行為又は立法不作為は、その立法の内容又は立法不作為が国民に憲法上保障されている権利を違法に侵害するものであることが明白な場合や、国民に憲法上保障されている権利行使の機会を確保するために所要の立法措置を執ることが必要不可欠であり、それが明白であるにもかかわらず、国会が正当な理由なく長期にわたってこれを怠る場合

---

57) 本書171頁注34参照。2005〈平成17〉年最高裁判決の論理に厳格審査基準を読み取る傾向については、本章第1節注34を参照。野中俊彦ほか前掲『憲法1（第5版）』541-542頁〔高見勝利執筆〕、大沢秀介前掲「司法積極主義と司法消極主義」戸松秀典・野坂泰司編『憲法訴訟の現状分析』12頁、米沢前掲「在外選挙権と立法不作為」重判（平成17年度）7頁、野坂前掲「在外日本国民の選挙権」憲法判例百選（第6版）325頁参照。野坂は、在外国民選挙権判決は、投票価値平等判決等と比して、「著しい対照をなす」と指摘し、「選挙権の行使それ自体が制限されていることを重く見たのであろう」（同325頁）と解する。
58) 本書171頁でも、最高裁の審査基準が厳格になったのかどうか、今後の検証が必要と述べたとおりである。2008年の国籍法違憲判決から2013年の婚外子相続差別違憲決定まで、従来の判例を覆すような違憲判断が続いている反面、従来の判例理論そのものを見直したのではなく、いずれも家族観の変化や婚外子の増加、国際的な潮流など、「状況の変化」に即したもので、注意深く判例理論が踏襲されている。法的安定性を維持するために重要な態度ではあるが、憲法学説のほうでは、選挙権の法的性格論や種々の理論的課題についての検討を深化させないで表面的な判例の変化に対して全面的な賛意を送ることができないことも事実であろう。

などには、例外的に、国家賠償法1条1項の適用上、違法の評価を受ける」という前提に立ちつつ、「在外国民に選挙権行使の機会を確保するためには、(在外投票制などの) 立法措置を執ることが必要不可欠であった」にもかかわらず、1996年の衆議院議員総選挙の施行に至るまで「10年以上の長きにわたって国会が上記投票を可能にするための立法措置を執らなかったことは、国家賠償法1条1項の適用上違法の評価を受ける」と判断した。

すなわち、ここでは1985〈昭和60〉年11月21日最高裁第一小法廷判決の原則論を維持したうえで、「例外的な場合」にあたるとして違憲判断に転じたものにすぎない。したがって、外見では結論等からして立法不作為の違憲審査基準が1985年判決よりも厳格化したように見える反面、実際には、従来の判例理論が維持され、整合性が保たれていることに留意しておくべきであろう。

3) 国家賠償の方法

本件訴訟は国家賠償法に基づく損害賠償請求であり、在宅投票制をめぐる上記1985〈昭和60〉年11月21日最高裁判決では、国会に広い裁量が認められていた。これに対して本件大法廷判決では、主位的確認請求に係る訴え（本件改正前の公職選挙法が違法であることの確認請求）は不適法であるとしつつも、予備的請求に係る訴え（次回選挙において投票できる地位の確認）は適法であるとして、地位確認の訴えの利益を認めて救済を図った。さらに、地位確認だけでなく、精神的苦痛を被った上記国民に対し、慰謝料各5000円および（1996年以降の）遅延損害金の支払の限度で請求を認容した点で大きな特徴を有する。

本件における金銭賠償の可否については、上記の泉裁判官の反対意見とこれに対する福田裁判官の補足意見の対立のなかに論点が示される。たしかに、泉裁判官の「裁判所としては、このような財政問題に関する懸念から解放されて、選挙権行使の不平等是正に果敢に取り組む方が賢明である」という意見は傾聴に値するが、上記のように選挙権が重要な主権者の（個人的）権利であることを明らかにする意味では、福田裁判官が指摘するように、選挙権をめぐる立法の不作為が主権者国民の税金を用いることで主権者に不利益を被らせるという事実を明らかにすることも重要である。この点で、本判決が違憲判断をした点だけでなく、国家賠償請求をも認容した点は（その金額の妥当性の問題は別としても）画期的な意義をもつものであった。

第3節　選挙運動の自由と戸別訪問禁止違憲訴訟

1　戸別訪問禁止違憲訴訟の展開

　1925〈大正14〉年、最初に男子普通選挙が施行された際に選挙の公務性が強調され、不正選挙を防止するために厳しい選挙運動規制が定められた。その後1945〈昭和20〉年の衆議院議員選挙法改正時に選挙の自由化・取締規定の簡素化が図られたが、戸別訪問全面禁止規定は削除されず、今日まで維持されてきた。これに対して、1950〈昭和25〉年9月27日大法廷判決（刑集4巻9号1799頁）や文書頒布規制に関する1955〈昭和30〉年3月30日大法廷判決（刑集9巻3号635頁）は、憲法21条の表現の自由も「公共の福祉」によって制約され、戸別訪問は選挙の公正を害するとして合憲と判断した。

　このように、比較的安易に「公共の福祉」論が用いられていた時期を経て、1969〈昭和44〉年4月23日大法廷判決（刑集23巻4号235頁）以降は、戸別訪問の弊害論が展開された。それは、①不正行為温床論、②情実論、③無用競争激化論・煩瑣論、④迷惑論、とよばれる議論であり、戸別訪問を認めれば不正行為の温床になったり、情実に流されて投票したり、無用な競争を強いたり、被訪問者への迷惑になる、などの弊害を指摘したものである。

　一方、下級審では、東京地裁1967〈昭和42〉年3月27日判決（判時493号72頁）、和歌山妙寺簡裁1968〈昭和43〉年3月12日判決（判時512号76頁）などで戸別訪問禁止の違憲性を問題とする無罪判決が出された後、とくに1969年頃と1978〜80年頃に、最高裁の弊害論への批判に基づいた違憲無罪判決が多くの地方裁判所で続出した（松江地判1969〈昭和44〉・3・27判タ234号別冊30頁、長野地佐久支判1969・4・18判タ234号別冊32頁、松山地裁西条支判1978〈昭和53〉・3・30判時915号135頁、松江地裁出雲支判1979〈昭和54〉・1・24刑集35巻4号405頁、福岡地裁柳川支判1979・9・7刑集37巻9号1488頁、盛岡地裁遠野支判1980〈昭和55〉・3・25判時962号130頁など）。控訴審（広島高裁松江支部）でも矢田・植田事件判決（後掲）で違憲判決がだされたが、その上告審判決である1981〈昭和56〉年6月15日第

二小法廷判決（刑集35巻4号205頁）は、猿払事件判決（最大判1974〈昭和49〉・11・6刑集28巻9号393頁）の三基準を採用し、規制目的と規制手段との合理的関連性を問題とする手法を用いて合憲とした。

このほか1980年代には、最高裁第三小法廷判決の伊藤補足意見のなかで、憲法47条による広い立法裁量を根拠とする理論や、選挙の公正確保のためのルールに従って運動することが原則であるとして広い立法裁量を導く「選挙のルール＝立法裁量」論（最三判1981〈昭和56〉・7・21刑集35巻5号568頁、1982〈昭和57〉・3・23刑集36巻3号339頁、1984〈昭和59〉・2・21刑集38巻3号387頁）など、新しい合憲性の根拠づけが試みられた（後述）。

2 注目すべき下級審判決

1) 矢田・植田事件控訴審判決（広島高裁松江支判1980〈昭和55〉・4・28刑集35巻4号418頁）

相ついでだされた地裁での戸別訪問禁止違憲判決のほとんどは、高裁・最高裁の合憲判決で覆された。この矢田・植田事件控訴審判決も最高裁の合憲判決によって覆ったが、高裁での貴重な違憲判決としての歴史的な意義をもつ。

この事件は、1976〈昭和51〉年12月の衆議院議員総選挙に際して候補者Aに投票をさせる目的で、選挙人らを戸別に訪問してAへの投票を依頼したとして起訴されたものである。原審松江地方裁判所出雲支部1979〈昭和54〉年1月24日判決が、公選法138条1項、239条3号は、憲法21条1項の規定に違反し無効であるとして被告人を無罪としたため、検察側が控訴した。

松江地裁出雲支部判決は、「現代の議会制民主主義の下では、国民の日常的な政治活動は、最も尊重しなければならないし、とりわけ、主権者が向う数年間の政治を託する代表の選挙の際には、主権者の選挙運動の自由が必要不可欠であり、それが最大限に保障されなければならないのであって、現行憲法は、まさに、この自由を保障している」と指摘した。欧米諸国の戸別訪問が、「禁止されないばかりか、むしろ法律上も奨励されており、実際にも、最も有力な選挙運動の一つとして盛んに行われていて、国民の政治意識の高揚に役立ち、

---

59) 刑集35巻4号405頁、判例時報923号141頁。

選挙や政治を国民の身近なものにするのに、大きな役割を果していることは、周知のとおりである」とし、日本でも、選挙制度審議会では「戸別訪問を自由化すべしとの意見が、圧倒的多数を占めている」とした。また、上記①～④の弊害論のほか、⑤候補者が競って戸別訪問をするため、費用がかかる（多額経費論）、⑥次期立候補予定者が、当選議員の留守中に地盤荒しをする（当選議員不利論）も加えて逐一検討した結果、「合理的根拠を有するものはなく、戸別訪問による種々の弊害は、存しないことが明らかとなった」とした。

本件控訴審判決も、「主権者としての国民の政治的活動の自由」が憲法15条、16条、21条で保障されていることを前提として、戸別訪問禁止が弊害の阻止を狙いとする場合の禁止目的と禁止された行為との関連性等を検討した。そして、規制は「合理的でかつ必要やむをえない限度においてのみ許される」という基準にたって具体的な弊害の内容を検討した結果、「戸別訪問の禁止が憲法上許される合理的でかつ必要やむを得ない限度の規制であると考えることはできない」と違憲の判断を下した。第一審判決ともども、「選挙運動は、候補者や選挙運動者だけが行うものではなくて、主権者としての誰もが行い、また行いうるものである」という認識にたっている点が重要である。

これに対して、上告審では、1981〈昭和56〉年6月15日第二小法廷判決（刑集35巻4号205頁）において、「戸別訪問の禁止によつて投票依頼などの政治的言論内容の表現行為の一態様が制限されるという言論に対する制約の程度と、戸別訪問の禁止によつて選挙の自由と公正が維持増進される程度とを比較衡量すれば、後者の方がより重大と考えられるのであつて、その禁止は利益の均衡を失するものではない。」とし、「結局、公職選挙法一三八条一項の規定は、その禁止目的は正当であり、禁止目的と規制手段との間には合理的関連性が認められ、かつ、利益の均衡を失するものではないから、合理的で必要やむを得ない制限というべきであり、したがつて、憲法二一条に違反しないことは明らかである」という結論を提示して原判決を破棄し、本件を差し戻した。

2) 正木事件第一審判決（岐阜地判1980〈昭和45〉・5・30）

現行公職選挙法138条1項が規定する戸別訪問禁止とならんで、同法142条1

---

60) 判例時報964号134頁、判例タイムズ413号75頁、中山研一・判例タイムズ416号30頁参照。

項・243条3号が定める文書頒布規制に関しても下級審の違憲・無罪判決がいくつかある。正木事件岐阜地裁判決（判例集未登載）もその一つであり、その後、名古屋高裁1983〈昭和58〉年7月12日判決で合憲・有罪判決がだされ、最高裁第二小法廷1986〈昭和61〉年7月7日判決で上告棄却された。

　事例は、1976〈昭和51〉年12月の衆議院議員選挙に際して、学習塾の経営者が塾生を介してその保護者ら16名に法定外選挙運動文書を頒布したとして起訴されたものである。岐阜地裁は、まず選挙を「国民が国政に参加し、主権者として自らこれを決定する、最高にして最重要の権利行使である」とした上で、選挙運動は、候補者同士、選挙人同士、選挙人から候補者への情報提供・情報交換の場として、交流的で多面的な様相を呈することを指摘した。また、文書頒布規制を正当化するための従来の弊害論（①不正行為温床論、②無用競争激化論、③平穏阻害論、④多額経費論、⑤不平等論、⑥虚偽情報の氾濫論、⑦美観毀損論）の各々について検討した結果、弊害を克服することが可能であるとした。さらに、「本条は文書等の活動の自由を合理的根拠なく、若しくは必要最低限度の基準を超えて制限しているゆえ、憲法二一条一項の表現の自由を侵しているのは勿論、憲法の基本理念とする国民主権、代表民主制（前文）、議会中心主義（前文、四一条他）、国民固有の参政権（前文、一五条）および選挙制度（一五条、四三条、四四条）等にも違背、抵触した違憲無効の規定である」との判断を下して被告人を無罪とした。

　以上の判旨には、国民主権（「人民主権」ないし「市民主権」）を実現する主権行使の権利としての選挙権の意義を重視する立場が示されているといえる。これに対して、従来の議論は、買収などの不正を想定して選挙活動の自由の規制を論じ、主権者を取り締まり（統治）の客体として捉えて過度なパターナリズムで対処してきた。また、文書規制を正当化する根拠とされる多額経費論も、本来、文書の高額費用化等の是非の判断や批判は主権者に委ねられなければな

61）　差戻控訴審（広島高判1982〈昭和57〉・10・26刑集38巻3号473頁）では、公選法138条1項が憲法21条に違反しないとしたするものではないとした最高裁判決の判断は当裁判所を拘束するとし、戸別訪問罪の禁止規定は刑罰法規としての明確性を欠くものではないから、公選法138条1項が憲法31条に違反するとは認められないとして被告人を有罪とした。差戻上告審（最三判1984〈昭和59〉・2・21刑集38巻3号387頁）も上告を棄却したが、伊藤正巳裁判官が補足意見を書いた。本書204頁以下も参照。

らず、主権者の批判による弊害の克服こそが国民主権原理の要請である点を見過ごしてきた。

　総じて、最高裁判例や学説で強調される「(選挙活動＝表現の) 自由」と「(選挙の) 公正」という対立構図自体、選挙権を主権者の権利とする権利説にたつ場合には疑問の多いものであろう。原則 (自由) と例外 (規制) を逆転させて「選挙の公正」を優先させることにより現行公選法の規制を合憲とする判例理論、さらには「公正」を「自由」と同列において独自の価値を認める理論は、憲法上の根拠に乏しく、権利＝自由が優位にあるという原則に反することになるからである[62]。

3　最高裁判決の論理

(1) 判例の展開

　公選法138条1項の戸別訪問禁止規定やその他の選挙活動規制条項 (239条1項3号、129条、239条1項1号等) が憲法前文、1条、15条1項、21条1項、31条に違反しないことは、最高裁大法廷判決1969〈昭和44〉年4月23日判決 (刑集23巻4号235頁)[63]や1981〈昭56〉年6月15日第二小法廷判決 (刑集35巻4号205頁)、最三判1981〈昭和56〉年7月21日判決 (刑集35巻5号568頁)、2002〈平成14〉年7月5日 (集刑281号705頁)、2002〈平成14〉年9月10日第三小法廷判決 (判時1799号176頁) などで一貫して踏襲されてきた。

　これらの判決では、きわめて簡易に最高裁判例が引用されているだけであり、1969〈昭和44〉年4月23日判決など、憲法21条との関係だけを問題として、「憲法21条の保障する言論・出版その他表現の自由には公共の福祉のため必要かつ合理的な制限の存し得べきこと」を理由に挙げているものが多い。

---

62)　これに関連して、1994年の公職選挙法改正で強化されたいわゆる拡大連座制 (同法251条の3) の合憲性をめぐっても一連の訴訟が存在する。1996〈平成8〉年7月8日仙台高裁判決、1997〈平成9〉年3月13日最高裁 (一小) 判決、2008〈平成20〉年1月17日最高裁 (三小) 判決も「組織的選挙運動管理者等」に拡大した同法の規定を合憲とした。企業ぐるみ選挙による選挙犯罪に厳しく対処し、当選無効と5年間の立候補禁止を認めた結論は一般に評価されているが、上告人が選挙権の本質に遡った問題提起をしたことに対する最高裁の論拠は、なお十分とはいいえないであろう。

63)　この判例の評釈として、松井幸夫・法学教室増刊〈憲法の基本判例〔第二版〕〉89頁、越路正巳・別冊ジュリスト69号274頁などがある。

これに対して、上記1981〈昭和56〉年7月21日第三小法廷判決等における伊藤補足意見は、多少とも選挙権の本質にかかわる議論に踏み込んでいるため、次に見ておこう。

なお、本件では、上告人の上告趣意書において、「戸別訪問は、だれでも、いつでも、どこでも」できる選挙運動であり、第一に、それが主権者として、主体的に政治に参加する機会を保障し、選挙権行使の最も民主的手段としての性質を有するという点で、主権在民を規定する憲法前文一項および選挙権を規定する憲法一五条によつて保障される権利として、第二に、それが、選挙の場における国民の最も基本的かつ民主的な政治的表現行為としての性質をもつという点で、表現の自由を規定する憲法二一条によつて保障される権利として位置づけられる。……従つて……戸別訪問は憲法上とくに優越性をもつて保障されねばならず、これを全面的に禁止する公選法一三八条は、憲法の右各規定に照らして違憲無効たらざるを得ない。」と指摘した。そのうえで、従来の合憲論を批判し、弊害論に逐一反論することで、「禁止目的に合理性がない」ことを立証し、LRAの原則に即して、違憲論を展開した。

これに対して1981〈昭和56〉年7月21日最高裁第三小法廷多数意見は、「上告趣意のうち、公職選挙法一二九条、二三九条一号、一三八条、二三九条三号の各規定の違憲をいう点については、右各規定が憲法前文、一五条、二一条、一四条に違反しないことは、当裁判所の判例（昭和43年㈹第2265号同44年4月23日大法廷判決・刑集23巻4号235頁）の趣旨に徴し明らかであるから、所論は理由がない」として、上告を棄却した。

ところが、伊藤正巳裁判官の補足意見は、下記のように詳細に述べて従来の理論が不十分であることを指摘した。

「戸別訪問を禁止することが憲法二一条に違反するものでないことは、……いわば確定した判例となつている。それにもかかわらず下級裁判所において、

---

64) 本件は、被告人が、市議会議員一般選挙に際し、自己の投票を得る目的で、戸別訪問をするとともに、立候補届出前の選挙運動をした事件につき、一審判決が有罪を言い渡した（東京地八王子支判1979〈昭和54〉6・8）。これに対して、控訴審も一審判決を破棄した上で有罪を言い渡したため上告した事案である。東京高裁1980〈昭和55〉7・18）。上告審判決の評釈として、長谷部恭男・別冊ジュリスト187号360頁〔憲法判例百選Ⅱ（第5版）〕、横大道聡・別冊ジュリスト218号348頁〔憲法判例百選Ⅱ（第6版）〕参照。

この判例に反して戸別訪問禁止の規定を違憲と判示する判決が少なからずあらわれている。このことは、当裁判所の合憲とする判断の理由のもつ説得力が多少とも不十分であるところのあるためではないかと思われる」。

こうして伊藤補足意見は、従来の弊害論を逐一検討した結果、従来の議論だけでは、「なお合憲とする判断の根拠として説得力に富むものではない。」とした。「もし以上に挙げたような理由のみでもつて戸別訪問の禁止が憲法上許容

---

65) 刑集35巻5号568頁（裁判長裁判官寺田治郎、裁判官環昌一・横井大三・伊藤正己）。伊藤補足意見が列挙した合憲論の根拠は、「(1)戸別訪問は買収、利益誘導等の不正行為の温床となり易く、選挙の公正を損うおそれの大きいこと、(2)選挙人の生活の平穏を害して迷惑を及ぼすこと、(3)候補者にとつて煩に堪えない選挙運動であり、また多額の出資を余儀なくされること、(4)投票が情実に流され易くなること、(5)戸別訪問の禁止は意見の表明そのものを抑止するものではなく、意見表明のための一つの手段を禁止するものにすぎないのであり、以上にあげたような戸別訪問に伴う弊害を全体として考慮するとき、その禁止も憲法上許容されるものと解されること、がそれである」であり、各論点について、以下のように指摘した。

(1)「憲法上の重要な価値をもつ表現の自由をこのような害悪発生のおそれがあるということでもつて一律に制限をすることはできないと思われる。また、具体的な危険の発生が推認されるときはともかく、単に観念上危険があると考えられるにすぎない場合に、表現の自由の行使を形式犯として刑罰を科することには、憲法上のみならず刑法理論としても問題がある」とした。(2)「私生活の平穏の保持の必要ということは、一律に戸別訪問を禁止することの理由として十分とはいえない」。(3)「候補者にとつての利便の問題であり、選挙人にとつて有益な判断資料を与えるという有効な手段が候補者側の利便によつて制限されることは適当ではない。また戸別訪問が選挙の費用を多額なものとするともいわれるが、かりにそうであつたとしても、それは法定費用の制限をもつて抑えるべきものであるし、およそ戸別訪問は最も簡便で、選挙費用に乏しい候補者が利用できる方法であるという面ももつていることをみのがしえない」と指摘した。(4)「このことを理由として戸別訪問を一律に禁止することは、投票が情実に左右されるという消極的側面を余りに重視しすぎることになるのみでなく、それは単に推認によつてそのような危険性があるというにとどまり、厳密な事実上の論証があるとは必ずしもいえない。そのようなおそれがあるというのみでは、選挙における表現の自由を制約する根拠として十分とはいえないと思われる」。「(5)表現の自由を制約する場合、表現そのものを抑止することよりも、表現の自由の行使の時、場所、方法を規制することは、その制約の程度が大きくなく、したがつて憲法上前者が合憲とされるためにはきびしい基準に適合する必要があるのに反して、後者はそれに比してやや緩やかな基準に合致するをもつて足りると考えられる。しかし、表現の自由の制約は、多くの場合に、後者の手段によつてされるのであり、これが単に合理的なものであれば許容されると解されるのであれば、表現の自由の制約が広く許されることになり、正当な解釈とはいえない。表現の自由の行使の一つの方法が禁止されたときも、その表現を他の方法によつて伝達することは可能であるが、禁止された方法がその表現の伝達にとつて有効適切なものであり、他の方法ではその効果を挙げえない場合には、その禁止は、実質的にみて表現の自由を大幅に制限することとなる。……戸別訪問が直接に政治的意見を伝えることができるとともに、また選挙人側の意思も候補者に伝えられるという双方向的な伝達方法であることなどの長所をもつことを考えると、戸別訪問の禁止がただ一つの方法の禁止にすぎないからといつて、これをたやすく合憲であるとすることは適切ではない」。

されるとすると、その考え方は広く適用され、憲法二一条による表現の自由の保障をいちじるしく弱めることになると思われる」。「選挙運動においては各候補者のもつ政治的意見が選挙人に対して自由に提示されなければならないのではあるが、それは、あらゆる言論が必要最少限度の制約のもとに自由に競いあう場ではなく、各候補者は選挙の公正を確保するために定められたルールに従つて運動するものと考えるべきである。法の定めたルールを各候補者が守ることによつて公正な選挙が行なわれるのであり、そこでは合理的なルールの設けられることが予定されている。このルールの内容をどのようなものとするかについては立法政策に委ねられている範囲が広く、それに対しては必要最少限度の制約のみが許容されるという合憲のための厳格な基準は適用されないと考える。……〔憲法四七条は〕選挙運動のルールについて国会の立法の裁量の余地の広いという趣旨を含んでいる。国会は、選挙区の定め方、投票の方法、わが国における選挙の実態など諸般の事情を考慮して選挙運動のルールを定めうるのであり、これが合理的とは考えられないような特段の事情のない限り、国会の定めるルールは各候補者の守るべきものとして尊重されなければならない。この立場にたつと、……戸別訪問が合理的な理由に基づいて禁止されていることを示すものといえる。したがつて、その禁止が立法の裁量権の範囲を逸脱し憲法に違反すると判断すべきものとは考えられない。もとより戸別訪問の禁止が立法政策として妥当であるかどうかは考慮の余地があるが……これは、その禁止が憲法に反するかどうかとは別問題である」。

(2) **検討**
1) **従来の戸別訪問禁止合憲論**
　上記の下級審違憲判決や最高裁合憲判決伊藤補足意見が指摘するとおり、従来の弊害論は、いずれも、憲法21条で保障された政治的表現の自由の制約を正当化するには足りないものである。伊藤補足意見は、最高裁の合憲判断に与してはいるが、従来の合憲論の不十分さを指摘する点で、多くの憲法学説と同様であり、憲法21条論については学説の違憲論や下級審の違憲判決の論理のほうにむしろ近いといえよう。
　そこで、伊藤補足意見によって戸別訪問禁止合憲論の決め手として提示された新たな論拠である、憲法47条を根拠とする「選挙＝ルール論」が重要となる。

学説において違憲論を展開する際にも、この論点を避けて通ることができないと思われる。

2) 「選挙＝ルール論」と選挙権の権利性

憲法第47条を根拠に制限を導く「選挙＝ルール論」の論理は、従来のような21条論や弊害論批判だけでは対応できないもので、説得的な戸別訪問禁止違憲論を展開するためには選挙や選挙権の本質を問題としなければならない。まず一般的に憲法規定が法律に委任しているからと言って立法府の裁量に制約がなくなるわけではないため、憲法47条から直接に広い立法裁量を導くことはできないといえる。ただ、伊藤裁判官がこの点を理解していなとは考えられないため、やはりその背景には、選挙という公務の本質に根差した理解が存在すると考えざるをえない。すなわち、選挙とは、所定日・所定時間内に、選挙民が所定の場所で選挙権を行使することが法令で規定されており、一定のルールに従って行うべき公務であるため、事前の選挙運動も同じく公務であり、予めルールが確定していなければならないというのである。

このように、選挙および事前の選挙運動の公務性を根拠とする制約論の立論には説得力があるようにみえるが、だからといって、選挙の公務性から選挙運動の公務性を一元的に導くことはできない。選挙人の投票行動は選挙権という主権者の権利行使の一環であり、権利の集積であると考えられるからである。この場合には、主権行使を十分なものにするための事前の情報収集活動もまた、主権者の権利行使の一環であると考えられる。戸別訪問を含む選挙運動については、一定のルールに従って行わなければならないとしても、そのルール自体が過度に選挙人の権利（情報収集の自由と平等）を制約する者である場合には、憲法違反と判断される場合も十分にありうるであろう。実際に、戸別訪問の一律全面禁止が従来の弊害論では十分に正当化しえないことは伊藤裁判官自身が認めるところであり、それが仮に一定の選挙のルールに従うものであったとしても、そのルールの合憲性審査において、憲法第15条1項・3項を根拠とする選挙権の制約になりうる場合には違憲の判断が導かれる。実際には、LRAの基準によって、買収などの不正取締りの手段など、より制限的でない手段が存在する場合には、憲法第21条の政治的表現の自由の制約のみならず、選挙権者の選挙権行使の制約として、違憲の判断が導かれることになるであろう。

これらの論点も、選挙権の法的性格論議を抜きにしてはできないものであり、従来の憲法21条論に加えて15条論を尽くすことの重要性が示されているといえよう。[66]このような理論的課題は、伊藤補足意見が出現した1980年代以降、30年以上を経過した今日でも不変であるということができる。

　例えば、戸別訪問禁止を定めた公職選挙法138条の合憲性が問題となった1994〈平成6〉年10月11日第三小法廷判決では、「公職選挙法一三八条一項、二三九条一項三号（平成六年法律第二号による改正前のもの。以下同じ。）の各規定及びこれらの規定の適用の違憲をいう点は、右各規定が憲法二一条のみならず、憲法前文、一四条一項、一五条、三一条、四一条、四三条、四四条に違反しないこと、そして、被告人の本件行為について公職選挙法一三八条一項、二三九条一項三号を適用しても憲法二一条、三一条に違反しないことは、当裁判所の判例（最高裁昭和四三年(あ)第二二六五号同四四年四月二三日大法廷判決・刑集二二巻四号二三五頁）の趣旨に徴し明らかであるから、所論は理由がない（最高裁昭和五七年(あ)第一八三九号同五九年二月二一日第三小法廷判決・刑集三八巻三号三八七頁参照）。……被告人の上告趣意のうち、戸別訪問禁止規定の違憲をいう点の理由がないことは、前示のとおりであり、その余は、単なる法令違反の主張であって、刑訴法四〇五条の上告理由に当たらない。」と述べて上告を退けた[67]。

　また近年でも、受刑者の選挙権制限のほか戸別訪問禁止規定の違憲性など多くの論点について選挙無効が争われた事件で、前記2014〈平成26〉年7月9日最高裁第二小法廷決定は[68]、違憲審査の内容には立ち入らず、「その余の上告理由は、公職選挙法の他の諸規定についてその違憲をいうが、その実質は事実誤認又は単なる法令違反を主張するものであって、いずれも明らかに民訴法312条1項又は2項に規定する事由に該当しない。」と述べて上告を受理しない、という立場をとっている。

---

66) 1980年代の第三小法廷判決伊藤裁判官補足意見が出された後、戸別訪問禁止を含む公選法上の選挙運動規制を違憲と解する弁護団は、選挙権権利説こそがこの論理を打ち破るものであると理解した。そこで筆者が鑑定証人に依頼されることになり、弁護団との数回にわたる研究会を経て1988年6月7日および同年9月20日に、公職選挙法違反事件（昭和60年(う)189号）控訴審第9回・10回公判（広島高等裁判所）で国民主権の「人民主権」の解釈と選挙権権利説に基づいた証言を行った。その内容は、辻村前掲『「権利」としての選挙権』301頁以下に掲載しているので参照されたい。

67) 裁判所ウェブサイト、最高裁判所裁判集刑事264号109頁。

68) LEX／DB25446510、本章第1節175頁参照。

これらの判断は、いずれも、選挙運動制約に対する立法裁量を広く認める立場を前提にしており、選挙権の本質論議や国民主権論との関係論が不足していることは否定できない。憲法学説の側も選挙運動の制限に関しては長らく憲法21条論で対処してきたが、上記伊藤補足意見の選挙ルール論およびその背景にある憲法43条・44条・47条論や、主権論・代表制論、選挙制度論や民主主義論を踏まえて、幅広い検討を行うことが必要になろう。
　この点で、本書第4章では、選挙制度の諸問題についてフランスの憲法理論を踏まえた検討を行っておく。

第4章　諸国の選挙制度と国民主権原理

第1節　諸国の選挙制度と選挙区割の見直し

1　選挙権・被選挙権の法的性格と選挙原則

　現代の諸憲法では、ドイツ連邦共和国基本法が連邦議会について普通・平等・直接・自由・秘密選挙という選挙の5大原則を明示している（38条）。イタリア共和国憲法も普通・平等・自由・秘密選挙を定めている（48条）ように、多くの国でこれらの選挙原則を採用している。日本国憲法では、15条1項で公務員の選定・罷免権を「国民固有の権利」と定め、15条3項・44条で普通・平等選挙、15条4項で秘密選挙の原則を定めているが、直接選挙原則は93条2項で地方議会議員等について定めるにすぎず、自由選挙原則も憲法上に明示していない。

　普通選挙原則の基礎となる選挙資格年齢については、前章でみたように、「満18歳以上」あるいはそれ以下に引き下げた国が世界の約90％を占めており、大多数の国が18歳以下である。イギリスでは1969年、フランスでは1974年に21

1）　本書第3章第1節159頁参照。ACE Electoral Knowledge Network の調査結果（2015年2月20日アクセス）では、239の国および地域のうち、16歳8カ国、17歳3カ国、18歳206カ国、19歳1カ国、20歳5カ国、21歳9カ国であり、20歳であるのは、日本、バーレーン、カメルーン、ナウル、台湾である。

歳から18歳に引き下げ、ドイツ、アメリカ、カナダ、イタリアなどでも1970年代に18歳に引き下げた。

　日本では、公職選挙法9条で選挙資格年齢は20歳以上とされているが、2007年5月制定（2010年5月施行）の「日本国憲法の改正手続に関する法律（いわゆる国民投票法）」3条では国民投票資格年齢は18歳と定められ、2014年6月13日に成立した同法改正によって、国民投票資格年齢は法律施行から4年後（2018年）に「18歳以上」に引き下げられることになった。成人年齢の引き下げは当面見送られたが、2015年3月に公職選挙法の選挙資格年齢を「18歳以上」に引き下げる改正案が提出され、同年中の成立と2016年7月の参議院選挙からの施行が実現される見通しとなった。

　反面、被選挙資格年齢については、日本は衆議院議員25歳以上、参議院議員30歳以上と定められており（公選法10条）、これに対して資格年齢を引き下げる議論はおこっていない。諸外国でも、選挙権より被選挙資格年齢を高くする傾向や、上院のそれを下院より高くする傾向が存在する（アメリカの被選挙資格年齢上院30歳・下院25歳、フランス上院24歳・下院18歳など）。フランスでは、2011年の法改正によって下院について23歳から選挙資格年齢と同じ18歳に引き下げられた（上院も30歳から24歳に引き下げられた）が、これも選挙権の法的性格論議を経てきたフランスならではのことといえよう（後掲218頁の図表4-1参照）。

　実際、フランスでは、大革命期以降1世紀以上もの論争をへて公務的色彩を強調する公務説や権限説から次第に二元説に移行し、最近では、主権行使の権利と解して主権者の政治参加をより強く保障しようとする傾向が顕著となった（後述）。

　このように公務説や二元説などでは選挙権の公務的性格を根拠に種々の制約が許容されることがありうるが、選挙権を主権者の主権的な権利と捉える選挙権権利説では、資格要件についての不合理な制約は許容されないことになろう。また、選挙権の内容を選挙人資格請求権（選挙人名簿に記載される権利）にとどめるならば、投票の機会や投票価値の平等、自由な選挙活動が保障されなくても権利侵害の問題とはならない。これに対して、資格請求権にとどまらず実際に投票することによって選挙権を行使し、投票内容が正確に選挙結果に反映されることを求める権利まで広く保障されると解すれば、すでに前章でみたように、在宅投票制の保障や在外国民選挙権の保障なども権利の保障内容として必

要となる。被選挙権の性格についても、これを日本憲法学の従来の通説のように公務員になる資格（権利ではない）ないし権利能力と解すれば制約が正当化されやすいが、最近では立候補の権利として理解し、選挙権と表裏一体のものとして理解する傾向が強い。立候補の自由を重視すれば、日本の公選法上の供託金制度なども、合憲性について疑問が生じることになろう。

以上のような選挙原則と選挙権の本質との関係は理論的に首肯されるが、狭義の選挙制度との関係では、必ずしも相関関係が認められるとは言えないため、次に選挙制度についてみておこう。

2　選挙制度の種類と主要国の実態

選挙制度は、おもに選挙区制と代表方法（（α）多数代表制・（β）少数代表制・（γ）比例代表制）によって分類される。その他、投票方式（単記式・連記式・名簿式）や方法（記入式、記号式、選択式等）、選挙区割等によっても分類される。とくに選挙区割は、ゲリマンダリング（gerrymandering）など、選挙結果を左右する重要な要素となる。そこで多くの国では中立的な第三者機関である選挙区割委員会を設置して投票価値の平等確保に努めているが、アメリカでは人種に基づく選挙区割（いわゆる人種的ゲリマンダリング）が Shaw v. Reno, 599 U.S.

2）　被選挙権の法的性格については、辻村『憲法（第4版）』日本評論社（2012年）308頁以下参照。被選挙権の権利性を否定した判決として最大判1955〈昭和30〉年2月9日（刑集9巻2号217頁）があるが、労働組合員の立候補に関する1968〈昭和43〉年12月4日の三井美唄炭鉱事件大法廷判決（刑集22巻13号1425頁）では、「憲法15条1項には、被選挙権者、特にその立候補の自由について、直接には規定していないが、これもまた、同条同項の保障する重要な基本的人権の一つと解すべきである」と指摘された。

3）　供託金について現行法（2015年2月現在）では、衆議院小選挙区選挙・参議院選挙区選挙に立候補する場合の供託金額は300万円であるが、参議院議員選挙の比例区選挙に立候補する場合には、公職選挙法86条の3第1項3号に従って10人以上の候補者を有する政治団体として立候補の届出をする必要があり、その際に、同法92条3項により1人あたり600万円、合計6000万円以上の供託金を支払わなければならない。さらに、同法94条3項の供託金没収の規定により、1人も当選しない場合には全額、10人立候補して1人当選した場合には、〔600万円×（10−2）〕という計算によって4800万円が国庫に没収されることになっている。辻村前掲『憲法（第4版）』320-330頁参照。

4）　選挙区とは、有権者によって組織される選挙人団を、住所・居所などによって地域ごとにわける場合の区域のことであり、小選挙区制・大選挙区制に分類できる。全国を複数の選挙区に分け、選挙区ごとに1人の議員を選出する制度が小選挙区制であり、2人以上の議員を選出するのが大選挙区制である。

630（1993）などで争われ、困難な課題を提起し続けている[6]。

　世界各国の選挙制度は、おおまかに①小選挙区制[7]、②比例代表制[8]、③両者の複合型に区別できる[9]。このうち、イギリス・フランス・アメリカは基本的に①を採用、オランダ・ベルギー・オーストリア・イタリアや北欧諸国は基本的に②を採用、ドイツ・日本（および1993年〜2005年のイタリア）は③である。

5）（α）多数代表制は、選挙区内の多数派（選挙人の多数）にその選挙区から選出される全議席を独占させる可能性を与える選挙方法であり、小選挙区制選挙はこの多数代表制に属する。（β）少数代表制は、選挙区の少数派にもある程度議席が配分できるように配慮された制度である。投票用紙に2名以上の候補者を連記させる連記投票法のうち、選挙区の議員の定数より少ない候補者数を連記させる制限連記制や、大選挙区制を前提にした累積投票法（議員の定数と同数回の投票を認め有権者がすべて同一の候補者に投票を集中させることを可能とする方法）、中選挙区制などを前提にした単記（非移譲式）投票法などがそれに含まれる。（γ）比例代表制は、得票数に比例して議席を配分する方法である。辻村『比較憲法（新版）』岩波書店（2011年）164頁以下参照。

6）　憲法訴訟研究会・芦部信喜編『アメリカ憲法判例』有斐閣（1998年）247頁以下〔戸松秀典・安西文雄執筆〕、憲法訴訟研究会・戸松秀典編『続・アメリカ憲法判例』有斐閣（2014年）230頁以下〔吉田仁美執筆〕、森脇俊雅『小選挙区制と区割り——制度と実態の国際比較』芦書房（1998年）17頁以下参照。

7）　小選挙区制の長所としては、一般に、(a)有権者が候補者の人物をよく知ることができる、(b)選挙区が狭いため選挙費用が節約できる、(c)二大政党化を促して政局が安定することなどが指摘される。反面、その制度が「勝者総取り制（winner takes all）」であるため、民意の正確な反映という点では極めて問題が多い。その短所として、(i)候補者の選択の幅が狭く投票が死票となることが多い、(ii)競争が激しく買収等の選挙腐敗がおこりやすい、(iii)議員が地域的な利益代表になりやすいこと、などがある。大選挙区制では、(a)候補者の選択の幅が広くなる、(b)死票が少ない、(c)地域の利益に縛られない候補者を得ることができる、(d)選挙腐敗がすくなくなる、などの長所が指摘できる反面、(i)有権者が候補者の人物を知ることが困難になる、(ii)選挙に対する関心も薄くなりがちである、(iii)地域が広いため選挙運動費用がかさむ、(iv)同一政党内で複数の立候補ができ共倒れとなりやすいことなどの短所が指摘される。辻村前掲『比較憲法（新版）』（前注5）160頁以下参照。実際日本でも、2014年12月総選挙の小選挙区では、与党自民党の得票率は48.1％（有権者数を母数とした絶対得票率は24.5％）であったにもかかわらず、議席率76％となり、死票の多さの点でも選挙制度のゆがみが明らかになった（本書5頁参照）。

8）　比例代表制は、民意反映機能に優れ、死票が少ない点で合理的な制度であるといえるが、反面、政党が中心的な役割を果たすことになり人物中心の選挙を実現しえないこと、小党分立を招き政治の安定性をえることができないなどの欠点が指摘される。さらに、得票に比例して議席を配分する方法は必ずしも一定しておらず、19世紀後半から諸国で考案された方法には、300から500種類あるともいわれる。その結果、複雑な制度となりうることが欠点となる。一般には、比例代表を実現する方法は単記式と名簿式に大別される。前者の単記移譲式は、単記投票でえられた得票のうち当選のために必要かつ十分な当選基数（quota）を超える票を得票順に他の候補者に移譲できる方式であり、ヘアー式、アンドレェ式などがある。後者の名簿式は、政党が作成した候補者名簿について投票を行い、名簿上の候補者間で投票の移譲等を認める方式であり、名簿拘束の度合いによって絶対拘束式、単純拘束式、非拘束式などがある。辻村前掲『比較憲法（新版）』（前注5）162頁以下参照。

(1) 小選挙区制

同じ小選挙区制でも、1回投票制の最高得票システム（第1位当選制）で実施されるイギリス型と、2回投票制のフランス型では、性格が大きく異なる。後者では、第1回投票で過半数の得票を得た場合を除いて、候補者数を絞って第2回投票を行うもので、第1回は選挙でなく選好投票、第2回が本来の選挙と解されており、イギリス型に比して小選挙区制の短所が少ないといえる。

イギリスの下院選挙では、全国を659の選挙区にわけ、各選挙区の第1位得票者を当選とする。得票率と議席率の乖離は大きく、1997年総選挙での労働党の得票率は44.4％、議席率は63.4％と20％近い開きがあった。政権党に故意に誇張して多数派支配を実現するための小選挙区制の特徴がよく示されているが、この制度では、女性やエスニック達に不利であるため、労働党は女性だけからなる候補者リスト（all-women shortlistes）の政策を採用し、1997年と2001年の総選挙では、100人以上の女性下院議員を当選させた（この問題は、後に275頁以下で検討する）。さらに2010年の総選挙では、与党労働党が90議席以上減らして惨敗して野党の保守党が第1党となった。第3党の自民党は、得票率は23.0％であるのに対して議席率は8.8％弱に留まり、少数派に不利な小選挙区制の特徴が顕著に示された。さらに保守党の議席は301議席で、下院の過半数（326議席）には届かなかったため、全政党が過半数割れとなるハング・パーラメント（宙ぶらりんの議会）が1974年2月の選挙以来36年ぶりに生じた。保守党は13年ぶりの政権交代を実現するため第3党の自民党との自民党との連立政権を樹立することで合意し、保守党の党首であるキャメロンが首相に任命された。その後、次項で見るように、選挙制度改革論議の末に国民投票も実施されたが、その結果改革論が否決されて新たな選挙法改正が行われた。

一方、フランスでは、下院（国民議会議員）577人は任期5年で、直接普通選挙、単記2回投票制によって選出される（上院は比例代表制で選出されるため後述）。大統領選挙では上位2候補者の決戦投票制で最終的に絶対多数を要請す

---

9) 国立国会図書館（政治議会課　佐藤令）「諸外国の選挙制度」調査と情報第721号（2011年）、同（調査及び立法考査局　三輪和宏）「諸外国の下院の選挙制度」レファレンス2006年12月号、同「諸外国の上院の選挙制度・任命制度」調査資料2009－1a（2009）、IPU（Inter-Parliamentary Union, http://www.ipu.org）、IDEA（Intenational Institute for Democracy and Electral Assistance, http//www.idea.org）など参照。

るのに対して、国民議会議員選挙では、第1回投票の当選ラインを定めて第2回投票の候補者数を減らし、相対多数で決するシステムを採用している。第五共和制初期には当選ラインが得票率5％であったが、その後12.5％（全体の8分の1）に引き上げられた。有効得票の50％を超え登録選挙人数25％以上の得票を得た候補がいた場合には第1回投票で当選者が確定し、いない場合に登録選挙人数の12.5％以上の得票を得た候補によって、翌週の日曜日に第2回投票が実施される。

2007年6月の国民議会選挙では、与党の右派連合のうちUMP（国民運動連合）が議席数313（議席率54.2％）、野党の左派連合のうち社会党が186議席（議席率32.2％）となって与党が安定多数を占めた。これに対して、2012年5月の大統領選挙で社会党のオランド大統領が選出され、同年6月の国民議会選挙では、左派の社会党が議席数280（議席率48.5％）、共和国市民運動等22（3.8％）など左派連合が341議席（59.1％）を得て政権を奪回した。右派の国民運動連合は194議席（33.6％）（右派連合227議席、39.3％）にとどまった[10]。

(2) **比例代表制**

比例代表制を採用している国は、北欧諸国やベネルクス3国、ラテンアメリカ諸国などである。前述のドント式を採用しているのは、オーストリア、ベルギー、フィンランド、ラテンアメリカ諸国などであり、比例の度合いが低く大政党に有利であると言われている。スウェーデンとノルウェーでは、ドント式よりは比例度が高いとされるサン・ラゲ式とよばれる方式を採用している[11]。

また、比例代表制の場合は、選挙区の規模（選挙区が選出する議員の定数）が大きいほど、比例の効果が大きくなる。この点では、オランダやイスラエルは、国家規模の選挙区にほぼ近い数（各150、120人）を選出するため、純粋な比例制に近いと解される。

イタリアでは1993年の法改正で比例代表制を廃止し、議席の75パーセントを小選挙区制、25パーセントを比例代表・大選挙区制により選出する混合型選挙

---

10) 出典：Elections législatives 2012, Résultats du 1er tour, Résultats 2e tour, http://www.interieur. gouv. fr/Elections/Les-resultats/Legislatives/elecresult_LG2012/（path）/LG2012/（path）/LG2012//FE.html 参照。
11) 辻村前掲『比較憲法（新版）』（前注5）162頁以下参照。

制度（並立制）を導入した。しだいに右派連合と左派連合の 2 大勢力による「政権交代のある民主主義」への移行が実現するかに見えたが、その後も政権運営は安定せず、2005年・2006年に両院の選挙法改正が実施されて「多数派プレミアム制付比例代表制」に変更された。この制度は、議席配分は比例代表制にしたがって政党別候補者名簿による一方で、最多得票の名簿に対して得票率に関わらず過半数の議席を与えるもので[12]（実質的に拘束名簿式比例代表制）、2008年 4 月の総選挙では、上下両院とも中道右派および中道左派の二大陣営が大半の議席を獲得て二大政党制に接近した。第 4 次ベルルスコーニ首相が2011年11月に辞職した後混乱が続き、2013年の総選挙では民主党を中心とする中道左派連合がプレミア議席を付与されて過半数を制したが、上院では過半数を取れなかった。

　このような選挙制度と政権党のめまぐるしい変遷は、比例代表選挙制のもつ民意の正確な反映機能とプレミアム制のもつ多数派形成機能との乖離や矛盾を如実に示したものである。

(3) 複合制
1) 小選挙区比例代表併用制

　小選挙区制の長所としての個人本位の選挙を実現しつつ、比例代表制の長所である民意の比例的な反映（死票の減少）をともに確保するために考案され、ドイツで長く採用されている制度である。この制度では、有権者が 2 票の投票権をもち、まず比例代表選挙の得票結果に比例して議席が配分された上で、他の小選挙区選挙における当選者に対して優先的に議席が与えられる。議席配分が得票に比例している点で、この併用制は実質的には比例代表制であり、サルトーリはこれを「パーソナル化された比例代表制」[13]と称した。もっともこの制度にも欠陥があり、小選挙区選挙の結果と比例代表選挙の結果に齟齬が生じて前者の当選者が後者で配分された議席数を超えた場合などに超過議席が必要となる（議員定数が法定数より増加する）。

---

12) 芦田淳「イタリアにおける選挙制度改革」外国の立法230号（2006年）132頁以下参照。国会図書館（調査及び立法考査局三輪和宏）「諸外国の下院の選挙制度」レファレンス（2006年12月号）70～72頁。同「諸外国の上院の選挙制度・任命制度」調査資料（2009年）5～8頁参照。
13) ジョヴァンニ・サルトーリ〔岡沢監訳〕『比較政治学』早稲田大学出版会（2000年）20頁。

図表4-1　主要国の選挙制度一覧

国(院)	議席数	選挙権	被選挙権	任期	選挙制度	選挙年	改正法、区割基準等	与党(最大多数政党)
イギリス(貴族院：上院)	無(2013年2月現在760)		21歳	終身	任命制・世襲制		1999年貴族院法	保守党213(労働党222)(2012年12月現在)
(庶民院：下院)	650	18歳	18歳	5年	単純小選挙区制(650区)	2010.5	2011.2.16選挙制度・区割法	保守党303・自民党56(2013年2月現在)
アメリカ(上院)	100	18歳	30歳	6年	単純小選挙区制	2014.11	(各州2議席)2年毎に約3分の1改選	(共和党52・民主党45)(2014年11月5日現在)
(下院)	435	18歳	25歳	2年	単純小選挙区制	2014.11	各州から人口比例で選出	(共和党243・民主党181)(2014年11月5日現在)
フランス(元老院：上院)	348	18歳	24歳	6年	間接選挙(地方議会議員等)	2014.9	3年毎に半数改選、2011年4月14日組織法律	国民運動連合(UMP)143・社会党113(2014年10月現在)
(国民議会：下院)	577	18歳	18歳	5年	小選挙区2回投票制	2012.6	2008年11月11日法、2011年4月14日組織法律	社会党289・急進左派17(国民運動連合197)(2014年10月現在)
ドイツ(連邦参議院)	69			不定	任命制(各州政府から派遣)			連邦議会の与党が政権にある州(7州)
(連邦議会：下院)	598(法定議席数)631(2013年)	18歳	18歳	4年	小選挙区比例代表併用制	2013.9	2013年5月改正法	キリスト教民主同盟(CDU)311
イタリア(元老院：上院)	315(+終身議員5名)(2014年7月現在)	18歳	40歳	5年	(プレミアム付)比例代表制(州単位)	2013.2	2005年12月改正法	民主党109(+自由の人民等)
(代議院：下院)	630(2014年7月現在)	18歳	25歳	5年	(プレミアム付)比例代表制(全国単位)	2013.2	2005年12月改正法	民主党298(中道右派・左派大連立)
大韓民国<1院制>	300	19歳	25歳	4年	小選挙区比例代表並立制	2012.4	2009年選挙法改正	セヌリ党158(2014年9月現在)
日本(参議院：上院)	242	20歳(18歳予定)	30歳	6年	混合制(選挙区・比例代表)	2013.7	3年毎に半数改選、2012年改正	自民党115・公明党20(2014年12月26日現在)
(衆議院：下院)	475(小選挙区295)、比例代表180	20歳(18歳予定)	25歳	4年	小選挙区比例代表並立制	2014.12	2013年7月改正(最大較差2倍未満)	自民党291・公明党35(2014年12月26日現在)

(外務省基礎データ、国会図書館政治議会課(佐藤令)「諸外国の選挙制度」調査と情報 ISSUE BRIEF 721号(2011年)、初宿・辻村編『新解説世界憲法集(第3版)』三省堂(2014年)等をもとに辻村作成、2015年2月末現在)

2) 小選挙区比例代表並立制

　小選挙区制と比例代表制を並列的に採用する制度は1994年の公職選挙法改正で日本の衆議院議員選挙に導入された。現行総定数（2015年2月末日現在）は公職選挙法4条により475（1994年当初は500、1999年法改正後480、2013年法改正後以降475）であり、これを小選挙区選出議員295と比例代表選出議員180（1994年当初は各300と200、1999年法改正後各300と180、2013年法改正後各295と180）に分割している。小選挙区選挙では有効投票数の最多数を得た者が当選する一方で、比例代表選挙では、各党の得票をブロック単位で集計してドント式で議席配分を行い、名簿登載者の上位から順に当選者を決定する方式である。この制度では、有権者は各自2票を投票し、小選挙区選挙では候補者1名の氏名を自書し、比例代表選挙では政党等の名称または略称を自書する方式が採用された。さらに政党候補者に限って小選挙区と比例区への重複立候補が認められ、小選挙区で落選した候補者が比例区で当選できるようにされた。この重複立候補制については、有効投票の一定割合（衆議院小選挙区選挙の場合は10分の1）の得票に満たなかったものが除外されるなどの法改正が行われた。

　1994年に小選挙区比例代表並立制の導入が決められた際には、この方式は小選挙区制と比例代表制の両方の制度の長所を生かすことに存在意義があると説明された。しかし、比例代表の長所は総定数が少ない場合にはあまり生かされず、基本的には小選挙区制導入に制度改革の主眼があったこと（小選挙区制は死票が多く国民代表制からみて問題があること）、小選挙区の画定にあたって人口比例原則が貫徹されず当初の目標であった選挙区間の最大較差1対2以内の確保が困難になったこと、小選挙区・比例区ともに立候補要件が政党本位で定められて政党要件（5人以上の議員が所属するか、直近の国政選挙での得票率が2％以上であること）が厳しくなり個人候補の選挙運動が不利になったなどの問題性が指摘された。実際に、小選挙区比例代表並立制で実施された1996年10月20日選挙では、(i)選挙区間の人口の最大格差が1対2.137であり、(ii)政党公認候補が選挙運動や政見放送上有利になったことなどから、この制度を違憲として選挙の無効を求める訴訟が提起された。東京高裁判決（1997〈平成9〉・10・20判時1637号20頁）の後、最高裁大法廷は、はじめて小選挙区比例代表並立制について合憲判断を下した（1999〈平成11〉・11・10民集53巻8号1557頁、同1704頁）。判決は、小選挙区制・比例代表制および重複立候補制の合憲性についてはいずれも

「国会の裁量の範囲を超えるとはいえない」として14名の裁判官全員で合憲判断を示したが、選挙区間の人口の較差が1対2をこえる選挙区割の合憲性、および、小選挙区での選挙運動を政党について認めている規定の合憲性については、5名の裁判官の反対意見がこれらを違憲と判断して注目された[14]。

その後、2005年9月総選挙および2009年8月総選挙の衆議院小選挙区選出議員選挙についても、区画審設置法に基づく「1人別枠方式」を採用した結果、選挙区間の選挙人数の最大較差が1対2を超えたことに対して高裁で多くの違憲判決が相次ぎ、最高裁大法廷2007年合憲判決（平成19・6・13民集61巻4号1617頁）の後に、2011〈平成23〉年3月23日・2013〈平成25〉年11月20日最高裁大法廷判決が「違憲状態」の判断を下したことは既にみたところである[15]。これらの多くの訴訟では、小選挙区制における選挙運動を政党にのみ認める規定の合憲性がともに争われていたが、これについては憲法14条1項に違反しないとした。

なお、参議院については、現行公職選挙法4条2項で定数を242人とし、そのうち96人を比例代表選出議員、146人を選挙区選出議員であると定めて、比例代表選挙と選挙区選挙（実態は小選挙区制および中選挙区制）で実施されており、両院の制度は異なる[16]。

衆議院の並立制の合憲性については上記の1999〈平成11〉年最高裁判決があるものの、公職選挙法上の訴訟類型や原告・被告適格の問題から、選挙制度自体の合憲性を訴訟で争うことは困難となっている。すなわち、同法204条では、原告は「選挙の効力に関し異議がある選挙人または公職の候補者」（衆議院小選挙区選出議員選挙では候補者・候補者届出政党、衆議院比例代表選出議員選挙では衆議院名簿届出政党等、参議院比例代表選出議員選挙では参議院名簿届出政党等または参議院名簿登載者）に限定されている。また、被告は、衆議院小選挙区選出議員または参議院選挙区選出議員選挙においては当該都道府県の選挙管理委員会、衆議院比例代表選挙または参議院比例代表選出議員の選挙においては中央選挙管理委員会と定められている。いずれも選挙から30日以内に高等裁判所に訴訟を

---

14) 本判決の評釈として、辻村「小選挙区比例代表制選挙の合憲性」ジュリスト1176号58頁参照。
15) 本書第2章95, 105頁以下参照。
16) 参議院選挙区選出議員選挙（定数2以上の偶数定数制）における議員定数配分不均衡問題については、本書第2章4節117頁以下参照。

提起することができると定められているが、それぞれの選挙について個別に提訴することになっているため、選挙制度の在り方を一つの訴訟で争うことはできない。この点は、抽象的審査制が認められないという違憲立法審査制度ともかかわるが、今後の選挙制度改革論議の論点となりうる問題であることを付記しておこう。

3 選挙区割と投票価値平等

(1) 選挙区割問題の展開

日本で長く採用されていた中選挙区制では、選挙区間の議員定数の不均衡（選挙区間の議員1人当たりの人口もしくは選挙人数の格差）という形で、また、小選挙区制のもとでは、選挙区割の問題（選挙区内の人口または選挙人数の不均衡）として、投票価値平等の問題が出現する。いずれも、「一人一票原則」に反して、選挙区内の人口が多い選挙区の選挙人は、人口の少ない選挙区の選挙人に比べて一票の価値が低くなり、「一票の格差」が生じてしまう。この問題は諸外国でも深刻な問題であり、従来から人口比例原則を基礎としつつ乖離の合憲性が争われてきた。すでにみた日本の訴訟と同様、人口比例原則のほか、行政区画などのいわゆる非人口的要素をどこまで許容するかが問題となる。小選挙区制を採用している国を始め、世界の多くの国でも人口比例原則を基礎として選挙区割の見直しが進んでいることが、国会図書館の調査でも明らかにされている。[17]

これによれば、区割見直しの考慮基準は、人口、行政区画や地勢などの地理的要素、交通事情などであり、人口をなるべく等しくする基準は60か国すべてで用いられる。[18]人口の格差の許容限度について具体的な基準を設けていない国が75％を占め、基準を設けている国には、アメリカのように州内の各選挙区では可能な限り人口を等しくすることが求められる国や、シンガポールのように

---

[17] 国立国会図書館（政治議会課佐藤令）「諸外国における選挙区割りの見直し」調査と情報782号（2013.4.4）。

[18] 国立国会図書館の調査結果は、87か国・地域を対象とした比較調査（Lisa Handley, "A Comparative Survey of Structure and Criteria for Boundary Delimitation", *Redistricting in Comparative Perspective*, New York: Oxford University Press, 2008, pp.265-305）に依拠する点が多い。

各選挙区の１議席当たり有権者数を全国平均の上下30％以内まで認める国があ
る[19]。オーストラリアでは、現在の有権者数だけでなく、将来予測有権者数も勘
案して区割をしなければならないことが知られている[20]。行政区画や自然の境界
など地理的な要素を考慮する国も多く、人口密度や過疎の度合いが考慮される
国も12か国あるが、これらの多くがアフリカの途上国やカリブ海諸国等であっ
て、先進国には存在しない。

　また、多数の国で政府から独立した機関が区割を行っており、小選挙区採用
の国で議会が区割にも権限をもつ国はアメリカとフランスくらいのものである。
しかもその両国では近年変化が見られているため、主要国について次にみよう。

(2) 主要国の実態
1) アメリカ

　アメリカでは、連邦議会下院の議席配分の不均衡問題について1960年代から
訴訟で争われてきた。とくにウオーレン・コートで平等主義的な判決が続き、
Gray v. Sanders, 372 U.S. 368（1963）, Wesberry v. Sanders, 376 U.S.1（1964）,
Reynolds v. Sims, 377 U.S.533（1964）などで一人一票原則が確立され、最大較
差について、１対２未満を原則とする厳しい基準が確立された。実際、州のな
かの選挙区間の人口比例原則が厳格に定められ、さらに人種的マイノリティに
対する配慮を加える州も多いことが知られている。

　もともと合衆国憲法では「上院議員および下院議員の選挙を行う時、所およ
び方法は、各州においてその議会が定めるものとする」（第１条４節１項）と定
められ、連邦議会下院の区割も州ごとに州議会が決定する。10年ごとの国勢調
査結果をうけて見直しが実施されるが、近年では恣意的で不自然な形状の選挙
区割（ゲリマンダー）を防ぐために第三者機関に区割案作成を委ねる州も増え
ている[21]。実際には、定数435議席が50州の人口に比例して配分されるが、連邦
全体から見れば２倍近い最大較差（2010年の配分では1.88倍）が生じている[22]。こ
れに対して、州の選挙区間では可能な限り人口は同数でなければならないとさ

---

19)　国立国会図書館前掲（前注17）３頁、Lisa Handley, op.cit., p.282, 273-274.
20)　前掲（前注17）３頁の注13、松尾和成「オーストラリア連邦議会下院選挙区の較差是正制度」レ
　　ファレンス681号（2007年）49-65頁参照。

れ、判例では1対0.698の最大較差が違憲と判断されたこともある（Karcher v. Daggett, 462 U.S.725（1983））。また、合衆国では、日本のように選挙無効を求める訴訟ではなく、区割りを策定した法律の無効宣言とそれにもとづく選挙の差し止めを求めることが一般的であり、暫定的に裁判所が区割りを実施することも可能である。

2) イギリス

イギリスは庶民院（下院）と貴族院の二院制を採用し、保守党と労働党との間で二大政党制を築いてきたが、2010年下院の総選挙で保守党が単独多数を取れずに自民党連立内閣が成立した。総選挙前に保守党は単純小選挙区制の堅持、自由党は比例代表制導入を主張していたことから、選挙後の保守党と自民党の連立政権の政権綱領には、選挙改革法の制定（下院選挙制度の変更を国民投票に委ね、その選挙区格差を縮小すること）が記載された。これに基づいて政府は2010年7月22日に「選挙制度の選択に関する国民投票の実施等に関する議会選挙制度及び選挙区法案」を提出し、難産の末2011年2月16日に2011年議会選挙制度及び選挙区法（同年法律第1号、以下「法」）が制定され、下院議員の定数と選挙区の改定を定めるほか、現行の単純小選挙区制（first past the post system）を廃止して、選択投票制（alternative vote system）に変更するか否かをめぐって同年5月5日に国民投票が実施されることになった。国民投票の争点となったこの選択投票制（ないし対案投票制）は、小選挙区を用いながら過半数の得票者を当選人とする制度であり、選挙人は候補者に1、2、3等の順位を付けて投票す

---

21) 国立国会図書館前掲（前注17）4頁、梅田久枝「アメリカの選挙区画再編に関する立法動向——選挙過程からの政治の排除」外国の立法236号, 2008.6, pp.163-172、森脇俊雅「2000年代の議員定数再配分と選挙区画再編成——アメリカと日本における諸問題」『法と政治』58巻2号（2007年）18-20頁、Royce Crocker, "Congressional Redistricting: An Overview," CRS Report for Congress, R42831, November 21, 2012. http://www.fas.org/sgp/crs/misc/R42831.pdf.
22) 国立国会図書館前掲（前注17）5頁参照。
23) ニュージャージー州の1980年人口調査結果に基づく較差（1対0.6984）について、1983年6月22日最高裁判決は、較差が小さくても人口比例原則を実現するために忠実な努力をしているとは言えないとした。判例の展開につき、畑博行『アメリカの政治と連邦最高裁判所』有信堂高文社（1992年）169-199頁、田中和夫「アメリカにおける議員定数の是正と裁判所」ジュリスト532号（1973.5.15）92頁、裁判所の区割りにつき、青木誠弘「アメリカにおける連邦裁判所の「歓迎されない責務」と選挙区の区分を改正する州の立法者の権限」『筑波法政』51号（2011年）99-119頁参照。

る、というものであった。[24]

　戦後史上２度目の国民投票が地方選挙と同日の2011年５月５日に実施され、投票率は41.97％で、結果は、事前の調査結果に反して、選択投票制賛成が32.09％、反対が67.87％であった。

　他方、選挙区改定のほうは、改正法では、下院議員の定数を650人から600人に減らし、イングランド、ウェールズ、スコットランド（特例の２選挙区（後述）をのぞく）および北アイルランドに対し、その選挙人数に応じサンラグ式で比例配分するというものであった。さらに、各地域の選挙区画定委員会が、原則として（スコットランドのナ・ヒラナン・アン・イアル選挙区およびオークニー島およびシェットラン各選挙区等をのぞき）、選挙人数を議員１人当たり選挙人数（全国平均）の上下５％以内とするように選挙区を画定することになった。これによって、従来は選挙区間の選挙人数の最大較差が５倍を超えていたのに対して、人口比例原則が重視され、全国平均有権者数の105～95％にとどめることになり、一部の例外を除いて最大較差は1.11倍以下（105÷95）に抑えられることになった。もっとも、当初は2015年総選挙前の2013年10月までに新区割案を策定する予定であったが、策定期限が2018年10月まで延長され、定数削減も延期された。[25]

3）ドイツ

　ドイツの連邦議会選挙は小選挙区比例代表併用制で実施され、法定基本定数598議席のうち半数299の小選挙区が設けられている。残りの半数は、政党が州別に候補者の順位を決定し提出する州名簿に基づいて選挙される。選挙人はそれぞれ２票をもち、第１票を選挙区候補者に、第２票を州名簿に投票するが、各小選挙区では、最多数の票を得た候補者１名が当選人となる。連邦議会議員の任期は４年であるため、原則として４年ごとに選挙区割りが見直される。選

24）　国立国会図書館調査及び立法考査局（海外立法情報調査室・河島太朗）「立法情報　議会選挙制度及び選挙区法の制定」外国の立法247号（2011年）10-11頁、小堀眞裕「イギリスにおける選挙制度改革運動の問題意識──2011年２月インタビュー調査の報告」立命館法学336号（2011年２号）500頁以下参照。

25）　国立国会図書館前掲「諸外国における選挙区割りの見直し」調査と情報782号（前注17）６-７頁、Electoral Registration and Administration Act 2013（c.6), s.6. 参照。

挙区画委員会が各州内の区割りの見直しについて、総選挙後の新議会期の開始から15か月以内に連邦内務省に報告し、連邦内務省の報告をもとに連邦議会が連邦選挙法の付表を改正して区割が見直される。

　小選挙区の定数299議席は、16州の人口に比例して「サンラグ・シェーパース式」[26]で配分されることが2008年3月18日の連邦選挙法改正法で定められた。同法では、全国レヴェルで獲得した政党の議席を、当該政党が各州で得た第2票の票数に比例して当該政党の州名簿に配分し（7条3項、6条2項）、各政党の州別の議席数が基本的に決定される。ここでは、各州名簿に配分された議員の数から、州の選挙区で政党が獲得した議席数を差し引き、残った議席を州名簿で定める順に割り当てる（7条3項、6条4項）ことで、当該政党の州名簿からの当選者が決定されることとされた。しかし、この選挙法を、同年2008月7月3日の連邦憲法裁判所判決は違憲とした。ここでは連邦選挙法第6条1項による州名簿の形成は「負の投票価値」（Negatives Stimmgewicht）の効果をもたらし基本法38条第1項等の保障する選挙の平等および直接選挙の原則を侵害することなどを理由とし、立法府に対して2011年6月30日までに法改正することを命じた。この期限を過ぎた同年10月14日に連邦選挙法第19次改正法が成立したが、これに対する憲法異議などの提訴がなされた[27]。2012年7月25日の連邦憲法裁判所判決も、上記の「負の投票価値」の問題とともに、「超過議席」（Überhangsmandat）は選挙の平等と政党の機会均等の原則を侵害することを指摘して再度違憲判決を下した。このため、2013年5月の選挙法改正によって「調整議席（Ausgleichsmandat）」の調整方法が導入され、2013年9月の選挙では、超過議席が4、調整議席が29となった[28]。

　なお、同じ連邦制を採用するアメリカでは州の選挙区間の人口比例原則が主

---

26) 従来のヘア・ニーマイヤー式（ヘア式最大剰余法）に代わって採用された比例代表制の議席配分方式の一つであり、政党の州名簿に投じられた第2票を全国集計したものを、議席数で割った商を除数（配分基数）として、各政党が全国レヴェルで獲得した第2票を割ることによって行われ、残余議席がある場合は、この除数を引き下げ、議席が不足する場合には、この除数を引き上げることにより、すべての議席が配分される方式である。山口和人「ドイツの連邦選挙法」外国の立法237号 2008.9、37-38頁参照。

27) BVerfG 121、266.2008年違憲判決と第19・22次改正法につき、国立国会図書館調査及び立法考査局（河島太朗・渡辺富久子）「立法情報：〔ドイツ〕連邦選挙法の改正」外国の立法249-2、255-1号（2011年、2013年）参照。

に求められるのと異なって、ドイツでは、連邦議会選挙に関して、連邦全体の選挙区間の人口比例が求められている。許容される選挙区間の人口の格差については、偏差の上限を33.3％（133.3÷66.7＝1.998、すなわち最大較差1対2の基準）としてきたが、1997年4月の連邦憲法裁判所判決がこれを不十分であると判断して以降、全国の選挙区平均人口からの偏差が15％を超えないようにし、25％を超えてはならない（25％を超えると区割りをやり直す）という基準が導入された。これによれば（100＋25）÷（100－25）＝1.67となり、最大較差は1.67倍以下という厳しい基準となる。[29]

4) フランス

フランスの二院制は、直接選挙による国民議会（下院）と間接選挙による元老院（上院）からなるが、両者間にはそれぞれ「全国民代表」と「地域代表」という質的差異があり、任期も当初は各5年と9年（3分の1改選）のように異なっていた。しかし元老院については、1999年の元老院選挙制度改革法や、2003年7月30日の組織法律や同日の法律等による法改正によって元老院（上院）議員の任期が6年、半数改正に改訂された。[30] 憲法上も2008年7月の憲法改正により、上院の総定員の上限が348人とされた（憲法24条4項）。上院の選挙は下院議員・州議会議員・県議会議員・市町村議会の代表を選挙人団とする間接選挙であり、(i)定数3以下の選挙区（総定数348人のうち168人、48.3％）では、完全連記2回投票制、または小選挙区2回投票制、(ii)定数4以上の選挙区（180人、51.7％）では、拘束名簿式比例代表制で実施される。[31]

国民議会では、1958年憲法制定当初から小選挙区2回投票制が採用され、選

---

28) BVerfGE 131, 316. http://www.bundesverfassungsgericht.de/entscheidungen/fs20120725_2bvf000311.html、初宿・辻村編『新解説・世界憲法集（第3版）』三省堂（2014年）171頁（初宿正典解説）参照。

29) 国立国会図書館（政治議会課佐藤令）前掲・調査と情報782号（前注17）10頁、加藤一彦「連邦議会選挙の選挙区割と平等選挙の原則――第2次選挙区割事件」ドイツ憲法判例研究会編『ドイツの憲法判例（第2版）』信山社（2003年）481頁以下参照。

30) Loi organique n°2003-696 du 30 juillet 2003 et loi n° 2003-697 du 30 juillet、門彬「フランス上院（元老院）改革2法が成立」外国の立法218号（2003年）1頁以下参照。

31) フランス上院の選挙制度改革および投票価値平等については、大山礼子「元老院議員選挙と『本質的人口の基礎』の要請」フランス憲法判例研究会編（編集代表辻村みよ子）『フランスの憲法判例Ⅱ』信山社（2013年）185-188頁参照。

挙区割りの策定に当たっては、まず各県に 2 議席を配分したうえで人口に比例して配分する方法が採用された。この方法は、1985年の比例代表制導入時期も、1986年に小選挙区 2 回投票制が復活した後も維持されたため、特例措置を除くと選挙区間の人口が最大較差は 1 対2.38であり、92%の選挙区の人口が全国平均から20%以内の偏差に収まっていた。そこで1986年 7 月 2 日の憲法院判決は、区割り規定を合憲と判断した。[32] しかし、特例措置を除けば、選挙区間の人口の最大較差は 1 対3.5になり、その後不均衡が拡大して 1 対 5 にもなった。

　これに対して、2008年 7 月23日の憲法改正[33]の際に、憲法25条 3 項で、第三者機関である独立委員会が区割を策定する制度が導入され、再び憲法院の審査に付されることになった。新設された第 3 項の規定は、「独立委員会は、国民議会議員の選挙区の確定、または国民議会もしくは元老院議員の議席配分を修正する政府提出法律案ないし議員提出法律案について、公開の意見を表明して裁定する。独立委員会の構成ならびに組織・運営の規則は法律が定める」としている。この憲法25条改正自体は、同条を施行するために2008年12月11日に採択された組織法律が2009年 1 月 8 日の憲法院判決で一部を除き合憲とされたことによって、有効に適用されている。[34] 憲法25条所定の委員会および国民議会議員選挙に関する通常法律（2008年12月11日採択）の合憲性についても、憲法院が付託を受けて2009年 1 月 8 日に判決を下したが、こちらも一部違憲判決であり、本法 2 条Ⅱ項 1 号について違憲とした。[35] 本法律の第 2 条は、Ⅰ項において、憲法38条所定の条件のもとで、政府は、法律の公布後 1 年以内にオルドナンスによって、①在外フランス人によって選出される議席数、②各県の選挙区の境界画定の改訂および選挙法125条を適用するための別表 1 の改訂、③ニューカレドニアおよび海外県の選挙区の境界画定の改訂等、④在外フランス人による選挙区の境界画定、について決定できることを定めていた。そのうえで、Ⅱ項 1 号において、Ⅰ項を実施するために、①「とりわけ人口および選挙人名簿登載

---

32) Décision n° 86 - 208 DC du 2 juillet 1986, *Journal officiel* du 3 juillet 1986, et rectificatif Journal officiel du 30 juillet 1986.
33) 2008年憲法改正につき、辻村『フランス憲法と現代立憲主義の挑戦』有信堂（2010年）第 1 章参照。
34) Décision n° 2008-572 DC du 8 janvier 2009, *Journal officiel* du 14 janvier 2009, p.723.
35) Décision n° 2008-573 DC du 8 janvier 2009, *Journal officiel* du 14 janvier 2009, p.724．同法第 2 条のその他の規定および第 1 条・ 3 条については、留保付きで合憲とされた。

の選挙人の変動に応じて、一般利益を理由にその適用が正当化されるという留保のもとで（sous réserve des adaptations justifiées par des motifs d'intérêt général）、本質的に人口を基礎として（sur des bases essentiellement démographiques）改訂が行われなければならない」とした。また②「議席数は、各県において2を下回ってはならない」。③「人口ないしは地理上の理由で正当化される例外を除いて、選挙区は隣接する領土内で設置される。県内の1名の議員に対して、人口5000人以下のすべての市町村と人口40000人以下のすべてのカントンは同じ選挙区に含まれる……（後略）」。④選挙区間の人口格差は、目的として一般利益の要請を考慮に入れることを許容する。しかしいかなる場合も、選挙区の人口は全県の選挙区、憲法74条所定の海外領土の地方公共団体ないしニューカレドニアの人口の平均から20％を超えることはできない。」という細かな規定を置いていた。

　これに対して憲法院2009年1月8日判決は、投票価値平等の原則（principe d'égalité devant le suffrage）について以下のように指摘した（con.20～28）。[36]

　「憲法1条、3条、24条3項などからすれば、国民議会は本質的に人口を基礎として、投票の前のよりよい平等（mieux égalité devant le suffrage）を尊重した議席配分と選挙区割りのもとで選出されなければならない。たとえ立法者がこの根本原則を緩和することができる一般利益の要請を考慮しうるとしても、それは限定的な範囲内でのみなしうる」（con.21）。

　第1に、「人口を基礎とする選挙区割りと異なる方法で決定することを認める上記第2条Ⅱ項1号の第①文は、……この投票価値平等を損なうものでありうる。そこで、憲法38条に基づいて政府に上記諸条件のもとで選挙区割改訂の適用措置を取る権能を付与したことは、憲法に違反すると判断しなければならない（con.22）」。第2に、「同2条Ⅱ項1号の第②文が、各選挙区の議席数は2を下回ってはならない定めたこと、憲法24条によれば全議席数が577名以内であることは2008年12月11日の組織法律でも確定されたこと、……1986年11月24

36）　只野雅人「投票価値の平等と行政区画」『一橋法学』9巻3号（2010年）776頁以下、同「フランスの2008年憲法改正と選挙区画定」『選挙』62巻8号（2009年）4頁以下、国立国会図書館海外立法情報課（鈴木尊紘）「立法情報フランス「一票の格差」是正評議会の設置」『外国の立法』239-1号（2009年）8-9頁参照。赤坂幸一「人口比例と有権者数比例の間」論究ジュリスト5号（2013年春号）42頁以下も参照。

日法による選挙区割り改定以降、2008年12月30日のデクレで認証された全県の人口が760万人以上増加したにもかかわらず県選出の国民議会議員の総定数を減らさなければならないことなど、法律上および事実上のこれらの状況変化の重要性にかんがみれば、各県最低2議席を維持することは、もはや本質的に人口比例原則に基づいて国民議会が選出されるという根本原則の重要性を緩和しうる一般利益の要請として正当化することはできない。このため違憲と判断せざるを得ない」とした (con.23)。

憲法院によれば、同2条Ⅱ項1号の各規定は憲法を軽視してはおらず、前記2規定は投票価値平等のために厳格に適用することも可能である。しかしながら、……これらの適用は厳格に前記目的に応じてなされるべきこと……からして、これ以外のいかなる解釈も憲法に違反する」。こうして、判決は、偏差を20％以内（最大較差に換算すると1.5倍〔120÷80〕）とする基準を合憲としつつ、同2条Ⅱ項第①文の「とりわけ人口および選挙人名簿登載の選挙人の変動に応じて」という規定、および同2条Ⅱ項第②文が違憲であるとした。

このように、いわば「2議席別枠方式」を合憲とした1986年判決を変更して、「法律上および事実上のこれらの状況変化の重要性」（いわゆる立法事実）を理由に違憲判決を下すことになった。ここに、人口比例原則の厳格な適用を志向する傾向が端的に示されている。その後は、政府が最低2議席配分する方式を廃止して1選挙区内の平均人口（125000人）を基準とする選挙区割案を提示し、独立委員会の修正等をふまえて2010年1月21日に、このオルドナンス案を確定する法律が制定された。この2010年1月の法律は憲法院の同年2月18日判決によって合憲と判断された。[37] さらに、地方議会選挙についても、上記の偏差20％という基準は憲法院2013年5月16日判決等で維持されている。[38]

---

37) Décision n° 2010-602 DC du 18 février 2010, *Journal officiel* du 24 février 2010, p. 3385、只野「国民議会選挙における投票価値の平等」フランス憲法判例研究会編前掲『フランスの憲法判例Ⅱ』（前注31）181-182頁参照。
38) Décision n° 2013-667 DC du 16 mai 2013, 投票価値平等の展開について、Laurent Touvet et Yves-Maries Doublet, *Droit des élections*, 2e éd., Economica, 2014, pp.480-490.

4 選挙権の本質論を踏まえた理論的課題

　上記のような主要国の動向を概観しただけでも、以下のような特徴が指摘できよう。
　①連邦制と単一国、選挙制度（小選挙区制と複合制）の差異にかかわらず、選挙権の平等原則とそのための人口比例原則を可能な限り厳格に実現しようとする姿勢が共通している。
　②上記主要国では、最大較差１対２を許容基準とするのではなく、これを下回る厳格な制度改革がなされている。この点で日本の学説・判例・立法がいずれも非人口的要素や選挙制度に対する立法裁量を容認したうえで、「一人一票原則」から単純に整数比で最大較差１対２の基準（参議院の場合にはその緩和）を導く傾向が続いているのに対して、整数比にすることにも、「１対２」の基準にも、論理的な必然性がないことがわかる。諸外国では最大較差の指標ではなく、全国平均からの偏差（上下25％～５％の偏差）を指標として選挙区割を見直すことにより、限りなく１対１に近づけている。ここでは、原則はあくまで１対１であるべきことが示されるといえる。
　③日本のように選挙後に選挙無効訴訟を提起するのではなく、選挙法や区割の改正後に合憲性を審査し、区割のやり直しを命ずる等の方法もあることがわかる。[39]この点は付随的違憲審査制を採用するアメリカの憲法訴訟が参考となり、日本のように違憲判決の効力に関して「選挙無効判決」が敬遠される傾向（事情判決の隘路）を脱する方途が示唆されている。
　④総じて、選挙権の権利性や権利の平等という視点からの本質論的な検討が不足しており、諸国の投票価値平等原則の基礎理論的研究が課題となる。とくに日本の学説・判例では、二元説を基礎とした諸理論（選挙制度に関する広い立法裁量論や非人口的要素の承認など）が従来の不均衡の原因であったと考えられるため、再検討する必要があろう。近年では、「参政の権利と、選挙という公務に参加する義務」と解する二元説（清宮説）よりはむしろ、同じ投票行為に

---

[39] 立法不作為違憲確認訴訟や国賠訴訟なども可能であるが、近年では、公選法204条による選挙無効訴訟を提起することが一般化している。

「権利と義務の性格を同時に認め」たり、「代表を選挙する権利」としての選挙権と権利行使の公務性を認める二元説が主張されるようになった。そして「論争に実益がない」という形で処理が図られる傾向があり、二元説でも1対1を理想とするため権利説との間に違いはないと指摘されるなど、権利説への接近が認められる。

しかしながら、フランス憲法学でも任意投票制（棄権の自由）等を選挙権の権利性の論理的帰結と解してきたように、選挙権権利説では、主権者の権利としての選挙権の行使は可能な限り自由・平等でなければならず、選挙権公務説や二元説の中で広範に認められてきた不合理な立法裁量の制約が帰結される。投票価値平等についても、権利説では1対1を原則として要請する（これを超える乖離の正当化については挙証責任が転換される）のに対して、公務説や二元説では（原則と例外が逆転してため）選挙制度に関する立法裁量を根拠に1対1のみならず1対2を超える大きな乖離をより緩やかに容認し得ることになろう。日本の判例・通説が1対1基準説をとらずに1対2基準あるいはそれ以上の較差を容認してきた根拠は、選挙と選挙権の公務的性格を根拠に人口比例原則の後退・譲歩を容認しうると解したことにあると考えられる。

この点、日本の最高裁は選挙権を「国民の最も重要な基本的権利の一つ」と解してきた反面、非人口的要素の容認や合理的期間論の活用によって広い立法裁量を認め、緩やかな違憲審査基準論を採用してきた。定住外国人地方参政権最高裁判決でも国籍保持者の総体を主権主体とする全国民主体説・国民（ナシオン）主権論を前提としていたと考えられ、成年被後見人選挙権違憲判決を下

---

40) 近年の再検討に、加藤一彦「選挙権論における『二元説』の意義」現代法学8号（2005年）、大岩慎太郎「選挙権再解釈の可能性」青森法政論叢14号（2013年）、小島慎司「選挙権権利説の意義——プープル主権論の迫力」論究ジュリスト2013年春号等、本書69頁参照。
41) 野中俊彦「選挙権の法的性格」清宮・佐藤・阿部・杉原編『新版・憲法演習3』有斐閣（1980年）5頁。「両説の対立点が意外と小さい」という指摘は、野中・中村・高橋・高見『憲法Ⅰ（第5版）』有斐閣（2012年）537頁以下、1対1の点は同538頁〔高見執筆〕、本書26, 79頁参照。
42) フランスでも、カレ・ドゥ・マルベールによって定式化された「人民（プープル）主権論－選挙権権利説－普通選挙制」の体系と「国民（ナシオン）主権論－選挙権公務説－制限選挙制」の体系という二つの体系論に対して批判論が出されているとはいえ、選挙の機能は指名だけではありえず、政府の選択、権力行使の正当化、権力行使のコントロールという機能に展開してきたことを明らかにする理論的・歴史的研究も盛んである。Bruno Daugeron, *La notion d'élection en droit constitutionnel*, 2011, Dalloz. 本書第4章第2節257頁以下参照。
43) 最大判1995〈平成7〉年2月28日民集49巻2号639頁、本書155頁。

した東京地裁判決も通説としての二元説を前提としていた。

このように従来の判例・通説では選挙権の本質論は明確ではなかったといえるため、諸国の法改正にならって投票価値平等を厳格に実現するためにも、選挙区割や選挙制度問題を選挙権の権利性と結びつけて検討することが必要であろう。解釈論のみならず立法論としても、諸外国の検討結果を踏まえて、日本の選挙無効訴訟のあり方や違憲判決の効力論（無効説・可分論）、選挙資格要件論（年齢・国籍要件）等の再検討を進めるべき時である。とくに、受刑者の選挙権制限の違憲性を争った訴訟の上告審決定（2014年7月9日）において、公選法204条の選挙無効訴訟で同法9・11条の違憲性を争う道が否定されたこともあり、選挙権の権利性を保障するための訴訟類型など、今後の課題が残ったといえよう[47]。

これに対して、すでに本書第2章で見たように、2014〈平成26〉年11月26日参議院議員定数不均衡訴訟最高裁大法廷判決の山本庸幸裁判官の反対意見が、最高裁判決のなかで初の基準を示して選挙無効の判断を示したことが注目され

---

44) 本書第3章第1節164頁参照。2013〈平成25〉年3月14日東京地裁判決をうけて同年5月31日に公選法が改正され、成年被後見人にも選挙権が認められた。成年後見人制度が財産管理能力を基準に設定された制度であったことが主たる理由であった。このほか受刑者の選挙権についても、同年9月27日の大阪高裁判決は、「一律に制限するやむを得ない理由があるとは言えない」として選挙権を保障した憲法15条1項や44条などに違反するとの初判断を示した（裁判所ウェブサイト）。しかし通説（芦部説等）は被後見人等の権利制約を正当化している点で二元説からくる制約を認めてきた。芦部〔高橋補訂〕『憲法（第3版）』有斐閣（2002年）239頁参照。

45) 1976年最高裁判決反対意見から主張されていた可分論や2013年高裁違憲無効判決も考慮に値することは、すでに検討した。本書第2章86頁、101頁参照。長谷部恭男他編『憲法判例百選（第6版）憲法Ⅱ』有斐閣（2013年）332頁（辻村執筆）、辻村・山元一・佐々木弘通編『憲法基本判例——最新判決から読み直す』尚学社（2015年近刊）参照。

46) 本書159, 211頁参照。239の国と地域のうち、16歳を選挙資格年齢とする国は8カ国、17歳3カ国、18歳206カ国で、18歳とする国が86％を占め、20歳とするのは日本、バーレーン、カメルーン、ナウル、台湾だけである。ACE Electoral Knowledge Network の調査結果（2015年2月現在）。

47) 本書第3章174頁で見たように、受刑者の選挙権訴訟の前記2013年大阪高裁判決の後に下された東京高裁合議判決（2013〈平成25〉年12月9日）では、公選法の規定は有罪判決で禁錮以上の刑を科せられた者への「制裁の一つとして欠格事由を定めたもので」合理的理由があるため、国会の裁量権の乱用ではないとして合憲判断を下した。また、供託金制度や戸別訪問禁止の違憲性など多くの理由を列挙して比例選挙自体の無効を主張した本件上告審2014〈平成26〉年7月9日第二小法廷決定が、公職選挙法204条の選挙無効訴訟において同法205条1項所定の選挙無効の原因として同法9条1項並びに11条1項2号および3号の規定の違憲は主張し得ないと指摘して、上告を退けた（裁判所ウェブサイト）。辻村「選挙権の法的性格と選挙人資格」岡田信弘・長谷部恭男ほか編『憲法の基底と憲法論（高見勝利先生古稀記念論文集）』信山社（2015年）参照。

る。山本反対意見は、都道府県単位の選挙制度に問題があることや投票価値平等の基準が1対1であるべきこと（乖離はせいぜい2割程度であること）を示したうえで、無効判決を下した。しかし「0.8基準」や偏差20％基準論などの提示には、唐突感が否めないことも事実であり、今後は、最高裁判決のなかの違憲無効判決の意義を重視するとともに、その基準の説得性を含めて、種々の理論的課題について、比較憲法的な視座等も踏まえた検討が進むことが期待される。さらに、このような選挙権の本質論の検討には、主権論との関係で問題を提起してきたフランスの憲法理論が参考になるため、次に、フランスにおける主権論や選挙権論の展開を中心に、次節でみておこう。

第2節　フランスにおける主権論・選挙権論の展開

1　主権論の展開

(1)　ボダン以降の展開
1)　フランス革命以前

　フランスが「主権論の母国」と称されるのは、王権神授説に裏打ちされた絶対王政下の君主主権論、18世紀のフランス大革命期に確立された「国民（ナシオン）主権（souveraineté nationale）」から現代的な「人民（プープル）主権（souveraineté populaire）」への展開など、主権理論が政治制度や革命の原理と結びついて自覚的に理論化されたことにある。

　もともと主権（souveraineté）の観念は、中世10世紀頃から封建諸侯の地位を

---

48) 2013年7月の通常選挙時の最大較差1対4.77の不均衡を違憲と判断したものの合理的期間論において（9か月間の未修整は立法府の裁量の範囲を超えないとして）合憲判決を下した。本判決につき、本書第2章第4節137頁参照。

49) 本書第2章144頁参照。議員1人当たり選挙人数の平均値からの偏差を2割（20％）とする場合には、最大較差は1.5倍〈(100＋20)÷(100－20)＝1.5〉となり、従来の1対2基準より厳格となる。

示す souverain を語源として発生し、1250年代頃からフランス国王の相対的な優位を示す語として用いられた。その後、国王権力の拡大によってしだいにフランス国王の独立・最高性を意味するようになり、ジャン・ボダン（Jean Bodin 1530-1596）が、1567年の『国家論六篇』のなかで主権を絶対君主の権力を正当化するために理論化し、王権神授説を唱えた。ボダンは、「国家の絶対的かつ永久的権力」すなわち国家権力自体をさす概念として最高・絶対の主権を定義し、立法権・宣戦講和権・管理任命権・最終審裁判権・恩赦権・貨幣鋳造権・課税権等をその内容として示した。[50] またボシュエ（Jacques-Bénigne Bossuet 1627-1704）も、ルイ14世の宮廷説教師として専制政治を正当化すべく、王権神授説を確立した。

イギリスでは、17世紀に貴族とブルジョアジーが王権に抵抗して名誉革命がおこり、議会における国王（King in Parliament）に主権を帰属させる「議会主権」の体制が確立された。[51] この過程で、ロバート・フィルマー（Robert Filmer）が『父権論』（1680年）で王権神授説を理論化したのち、これを否定する潮流の中で、トマス・ホッブズ（Thomas Hobbes, 1588-1679）やジョン・ロック（John Locke, 1632-1704）が社会契約説を唱えた。

18世紀になると、ヨーロッパの国際体制が整う過程でエムリッヒ・ヴァッテル（Emmerich de Vattel 1714-1767）によって国家主権が理論化され、対外的な主権論が構築された。[52] また、国内の主権についても、ジャン=ジャック・ルソー（Jean-Jacques Rousseau, 1712-1778）の『社会契約論』（1762年）やエマニュエル=ジョセフ・シィエス（Emmanuel-Joseph Sieyès, 1746-1836）の『第三身分とは何か』（1789年）などの影響をうけて人民主権や国民主権などの理念が展開され、君主以外の主権主体が想定されるようになった。[53]

---

50) 主権概念の展開につき、Albert Rigaudire, "L'invention de la souveraineté, *Pouvoirs*, nº 67, 1993, pp.5 et s.;O.Duhamel et Y.Meny（dir.）, *Dictionnaire constitutionnel*, 1992, pp.989 et s. Olobier Beaud, *La puissance de l'Etat*, 1994, P.47 et s.J.H.Franklin, *Jean Bodin and the Rise of Absolutist Theory*, 1973; J.Bodin, Six Libres de la République, M.de.L Hopital, éd, *Oeuvres completes*, vol.1, pp.449 et s. 辻村『市民主権の可能性』有信堂（2002年）24頁以下参照。
51) 名誉革命期の主権論につき、辻村「ブルジョア革命と憲法」杉原泰雄編『講座・憲法学の基礎（第5巻）市民憲法史』勁草書房（1982年）1頁以下参照。
52) 杉原『国民主権の研究』岩波書店（1971年）213頁以下参照。

2) フランス革命期
(a) 1789年人権宣言

　フランス大革命期には君主主権が否定されて広義の国民主権（souveraineté nationale）の原理が確立され、1789年人権宣言において、「あらゆる主権の淵源は国民に存する」と定められた。同6条では、すべての市民の立法参加権を定め（後述）、16条では16条が「権利の保障が確保されず、権力の分立が定められていないすべての社会は、憲法をもたない」と定めた。

　こうして、国民主権は、権力分立と人権保障と並んで近代立憲主義の基本原理として確立された。ところが、ここでいう主権が国家権力そのものを意味したとしても、主権の名義人（主権主体）としてのnationの意味については、当時の用法は明確ではなかった。6条との文言からすれば、一見、すべての市民からなる人民のように解されるとしても[54]、1789年8月26日の直後8月30日からの選挙制度審議においてすでに制限選挙制が提示されて一握りの有産者のみが主権行使できることが定められていた。

(b) 1791年憲法

　さらに、1789年宣言を冒頭に掲げた1791年憲法では、国民代表制を前提とした立憲君主制・制限選挙制、命令的委任の禁止を採用していた。すなわち、革命の成果を法制度化する時点で、国民主権の担い手や統治制度をめぐってブルジョワジーと民衆との間に対立が生まれ、その中から「国民（ナシオン）」と「人民（プープル）」を主権主体とする二つの主権理論が成立したと解することができる[55]。

　1791年9月4日の憲法では、その第Ⅲ篇1条〈通11条〉は「主権は、単一・不可分・不可譲で時効によって消滅しない。主権は、国民に属する」として、

---

53) 杉原前掲『国民主権の研究』182頁以下ではシィエス〔シエイエス〕の主権論は、人民（プープル主権）に分類されているが、これについては議論がある。浦田一郎『シエースの憲法思想』勁草書房（1987年）、シイエス著（稲本洋之助・伊藤洋一・川出良枝・松本英実訳）『第三身分とは何か』岩波書店（岩波文庫）（2011年）も参照。

54) 杉原説は、フランス人権宣言の主権論を人民（Peuple）主権として位置付ける。杉原前掲（前注52）219-220頁。しかし、歴史家岡本明は、当時の用法ではNationとPeupleの区別は理論的なものではなかったことに加えて、当初から議会では1791年憲法と同じ国民代表制・制限選挙制・選挙権公務説が主流であったことなどから、1789年宣言-1791年憲法の体系を国民（Nation）主権の体系として捉えることが妥当と考えている。岡本明「1789年人権宣言の主権概念」広島大学文学部紀要、46巻特輯号2（1987年）参照。

国民（nation）主権原理を宣言し、さらに、「あらゆる権力は、国民にのみ由来する。国民は、代表者を通じてのみ行使することができる。フランス憲法は、代表制を採用する。代表者は立法府と国王である。」（2条〈通12条〉）として、国民代表制を採用した。代表者の数は745人であり、それが地域、人口、直接税に従って83県に分配された。立法議会を構成するための能動市民の資格は、満25歳以上で都市またはカントン（郡）での居住要件を満たし、3労働日に値する直接税を支払うフランス人男性で、僕碑〔奉公人〕の身分になく、市民宣誓をした者に限定された。能動市民100人に1人の割合で選挙人が選出され、選挙人になるためには、200労働日分に等しい所得か財産の所有者または用益権者、150日分相当の住居の賃借人などの要件が課された。その結果、当時の人口約2600万人、成年男子人口約700万人のうち、能動市民約430万人、間接選挙制のため実質的な「選挙人」数はわずか4万人であった。

こうして、主権の帰属の主体（ナシオン）と行使の主体（国民代表）が分離され、国民代表制と国民主権原理の結合関係が明らかにされた。国民代表は、「命令的委任（mandat impératif）の禁止」によって、国民の意思から独立して行動することが可能とされ、国民代表と国民の間の強制的・命令的な委任関係は否定されて、自由委任・一般的委任・非強制的委任に限られた。こうして国民代表制・純粋代表制・権力分立・制限選挙制、選挙権公務説を基礎とするナシオン主権の体系が確立され、その後の統治構造論・代表制の展開において重要な意味をもった。

(c) 1793年憲法

これに対して、ブルジョワジーの政治支配から排除された民衆は、1792年8月10日に王宮を襲撃して王権を停止させ、同年9月に初の男子普通選挙で選出された国民公会で、ルイ16世の処刑や共和制憲法の制定を決定した。公募に応じた憲法草案は300にも及んだが、ジロンド派のコンドルセの草案（ジロンド憲

---

55) 詳細は辻村みよ子・糠塚康江『フラン憲法入門』三省堂（2012年）12頁以下、Arnaud Haquet, *Le concept de souveraineté en droit constitutionnel français, 2004*, p.51参照。ただしフランスでは、1980年代にカレ・ドゥ・マルベールの体系論を批判するピエール・バコの議論が登場し、以後、このようなNとPの二極対立構図を採用しないで、「国民の主権はフランス人民に属する」と定める第四・第五共和制憲法や、「主権はフランス市民の総体に属する」と定める共和暦Ⅲ年（1795年憲法）のような折衷的形態を重視するミシェル・トロペールなどの議論が支持を集めている。本書51頁・241頁参照。

法草案）やジャコバン派（モンタニアール左派）のロベスピエールなどの草案が提示されたのち、ジロンド派追放後の1793年6月10日に国民公会にモンターニュ主流派の草案が提案され、24日に1793年憲法（いわゆるジャコバン憲法）が採択された。この憲法は、初の人民投票で成立し、「自由の第4年、平等元年」とよばれた革命状況を反映した急進的・民主的な憲法であった。その冒頭に置かれた人権宣言では、諸権利の筆頭に平等権を掲げたほか、社会保障の権利など、現代的な社会権の先どりともいえる諸権利を列挙していた。また、1793年宣言25条で「主権は人民に存する」、と定めて、人民主権と、男子普通直接選挙制、人民の憲法改正権（宣言28条）、各市民の立法参与権および受任者の選挙権（同29条）を認めた。

これをうけて、1793年憲法では「主権者人民は、フランス市民の総体である」（7条）、同8条では「主権者人民は、その議員を直接選出する」（8条）として男子普通選挙制度を再称したほか、憲法改正の人民投票制度、人民による立法の制度を構築し人民主権（プープル主権）の体系が採用された。ここでは、主権者＝選挙権者としての市民について、市民権の行使を認められた市民（4条）とされ、具体的には、フランスに生まれ住所をもつ21歳以上のすべての男子および一定の要件をみたす21歳以上の外国人であり、各市民は、6ヵ月以上居住するカントンの第一次集会に組織されて（11条）選挙権を行使しえた（のちにみるように、市民の定義に一定の外国人を加えることができる理論構成を採用した）。また、「主権者人民は、法律を議決する（délibérer）と定めて、人民への立法権の帰属を確保するために「人民拒否」（あるいは「任意的レファレンダム」）の制度がおかれ、立法府は法律案作成権限のみをもつものとされた。このほか権力の集中、執行権の人民および立法府への従属が企図され、全体として、主権者人民および立法府への権力集中による「人民―立法府―執行（行政・司法）府」という系列的な統治システムが確立されていた。ただし、1793年憲法でも、命令的委任禁止の規定が置かれていない一方で「議員は、国民全体に属する」（27条）とされ、人民拒否の制度も例外的に運用されることで、「人民による立

---

56) ジロンド憲法草案については、辻村『フランス革命の憲法原理』日本評論社（1989年）162-202頁参照。
57) この憲法は1793年10月10日に施行延期され、「幻の憲法」となったのち、普通選挙運動や民衆の反政府行動の綱領として機能した。辻村前掲『フランス革命の憲法原理』（前注56）375頁以下参照。

法」原則には不十分さが残った。このことは、命令的委任の構想を持っていた当時の民衆(サン=キュロット、アンラジェ)とくにジャン・ヴァルレやロベスピエールの憲法構想と比較すると、一層明らかとなる。

また、この憲法は、戦況が悪化するなかで1793年10月10日、革命政府によって、平和が到来するまで施行が延期され、決して施行されることはなかった。にもかかわらず、その後のフランス憲法史の展開の中では、1793年憲法は、フランス憲法史上もっとも民主的で急進的な憲法であったと解されてきた。その後の民衆運動のなかでモデルとされ、20世紀における社会主義憲法への展開やスイス憲法のなかで部分的に実現されることになり、資本主義憲法の現代的展開にともなってフランスで半直接制の制度を導入した1958年憲法への影響も認めることができる。

(d) 1795年(共和歴Ⅲ年)憲法

1793年憲法の施行延期後、テルミドールの反動、民衆蜂起の弾圧、バブーフの陰謀など、左傾化した革命のコースをもとにもどす反動的な状況のなかで1795年憲法が制定された。この憲法は、1795年8月22日(共和歴Ⅲ年フリュクチドール5日)に国民公会で採択された後国民投票によって承認され、フランス憲法史上最初の共和制憲法になった。しかし、冒頭におかれた権利宣言には義務宣言が含まれ、1793年憲法の社会権的規定や抵抗権の規定も姿を消していた。また、主権原理については、2条で「フランス市民の総体は主権者である」として主権主体を市民の総体と明示して一見1793年憲法と類似の形式を採用しながら、市民の要件のなかに租税要件を課して、制限選挙制を復活させ、間接選挙制を採用するなど、「国民(ナシオン)主権」の1791年憲法の系譜につながる

---

58) 限界については辻村前掲『フランス革命の憲法原理』(前注56) 388頁以下、ヴァルレ草案・ロベスピール草案はそれぞれ、360頁以下、292頁以下参照。

59) 辻村前掲『フランス革命の憲法原理』(前注56)第2章以下参照。

60) 1795年憲法については、長谷川正安「テルミドール反動と九五年憲法」『ブルジョア革命の研究(戸沢鉄彦教授還暦記念論文集)』日本評論社(1954年)205頁以下参照。日本でもフランス革命史研究家によって、早くからテルミドール派の主権原理は「市民主権」と命名されていたが、「フィヤン派の『国民主権』とおなじく、実質的には数万のブルジョワジーの主権にほかならない」と指摘されていた。樋口謹一「権力機構」桑原武夫編『フランス革命の研究』岩波書店(1959年)111-114頁参照。実際、統治構造の点では、1791年憲法と同じく制限制選挙制が採用されるなど1793年憲法よりはむしろ1791年憲法の体系に属するものであり、人民主権に基礎をおく市民主権(本書第1章35頁、本章253頁)とは本質が異なるものであることに注意を要する。

憲法であった。[61]

(2) フランス憲法学の主権論
1) 第三共和制期の憲法理論
　フランス革命期における二つの憲法体系・主権論の区別はフランス第三共和制下の憲法学において、とくにカレ・ドゥ・マルベールによって理論化され、日本の憲法学にも影響を与えた。フランスでは、第三共和政期の公法学説において大革命期以来の主権論の理論化が行われ、エスマン、オーリウ、カレ・ドゥ・マルベール、デュギーの四代巨頭がいずれも主権論を体系化した。
　このうち、カレ・ドゥ・マルベールの三つの分類がフランスのみならず日本を含む諸外国の理論にも大きな影響を与えてきた。それは、「主権は、第一に、完全に独立した権力の最高性、とりわけ国家権力の独立性を示す。第二に、国家権力のなかに含まれる諸権力の全体を意味する。さらにそれは、第三に、国家における国家権力の最高の保持者（＝主体）の地位を特徴づけ、ここでは主権は機関権限と同視される」という説明である。[62]日本でも議論されてきたように、フランスではこのうち第二の国家権力（実力）としての主権を重視し、それを憲法制定権力論によって基礎づけることが一般的であった。
　その第三の定義において国家における最高の国家権力の保持者（主体）の地位を特徴づけ、第三の用法における主権の保持者として、抽象的・観念的な国籍保持者の総体としての「国民（ナシオン）」と、具体的な市民の総体としての「人民（プープル）」を区別した。
　これに対してエスマンは、国家とは国民を法人化したものであることを前提として、国家＝国民が公権力すなわち主権の主体であると解し、観念的・抽象的な全国民を主体とする主権がその主体以外の者によって行使されるとして、主権の対内的側面について、主権主体と主権行使者が区別される「国民（ナシオン）主権」の構造を明らかにした。[63]代表制についても、直接制よりも優れた

---

61) 辻村＝糠塚前掲『フランス憲法入門』（前注55）18頁以下参照。
62) R.Carré de Malberg, *Contribution à la théorie générale de l'Etat*, 1920, t.1.p.79. 日本の学説への影響について、辻村前掲『フランス憲法と現代立憲主義の挑戦』（前注33）45頁以下、159頁以下も参照。
63) A.Esmain, *Elments de droit constitutionnel*, 1986, Introduction, p.1-2.

制度とみなしつつ、フランス公法雑誌に「二つの代表形態」に関する論考を発表して「半代表制（gouvernement semi-représentatif）」と「古典的代表制」と区別し、普通選挙制下の比例代表制導入、命令的委任禁止の緩和など、新たな動向に対応するモデルを確立した。革命期憲法の中では、1791年憲法が共和政に改良されたものに他ならない1795年憲法に高い評価を与えた。

オーリウも、国家における制度論の理論を構築する中で主権論を重視したが、そこではナシオンという国家構成員と国家機構に権力を配分する「国民（ナシオン）主権」論を採用している。エスマンと同様に主権と政治的自由の問題を連関させつつ、オーリウは選挙を通じて政治的自由が実現されるようになるフランス革命期に「国民（ナシオン）主権」の成立を見ることになる。

さらにデュギーも、エスマンらと同様、フランス革命期1791年・1795年憲法によって国民主権・国民代表制（代表委任論、命令的委任禁止）・選挙権公務説の系譜など、伝統的理論が確立されたことを確認した。これと異なる1793年憲法の直接制の傾向にも注目したが、次第に公法原理の変遷を検討するうち、主権の形而上学性を強調して主権否認論に近い立場に向かったこともよく知られている。

このように、第三共和制期の憲法学がすべて二つの主権論の明確な区別を前提にしていたわけではない。また、フランス憲法学でも、カレ・ドゥ・マルベールにしたがって、二つの体系が区別されてきたことに対して、1980年代に異論を唱えたピエール・バコの学位論文がフランス憲法学上で話題となった。彼は、カレ・ドゥ・マルベールの議論は、フランス革命期の実態を度外視して極度に単純化、図式化をしたものであり、フランスの最初の共和政憲法となった

---

64) 辻村・糠塚前掲『フランス憲法入門』（前注55）62頁以下、高橋和之『現代憲法理論の源流』有斐閣（1986年）303頁以下、A.Esmein, "Deux forms de gouvernement", *Revue du Droit Pulic*, 1894, pp.15-41参照。

65) 高橋前掲『現代憲法理論の源流』（1986年）348-363頁、オーリウの制度論につき今関源成「レオン・デュギ、モリス・オーリウにおける「法による国家制限」の問題(2)」『早稲田法学』100周年記念号、石川健治『自由と特権の距離〔増補版〕』日本評論社（2007年）111頁、近年では、小島慎司『制度と自由：モーリス・オーリウによる修道会教育規制法律批判をめぐって』岩波書店（2013年）69頁以下がある。

66) 高橋前掲『現代憲法理論の源流』188頁以下、杉原泰雄「L・デュギーの国民主権論と国民代表制論」一橋論叢110巻1号（1993年）、今関源成「レオン・デュギ、モリス・オーリウにおける「法による国家制限」の問題(1)」『早稲田法学』57巻2号参照。

1795年憲法（共和歴Ⅲ年憲法）を重視すべきである、とした。すでにみたように、1795年憲法は、主権を市民の総体に帰属させた点で、「市民主権」の憲法と称される最初の共和政の憲法であった。

　1795年憲法を重視する見方は、フランス史学において、1793年の「下からの革命」の過程を重視し封建制から資本制への経済史的な移行過程と捉える従来のマルクス主義的な革命論（ジョレス、ルフェーブル、マチエ、ソブールの路線、日本では大塚史学）に代わって、1793年はデラパージュ（ブレーキの利かないスリップ状態）に過ぎないとする修正主義派（ステファン・リアルス、リュシアン・ジョームらの文化主義派等の新路線）に主流が移行したことと軌を一にしている。後者は、「革命は終わった」「革命を終えよう」というスローガンのもとに、フランス革命を文化的な視点からとらえなおし、1795年憲法を重視したのである。

　2006年に『革命を終える――1795年憲法』という単著を刊行した憲法思想史・法哲学者としてのミシェル・トロペールもその中心的な研究者であり、カレ・ドゥ・マルベールの二つの体系論に異を唱えている。ここでは、憲法はナシオン主権とプープル主権のいずれかでしか基礎づけられないとすれば1795年憲法はナシオン主権のほうになるが、1795年憲法が「主権は市民の総体（universarité des citoyens）に存する」と規定するような別の主権原理〔市民主権〕もありうることが指摘された。国民も人民もいずれも定義次第で内容は変わりうるのであり、この視点からすれば1791年・1793年・1795年の憲法も本質的な差異はない、ということになる。したがって、選挙権権利説と選挙権公務説の対抗的な構図などの従来のフランス憲法学上の通説についても異を唱えることにならざるをえないだろう。

　ただし、このようなトロペールの見解は、従来のマルクス主義的歴史学が1793年の過程および1793年憲法を重視してきたのに対して、1793年憲法はデラパージュに過ぎずフランス憲法史上における「上から」「下から」の体系という二極対立構図を否定する歴史学の現代の傾向（アナール派による修正）に対応したものであることも忘れてはならない。1793年憲法がフランス憲法史上きわめて民主的で人民の利益を体現したものであるというような固定観念を打ち破って、1793年憲法の限界や1791年憲法との共通性を指摘することで、むしろフ

---

67) Michel Troper, *Terminer La Révolution: La Constitution de 1795*, Fayard, 2006, pp.109-115.

ランス憲法史上の主権原理の一貫性に注目するものといえよう。

　国民(ナシオン)主権と人民(プープル)主権を妥協的に統合する形態を1795年憲法が採用したのと同様に、フランス憲法史上では、1946年憲法制定時に二つの主権論の妥協・統合が図られたことは、周知の事実である[68]。そこで次にこの第四共和制憲法制定期の議論を見ておこう。

2) 第四・第五共和制憲法制定時の主権規定

　フランス憲法史上では、大革命期以来の二つの主権論を区別する憲法伝統は、1946年の第四共和制憲法制定時までは前提として承認されていた。1946年までは少なくとも議会内でもこれが認識されていたが、下記のような経緯によって折衷的な主権規定が導入されて以降は、折衷論や、主権行使方法に重点を移した議論が盛んとなり、その後、欧州統合などの経過を経て、上記のカレ・ドゥ・マルベールの二つの体系論はしだいに影を薄めて行ったということができる。その経緯とは、以下のとおりである。

　1945年10月選挙で共産党・社会党・人民共和運動(MRP)の「三党政治」が開始され、第四共和国憲法第一次草案(四月草案)が採択されたが、1946年5月5日の人民投票で否決された。6月2日の選挙でMRPが第1党になった後、第二次草案が採択され、同年10月の人民投票承認を経て第四共和国憲法が確定された。

　この第一次草案制定時には、当初は共産党案1条には「フランス共和国は、主権がnationにのみ存する」とあり、社会党グループもnationの語を使うなど、二つの主権の区別は必ずしも明確ではなかった。ただ1946年2月19日には、Guy Molletが「国民の主権はフランス人民に存する」と提案し、同年4月11日の憲法委員会では、社会党のPierre-Emmanuel Guilletが、フランス憲法史上の経緯を踏まえて、「主権は人民にしか存しない」としてpeupleを主権主体としたことから4月19日草案2条・43条では前者が採用された。しかしその後、

---

68) 最近の研究では、例えば本書で後に検討するDieter Grimm, "La souveraineté", M.Troper, D. Chagnollaud (dir.), *Traité international de droit constitutionnel*, tome 1, Dalloz, 2012, p.582でも、1946年と1958年憲法によって「国民の主権が人民に存する」という折衷的な規定が出現して以降、二つの体系論は意味を失ったという認識を示しており、トロペールのテキストを引用している。F. Hamon et M.Troper, *Droit constitutionnel*, 28e éd., 2003, p177 et s.

同年6月2日選挙後の新議会では、シィエスの遺志をついだ急進社会党のポール・バスティッド (Paul Bastid) が、同年8月22日、フランス革命期の (1791年の形態を前提に)「国民 (nation)」を主体とする「国民 (ナシオン) 主権」規定を主張した。その背景にはレファレンダムに対する警戒感があった。これに対して、コスト・フロレ (Coste Floret) がnations主権は1875年の憲法的法律の体系にあるとして批判し、「民主主義では真の主権は市民の多数の意見に存する」と指摘して、市民の直接参加をも広く認める「peuple 主権」を主張した。[69] またファジョン (Fajon) や共産党のグループは、「国民の主権 (souveraineté nationale) はフランス人民よって行使される」という折衷案を提出し、ついでピエール・コト (Pierre Cot) が、「Souveraineté nationale は、フランス人民に存する」とする修正案を提出して、これが第3条1項として採択された。論点のなかには、nationとpeupleとの違いに加えて、主権行使の方法としてのレファレンダムへの賛否 (プレビシットへの批判) があり、これを憲法改正に制限するという方向から、反対していた論者たちも、主権主体を結局は人民に認めた妥協案に賛成したのである。[70]

この過程について、カレ・ドゥ・マルベールの賞賛者であったジョルジュ・ビュルドー (George Burdeau) は、二つの主権を結びつけたものとして最終的に評価し、ジョルジュ・ヴデル (G.Vedel) も、憲法は妥協的な結論に達したという理解を示した。[71]

3) 1958年の第五共和制憲法制定時

1958年憲法制定時には、この憲法第3条1項についてほとんど議論もないまま、上記の1946年憲法の文言が踏襲された。ここでは、むしろ「(主権者であ

---

69) 詳細は、Frédéric Rouvillois,《Constitution d'une énigme:〈La souveraineté nationale appartient au peuple francais〉, Dominique Maillard Desgrées du Lou (dir.), *Les Evolutions de la Souveraineté*, Montchrestien, 2006, pp.51-67; Arnaud Haquet, *op.cit.*, p.77; .Assemblée nationale, Constituante, du 3 sept.1946, *J.O.*, pp.3478-3479. 成嶋隆「フランス一九四六年憲法制定過程における主権論争」一橋論叢78巻6号 (1977年) 81頁以下、Comité Nationle chargé de la publication des travaux préparatoire des instituions de la Ve République, *L'Histiore de l'élaboration de la Constitution du 4 oct. 1958*, vol.1, 1987, pp.142 et s.
70) バスティッドの修正案は429対104で否決され、Nation主権のドグマは新たなPeuple主権原理に敗北した。F. Rouvillois, op.cit., p.66.
71) Ibid., p.64.

る）人民が、代表者を通じて、もしくはレファレンダムによってその主権を行使する」という主権行使手段が重視された。また、「人民による人民のための人民の政府」という規定については、その削除を主張するポール・レイノーと削除に反対するコスト・フロレとの間で議論があり、民主主義の敵に対して、1946年憲法よりも民主主義が後退した印象を与えないために、この規定が維持されたことが知られている。[72]

「国民の主権（souveraineté nationale）はフランス人民に属する」という主権規定をおく1958年憲法では、単一不可分の主権（国家権力）の保持者は、単一の意思をもつ「フランス人民」である。ここでは、「フランス人民の単一性（unicité）の原理は、憲法的価値（valeur constitutionnelle）をなし、フランス人民のいかなる部分も、国民主権の行使を独占しえない」ことが、憲法院の判決のなかでも繰り返し確認された。[73]

もっともフランス憲法政治史上で、地方分権やニュー・カレドニア等の自治・独立が問題になった際に、この原則は、海外領土の住民や少数民族にとっては権利制限的に作用することになり、この規定をもとにニュー・カレドニアの住民やコルシカの住民たちが（フランス人民とは別の）独立した地位を有することが否定された。とくにコルシカの地位に関する憲法院判決では、「共和国は不可分であるため、憲法は、〔一つの〕フランス人民しか認めない」ことが強調された。[74]この解釈は、ジャコバン的伝統の下にあるフランス共和国のそれであり、1958年憲法制定時にも確認されていたものである。[75]

---

[72] Arnaud Haquet, *op.cit.*, supra, note 55, p.89.
[73] Déc. N° 99-412 DC du 15 juin 1999 sur la Charte européenne des langues régionales ou minoritaires.
[74] Déc.n° 91-290 DC du 9 mai 1991 sur le statut de la Corse.
[75] ただし、1958年憲法制定時には、第1条で共和国と海外領土の諸人民（peuples）は共和国を構成する」旨の規定を置いており、海外領土の人民という概念を認めていたという解釈も成り立つが、この規定は、1995年の憲法改正によって削除された。

2　近年の動向

(1) 欧州統合のなかの主権論の再燃と見直し
1) 1990年代の動向

　第五共和制期のフランス憲法学では、第三共和制期以降に理論化された主権論や代表制論が広く受け入れられ、定着していった。憲法3条の主権規定も、しだいに「人民（プープル）主権」の方向で解釈されるようになり、とくに1962年の大統領直接選挙制への憲法改正後は、人民による主権行使の方法や選挙との関係など、制度のほうに視点が移ったといってよい（選挙については次項で検討する）。

　ところが、1992年の欧州連合条約（マーストリヒト条約）批准に際してフランスが憲法改正を強いられて以降、欧州連合条約の合憲性をフランス憲法院が審査する機会が増え、フランスの主権を移譲ないし制約できるのかという議論が盛んとなった。フランス憲法院は、1976年12月30日判決では主権の移譲と制約を区別して前者を違憲とする見解を示していたが、1992年4月9日のマーストリヒト（第一）判決以降は、「国民（＝国家）主権行使の本質的要件」を侵害するか否かという審査基準論を設定し、その後、多くの合憲判決を下してきた。

　また、憲法改正による国民（国家）主権の侵害は許されるかという問いが提起されたことに対して、同年9月2日マーストリヒト（第二）判決は次の3点を判示した。(i)憲法改正作用は憲法制定権力の発動である。(ii)憲法制定権力は主権的であるため、適切と評価する形式の範囲で、憲法的価値をもつ規定を廃止・修正することは許される。(iii)憲法制定権力には、憲法上の手続的・時期的・内容的制約が存在する、と。ここでは、フランスの伝統的な理解にしたがって憲法改正権力と憲法制定権力を観念的に区別した上でなお、憲法改正行為が憲法制定権力の発動にほかならないことが確認された。また、憲法制定権力

---

76) 欧州連合条約に関連する憲法改正は、いずれもそれに先行する憲法院の違憲判決に由来する。(a) マーストリヒト条約批准に関する1992年6月26日改正と同年4月9日判決、(b)シェンゲン条約に関する1993年11月25日改正と同年8月13日判決、(c)アムステルダム条約に関する1999年1月25日改正と1997年12月31日判決、(d)欧州憲法条約に関する2005年3月1日改正と2004年11月19日判決、(e)リスボン条約に関する2008年2月4日改正と2007年12月20日判決それである。

が主権的で強力な権力であることから、憲法制定権力の名において、憲法制定権者としての主権者が憲法改正しうることが承認された。

しかし、一方で(ii)の憲法制定権力の主権性あるいは最高性を承認しつつ、他方(iii)で憲法制定権力の制約すなわち憲法改正の手続的限界を同時に認めたことは、一見して矛盾しているようにみえた。この点について学説の対立があるが、通説の憲法改正限界説にたつヴデルは、これを矛盾とは解さず、憲法制定権力と憲法改正権限の相違からこれを正当化した。また、学説では、本判決で示された憲法制定権力論とは異なって、憲法制定権力と憲法改正権、憲法制定行為と憲法改正行為とを明確に区別した上で、憲法制定権力を再評価したオリヴィエ・ボーの見解が注目された。

こうしてフランス憲法学では、1990年代前半には「憲法制定権論の復権」、1990年代後半には、1958年憲法40周年記念に際して提示されたミシェル・トロペールの論考やフランソワ・リュシェールの論文など、主権論の「再燃」「再登場」現象を示すものが登場した。この時期に執筆され2004年に刊行されたアルノー・アケの学位論文でも、フランス憲法における主権の観念の展開について総合的な検討が加えられた。以下、これらの見解についてみておこう。

2) フランソワ・リュシェール

F. リュシェールは、マーストリヒト条約に関する憲法院判決を受けて、主権の多義性がもつ重要な意味を指摘して、主権の再定位を試みた。そこでは、(ⅰ)主権の本来の意味は無制約な命令権であるとして、国内法秩序と国際法秩序

---

77) 山元一「最近のフランスにおける『憲法制定権力』論の復権」法政理論29巻3号（1997年）37頁以下参照。
78) Olivier Beaud, *La Puissance de l'Etat*, 1994.
79) 山元前掲「最近のフランスにおける『憲法制定権力』論の復権」（前注77）1頁以下、同「『憲法制定権力』と立憲主義——最近のフランスの場合」法政理論33巻2号（2000年）1頁以下〔山元『フランス現代憲法理論』信山社（2014年）165頁以下、221頁以下所収〕参照。
80) Michele Troper, "Comment définit-elle la souveraineté nationale ?", op.cit., Télécharger le dossier "quarantième", http://www.conseil. constitutionnel.fr/05 htm.（初出1998）; François Luchaire, "Le souveraineté", *Revue française de droit constitutionnel*, no.43, pp. 451 et s. 後者については、岡田信弘「主権論再考」ジュリスト1334号（2007年）39頁以下も注目している。
81) Arnaud Haquet, *op. cit.*, supra note 55.
82) François Luchaire, "La souveraineté", *Revue française de droit constitutionnel*, n°.43, pp. 451 et s.

にわけて以下のように分析された。(ii)まず国内法秩序においては、人民が無制約な命令権・権力をもつものとして現れる。だからこそ、1962年の憲法院判決では、レファレンダムで成立した法律の合憲性について判示することができなかった。なぜなら「それらは国民主権の直接的な表明を構成している」からである。(iii)国際法秩序においては、国家はその領土上の権限行使についてのみ責任をおうが、無制約な命令権としての主権自体ではない。主権の移譲につい制限・移譲の区別論にたっていた憲法院の判例は変化し、マーストリヒト条約に関する1992年4月9日判決（マーストリヒト第一判決）は、主権ではなく権限の移譲を問題にしつつ、主権行使の本質的条件を侵害するときはその批准には憲法改正を要する、と判断した。こうして欧州統合下においても、欧州連合ないし欧州共同体は条約が認めた権限を行使するにすぎず、国家は、それが移譲を認めた権限を奪われるにすぎない。したがって、前者は主権者ではなく、国家が主権者であり続けていることが結論として指摘できる。この議論は、欧州連合の統治体制を構成国の主権の制限または移譲という考え方から説明せず、「主権」と「権限」を概念的に区別することで、「主権」は各国に残存し「権限の移譲」があったにすぎないと説明するものであり、トロペールと軌を一にしていた。

3) ミシェル・トロペール

トロペールは、カレ・ドゥ・マルベールの主権の上記の定義に依拠しつつ、主権の三つの用法を以下のように説明した。第一は国家の最高性、第二は国家権力の総体、第三は憲法制定権力と立法権の全体である。憲法院判決は、主権行使の本質的条件を侵害しないものについては一定の諸権限の移譲を認めたが、上記の第一・第三の用法の主権が制限されないことは明らかである。これに対して、第二の用法では、国家は多くの権限によって構成されており、そのなかには国民主権行使の本質的条件を侵害しないため移譲できる諸権限と、憲法改正の後でなければ移譲しえない権限が含まれていると解する[83]。こうしてトロペールは、主権の制約を国家権力の総体を意味する第二の主権の用法によって正当化した。

ここでもトロペールは「imputation（充当）の原理としての主権[84]」を論じ、欧州憲法に関する2004年11月19日の憲法院判決[85]の前後で議論がかわってくるこ

とを指摘する。[86]すなわち、一旦憲法院が条約の合憲判断をし、その批准のために憲法改正を実施した場合には、もはや憲法との関係で条約の有効性（validité）を問題にすることはできなくなるからである。そこで、超憲法的な価値の問題が起こることになるが、法的議論はその有効性の問題に限定されるわけではない。

　例えば主権の不可分性について論じる場合も、主権の法的概念について主権を〔第一定義の〕国家権力と捉える場合には主権は不可分であるが、〔第二定義の〕国家によって行使される諸権限の総和と解する場合には、その態様にしたがって権限を分割できることになる。[87]さらにトロペールは、上記の三つの定義加えて、第四の主権の観念を指摘する。それは、「その名において主権が行使される資格（qualité）」をあげる。例えば、間接民主制において立法権は人民の名において行使されるため、人民が主権者なのである。このように、現代的な「充当（imputation　繰入）」が必要だと、トロペールは主張する。[88]

　そのうえで、トロペールは、そのような主権が危機に瀕していることを二つの困難をあげて指摘する。第一は、一度〔欧州理事会等で〕決定が下されれば、たとえそれが立法者の授権がないものであっても主権者意思の名で正当化されてしまうことにある。第二の国内法のレヴェルの困難は、違憲審査に由来する。アメリカと違ってフランスでは法律は一般意思の表明であることが前提とされてきたが、憲法院が違憲判断をすることによって、主権者人民は選挙で選出されていない機関によって代表されることになるからである。[89]ただしこの点について、彼は、憲法院の憲法解釈権を認めるに際して、憲法院が、永久的な人民

---

83) Michèle Troper, "Comment définit-elle la souverainete nationale ?", op.cit., supra note 80. この論文は、もともと1958年憲法40周年の1998年に憲法院のホームページに掲載された開催された憲法をめぐる20問のうち、主権に関する第５テーマについて執筆したものである。のちに、50周年の際に改訂されたもの（上記 URL）は現在も憲法院の HP に掲載されているが、40周年時の内容が修正されている。本書51頁も参照。
84) Michèle Troper, "La souveraineté comme principe d'imputation", D.M.Desgrées du Lou, *op.cit.*, pp.69 et s.
85) N° 2004-505 DC du 19 novembre 2004, Traité établissant une constitution pour l'Europe.
86) M.Troper, "La souveraineté comme principe d'imputation", D.M.Desgrées du Lou (dir.), *op.cit.*, pp.69-80.
87) Ibid., p.71-72.
88) Ibid., p.72.
89) Ibid., pp.75-77.

の意思を現存する人民の意思に優越させる機能を果たすと解することで、何とか問題を克服できると指摘している。

しかしながら、欧州連合の諸機関によって法が作られるときには、この説明は困難となる。欧州の諸機関の決定は、構成国の人民に対して「充当」できないからである。この点では、憲法院が欧州連合の諸条約について「主権行使の本質的条件を侵害しない」と判断した場合には、フランス憲法に対するヨーロッパ法の優越を憲法院が認めることになってしまうが、それが認められるのは、フランス人民に「充当」される限りにおいてである、と解することができる。要するに、フランス人民が本質的原則を維持する可能性が絶えず留保され、必要な時には欧州連合の立法に反対できることが確約されていなければならない。ヨーロッパ法をフランス法に優越させることを命じるのは、フランス人民の主権的意思でなければならないからである、と指摘する。

このように、トロペールは、欧州憲法のもとでもフランス人民の主権的意思の最高性を維持するための論理を追求してきた。しかしこの理論構成が完全なものとなったとしても、次に、フランス人民の定義や構成が問題となるであろう。この点で、トロペールは、間接民主制の下で、フランス人民とは、「主権者人民とみなされる選挙人」と、「主権者人民の意思と推定される意思を、立法を通じて表明する、選挙された人物」との二種類があるという[90]。欧州連合では、欧州議会の選挙人は欧州人民とみなされず、その諸決定は（欧州議会のように選挙されたものだけでなく）選挙されない機関によってもなされることから、それらの諸決定は人民の決定とはならない。憲法制定権力者である人民の影だけがこれに代わりうるが、それは「背くことを命じる」こともできるのである。こうしてトロペールは、フランスの主権者人民が実際に主権を行使し、自己の意思を一般意思であり続けさせるための手続とともに、主権主体の観念を重視する。

すでにみたように、トロペールは、大革命期のナシオン主権とプープル主権（1791年憲法と1793年憲法）の二系列を過度に図式化したカレ・ド・マルベールの議論を批判し、歴史的・伝統的な憲法史上の教義（conception dogmatique）としてのみこの対抗を維持すべきことを主張する。人民は、古典的学説が指摘

---

90) Ibid., p.80.

したような、代表から独立した具体的存在ではなく、法的に構築されたものに過ぎない。主権者人民を市民の総体と定義したのも憲法であり、またそこから市民を定義しなければならなくなる、と[91]。

ところが、反面では、トロペールは、フランス憲法史上1793年憲法を1791年憲法の異なる体系に位置付け、その主権主体に注目する視点を維持していることも事実である。例えば、1793年憲法について「一般的な系譜では、それはルソーに依拠した憲法である。それは、主権が諸個人の間で分割される（fractionée）という考えを含んでおり、…市民の役割は、非常に広範な選挙への参加にとどまらずに、市民は直接、決定を行うために招集される」と述べる[92]。

4) アルノー・アケ

2004年にその学位論文を刊行したH．アケは、欧州統合下のように、法秩序の統合がEU構成国間の相互依存を引き起こしている時にこそ、主権の法的観念の再定義が問題になり、主権の不可分性が維持されるかどうかが問われることになる、という。「単一・不可譲・不可分で時効にかかることのない」主権の観念は時代遅れになり、不可分の権力を想定することが幻想になったのではないか、という問いである。その上、近年の法治国家現象によって、主権的権力が権利の尊重から自由であった状況を支持し続けることができなくなったのではないか、と考えられる。これらはいわば「主権の危機」であるが、同時に、改めて主権問題が政治運動の焦点になり、主権国家が超国家的（supra-national）機関に従属することの可否が真摯に問われることによって、主権問題が「再生」された[93]。

実際、1990年代以降、多くの著作や雑誌特集で主権問題が扱われ[94]、このことはフランス欧州統合による主権制限問題に関連して論じられた。欧州市民への

---

91) M. Troper, *Terminer la Révolution*, pp.109 et s., Francis Hamon et Michel Troper, *Droit constitutionnel*, 33ᵉ éd., LGDJ, 2013, pp.198-199.国民も法的な構築物（デモス）である点では、国民（ナシオン）と同じになる。この点は、後述（本書253頁）。

92) Francis Hamon et Michel Troper, *op.cit.*, pp.356-357.トロペールは、1793年憲法は一見して半直接制を構築しているようにみえるが、実際には疑問であると指摘する。この限界について、辻村前掲『フランス革命の憲法原理』388頁以下参照。

93) Arnaud Haquet, *Le concept de souveraineté en droit constitutionnel français*, supra. note 55, pp. 7-26.

地方選挙権付与のための憲法改正に際して、主権主体としての「人民」を構成する「市民」およびその権限（市民権 citoyenneté）をめぐる議論が活発に展開されたのである。実際フランスでは、外国人地方参政権導入をミッテラン大統領が選挙公約に掲げた経緯があり、これを機に国籍と市民権の関係に対する関心が高まった。選挙権・被選挙権の法的性格について、「人の権利」とは異なる「市民の（主権的）権利」と解してきたフランス憲法の伝統からすれば、市民概念を介在させることによる外国人参政権の承認も理論上は十分可能であり、最初に外国人を主権者に含めた1793年憲法が参照された。この憲法では、「人民（プープル）主権」論のもとで、「人民」=「市民の総体」、「市民」=「選挙権者」とする理論構成をとり、市民の身分の中に、「フランスに1年以上前から居住し、満21歳に達したすべての外国人で、フランスで自己の労働で生活し、または所有権を取得し、またはフランス人女性と結婚し、または養子をとり、または老人を扶養する者」、さらに、「立法府によって、人類に多大な功績があったと判断されたすべての外国人」（4条）を含める規定をおいていた。外国人参政権論者の多くがこの規定を引用して理論的な可能性を示唆してきたが、実際には、欧州統合の過程で、マーストリヒト条約が「欧州連合市民」の観念を認め、その批准のための憲法改正を実施したことから、いわば立法的に解決された。

(2) フランス憲法上の主権主体——国民・人民・市民の関係

このように「主権（国家権力）を市民の総体としての人民に帰属させる法原理」として「人民（プープル）主権」を捉える理解のもとでは、次に、「市民」と「人民」の関係が問題となる。ここでは、「市民」とは主権行使（国家意思の形成）に参加しうる能力をもった実在する具体的存在であり、その総体が「人民」であると考えられる。ただし「人民」に主権が帰属するという場合、各市

---

94) *Pouvoirs*, n°. 67, 1993; Florence Chaltiel, *La souveraineté de l'Etat et l'Union européenne, L'exemple français*, LGDJ, 2000; J.H.H.Weiler and Warlene Wind (ed.), *European Constitutionnalism beyond the State*, Cambridge University Press, 2003; N.Walker, *Souvereignty in Transition*, Hart, 2003.

95) 外国人参政権論議の経緯は、Eric Peuchot, "Droit de vote et condition de nationalité", *Ruvue du droit public*, 1991, pp.488 et s. および同論文引用の諸文献参照。

96) 辻村前掲『市民主権の可能性』（前注50）241頁、光信一宏「フランス一七九三年憲法と外国人の選挙権(1)(2)」愛媛法学会雑誌24巻1号（1997年）65頁以下・26巻1号（1999年）51頁以下参照。

民に主権を分割する「分有」(分割主権)は理論上も実際上も否定されるため、集合体としての「人民」に主権が帰属することを意味し法人説的な構成と捉えることも可能となる[97]。しかも、1795年(共和歴憲法3年)の憲法のように、市民の定義次第では1791年憲法と同様にナシオン主権的な構成まで可能となる。

また、ここで分有が否定されるという場合でも、すでにみたトロペールのように、主権自体を(分割可能な)諸権限の集積と考えれば、一定の分割・分有も認められるようにみえる。ここでは、分割・分有という場合に、主権主体(「人民」)を構成する各市民が、それぞれ主権の一部を分け持つと解するのではなく、「重畳的な所有観念」に即して解する場合には、各市民が共同で主権(主権的な権利の総和)を保有していると捉えられる[98]。

しかも各市民は主権行使能力をもった実在の具体的存在であるため、主権主体構成員は各々その資格に基づいて主権を行使することが可能であり、主権主体と主権行使者が分離されることはない。すなわち、いずれも集合的に捉えれば「人民」だが、実体は主権主体構成員としての「市民」である。このように解すれば、主権(国家権力)の概念自体、「国家法人説」の場合と異なって決して所与のものではなく、主権主体構成員の主権行使の集積(主権者の主権的権利

---

97) この点で、「人民(プープル)主権」も「機関説的な構成をとらざるをえない」ことが指摘される(日本では、長谷部恭男『権力への懐疑』日本評論社、1991年、81頁以下参照。これに対する私見は、前掲拙著『市民主権の可能性』41頁以下参照)。しかし、誤解を避ける必要があるのは、外見上法人説的な構成をとるということが、19世紀ドイツ国法学流の「国家法人説」と同じ構成をとることを意味しないという点にある。いうまでもなく、「国家法人説」の(例えばラーバントの)理論では、国家権力および主観的権利が集約的に国家に帰属するため、その機関としての国民や選挙人団には反射的利益や権限が帰属するのみで国家意思形成に参加するための主観的権利は帰属しないとされた。このような構成に近いのは、フランスの理論では「人民(プープル)主権」よりも、むしろ、主権主体を抽象的・観念的な国籍保持者の総体と解する「国民(ナシオン)主権」の方である。ここでは、主権者としての観念的な「国民」のなかに、意思決定能力のない幼児やあるいは将来の国民まで含めるため、その主権主体構成員には主権行使の権利は帰属しえず、主権主体(国民)と主権行使者(国民代表〈機関〉)が分離される。これに対して「人民主権」の構造では、主権者である「人民」を構成する各市民が、主権(主権的な権利の総和)を共同保有していると考えられる。
98) 例えば、「人民」が「3000人の市民」によって構成されている場合に、各市民が3000分の1の主権の破片を分け持つのではなく(1個のパイを3000人に切り分けるのではなく)、3000人がすべて、3000分の1の影響力をもって全体として一個の主権を行使し、単一の主権者意思を形成する(薄いパイ生地を3000枚重ねて全体として一個のパイ全体について主権を行使する)というイメージで捉える事ができる。このように、近世の「重畳的な所有観念」に基づいて、分有主義に関する誤解を解く必要については、本書49頁(第1章第4節注131)、辻村前掲『市民主権の可能性』(前注50)43頁、注66および『「権利」としての選挙権』勁草書房(1989年)157頁以下等で指摘した。

の総和）と考えることができる。

　こうして欧州連合市民の観念の導入と、その根拠として1793年憲法における「市民」と「人民」の関係論が援用されたことは、従来の「人民（プープル）主権」論を、「市民主権」的に解釈する上での重要な契機となった。フランスの憲法学説でも、リュシェールは、フランス憲法院判例の展開をふまえて、フランス憲法上の主権主体として「市民」を位置づけ、「市民主権」としての理解を明らかにしている。

　日本でも、近代国民国家（Nation State, Etat-Nation）における国民（nation）概念が、エトノス（ethnos）としての nation（自然の所与としての民族）ではなくて、デモス（demos）としての nation（社会契約の擬制の上に人為的に構成されたもの）であることが、樋口陽一によって明らかにされた。この議論は「国家の相対化」論の展開に関連して、正面から国家と国民概念の再定位を試みたものである。さらに、「近代国民国家のゆらぎ」に対応した議論の関心が、国家・国民をこえる市民社会論や市民権論にも向けられてきた。このことを市民の参画拡大を憲法改正の三本柱の一つに据えたフランス1993年のヴェデル委員会の改憲構想および2008年憲法改正とバラデュール委員会報告書が明らかにしているということができよう。

(3) 近年の議論

　1990年代の EU 統合にまつわる国家主権の制限問題は、2004年のヨーロッパ憲法制定論議の中でふたたび憲法論を高揚させた。すでにアルノー・アケなどの近年の議論は検討したが、F．リュシェール、J．シュヴァリエなどの泰斗

---

99)　このような「人民（プープル）主権」論の下では、ドイツの主権論を前提にした日本の学説からの批判（広沢民生「主権論――その構造視座の転換に向けて」小林孝輔編『ドイツ公法の理論』一粒社、1992年、212頁以下）とは逆に、「社会的現実としての国家権力の形成という問題を素通り」することなしに、「意思の統一化」の問題を理解することができるように思われる。この点は、辻村前掲『市民主権の可能性』（前注50）45頁参照。

100)　F.Luchaire, *Le Conseil constitutionnel*, t.III, 2e éd.refondue, 1999, pp.121-131.

101)　樋口陽一「Nation なき国家？」山口俊夫先生古稀記念『現代ヨーロッパ法の展望』東京大学出版会（1998年）43頁以下、同「『近代国民国家』再考」法律時報70巻6号（1998年）91頁以下参照。

102)　市民の政治参画拡大という視点が重視された2008年の憲法改正につき、辻村前掲『フランス憲法と現代立憲主義の挑戦』（前注33）第1章、辻村・糠塚前掲『フランス憲法入門』（前注55）102頁以下参照。

が座長を務めた2005年1月アンジェでの国際シンポジウムでは、欧州統合、グローバリゼーション、法治国家の進展下の主権問題が総合的に論じられた。主題は、①いかなる主権か（主権は introuvable か）、②主権は不可分か、③主権は無制限か、の三つである。①ではフランス革命期のナシオン主権とプープル主権の区別、第四共和制期の主権規定確立、トロペールの充当原理論等が論じられたうえで、②ではアメリカの主権論、1946年以降のフランス憲法上の主権、対外的主権と憲法院判例、主権論の将来等が論じられ、最後に③で、主権と法治国家、アングロサクソンのリベラリストからの主権批判、欧州連合からみた主権、主権と法、総括となっている。

このうち本書でも概観した憲法院判例の展開と欧州連合条約との関係が重要な位置を占め、従来の対内的な主権論よりも対外的な主権論のほうに主眼が移っていることは明らかである。法治国家論の観点からも各国の国内の主権と欧州裁判所判例の関係が問題となる。主権同士の対抗や階層化（hiérarchisation）が課題となり、連邦国家における重層的（重畳的）な主権行使の在り方が参考にされる。ここでも、欧州市民の概念が、欧州の民主主義を拡大・強化するために有用な法的・政治的基礎になることが指摘される。

このように、一見して、欧州統合の進展によって従来の主権論の意義が喪失されたかのように解される反面、新たな主権主体や新たな主権構造論の確立によって、現代的な主権論の展望が開かれていることも事実であろう。また、近年の議論によって、これまで必ずしも明確に区別されなかった主権の対内的側面と対外的側面が自覚的に区別して論じられるようになり、また、ドイツのような連邦国家との比較を踏まえて、広範な視座から主権論の新たな意義が検討されるようになったことも大きな特徴といえる。

例えば、フランスでも最近盛んに刊行されている憲法典のコンメンタールでの1958年憲法第3条（主権）解説では、まず(A)ナシオン主権とプープル主権の

---

103) Dominique Maillard Desgrées du Lou (dir.), *Les Evolutions de la Souveraineté*, Montchrestien, 2006.
104) 2005年の欧州司法裁判所判決（CJCE, 13 sept.2005, aff.C173/03）では、加盟国の刑事裁判主権の議論を退け、係争中の欧州理事会と加盟国は、現状では、判決で認められた刑罰上の行為を欧州連合が加盟国に強制する権限をもたないことが確認されている。*ibid.*, p.200.
105) Florence Chaltiel, "La souveraineté vue par l'Union européenne", *ibid.*, p.202.

対抗の解説から始まって、(B)1958年憲法での両体系の統合（synthese）という形での伝統との調和的解釈が示されたうえで、(C)主権とEU（欧州連合）建設という視点で憲法との調整方法が論じられる。憲法改正と条約批准がいずれも議会の手続に従い、人民はいずれの場合も干渉されないことが確認され、国民（国家）主権の保持者と国民代表が法的に同一の価値を有することが示されている。[106]

また、2012年から刊行が開始されたトロペール等編集の「憲法学世界体系」の第1巻（憲法理論）の「主権」[107]の章は、ドイツの元連邦憲法裁判所判事のディーター・グリムが執筆している。ここでは、まず第1節「憲法上の主権の観念」において、主権は必ずしも憲法に明示されていないが、フランス憲法史上では主権規定を持ってきたこと（実定性ゆえに解釈・適用が必要であること）、単一不可分性は現行憲法では主権自体の属性とされてない（ただし1791年憲法等では主権の不可分性、不可譲性等が明示されていた）など歴史的発展が認められること[108]、ウェストファリア平和条約以来、主権の対外的側面が重視されてきたことなどが検討され、政治的アイデンティティの保持を確保するための諸機能によって、その観念を維持する必要が指摘される。[109]

第2節「主権観念の発展と機能」では、(A)古典的分析（ボダン以前とボダンの主権論、ボダン以後）が行われた後、(B)人民主権の歴史的展開（イギリス、フランス革命期等）、(C)国家の主権、(D)連邦国家における主権、(E)潜在的な主権（国家主権から人民主権へ）が分析され、諸国の主権の展開や学説の異同が明らかにされる。第3節「対外主権と対内主権」では、(A)17世紀以降の対外的主権（国際法の展開）、(B)20世紀までの展開（国連、EU）、(C)対内的な主権の効果が論じられ、対外的主権のもとで次第に主権主体としての人民の主権の意義が減少した

---

106) *Code constitutionnel et des droits fondamentaux, commenté*, 3ᵉ ed., 2014, Dlloz, p.507-510.
107) Dieter Grimm (Traduction de Yoan Vilain), "La souveraineté", M. Troper et Dominique Chagnollaud (dir.), *Traité international de droit constitutionnel*, t.1, Dalloz, 2012, pp.547-606.約60頁にわたる詳細な検討である。
108) 主権の不可分性に関して、本書248,250頁、Arnaud Haquet, *op.cit.*, pp.278 et s. フランス1958年憲法第1条の「共和国の不可分性」の原則は、一般に連邦制の排除という意味に説明されており、主権の不可分性を指すものではない。*Code constitutionnel et des droits fondamentaux, commenté, op.cit.*, p.486.
109) Dieter Grimm, op.cit., pp.548-553.

ことが示される。そして、最後に、今日において主権の観念が現状に一致しているか、現状を明らかにする (cerner) ために主権はなおも適切なものか、それとも我々はすでにポスト主権の時代にいるのか、という疑問が提起される。第3節「今日の主権」では、この質問に答えるために歴史に頼ることは有効ではないにせよ、主権の可分性の議論などは今日でも重要であることが指摘される。主権の不可分性を巡っては、欧州連合と構成国の主権のいずれを優位とするかで争いがあるが、ドイツの連邦憲法裁判所は、リスボン条約に関する判決で、従来とは異なってドイツの主権が重要な役割を果たすことを判示した。[110] EU では構成国は主権を分有 (partager) するのではなく、政治権力を共同行使するのであり、そのような主権は移譲されない。もはや欧州市民全体がその主体であるような自律的な人民の主権は存在せず、各国の主権のもとにある EU 諸機関の各レヴェルでそれぞれの人民の代表が存在するだけである。こうして、主権の移譲と EU の国家化は排除され、主権の機能は従来と同様に維持されて各国の自律が対外的主権の上に保持される。……したがって今日では、主権の機能は政治社会の民主的な自律を護るというもっとも重要な機能を営むことになり、この新たな主権観念のもとで国際公法が阻害されることもない。国家レヴェルで存在する民主的正統性やコントロールの源泉が消えるわけではないことが重要であり、「したがって、今日では、主権は民主政の擁護者なのである」という結論が提示される。[111]

以上のようなグリムの分析と結論は、すでにみたフランス憲法学の現状ともみごとに一致するものと言えるであろう。

3 選挙と選挙権に関する議論の展開

フランス憲法学では、フランス革命期における選挙権の法的性格論議(公務説と権利説の対抗)という視点から、主権・代表制論と結び付けて選挙権の問題を検討してきた。この傾向は、第三共和制期以降、今日まで基本的には変わっていないといえる。

---

110) Ibid., p.598, Décision du 30 juin 2009, sur le Traité de Lisbonne, BVerfGE 123, 267 (2009).
111) Dieter Grimm, op.cit., p.605.

(1) フランス革命期以降の展開

フランス革命期には、1789年8月26日の人権宣言ですべての市民の立法参加権が保障されながら、1791年憲法では、制限選挙制が採用された。また、これを理論的に正当化するために、選挙権は権利ではなく全国民のためにする公務であるとする選挙権公務説が展開された。これに対して、左派のロベスピエールが1789年段階から普通選挙権を要求しており、1792年8月の王制廃止、能動市民・受動市民の区別の廃止以降は、1792年9月の国民公会選挙ではじめて男子普通選挙制が採用され、1793年2月のジロンド憲法草案、同年4月のロベスピエール宣言、同年6月24日のモンターニュ憲法などの共和制憲法体制の下でも保障された。

これをもとに、第三共和制期にカレ・ドゥ・マルベールが、プープル主権―普通選挙制―選挙権権利説の系譜と、ナシオン主権―制限選挙制―選挙権公務説系譜の二つの体系を理論化した。[112] 主権論についての二つの体系についてはすでにみたが、近年のフランスでは、フランス革命の構造の見直し論（マルクス主義史学の敗北）等を背景に、主権論に関するトロペールの批判論に依拠しつつこのような図式のドグマ性を批判する見解が表れている。しかし反面、大革命期以来の主権論や選挙権論の展開を踏まえて憲法理論が確立されてきたこともまぎれもない事実である。

(2) 2011年のドジュロンの学位論文

上記のような大革命期以来の理論と制度の展開をふまえて、フランス憲法学における選挙の概念について詳細に検討したブルーノ・ドジュロン（Bruno Daugeron）の学位論文『憲法学における選挙の観念』が2009年11月に提出された。[113] 主査のジャン・マリー＝ダンカン（J.-M.Denquin）、審査員のピエール・ブルネ（P.Brunet）、ギィ・カルカッソンヌ（G.Carcassonne）（以上、パリ第10大学ナンテール校）、オリヴィエ・ボー（O.Beaud）、フィリップ・ラボー（Ph.Lauvaux）（以上、パリ第1大学）、ジャン・クロード・マスクレ（J-C.Masclet）（パリ第1大

---

112) R.Carré de Malberlg, op. cit., supura note 62 t.Ⅱ, pp.426 et s. 理論の展開につき本書第2章第1節71頁以下参照。
113) Bruno Daugeron, La notion d'élection en droit constitutionnel, 2011, Dalloz.

学)からなる審査を経て2011年に出版され、パリ大学リシュリュー賞を受賞した。これは、本文1184頁、脚注4160個におよぶ大著であり、ダンカンの序文でも、選挙に関してこんなに膨大な分析はかつてなかったと賞賛された。

この著作は、第一に、大革命期から今日までの膨大な歴史的研究の成果であると同時に、選挙に関する法学研究のたまものである。フランス憲法史・憲法学で用いられてきた選挙・代表・民主主義などの概念について、その定義と論理的帰結について学説と歴史的展開を詳細に検討し、従来の見解の不一致や逸脱（デラパージュ）、従来、ドクトリンと呼ばれてきたものを批判的に研究している点で、通説的見解批判の書となった。歴史の記述、選挙の法的理論、憲法学上の選挙理論の分析という三つの点で、従来の見解に異を唱える体系的な業績であるともいえる。ダンカンは、「憲法学者の自信（triomphalisme）を相対化することになるのではないか？この勇気ある指摘は、著者の分析の豊富さを涸渇させるものではない。……著者は、この選挙に関する理論的研究によって、間違いなく今後も言及され続けることであろう」と評価している。

本書は、3部から構成され、「国民のための指名——国家論のなかの選挙」と題する第1部ではフランス革命期の主権論と選挙の機能、「〈選挙—代表〉の未完成の到達点」と題する第2部は普通選挙権が導入され主要な憲法学説が確立された第三共和制期、「権力の基礎の強固な外観」と題する第3部は、第五共和制期の選挙と憲法学理論を対象として、選挙の観念が展開してきた過程と課題を分析した。

この大著の序文で著者自身が述べるように、選挙の定義は単なる選択 choix ではなく多様であり、民主主義、代表、権力、委任等の概念と密接不可分な関係にある。中世では宗教的でさえあった権力の源泉の問題が近代以降しだいに政治的意味を持ち、国家権力・民主主義の基礎として選挙が重要な意味を持つようになった。

フランス革命期に確立された選挙権権利説＝プープル主権、選挙権公務説＝ナシオン主権という対立構図についても、トロペールの批判に依拠しつつ限界が指摘され、カレ・ドゥ・マルベールなどの諸学説が第三共和制期以降に後付けで理論化したものであることを指摘している。[114]

また、選挙は、国家論の他の概念と結びついており、権力、主権、代表の概念と合わせて論じなければならない。このため著者は、革命期の議論を検討し、

バルバーヴの1791年8月10日の演説（代表することは「国民のために意思を表明するための公務」）や1791年憲法3編2条（選挙されていない国王も国民の代表になることができた）の意義を分析した[115]。当時の選挙は社会契約を実現する主権行使手段ではなく、指名の機能しかもたなかった。オリヴィエ・ボーも主張するように、単なる指名行為としての選挙は、規範的な射程を持たなかった[116]。しかし第三共和制期になると、オーリウが選挙の権力 pouvoir du suffrage を指摘して主権的権力の存在を理論化した[117]。オーリウにとって、選挙の指名機能と法律についての意思表明機能が主権と結びつき、選挙権力が政府の三権の一つに位置づけられた。そして、主権の概念自体が変化し、人民はもはや代表を通じて主権の行使するにとどまらず、選挙の際の投票によって自らが政治体の役割を果たすようになる[118]。さらに19世紀末に国家機関説によって主権の委任説から出現した「選択の表明（présentation des choses）」は支配的でなくなり、市民にとってもはや選挙することは、選択することでなくなった。

　20世紀後半になると、1962年に大統領の直接選挙制によって民主的正当性が付与され、選挙だけが民主的正当性の根拠とされるようになった。エスマン、ビュルドー等の政治責任の基本的要素に関する検討などを経て、選挙が、(a)議員の選択だけではなく、(b)代表者の指名（désigner）・政府の選択と、(c)権力の基礎づけ・正当化の機能を持つようになった。代表することが一般意思の表明と結びついた機能であることをやめ、選挙で選ばれた者（市議会議員から大統領

---

114)　B.Daugeron, *op.cit.*, p.16. ここでは、トロペールやバコが指摘したように、1793年憲法は、この点では1791年憲法と対立しておらず、2つの憲法は、代表制や不可分の主権、人民の一般意思の表明としての選挙という点を同様に認めてなかったとする。Pierre Bacot, *op.cit.*, 1985,（B. Daugeron, *op.cit.*, p.74）。ナシオン主権とプープル主権のディコトミーは、たしかに理論的分析を与えるために学説が後付けで体系化した分類であることは事実であるが、注ではトロペールの批判のみを引用しているため、著者自身の論証は弱いといわざるを得ない。M.Troper et F.Hamon, *op. cit., supra note 91*, 29^e ed. pp.190-197.

115)　B.Daugeron, *op.cit.*, p. 61. カレ・ドゥ・マルベールの伝統的な分類については、R.Carre de Malberg, *op.cit.*, t.Ⅱ, pp. 266 et s.

116)　B.Daugeron, *op.cit.*, p. 104, O.beaut, *op.cit.*, p.296, 当時は権威の本質は選挙ではなく、主権行使とみなされることはできなかったが、カレ・ドゥ・マルベールはルソーの考えを誇張して主権と選挙を混同し、代表の過程に選挙を置いて1791年憲法と対比させた、とドジュロンは考えている。

117)　B.Daugeron, *op.cit.*, pp. 112 et s., M.Hauriou, *Précis de droit constitutionnel*, 1929 p.300. 政治権力を、選挙による権力として語ることができるとして、1795年（共和歴三年）憲法に原型を見ている。この点で、M. Troper, *op.cit., supra note 67*, 2006, pp.109-127と共通する。

118)　B.Daugeron, *op.cit.*, pp. 115 et s.

まで）に権限（ないし権力）を与える使命を担うことになる。選挙区の選挙人の意思表明が、主権の表明の第一に重要なものになり、人民の意思の仲介の表現としてとらえられるようになった。[119]

こうして、選挙が持っていた「指名」や「選択」という性格は、選挙における民主主義の実現という点にとってかわられ、選挙による民主主義 démocratie élective の観念が生まれる。このような意味の転換が、選挙権の法的性格論にも影響し、選挙意思の概念の制度化によって、レズロープが述べたように「主権者人民が権力の主人になる」のである。[120] さらに解散制度のほか比例代表制が導入されることによって、新たな国民意思の構成のための選挙の機能が加わり、利益の代表までもが求められるようになる。[121] 1999年憲法改正を招いたパリテの要求がその究極のものであり、国民議会がフランス社会の多様性を反映してない（とくに女性）という要求も現れた。[122] 選挙人としての資格、すなわち市民の資格（選挙権が市民に変化させた個人の資格）の平等を求める一人一票（un homme une voix）原則も目標とされ、選挙権はすべての市民のものという考えも定着する。要するに、選挙は、代表の条件であるだけでなく、より本質的に民主的権力の基礎の条件になる。

以上のように、現代では、選挙の機能は、指名だけではありえず、権力の指名、権力行使の正当化、権力行使のコントロールという三つの機能が結びついて捉えられる。[123] さらに選挙民主主義に対する対抗原理（contrepoid）として、違憲立法審査が認められるようになると、選挙と結びついた民主主義（選挙民主主義）を支えるのは普通選挙でなく、選挙人の情熱からはかけ離れた任命された裁判官にもたらされる知恵（sagesse）に基礎づけられると考えられるようになる。これがすなわちドミニク・ルソーのいう継続的民主主義（démocratie continue）である。[124] こうして憲法院が民主主義と人権の擁護者となり、憲法が

---

119) *Ibid.*, p.432, note1550, 1558, Hauriou, *op. cit* (souveraineté nationale), p.127 ;*op. cit.* (Précis), p. 180.
120) *Ibid.*, p.583, p.589, note 2178, R.Redslob, *Le régime parlementaire*, p.5.
121) *Ibid.*, p.661 et s., p.695.
122) *Ibid.*, p.702.
123) *Ibid.*, p.921.
124) *Ibid.*, pp.1006 et s., note 3731, cf. D.Rousseau, "De la démocratie continue," in D. Rousseau (dir.), *La démocratie continue*, L. G. D. J., 1995, pp.5-25.

それを保障することから、憲法的民主主義の段階に入る。これは選挙民主主義と対立しておらず、選挙が憲法的民主主義の正当性の基礎としても機能するようになる。同時に、民主的正当性の問題は、憲法院の正当性論議にもあるように選挙された機関であるか否かが問題になるのではなく、選挙された機関から任命されているため選挙権と関係がある、というレトリックによって、選挙による正当性 légitimité élective から、選挙にかかわる正当性（légitimation électorale）に変化する。

さらに選挙の新たな目的としての「多数の選択」が加わり、選挙とは多数派を導き出すものになる。従来の選挙―代表に対抗して「選挙―決定」になり、統治者の選択としての選挙の機能が重視される。選挙の目的が政治を動かすための多数派選択と多数派の獲得になると、選挙は、政治的責任の新たな手段、すなわち政治責任を追及するサンクションとして機能するようになる。いわば政治責任の選挙化（électoralisation）であり、選挙責任（responsabilité électorale）の概念も登場する。しかしこの政治責任は法によって構成されるものではなく、政治責任の伝統的メカニズムや強制がない場合には選挙による政治責任追及は難しい。歴史的な展開をみれば、選挙は、しだいに意思を表明するだけではなく、政府の多数派を構成して権力の帰属とその正当化の手段となり、政治責任のサンクションの手段を構成することになる。

このように、選挙、代表、民主主義、正当性、権力、普通選挙の機能はいずれも、自発的に出てきたものではなく、歴史的に形成された長い発展の成果なのである。

(3) 今後の課題

上記のドジュロンのような分析は、確かに選挙および選挙権の今日的意義を明らかにした点で学界に多大な貢献をしたといえる。反面、本書第2章でみた

---

125) *Ibid.*, pp.1008 et s 長い間、一般意思と離れて、選挙で選ばれたという「選挙による正当性 ELECTIVE」に、最高の正当性の地位を与えてきたが、投票率も低く、意見のわずかなパーセンテージしか公務を果たすために諮問されていないという現実から、正当性を争う局面が生じてきたとする。*Ibid.*, p.1015.
126) *Ibid.*, p.1042. これはルネ・カピタンの理論の系譜を意味している。
127) *Ibid.*, pp.1093 et s., note 3971.
128) *Ibid.*, pp.1175 et s.

ように、選挙資格・被選挙資格要件をめぐって、国籍要件にかかわらず一定年齢の市民に可能な限り広く権利を認めることが妥当なのか、被後見人や受刑者は排除できるか、歴史的に存在していた破産者の排除はどうか、投票行動からの障碍者の実質的排除問題（在宅投票制廃止問題）など、諸国の法制をめぐっても多くの検討課題が残存することも事実であろう。

　この点では、フランスでも選挙人名簿に関する民事訴訟や選挙手続に関する行政訴訟のほか、憲法院や国務院（コンセイユ・デタ）という「選挙裁判官 juge électoral」による選挙訴訟も含めて、問題が続出している[129]。歴史的・理論的に、女性の選挙権問題に加えて兵士について議論されてきたほか、近年では、外国人の選挙権問題（欧州議会選挙のための欧州市民の補充選挙人名簿を地方選挙のためにも用いるかなど）、選挙資格年齢の引き下げ問題（オーストリアなどのように16歳にするか）など、比較研究を踏まえて課題が提起されている[130]。

　日本でも、本書でみたような選挙問題を、憲法学から選挙権の本質を踏まえて検討することが試みられてきた。しかし、選挙人の属性に関する論点を分析する際には年齢・国籍のほか、性別も問題となるにもかかわらず、理論化は十分ではなかった。近年の政治的クオータ制をめぐる議論はこのことを雄弁に語っている。すなわち、憲法院による1982年11月16日のクオータ制違憲判決により、1999年に憲法改正してパリテ（男女同数原則による男女平等参画促進）を導入したフランスでも、主権論や代表制論との関係でその合憲性を問題としてきたように、憲法理論的・原理論的に検討すべき課題が多い。

　そこで、次節では、諸国の取組をふまえて、選挙における性別の問題をめぐってポジティヴ・アクション（パリテやクオータ制の問題）を取り上げて検討しておくことにしよう。

---

129) Préface de la premiere édition de Jean-Claude Colliard, 2007, in Laurent Touvet et Yves-Marie Doublet, *Droit des Élections*, 2ᵉ éd.Economica, 2014, pp.vii-x. この本では、選挙人、候補者、選挙運動、選挙費用、投票、訴訟について順に手続と課題が論じられる。ほかに、フランスの選挙区割と投票価値不平等問題は、本書226～229頁、Jean-Louis Boursin, *Les Paradoxes du vote*, Odile Jacob, 2004, pp.162 et s.

130) L.Touvet et Y.M. Doublet, *Droit des Élections*, pp.4-68. 被選挙資格年齢は、2000年4月5日法により、大統領選挙や県議会選挙等について23歳から18歳に引き下げられた。国民議会議員については2011年4月11日組織法律で18歳とされたが、元老院については24歳となった。*Ibid.*, p.69. 選挙・被選挙資格要件の詳細は、Olivier Couvert-Castéra, *Code électoral commenté 2014*, Berger-Levrault, 2014, pp.357et s.

第 3 節　クオータ制とパリテ

1　女性の政治参画の現状とポジティヴ・アクション

　IPU（列国議会同盟）の調査では、2015年 1 月 1 日現在、世界190カ国の議会〔両院〕における女性議員比率は22.1％、下院（または一院）の世界平均は22.4％、北欧では41.5％、アジアでは19.0％、アラブ諸国では18.1％である。（図表4-2参照）。[131] この数値は近年大幅に改善されてきたが、それでも男女間に大きな不均衡が存在しているのは何故なのかを問題にする必要があろう。
　また、これを改善するために、各国で取り組まれているポジティヴ・アクション（積極的改善措置）とくにクオータ制（割当制）については、合憲性の問題など、なおも理論的課題が残存している。すなわち、理論的には、女性議員が女性の代表であるわけではなく、国民主権や代表制の原理からみれば本来性別は問題にならない。それすれば、格差を改善して女性議員ないし候補者比率を50％、40％、30％等にする事を要請するクオータ制等についても、それを正当化する理論的根拠が必要となる。実際、フランスでは、憲法院が1982年にクオータ制を憲法違反と解したことから、男女同数（パリテ Parité）政策が実施されてきた。
　そこで以下では、フランスやルワンダの例をみたうえで、代表制や主権原理に関わるポジティヴ・アクションやクオータ制の理論的・実践的課題について検討する。
　なお、世界の女性の政治参画状況を比較する指標としては、IPU（Inter-Parliamentary Union）の調査結果に基づく世界女性国会議員ランキング[132]があり、図表4-3のように、ルワンダが第 1 位を占めている。長く北欧諸国が上位を独

---

131)　IPU（Inter-Pariamentary Union）http://www.ipu.org/wmn-e/world.htm（2015年 3 月10日アクセス）参照。
132)　http://www.ipu.org/wmn-e/classif.htm（順位につき、後注155参照）。

図表4-2　世界の女性国会議員比率（平均）

	両院	下院	上院
世界平均	22.1%	22.4%	20.5%
北欧諸国		41.5%	
欧州諸国	25.0%	25.2%	24.4%
米諸国	26.4%	26.5%	25.5%
アフリカ諸国	22.3%	22.6%	20.3%
アジア諸国	18.5%	19.0%	14.2%
アラブ諸国	16.1%	18.1%	7.3%
太平洋諸国	15.7%	13.1%	36.0%

2015年1月1日現在（IPU調査結果）

図表4-3　世界の女性国会（下院）議員比率ランキング

下院順位	国名	地域名	下院	下院順位	国名	地域名	下院
1	ルワンダ	アフリカ	63.8	24	ドイツ	欧州	36.5
2	ボリビア	中南米	53.1	55	フランス	欧州	26.2
3	アンドラ	欧州	50.0	71	イギリス	欧州	22.8
4	キューバ	中米	48.9	95	アメリカ	北米	19.3
5	セーシェル	アフリカ	43.8	113	韓国	アジア	16.3
6	スウェーデン	欧州	43.6		…		
7	セネガル	アフリカ	42.7	127	ロシア	欧州	13.6
8	フィンランド	欧州	42.5	141	インド	アジア	12.0
9	エクアドル	中南米	41.6	151	マレーシア	アジア	10.4
10	南アフリカ	アフリカ	41.5	154	マリ	アフリカ	9.5
				155	日本	アジア	9.5

2015年1月1日現在（IPU調査結果）　（％）

占してきたが、2004年ころから発展途上国でクオータ制などのポジティヴ・アクションを実施した結果、上位国の約半数を途上国が占めるようになっている。
　また、世界経済フォーラム（ダボス会議）が毎年公表しているグローバル・ジェンダーギャップ・レポートによれば、2014年のジェンダー・ギャップ指数（GGI）では、経済・教育・保健・政治の4分野の状況を標点化した結果、日本

第 3 節　クオータ制とパリテ　265

図表4-4　ジェンダーギャップ指数（GGI）のランキング

1	アイスランド	(1)	16	フランス	(45)
2	フィンランド	(2)	20	米国	(23)
3	ノルウェー	(3)	87	中国	(69)
4	スウェーデン	(4)	104	日本	(105)
5	デンマーク	(8)	117	韓国	(111)
9	フィリピン	(5)	142	イエメン	(136)

2014年度の主な国の抜粋。カッコ内は前年の順位
（2014年10月28日朝日新聞朝刊3頁）

は、0.658、143ヵ国中104位である。北欧を中心とした先進諸国が上位を占めている（図表4-4参照）。

　このうち、2013年度に45位であったフランスは、パリテ政策の効果によって16位に急上昇し、とくに注目されている。とくにフランスでは、クオータ制（割当制）が憲法違反とされたためにパリテ政策を導入したが、今日では実際にクオータ制を導入している国は世界で100か国近くに及ぶ。[134] そのうち、憲法改正によってクオータ制を導入したことから女性国会議員比率ランキングにおいて世界第1位になったのが、アフリカのルワンダである。フランスとルワンダは、代表制の考え方においても異なる理論を代表しているため、比較の視点か

---

133) 世界経済フォーラム（ダボス会議）発表「グローバル・ジェンダーギャップ報告2014」のジェンダー・ギャップ指数（GGI: Gender Gap Index）http://reports.weforum.org/global-gender-gap-report-2014/part-1/ 参照。日本の0.658の内訳は、経済0.618（102位）、教育0.978（93位）、健康0.979（37位）、政治0.058（129位）である（0が完全不平等、1が完全平等を意味している）。4分野は、次のデータから算出される。【経済分野】・労働力率・同じ仕事の賃金の同等性・所得の推計値・管理職に占める比率・専門職に占める比率、【教育分野】・識字率・初等、中等、高等教育の各在学率、【保健分野】・新生児の男女比率・健康寿命、【政治分野】・国会議員に占める比率・閣僚の比率・最近50年の国家元首の在任年数。ほかに、国連開発計画（UNDP）発表「人間開発報告書」のジェンダー不平等指数（GII）がある。こちらは測定可能な148か国中2013年度21位である（男女共同参画白書平成26年版、表1-1-16、注参照）。
134) クオータ制をめぐる世界の潮流につき、三浦まり・衛藤幹子編集『ジェンダー・クオータ——世界の女性議員はなぜ増えたのか』明石書店（2014年）第1章（15頁以下）参照。何らかの形態のクオータ制を導入している国の数が100ヵ国に及ぶことについては、同18頁・注4参照。ちなみに、2010年の時点では96か国であったことなどの状況につき、辻村前掲『ポジティヴ・アクション——「法による平等」の手法』岩波書店（2011年）84頁以下参照。

ら見ておくことが有益である。

(1) フランスにおけるパリテ導入

　フランスでは、地方議会選挙における候補者リスト上に、一方の性が75％以上を占めてはならないとする（いわゆる25％クオータ制を定める）法案が、1982年11月18日の憲法院判決によって憲法違反と判断された。[135]その理由は、主権者市民の普遍性を損なうことなどであった。このため、1990年代にクオータ制にかわるパリテ（男女同数）の主張が盛んとなり、1999年7月に憲法改正が実現した。これにより憲法3条5項に「法律は、選挙によって選出される議員職と公職への男女の平等なアクセスを促進する」、という男女平等参画規定がおかれた。さらに1999年憲法改正時に、「政党および政治団体は、法律の定める条件にしたがって、第3条最終項で表明された原則の実施に貢献する」という項目が4条2項に追加された。

　これをうけて、2000年6月に「公職における男女平等参画促進法（通称、パリテ法）」が制定され、(a)比例代表（一回投票）制で実施される欧州議会選挙、上院議員選挙（一部）等では候補者名簿の順位を男女交互にすること、(b)比例代表（二回投票）制で実施される人口3500人以上の市町村議会議員選挙等では名簿登載順六人毎に男女同数であること、(c)小選挙区制で実施される下院議員選挙等では、候補者数の男女差が2％を超えた政党・政治団体への公的助成金を減額すること等が定められた。

　その後、2003年4月の法改正によって、当初(b)に区分されていたレジオン（地域圏ないし州）議会選挙が(a)の方法に変わりパリテが強化された。反面、2003年7月の上院選挙制度の改革〔任期6年・半数改選制〕時に(a)比例代表制が適用される県が、定数3以上の県から4以上の県に変更された（これにより適用対象がほぼ半数の県に減少した）。また、2007年1月の法改正では、(b)に区分されていた人口3500人以上の市町村議会議員選挙も(a)に変更して厳格なパリテ

---

135) Décision no 82-146 DC du 18 novembre 1982判決およびその後の Décision n° 91-290 DC du 9 mai 1991判決につき、フランス憲法判例研究会編（辻村編集代表）『フランスの憲法判例Ⅱ』信山社（2013年）頁以下〔糠塚康江執筆〕117頁以下参照。パリテ法につき、辻村編『世界のポジティヴ・アクションと男女共同参画』東北大学出版会（2004年）117頁以下の糠塚康江論文、糠塚『パリテの論理』信山社（2005年）参照。

を実施したほか、市町村の助役やレジオン議会執行部（副議長）等にもパリテの適用を拡大した。さらに(c)の下院議会の公的助成金の減額率を50％から75％に引き上げて強制を強化した（2014年8月4日法でさらに150％に変更）。これらの法改革によって、以下のような成果が得られた。

（ⅰ）(a)の比例代表制で実施される選挙については50％クオータ制と類似の制度が法律によって強制され、男女交互名簿制による比例代表制で選挙が実施される欧州議会選挙では、2009年に55.6％まで伸長した。上院は、比例選挙制度の適用が一部であることに加えて、当初は3分の1（9年任期）、現在では半数改選であるため効果が限定的で2014年9月選挙後の女性議員比率は25.0％（IPU調査結果、2015年1月現在）である。

（ⅱ）もともと(b)に属していたレジオン（州）議会では1998年に女性議員比率が27.5％であったところ2004年には47.6％になり、2010年には52.4％になった。男女交互名簿制による比例代表制で実施される市町村議会では2008年に51.5％、2013年法改正後は1000人以上のコミューンで2014年に48.2％になった。

（ⅲ）当初パリテの対象から除外されていた県議会は、小選挙区制単記2回投票制で実施されていたことから、女性の参画を促進することが困難であった（2011年に13.9％）。しかし2013年5月17日の「県議会議員、コミューン議会議員および広域連合議員選挙法」改正法および同組織法律改正法によって、県議会議員選挙の制度が変更され、各選挙区から男女がペアになって2人組で立候補し、各選挙区から1組を選出する制度（いわゆる「パリテ2人組小選挙区2回投票制（sucrutin binominal paritaire majoritaire à deux tours）」）が採用された。また選挙区の削減（3971から2054）と区割りの改変、6年ごとの一括改選への変更等を伴っている。ここで採用された2人組制度は、イギリスなどで「ツイン方式」がとられたことと軌を一にするものであり、小選挙区制下でのパリテ実現のための具体的制度設計として注目に値する。2015年3月22日・29日に県議会選挙が実施され、女性議員が50％（議長は8％）になった。

（ⅳ）これに対して、小選挙区制で実施される(c)の下院選挙では、候補者の男

136）　国立国会図書館調査及び立法考査局・服部有希「フランスの県議会議員選挙制度改正──パリテ2人組投票による男女共同参画の促進」外国の立法261号（2014.9）22頁以下参照。Loi n° 2013-403 du mai 2013 relative l'élection des conseillers départementaux, des conseillers municipaux et des conseillers communaitaires, et modifiant le calendier électoral.

女比率に2％の差がある場合に政党助成金が減額されることが定められるが、当初から主要政党が女性候補者擁立に消極的でパリテ法の実施が困難であった。2002年の選挙時には社会党など主要政党が女性候補者を50％前後擁立することを断念し、候補者比率38.8％（当選者12.3％）にとどまった。その後、2007年改正法で減額率を引き上げたことから同法施行後の2008年選挙から女性比率が上昇し、2012年6月選挙では、パリテを公約した社会党オランド大統領のもとで、26.9％（2015年1月1日現在26.2％、世界190カ国中55位）に躍進した。行政分野でも、エロー内閣では半数の19人、2014年9月の第二次ヴァルス内閣では33人中16人が女性閣僚に任命されてパリテの考え方が定着した。これらの改革の努力が実を結んで、上記のように2014年のジェンダー・ギャップ指数（GGI）で、フランスは45位から16位に急上昇させることができた。

　なお、フランスでは、企業等における女性管理職（取締役等）に20％クオータ制を導入するための法律が憲法院で違憲とされ、その理由として、憲法上で男女平等促進規定が容認されているのは政治分野に限るとする判断が示された[137]。そこで経済分野についてもパリテ（実際には女性取締役等についての40％クオータ制）を容認するため、2008年7月の憲法改正の際に上記の憲法3条5項のパリテ規定は、「法律は、選挙によって選出される議員職と公職、<u>ならびに職業上および社会的要職</u>への男女の平等なアクセスを促進する」のように下線部分が追加された。さらに選挙・政党に関する憲法3・4条におかれていたパリテ規定は、憲法1条2項に移動され、「共和国の基本原理」の地位を得た[138]。

(2) ルワンダのクオータ制

　アフリカ中部のルワンダでは、1990年からフツ族（政府軍等）とツチ族（ルワンダ愛国戦線）との間で内戦がおこり、1994年の虐殺によってツチ族を中心に多数の死者を出した（犠牲者は50～100万人、人口の1～2割と言われる）。この後、

---

137) Décision n° 2006-533, DC du 16 mars 2006.糠塚康江「男女給与平等法判決」フランス憲法判例研究会編・前掲『フランスの憲法判例Ⅱ』（前注31）123頁以下参照。
138) 2008年憲法改正と規定の変遷につき、辻村『フランス憲法と現代立憲主義の挑戦』（前注33）第1章、辻村・糠塚『フランス憲法入門』三省堂（2012年）177頁以下参照。その後も2014年8月4日の女男実質的平等法（Loi pour l'égalité réelle entre les femmes et les hommes）で上記政党助成金減額率を偏差の150％に引き上げるなど、改革が続けられている。http://legifrance.gouv.fr

国際的支援の中で2003年5月に制定された新憲法では、多元主義的な共生の観点から性別等に由来する議席割当制が採用され、第9条で意思決定機関の30％を女性にすることを定めた。139)議会は下院（lower chamber/chamber of deputies）と上院（upper chamber/senate）の二つの議院から構成され、下院について80議席中24議席（30％）を女性に割り当てた。また、青年（未成年者）、障害者の集団から、それぞれ2.5％、1.25％が割当てられた。①の比例代表選挙でもジェンダー平等が明示され（第77条3項）、青年・障害者からも女性が選ばれた結果、2003年9月の総選挙では、最終的に女性の国会議員が39人（48.75％）選出された。また2008年9月総選挙の結果、45議席を確保して最終的に世界で唯一最初に過半数を超え（56.3％）、2013年9月選挙では63.8％となって世界ランキングで1位を確保し続けている140)。

なお、このような議席割当制は、人口900万人の多宗教・多言語の発展途上国において、代表の多様性を確保するために確立されたものであり、ルワンダに特有のものである。ルワンダ憲法にも明記されている国民主権規定（その普遍性、主権者人民の不可分性）と抵触する危険があるが、同時に、憲法が掲げる基本原則のなかに少数民族・部族等に対する差別の根絶と国民統合の確保、権力の均衡、「多元的な民主制（pluralistic democratic government）」などが明示されたことにより整合的に解されているものと思われる。性別のみならず、障害の有無、年齢等に応じた国民の代表の意思を議会に反映させるための工夫が凝らされている点からしても、現代の多元主義・多文化主義的な国家の運営において、一つのモデルとなる憲法であるといえよう。

---

139) ルワンダ憲法は2003年5月26日に国民投票で承認され最高裁で確認された。条文は、辻村『憲法とジェンダー』有斐閣（2009年）306頁以下 http://www.rwandaparliament.gov.rw/rapport/constitution.pdf.の統治機構は、在日ルワンダ大使館サイト http://www.rwandaembassy-japan.org 参照。
140) http://www.quotaproject.org/displayCoutry.cfm?CoutryCode=RW、辻村前掲『憲法とジェンダー』196頁以下参照。ルワンダの上院については、議席数は26名で、少なくとも30％が女性であることが明示される（第82条）。その上で、26名中、①各地方（Province）と首都Kigaliから各2名、②8名が歴史的に排除されてきた地域から大統領が任命、③4名が政党の連合体から、④1名が国立大学・研究所内で選出され、⑤1名が、助教授以上等から私立大学・研究所内で選出される。このような選挙方法によってルワンダの上院の女性議員は、2011年9月の選挙で26議席中10人の女性議員が選出され、女性比率は38.5％となった（IPU調査結果参照）。

2　諸国の選挙制度とクオータ制

(1)　クオータ制の種類と導入状況

　政治分野のクオータ制は多種多様であり、①根拠規定（憲法・法律・政党規約など）、②実施形態（国政・地方選挙の区別）、③強制の有無などによって異なる。また、④割当の対象（議席そのものの割当〈議席割当制〉と候補者名簿上の割当〈候補者割当制〉、党内役員比率など）、⑤具体的割合（5％から50％まで各種）によって区別される。
　また、選挙制度との関係も重要である。候補者割当制は、比例代表制のもとで拘束名簿式の選挙制度をとる場合に適合的であり、男女交互式名簿では50％、3人に1人を女性にすれば33.3％の女性議員比率を実現させることができる。小選挙区制の場合は、候補者割当制を採用できないため、憲法を改正して議席割当制（リザーヴ制）をとる国が途上国に多く、フランスや韓国のように政党補助金によるインセンティヴ方式を採用する国もある。
　こうして、1)憲法改正（および法律）による強制的な議席割当制（Reserved Seats）、2)法律による候補者割当制（Candidate Quotas）、3)政党による自発的な候補者割当制（Political Party Quotas）という下記の3グループに区別することが一般的である[141]。

1)　憲法（および法律）による強制的議席割当制（リザーヴ制）

　憲法改正（および法律）によって強制的議席割当制を採用した国に、インド・ルワンダ・ウガンダ・タンザニア等がある。
　このうちインドは、1993年の第74回憲法改正により地方議会33％の議席を女性に割当てた（243条T）。現在では女性の地方議会議員の総数が100万人を超えて実績をあげており、下院の国会議員にも拡大する動きが強まって、2010年3月に上院で憲法改正案が可決された。しかし、実際には、小選挙区制のもとで

---

[141]　ポジティヴ・アクションの意義・分類とクオータ制については、辻村前掲『憲法とジェンダー』（前注139）156頁以下、辻村『ポジティヴ・アクション――「法による平等」の手法』（前注134）、クオータ・プロジェクト http://quotaproject.org 参照。

議席割当型のクオータ制を実施するのは困難であり、2014年4月選挙の結果は11.4％（2015年1月1日現在12.0％、世界190ヵ国中141位）にとどまっている。

2）　**法律による強制的候補者割当制**（Legislative Quota）

　法律によるクオータ制には、強制型と非強制型のほか、割当対象について国会議員と地方議会議員、議席割当と候補者割当など多種多様な類型が含まれるが、ここでは法律による強制的な候補者割当型(B)を対象とする。

　この型に属する国には、韓国・フランス上院・ベルギー（いずれも国会議員候補者名簿上の50％を女性とする）のほか、アルゼンチン（上院30％、下院40％）、ブラジル（30％）などがある。

　このうち韓国では、国会は一院制であるが、日本と同様に小選挙区・比例代表並立制を採用しており、議席は、地域区（小選挙区で実施）243、比例代表区56で、合計299議席である。2000年以降、金大中大統領のもとで女性発展基本法の改正など積極的な取組みを続け、同年に国会議員比例代表選挙候補者名簿に30％クオータ制、地方議会選挙の候補者名簿について50％クオータ制を導入した。2004年3月には政党法第31条4項を改正して、国会議員の比例選挙について50％クオータ制を実現した。同年4月の総選挙では、比例選挙区で全政党が候補者名簿に男女交互に登載し、56人中29人の女性議員が選出された。また小選挙区でも10人が選出され、全体で39人、5.9％から13.4％に躍進した。その後、2005年8月の法改正により、上記の政党法の規定は、公職選挙法に移された。50％クオータ制導入が画期的なことであるとしても、比例選挙の議席数自体が少ないこと、韓国では1年生議員の多くが比例選挙の候補者となることもあり必ずしも小選挙区選挙の女性候補者・議員の増加につながらないことなどから、2012年4月選挙の結果は15.7％である。（2015年1月1日現在16.3％、190か国中113位）。

　また、小選挙区部分について、2004年法では候補者の30％以上を女性にする努力義務を課し、遵守した政党には政治資金助成金を追加支給することを定めたが、実際に30％を超えた政党がなかったため、翌年の法改正によって「女性候補者推薦補助金」の額を女性候補者比率や得票率・議席率に応じて分配する細かな規定を制定した。[142]

3) 政党内規による自発的クオータ制（Political Party Quota）

政党による自発的クオータ制（Political Party Quotas）は、北欧諸国・ドイツ・南アフリカ共和国など多くの国で採用されている。スウェーデンでは1970年代から名簿式比例代表制選挙の女性候補者割合を40～50％にする目標が政党内で定められ、男女交互の名簿登載方法により女性議員率が40％を超えてきた（2015年1月1日現在、43.6％、190ヵ国中6位）。ドイツでも、社民党などで33％クオータ制、緑の党では男女交互名簿方式によって50％クオータ制が採用されている（同36.5％、24位）。

なお、これらとは逆に、2011年4月選挙で42.5％（2015年1月1日現在、8位）の女性議員を選出したフィンランドではクオータ制を導入しておらず、また、1970年代からいち早くクオータ制を導入し女性議員比率40％程度を維持してきたデンマーク（2011年9月選挙の結果は、同38.0％、19位）では、1996年にクオータ制を廃止した。この事実はポジティヴ・アクションの暫定性を知るうえで注目に値する。

(2) 世界の女性国会議員比率と選挙制度

女性国会議員（下院または一院）の世界ランキングをみれば、日本は2014年12月選挙の結果9.5％であり、2015年1月1日現在では世界190ヵ国中155位である（図表4-4、IPU調査結果）。日本とほぼ同率の国は、ボツワナ、マリ、ガンビアなど途上国であり、先進国中最下位であるのみならず、今や世界最下位に近いことがわかる。

なお、上位25か国について、前項でみたクオータ制の諸類型を加味してみると、内訳は欧州11ヵ国、途上国14ヵ国（アフリカ7、中南米6、アジア1ヵ国）であり、比例代表制を採用している18ヵ国うち、クオータ制を導入している国が16ヵ国（法律による候補者割当制 LQ 7ヵ国、政党による自発的クオータ制 PPQ 8ヵ

---

142) 山本健太郎「韓国における女性の政治参加——選挙法の改正によるクォータ制の強化と女性議員数の増加を中心に」国立国会図書館「レファレンス」59巻7号（2009）、辻村・山元編『ジェンダー法学・政治学の可能性』2005年所収のチョン・キョンオク論文、内閣府『ポジティブ・アクション研究会報告書』（2006年）別冊第2部所収報告（柳赫秀担当）、『諸外国における政策・方針決定過程への女性の参画に関する調査（平成20年3月）』（高安雄一担当）辻村前掲『ポジティヴ・アクション』（前注134）55頁以下も参照。

図表4-5 世界の女性下院議員比率ランキングと選挙制度・クオータ制

順位	国名	地域	女性議員比率	選挙年月	選挙制度	クオータ制
1	ルワンダ	アフリカ	63.8%	2013/9	PR	LQ* 30%RS
2	ボリビア	中南米	53.1%	2014/10	MMP	LQ 50%CQ
3	アンドラ	欧州	50.0%	2011/4	MMP	
4	キューバ	中南米	48.9%	2013/2	M	—
5	セーシェル	アフリカ	43.8%	2011/9	MMP	
6	スウェーデン	欧州	43.8%	2014/9	PR	PPQ 50%CQ
7	セネガル	アフリカ	43.3%	2012/7	MMP	LQ
8	フィンランド	欧州	42.5%	2011/4	PR	—
9	エクアドル	中南米	41.6%	2013/2	PR	LQ 50%CQ
10	南アフリカ	アフリカ	41.5%	2014/5	PR	PPQ 50%CQ
11	アイスランド	欧州	41.3%	2013/4	PR	PPQ 50%CQ
12	ナミビア	アフリカ	41.3%	2014/11	PR	PPQ 50%CQ
13	スペイン	欧州	39.7%	2011/10	PR	LQ 40%CQ
14	モザンビーク	アフリカ	39.2%	2009/10	PR	PPQ 40%CQ
15	ノルウェー	欧州	39.6%	2013/9	PR	PPQ 50%CQ
16	ベルギー	中南米	39.1%	2011/11	PR	PPQ 40%CQ
17	ニカラグア	欧州	39.3%	2014/5	PR	LQ 50%CQ
18	東ティモール	アジア	38.5%	2012/7	PR	LQ *30%CQ
19	デンマーク	欧州	38.0%	2011/9	PR	—
20	メキシコ	中南米	38.0%	2012/7	MMP	LQ
21	オランダ	欧州	37.4%	2012/9	PR	PPQ 50%CQ
22	アンゴラ	アフリカ	36.8%	2012/8	PR	LQ 30%CQ
23	スロベニア	欧州	36.7%	2014/7	PR	LQ 35%CQ
24	ドイツ	欧州	36.5%	2013/9	MMP	PPQ 50%CQ
25	アルゼンチン	中南米	36.2%	2013/10	PR	LQ 30%CQ
55	フランス	欧州	26.2%	2012/6	M	
71	イギリス	欧州	22.8%	2010/5	M	
95	アメリカ	北米	19.3%	2012/11	M	
113	韓国	アジア	16.3%	2012/4	MMP	LQ 50%CQ
155	日本	アジア	9.5%	2014/12	MMP	

(IPU 調査結果 http://www.ipu.org/wmn-e/classif.htm 2015年1月1日現在、http://www.quotaproject.org、辻村『人権をめぐる十五講』岩波書店〔2013年〕94頁をもとに作成)
(選挙制度：M 小選挙区制、PR 比例代表制、MMP 並立制・併用制・複合型)
(クオータ制：LQ 法的クオータ制＝網掛け、*憲法規定有、PPQ 政党の自発的クオータ制、CQ 候補者リスト型、RS 議席リザーヴ型)—導入無。空欄はデータ無)

国）に及んでいることがわかる。

(3) クオータ制の合憲性
1) クオータ制違憲判決等の例

強制的クオータ制については、憲法裁判所等の判決で違憲性や違法性が指摘された例がある。

（i）フランスでは、すでにみたように1982年11月18日憲法院判決によって人口3500人以上の市町村議会選挙・候補者名簿25％クオータ制を定める選挙法が違憲とされ、1999年の憲法3・4条改正と2000年のパリテ法制定につながった。理由は、主権者市民資格の普遍性、国民主権の不可分性、結果の平等に帰結することなどであった。

（ii）イタリアでは、1995年9月6－12日憲法裁判所判決が、①形式的平等原則違反、②政党の結社の自由違反を指摘して、1993年の地方選挙法の33％クオータ制を違憲と判断した。その後、2003年に憲法第51条が改正され「共和国は適切な措置をとることで男女間の均等な機会を促進する」という一文を加えられて、ポジティヴ・アクション（適切な措置による男女機会均等の促進）を正当化するための根拠規定が与えられた。[143]

（iii）スイスでは、1997年3月19日連邦裁判所判決が、邦の代表を男女各1名とし、連邦裁判所の女性判事を40％とするなどのクオータ制を含むイニシアティブを連邦憲法第4条2項（性差別禁止）違反と判断した。その理由は、(a)性の「不釣り合いな」不平等扱い、(b)PA審査における利益考量の必要性、(c)能力に関連しない固定的クオータ制の違憲性、(d)比例原則基準による審査（機会の平等原則違反）、(e)普通・平等（被）選挙権の侵害などであった。[144]

---

143) 渡辺久丸「両性の政治的平等とクォータ規制」島大法学42巻1号（1998年）1頁以下、Andreas Auer, et Vincent Martenet, . "Les quotas, la démocratie et le fédéralisme", *Frauenfragen/ Questions au féminin* 1/98, 1998, pp. 36-48参照。この論文では、クォータ制が選挙の自由原則や両性平等原則に違反するとした判決を批判し、100年前に比例代表制を導入した際にも同じように、選挙の自由侵害の議論があったことなどを指摘して、「政治的権利に触れるという理由でクォータ制を非難することは入浴に際して水にぬれることを嘆く」のと同じだと指摘している。ibid., p.40.

144) この条文につき、La Constituzione Esplicata, *La Carta fondamentale della Repubblica spiegata Articolo per Articolo,* 2005, pp. 121-122; M. D'AMICO, "Il legislatoire rentreduce le 'quota rosa'?", *Attualita e saggi,* 2005, pp. 434-441.

(iv) イギリスでは、労働党政権下の1997年の総選挙で女性国会議員が60人から120人に倍増した。その背景には、労働党が全体の約半数にあたる特定の選挙区について「女性のみの候補者リスト（all-women shortlist）政策」があった。これに対して立候補が認められなかった男性元男性候補者から雇用審判所に対して提訴され、1975年の性差別禁止法に違反するという判決が下された[145]（これは厳密にはクオータ制に対する違憲判決ではなく、政党のポジティヴ・アクションに対する違法判決である）。しかし、労働党政権は、2002年2月26日法で性差別禁止法を改正し、政党の立候補者選定過程におけるポジティヴ・アクションを合法とした。その後もこの政策が実施されている。

2) 違憲・違法判断に対する反論[146]

上記のように、フランスやイタリアでは憲法改正により、イギリスでは法改正によって問題を解決した。理論的には課題はなおも残存しているといわざるを得ないが、すでにポジティヴ・アクション一般の問題としてみたように、下記のような反論が可能であろう。

例えば、①「男性候補者の立候補の自由に反する」とか「逆差別である」といった機会均等原則・形式的平等違反の主張に対しては、実質的平等・事実上の平等原則を対置することができる。現代の平等原則は、形式的平等よりもむしろ実質的平等の点で重要性を増しており、後述の根拠規定（憲法14条や女性差別撤廃条約等）との関係でも、実質的平等論による反論が十分に有効となる。

②「政党の自律性に反する」「結社の自由に反する」などの結社の自由・民主主義・自由選挙・立候補の自由違反の主張に対しては、選挙制度の立法裁量論、実効的手段・成果の実証性などを反論として挙げることができる。

③「ガラスの天井」の主張に対しては、暫定性・漸次性などを反論とすることができる。

---

145) Jepson and Dyas-Elliot v. The Labor Party and others, 19 janv.1996, Industrial Tribunal 1996 IRLR 116. 2003. 年の改正法につき、Supra note 26, Parliament Debate (Hansard), House of Lords, Official Report, vol.631, n°95, Royal assent col.1408).辻村編前掲『世界のポジティヴ・アクションと男女共同参画』（前注135）267頁以下の辻村論文、辻村前掲『憲法とジェンダー』（前注139）182頁以下参照。

146) 辻村『人権をめぐる十五講』岩波書店（2013年）96頁以下、辻村前掲『ポジティヴ・アクション』（前注134）第3章、同『憲法とジェンダー』193頁以下参照。

④上記の諸点に比して、フランス憲法院判決で主張された「主権の不可分性」などの本質的問題は、実際には反論は容易ではないといえる。実際、パリテ政策が進展しているフランスでも、「主権に性別はない」「女性議員は女性の代表ではないため、女性議員を増やす根拠が不明」など、主権の普遍性・不可分性との抵触を根拠として反対する主張が根強い。リベラル・フェミニストのエリザベト・バダンテールが提起した「パリテは女性が女性を代表するという本質主義を免れているのか」「共和主義的な普遍主義に反するのか」等の問題が議論され続けている。[147]

しかしこのような批判に対しては、フランス憲法学で論じられてきた「半代表制」論（後述）[148]を対置することができよう。これは議会に有権者の意思が可能な限り正確に反映されることを求める、現代的な代表制理論であり、選挙人団を鏡に映したように国会が民意の多様性を反映させるためには、有権者の50％が女性であれば、国会も50％いることが望ましい、という理論である。したがって人口比例を前提にする場合には、50％以外の数値（20％や30％など）を目標とするクオータ制は、逆にその合理的な根拠が問われることになろう。この点で、主権・代表制論とクオータ制の関係を検討しておくことが必要となる。

3）　フランスの議論にみる普遍主義と差異主義の対抗

日本では、ポジティヴ・アクション（以下、PA）の問題を主権や代表制との関係で論じることはまだほとんどされていない。しかし、先に見たフランスの例では、憲法院1982年のクオータ制違憲判決以来、国民主権の不可分性・普遍性を理由に、選挙において、性別によって異なる措置をとることが憲法違反とされた。ここで指摘されたのは、国会議員は全国民の代表であって、女性議員

---

147)　クオータ制をめぐる議論につき、Carol Bacchi, "Arguing for and againt quota", Drude Dahlrup (ed.), *Women, Quotas and Politics*, 2006, pp.32-46; G.Calvès, *La Discrimination positive*, 2004; Miyoko Tsujimura, "Les Paradoxes de la Discrimination positives", M. Tsujimura et D.Lochak (dir.) *Egalité des sexes: La Discrimination Positive en Question*, La Société de la Législation Comparée, 2006, pp.21 et s.; Blandine Kriegel, "Parité et principe d'égalité", Conseil d'Etat, *Sur le principe d'égalité*, Extrait du Rapport public 1996, pp.133 et s. 堀茂樹「パリテ論争——市民に性差はあるか？」三浦信孝編『普遍主義か差異か——共和主義の臨界、フランス』藤原書店（2001年）231頁以下、糠塚前掲『パリテの論理』（前注135）77頁以下参照。

148)　本書278頁以下参照。

が女性の代表であるわけではなく、女性議員を50％にする理論的根拠はない、という論点である。憲法院は、「政治的選挙においては、国民主権の単一不可分性、特殊利益の排除から選挙人団の不可分性が導かれ、選挙権者＝主権者を、女性と男性というように二分することは、これらの憲法原理に反する」と指摘した。

　これに対して、パリテ導入のための憲法改正を推進したジョスパン内閣では、「国民の主権は、女性と男性からなる人民に属する。人民は、女性と男性の代表者を通じて主権を行使する」という議論を繰り返した。ここでは、性別の観点を加えることで具体化された普遍主義、いわば差異主義の観点をとりいれて現代的に修正された普遍主義の構想が示されたといえる。なお、普遍主義の現代的修正に関連して、パリテを「矯正的差異主義 (différencialisme correcteur)」として位置づける O.Bui-Xuan の分析が注目される。ここでは、市民権の普遍性が最も強く認められてきた政治領域でパリテが導入されたことを重視し、推進派の論理（パリテによって普遍主義が男性中心主義であったことを修正し、真の普遍主義に向かうことができる）と、反対派の論理（パリテは共和主義的普遍主義に反する）とを対比して検討した。その上で、パリテなどの「矯正的差異主義」は共同体主義的な社会 (société communautariste) に向かうものではなく、フランス公法は、差異主義の手法を用いてフランスの伝統的な（抽象的）普遍主義には反するが、より普遍主義の要請が強い概念を採用した、と理解した[149]。また、ドミニク・ルソーは、パリテ導入を、「抽象的普遍主義から具体的普遍主義へ」、「男子中心の普遍主義から、性の視点をとりいれた普遍主義 (universalisme sexué) へ」の展開として理解した[150]。

　いずれにしても、フランスでは、決してパリテはクオータ制ではなく、パリテ推進派のアガサンスキーらが指摘するように、障害や性的指向におけるマイノリティへの割当制などを要請するものではない[151]。この点で、男女同数原理を

---

149) Olivia Bui-Xuan, *Le Droit Public Français entre Universalisme et Différencialisme*, 2004, pp.255 et s.（とくに p.270）参照。
150) Dominique Rousseau, "La révision constitutionnelle du 8 juillet 1999: d'un universalisme abstrait à un universalisme concret", *Mélanges Benoit Jeanneau*, 2002, pp.441 et s.
151) O.Bui-Xuan, *op.cit.*, p.261, . S.Agacinski, " L'invers masuculin ou la femme effacée ", *Débats*, no. 100, p.155.

意味するパリテは、政治的代表における「半代表制」の原理に即しているわけではない。

4）　現代的「半代表制」論の有効性

　これに対して、「半代表制」原理に即して代表制を構築する場合には、選挙人団を構成している構成員の属性や種々の多様性を可能な限り忠実に反映できる代表関係および選挙制度が望ましいことになる。ここでいう「半代表制（la démocratie semi-représentative）」とは、第三共和制期のフランスでA・エスマン（A.Esmain）が提唱し、その後モーリス・デュヴェルジェ（M.Duverger）などによって確立された憲法理論で、選挙民の意思を議会が鏡のように忠実に反映しうるような代表制を意味する。[152] 日本の憲法学でも、このようなフランスの代表制論の導入によって、旧来の「国民（ナシオン）主権」＝純粋代表制論を前提とした解釈は後退し、今日では、議員が「全国民の代表」であることを定める日本国憲法43条1項の規定には、命令的委任の禁止のような禁止的規範意味とともに、「代表者と被代表者の意思の一致」を要請する積極的規範意味があると解するようになった。また「全国民の代表」は主権者としての「人民」の意思を確認表明する手段であると解する「人民代表」的理解（杉原説）によって、新たな代表制論が提示された。[153]

　このように、「半代表制」を前提として選挙民の構成や意思を可能な限り忠実に反映できるような制度が望ましいと解する場合には、ルワンダのように、地域代表や女性代表・青年代表などの部分代表的な論理を承認しうるかどうかが問題となりうる。フランスでは、国民主権の単一不可分性の原則から一貫してこれを否定しており、日本でも、議員定数訴訟の最高裁判決で地域代表制・職能代表制という表現が用いられたことに対して憲法学説は強く批判した。[154] し

152）　エスマンの理論は、A.Esmein, "Deux formes de gouvernement", *Revue du Droit public*, t.1., 1894, 杉原泰雄『憲法Ⅱ』有斐閣（1989年）362頁以下、樋口陽一『憲法Ⅰ』青林書院（1999年）154頁以下参照。

153）　杉原『国民主権と国民代表制』有斐閣（1983年）362頁以下、日本国憲法下の代表制理論については、辻村前掲『憲法（第4版）』356頁以下、大石眞・石川健治編『憲法の争点』有斐閣（2008年）24頁・192頁〔岡田信弘・糠塚康江執筆〕参照。

154）　樋口陽一「利益代表・地域代表・職能代表と国民」ジュリスト859号12頁〔同『転換期の憲法？』敬文堂（1996年）所収〕。

かし、代表制論自体の問題として、主権者の意思を可能な限り忠実に反映しうる選挙制度や代表制を構想することは、国民主権原理とりわけ今日的な人民主権原理や「市民主権」原理にとって有益である。このため、国民主権の普遍主義原理との調和、言い換えれば、「矯正的差異主義」をどこまで許容することができるか、という問題が次の検討課題になろう。

また、クオータ制のみならず、PA の一般的課題として最も大きな論点は、スティグマ（劣性の烙印）の問題である。日本でも、もし仮に、女性の社会進出が少ないことを理由にこれを解消するために「女性を優遇する」という論法で PA が実施されると、逆に男女共同参画にとっては大きなマイナスを引き起こすこともありうる。例えば、女性の医師を増やす必要があるという場合に、医師の国家試験で女性だけについて合格点を下げるなどの手段をとれば、「女性は、能力もないのに国家試験に合格した」、「女医に診てもらうのは怖い」ということになって逆効果となる。このようなデメリットや能力主義の要請等を考慮に入れた上で、どのような PA の手段を採用すべきかを十分に検討する必要があろう。

ただし、政治分野では、性別や階層、教育等について多様な意見を有する多様な人材を登用する必要があることから、上記の能力主義の理解とは異なって、幅広い PA が採用可能になると思われる。この意味でも、既に検討したような諸外国の事例を手本として、日本の状況に見合った手段・政策を構築すべきである。

3　日本におけるクオータ制導入の課題

(1)　日本の男女共同参画の現状
1)　国会議員の女性比率

政治分野では、日本の女性国会議員比率が著しく低く、衆議院では2012年12月総選挙後は7.9％（2014年10月1日現在では8.1％、世界189ヵ国中161位）[155]であっ

---

155)　IPU（Inter-Parliamentary Union）の資料では、同率の国を一つに数えているため、2014年10月1日現在、日本の順位は134位となっているが、厳密に189ヵ国中の順位を示すほうが妥当であり本書ではこれに統一している。（内閣府男女共同参画白書、市川房枝記念会『女性展望』各年1月号等もこの順位によっている。）http://www.ipu.org/wmn-e/world.htm。

図表4-6　2014年12月第47回総選挙における政党別女性当選者数[156]

政党	女性候補者数（全候補者数、女性率）（前回比）	女性当選者数（小選挙区・比例）			全当選者数（小選挙区・比例）			女性議員比率
自由民主党	42　（352, 11.9％）（＋5）	25	（13	12）	291	（223	68）	8.60％
民主党	29　（198, 21.2％）（－8）	9	（2	7）	73	（38	35）	12.30％
維新の党	9　（84, 10.7％）	2	（0	2）	41	（11	30）	4.90％
公明党	3　（51, 5.9％）（－1）	3	（0	3）	35	（9	26）	8.60％
共産党	79　（315, 25.1％）（－1）	6	（0	6）	21	（1	20）	28.60％
次世代の党	3　（48, 6.3％）	0			2	（2	0）	0
生活の党	3　（20, 15.0％）	0			2	（2	0）	0
社民党	1　（25, 4.0％）（－5）	0			2	（1	1）	0
無所属他	1　（98, 1.0％）	0			9	（9	0）	0
合計	198　（1191, 16.6％）	45	（15	30）	475	（295	180）	9.50％

た。2014年12月14日実施の第47回総選挙では、女性候補者は198人（前回2012年の225人より27人減少）、全候補者に占める割合は16.6％（過去最多の女性候補者が出馬した2009年16.7％とほぼ同じ）であった。女性当選者数は（475議席中）45人で（前回2012年選挙の38人から7人増えたが、戦後最大だった2009年54人に次ぐ2番目）、女性議員比率は9.50％で前回より1.6ポイント増加した（2015年1月1日現在では、190ヵ国中、155位、本書264, 272頁参照）。

女性当選率は22.7％で、前回（16.9％）を5.8ポイント上回った。政党別では、自民党は前回より15人多い42人（小選挙区22人、比例代表単独20人）の女性候補を擁立してそのうち25人が当選した（うち4人が新人で3人は比例単独候補）。女性当選者は民主党9人、共産党6人、公明党3人、維新の党2人となった。当選者の割合が一番多いのは日本共産党の28.6％（6/21）であった（図表4-6参照）。

参議院では、2013年7月選挙後（非改選・改選議員を併せて）16.1％であるため、両院では11.8％（両院の定数722人中85人）となったが、世界の地域別平均（前掲図表4-2参照）のいずれにも及ばない状況である。

さらに、前述のようにジェンダー・ギャップ指数も下降しており（2012年98

156）毎日新聞2014年12月15日「戦後の衆院選　女性当選者の推移」、総務省選挙データなどをもとに作成。

図表4-7　日本のジェンダーギャップ指数（CGI　2014）[157]

保健分野 97.9 点、教育分野 97.9 点

経済分野 61.8 点、政治分野 5.8 点（100 点満点中）

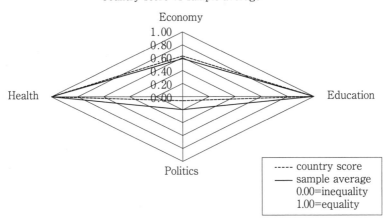

位、2013年105位、2014年104位）、その主たる原因が政治分野の低い数値に示されていることが明らかとなった。実際、日本は4分野総合で100点満点中65.8点（保健・教育分野がそれぞれ約98点）のところ、政治分野は100点満点中5.8点と著しく低くなっている（図表4-7参照）。

2）戦後の展開と背景

戦後の展開をみると、衆議院選挙では、戦後最初の1946年選挙時の割合8.4％を超えたのが60年後の2005年であり、それまで長い間比率が2～3％の時代が続いたことがわかる（図表4-8参照）。

その背景には、日本の戦後民主主義のレヴェルを示す「三バン（カバン・地盤・看板）選挙」や「金権選挙」の実態、自由民主党の長期単独政権、高度経済成長期の経済界を中心とした性別役割分業構造の形成などがあると思われる。

---

157) World Economic Forum, http://reports.weforum.org/global-gender-gap-report-2014/economies/ より作成。

図表4-8　衆議院議員選挙における候補者と当選者の女性比率

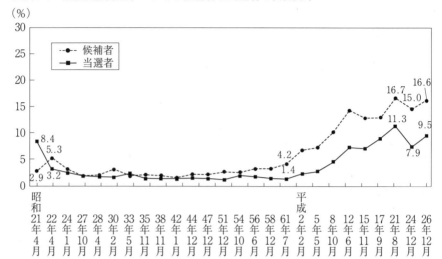

（男女共同参画白書平成26年版参照）
（備考）総務省「衆議院議員総選挙・最高裁判所裁判官国民審査結果調」より作成。

　1996年総選挙から衆議院選挙に小選挙区比例代表並立制が導入されたが、同選挙の結果女性議員は、小選挙区では定数300人中7人（2.3％）、「拘束名簿式」の比例代表区では定数200人中16人（8％）選出され、小選挙区での当選が困難であることが裏付けられた。このことは、近年の2012年総選挙でも、小選挙区では定数300人中16人（5.3％）に対して比例代表区では定数180人中22人（12.2％）、2014年総選挙でも、小選挙区では定数295人中15人（5.1％）に対して比例代表区では定数180人中30人（16.7％）という結果に示された。
　参議院では1980年代から比例代表制が導入されたため衆議院よりは早期に候補者比率等が高くなった（図表4-9参照）。
　ただし、2000年の公職選挙法改正で、候補者名簿上の順位を固定する「拘束名簿式」比例代表制から、得票数に応じて順位を定める「非拘束名簿式」比例代表制に変わったのちは、女性当選者の比率が下がっていることも特徴的である。また、参議院選挙における選挙区（中選挙区制）と比例代表区との差異についてみると、史上最高の当選率となった2007年選挙では、女性の当選者は21.5％であったが、内訳は選挙区19.2％、比例代表25.0％で、比例代表区のほ

図表4-9 参議院議員選挙における候補者と当選者の女性比率

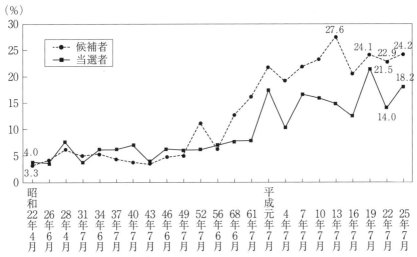

（男女共同参画白書平成26年版参照）
（備考）総務省「衆議院議員通常選挙結果調」より作成。

うが女性議員の当選率が高い。また、直近の2013年7月選挙では、女性当選者は22人（定数121人中）18.2％であったが、選挙区選出が11人（女性候補者71人中）15.5％に対して、比例代表区が11人（女性候補者34人中）32.4％で、比例代表制のほうが女性の当選率が高いことが分かる。

　このように、選挙制度との関係について詳細な検討を経た上で、今後の選挙改革論議に男女共同参画の視点を反映させることが望まれる。

　さらに候補者の女性比率との関係をみれば、参議院では長期的に見ると増加傾向にあり、2013年7月の通常選挙では24.2％と前回22.9％から1.3ポイント上昇した。これに対して、衆議院では、2012年12月の総選挙で女性候補者比率15.0％（前回から1.7ポイント減少）、当選者も3.4ポイント減少する結果となった。2014年12月の総選挙では女性候補者比率16.6％（前回から1.6ポイント増加）、当選者も9.5％で、前回より1.4ポイント増加する結果となった。このように候補者比率の増減が当選者比率にも影響するため、女性議員比率の拡大には、候補者比率の拡大が先決であることが示されている。

図表4-10 地方議会議員に占める女性の割合

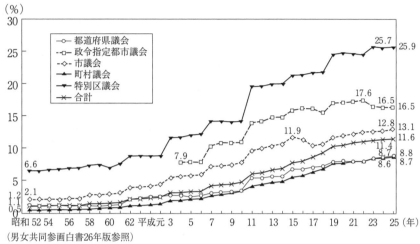

(男女共同参画白書26年版参照)
(備考) 1. 総務省「地方公共団体の議会の議員及び長の所属等派別人員調等」より作成。
2. 各年12月末現在。
3. 市議会は政令指定都市議会を含む。なお、合計は都道府県議会及び市区町村議会の合計。

3) 地方議会議員の女性比率

日本では、とくに地方議会の女性議員率が非常に低く、2013年12月現在で、全体平均11.6％にすぎない(図表4-10参照)。内訳をみても、特別区議会では25.9％、政令指定都市の市議会は16.5％であるのに対して、市議会全体では13.1％、都道府県議会は8.8％、町村議会は8.7であり、都市部ほど高く郡部で低い傾向が続いている。この点は諸外国と比較しても日本の民主主義実践の遅れを示しているといわざるを得ず、地方ほど選挙人団の意思を可能な限り正確に反映できるような状況が望まれる。また、女性政治家にとっても、そのエンパワーメントのために地方政治で実践を積むことが有益であり、身近な地域からの政治進出が常態化することが望ましい。

4) 日本の現状からみたポジティヴ・アクションの必要性

上記の日本の現状は、先進国としては異例なほど女性の政治参画率が低いことを示している。世界平均やアジア諸国平均より大きく下回っているだけでなく、下院における女性議員率が発展途上国以下であることを重く受け止めるべ

きであろう（本書264頁、図表4-2、4-3参照）。とくに最近では、アジア・アフリカ・中南米諸国で積極的にクオータ制等を導入して順位を上げている現状があり、このまま日本で積極的な改善措置を講じない場合には、次第に順位が下がり、世界最下位レヴェルまで後退することも十分に予想できる。さらに、国政のみならず、地方政治においても女性議員率が全体で10％程度であること、とくに生活に密着した町村・市区における女性首長の比率が極めて低いことが懸念材料である。

とりわけ、日本の場合は、政治分野における男女共同参画の視点の強調が、女性票の獲得等による得票率の増加につながらないところに問題があるようにみえる。2005年総選挙時の「刺客（くの一）」作戦と小泉チルドレン、2009年総選挙の小沢ガールズなど、女性のエンパワーメントやPAについての自覚的議論を背景にしない女性候補者の利用実態や女性議員の活躍度の低下などによって、逆に、政治分野の男女共同参画を歓迎しない雰囲気さえもが形成されたようにみえる。この点は、諸外国の傾向に比して深刻な問題であり、クオータ制などポジティヴ・アクションの導入を推進する際の課題でもある。

日本で男女共同参画が大政党を中心とする全政党の目標になるためには、それが選挙民の投票行動に結びつくような一大ムーヴメントが必要となろう。とくに地方議会の女性議員率の向上、地方議会での女性議員のエンパワーメントが、草の根からの民主主義を形成する意味でも非常に重要な要素になる。

さらに行政分野でも、諸外国では国家元首（大統領、首相など）に女性が就任する国が増えてきており、国家公務員比率についてクオータ制を採用する国も多い。これに対して日本では、行政の意思決定機関につく女性の数は極度に少なく、2013年11月現在の女性比率は、国務大臣（18人中2人、10.5％）、副大臣14.3％、政務官7.4％であった。第二次・三次安倍政権下での女性閣僚4～5人登用によって、2015年1月現在では、女性比率は国務大臣（18人中4人、22.2％）、副大臣16.0％（25人中4人）、政務官14.8％（27人中4人）となった。

国家公務員管理職（本省課室長相当級である行政職俸給表㈠7級以上および指定職）の女性比率は、2013年10月時点で3.0％で、2014年9月現在でも、3.3％にとどまり、なお課題が大きい。係長級では、2014年1月現在の女性比率が18.5％であるが役職段階が上がるにつれて女性割合は低くなる現状があるため、女性公務員の就業継続・昇進に向けて、長時間労働・地方転勤制度の見直しな

ど、労働環境等を改善する必要があろう。

(2) **日本の選択**

本節では、政治分野におけるポジティヴ・アクション（とりわけクオータ制）の類型と手法の多様性をふまえて、クオータ制の合憲性について検討した。その結果、下記のような示唆がえられた。

(ⅰ) 一般には政治分野のポジティヴ・アクションは強制型のクオータ制を中心に考える傾向があるが、それ以外の穏健な手法も重要であり、組み合わせて導入することが有効である。

(ⅱ) クオータ制についても法律による強制型と非強制型（政党の自発的クオータ制）、議席割当型と候補者名簿割当型など選挙制度に応じて種々の類型があるため、一律にその合憲性や採用の当否を決することはできない。

(ⅲ) 日本国憲法下では法律による強制型クオータ制については合憲性の点で問題も残るため、今後も理論的かつ具体的に検討を継続すべきであり、当面は非強制型（政党による自発的クオータ制）の導入を推進することが望ましいことなどが明らかになった。実際、上記の女性候補者数の現状はあまりにも低いため、政府が掲げている「2020年までに指導的地位に就く女性30％」という目標を達成するため、最低限度、各政党の女性候補者比率を30％以上にすることが先決となる。そのためにも、候補者たりうる女性のエンパワーメント、研修や、財政的支援など、アメリカのエミリーズ・リスト[158]に匹敵する取り組みが不可欠である。

(ⅳ) ポジティヴ・アクション（とくにクオータ制）の導入に当たっては、それが副作用を伴う即効薬であることから、その必要性・根拠・暫定性などについての十分なコンセンサスが必要であり、かつ、漢方薬型の穏健な手法（啓発、

---

158) アメリカ民主党の民間女性による1985年設立の選挙資金集め非営利団体（本部ワシントンDC）で、名称は Early Money is Like Yeast の頭文字をとったもの。早期の資金はイースト菌のようにパンをふくらます力があることを意味し、選挙戦初期の女性候補者の財政支援を行っている。会員は毎年最低100ドルを寄付し、選挙前には候補者リストから2、3人を選んで各々に100ドル寄付することを依頼される。当初2000人程度だった会員数は5万人近くなり、寄付金額も10億円にのぼっている。上院議員6名、下院議員42名、州知事3名を誕生させるという成果も得ている。詳細は、日本版の女性候補者支援ネットワーク WINWIN（Women In New World, International Network）ウィンウィン（http://www.winwinjp.org/concept/emilyslist.htm）参照。

研修、教育など）と組み合わせて有効性を高めることが望ましい。法的クオータ制の導入のためには、その合憲性についての理論的・制度論的検討と同時に、国民のコンセンサスを確保するための啓発活動が重要となる。選挙時の女性立候補者拡大が不可欠であり、多くの国で、政党の自発的な候補者クオータ制を採用している現実からしても、何より政府与党を筆頭として、すべての政党が目標数値等を定めて女性候補者を急増させることが先決である。

　──勿論、数だけが問題ではなくエンパワーメントが同時に重要であることはいうまでもないが、「たかが数、されど数」である。女性比率の確保と質的向上のため、「女性の活躍」促進を公約とする政治の進展に期待したい。

おわりに——日本の課題

　日本国憲法施行68年、戦後70年を経て、果たして国民主権や民主主義が十分に根づいたといえるのだろうか、という問いから本書は出発している。その背景には、明文改憲論が盛んとなった1960年代に創設された憲法理論研究会と全国憲法研究会という２つの学会が、50周年を迎えたことがある。いずれも400〜500名の会員を擁する日本学術会議協力学術団体登録の学会で、50周年記念の研究集会や記念論文集を通じて、50年の歩みと現代的課題を鳥瞰している[1]。

　このような憲法学界の営為に呼応し、「立憲主義の危機」や「憲法破壊」が叫ばれる現状を憂うる視点から、戦後憲政史上における国民主権論・選挙問題を検討したものが、本書である。

　第１章では、戦後憲政史や憲法理論の展開を概観し、「市民主権」論の立場から選挙権や国民主権をより積極的に活用するための展望を示している。

　第２章では、衆議院議員選挙の「１人別枠訴訟」や参議院議員定数不均衡訴訟などの判例の展開を踏まえて、投票価値平等の実現を目指した理論的課題を明らかにしている。

　第３章では、選挙資格要件をめぐって、成年被後見人や受刑者の選挙権の排除を問題とした近年の訴訟を検討対象とし、諸外国の法制度との比較にもとづ

---

1)　憲法理論研究会（通称：憲理研、http://kenriken.jp.net）は、2014年１月に50周年を迎え、同年５月の春季研究集会では「戦後史の中の憲法」がテーマとされた。憲法理論研究会編『憲法と時代（憲法理論叢書22）』敬文堂（2014年）参照。全国憲法研究会（通称：全国憲、http://zenkokuken.org/）は、2015年４月に50周年を迎え、50周年記念論文集を刊行した。全国憲法研究会編『日本国憲法の継承と発展』三省堂（2015年）参照。

いて今後の課題を提示している。

　第4章では、諸外国の選挙区割改革、フランスの主権論・選挙権論の展開、近年のクオータ制・パリテ（男女同数）政策について検討し、選挙制度改革に関連する課題を展望している。実際、小選挙区制での区割改革のための諸外国の近年の動向は、第2章で検討した投票価値平等実現の課題を抱える日本にとっても非常に参考になるものである。とくに、フランスにおけるパリテの実践は世界のジェンダー平等政策の最先端を行くものであり、世界経済フォーラムのジェンダー・ギャップ指数（GGI）2014年版でフランスが45位から16位に急上昇したことにもその効果が示される。翻って日本では、このGGIでは100点満点中65.8点、143ヵ国中104位（政治分野は100点満点中5.8点、129位）という状況であり、世界最低水準の後進国ぶりが示されている（本書281頁、図表4-7参照）。この点でも、経済再生だけではなく、政治や民主主義の再生・進展にとっても、政治分野の選挙制度改革男女共同参画推進がいかに重要か理解できる。

　以上のような検討を踏まえた結論や展望について繰り返しは避けるが、日本の国民主権や民主主義の現状が、制度の面でも意識の面でもきわめて不十分であることが痛感される。これに対する対処方法はいろいろあるが、(A)制度改革と(B)意識改革のそれぞれの面で、下記のような喫緊の課題を指摘することができよう。

　(A)の制度面では、権力分立の現代的展開に併わせてこれまでの立法・行政・司法上の諸改革を推進するほか、①地方政治の改革、②選挙制度の改革が不可欠である。①では国民主権（市民主権）を実践する場としてこれまで以上に地方を重視すべきであり、地方議会の活性化、主権者市民の政治実践の場としての地方議会や住民投票の活用が急務となる。そのためにも、近年、政治資金（政務調査費）の不正利用が明るみに出た地方議会議員に対する監視・コントロールを含め、カウンター・デモクラシーの実践を国政のみならず地方選挙の場でも強化することが必要となる。とくに選挙との協働を図るためにも、国政・地方選挙ともに金権政治・利益誘導選挙体質を排除し、多様性確保を目指す男女共同参画の推進（とくに現状では10％にも満たない女性市会議員・県会議員等の増加）、エミリーズ・リストのような機構（本書286頁）の創設・活用も有効であろう。

　②の選挙制度改革では、定数是正・区割見直しによる投票価値平等の確保が

急務であることはいうまでもない。最高裁が「違憲状態」と判断しているにもかかわらず、次期2016年の参議院議員選挙も最大較差1対4を超える大きな不均衡のもとで実施され、主権者市民が4分の1票しかもてない状況が継続するようであれば、本書で検討した国民主権(「市民主権」)の実践基盤がそもそも成立していないことを意味することになろう(2016年参議院選挙後の憲法改正がとりざたされている現状では、なおさらこの選挙が重要となる)。

　さらに「違憲状態」判断を一歩進めて選挙無効を宣言できるような違憲無効判決理論の構築や、立法府(および第三者機関)による積極的是正も不可欠である。選挙制度の選択自体が定数削減と併せて大きな政治課題となっているが、小選挙区制の民意歪曲効果は、2014年12月の総選挙でも如実に示された。得票率48.1％、絶対得票率24.5％で議席率76％が得られ、一党独裁ともいえる状況のもとで憲法解釈権までもが総理総裁に帰属するような論理が展開されているようでは、国民主権(「市民主権」)の実現はほど遠いといわざるを得ない。比例代表制・中選挙区制を中核とする制度に改編するか、並立制であっても小選挙区制の定数を削減するなど選択肢は数多いが、いずれの場合も、選挙本来の民意反映機能を回復することが先決である。半代表制論ないし社会学的代表制論によって国会の構成を選挙人団の構成と一致させ、政治分野の男女共同参画を実現するため、候補者クオータ制や法的クオータ制の導入問題を選挙制度改革論議に含めて正面から取り組むことも、世界の動向に照らしてみれば今や遅きに失しているといわざるを得まい。

　(B)の意識改革の面では、カウンター・デモクラシーないし熟議デモクラシーを可能とするような広義の主権者育成・教育実践が不可欠である。戦後憲政史上で国民主権・民主主義が不十分であった理由の一端が選挙制度・金権選挙など制度のゆがみにあったことを認めるにしても、これを許した主権者自身の責任も否定することはできない。近年の若者の保守化や「ネット右翼」といわれる存在にも、教育機関のみならず地域やマスコミの在り方を含めた日本社会全体の意識改革の必要が示されている。

　さらに意識改革との関係では、憲法学研究者をはじめとする専門家の責任も否定できないものがあろう。冒頭に挙げた全国憲法研究会や憲法理論研究会では、これまで理論研究と併せて市民向けのシンポジウムや講演会などを開催して取り組んできた。とくに最近では改憲論の高まりや立憲主義の危機に遭遇し

て市民の関心は高まっており、2014年5月3日の憲法記念講演会や「96条の会」の集会等では1度に1000名以上の市民・学生等の参加も得られた。[2]しかし、欧米諸国に比してデモ行進などの直接的政治行動も少なく、選挙の投票率も低下の一途をたどっている。このような現実に対する憲法学界の取り組みも十分とはいえず、理論研究の内容も、主権論などの原理・原則やグランド・デザインを避けて「小さな憲法学」になっているという指摘もある。このような現状を脱して、憲法の基礎理論研究を再創造し、主権論と人権論の相互関係（主権者市民がみずから政治や監視に参加することで、主権を実践しつつ自ら人権を守ってゆく構造）を解明するための、「大きな」憲法理論を再構築すべき時であろう。

　日本の戦後憲政史のなかでの憲法学の責任を想起しつつ、これからも憲法理論と実践を鍛えてゆかなければならない。そのために、本書の検討がわずかでも寄与できる点があれば幸いである。

2）　全国憲法研究会主催2014年5月3日憲法記念講演会につき、http://zenkokuken.org/koen2014.html、同会編『憲法問題26』三省堂、2015年参照。96条の会2013年6月14日シンポジウムにつき、https://www.youtube.com/watch?v=h3v9Iw5u4BM 参照。

参考文献

愛敬浩二「『戦後民主主義』と憲法・憲法学」全国憲法研究会編『憲法問題』18号、三省堂（2007年）
── 『立憲主義の復権と憲法理論』日本評論社（2012年）
青木誠弘「アメリカにおける連邦裁判所の「歓迎されない責務」と選挙区の区分を改正する州の立法者の権限」筑波法政51号（2011年）
赤坂幸一「人口比例と有権者数比例の間」ジュリスト増刊『論究ジュリスト』5号（2013年春号）、有斐閣（2013年）
ブルース・アッカマン、ジェイムズ・S．フィシュキン（川岸令和ほか訳）『熟議の日：普通の市民が主権者になるために』早稲田大学出版部（2015年）
浅野博宣「投票価値の平等について」安西文雄ほか『憲法学の現代的論点（第2版）』有斐閣（2009年）
芦部信喜「議員定数不均衡の司法審査」ジュリスト296号、1964年（同『憲法訴訟の理論』有斐閣、1973年所収）
── 「議員定数配分規定違憲判決の意義と問題点」ジュリスト617号（1976年）
── 『憲法と議会政』東京大学出版会（1975年）
── 『憲法訴訟の現代的展開』有斐閣（1981年）
── 『憲法演習』有斐閣（1982年）
── 『憲法改正権力』東京大学出版会（1983年）
── 「参議院定数訴訟と立法府の裁量」法学教室34号（1983年）（同『人権と憲法訴訟』有斐閣、1994年所収）
── 「43条」有倉遼吉・小林孝輔編『基本法コンメンタール・憲法〔第3版〕』日本評論社（1986年）（芦部『憲法叢書2』信山社、1995年所収）
── 『憲法学Ⅰ』有斐閣（1992年）
── 『人権と憲法訴訟』有斐閣（1994年）
新井誠「衆議院議員小選挙区選挙の『一人別枠方式』の違憲状態と立法裁量統制」法律時報83巻7号（2011年）
蟻川恒正「憲法解釈権力──その不在に関する考察」法律時報86巻8号（2014年）
井口秀作「『民主過程』をめぐる憲法学説」全国憲法研究会編『憲法問題』19号（2008年）
── 「『国民投票法案』批判的検討」全国憲法研究会編『続・憲法改正問題』日本評論社（2006年）
石川健治「憲法学における一者と多者」日本公法学会編『公法研究』65号（2003年）
── 『自由と特権の距離［増補版］』日本評論社（2007年）

参考文献

伊藤正己『憲法（新版）』弘文堂（1990年）
今関源成「レオン・デュギ，モリス・オーリウにおける「法による国家制限」の問題(1)(2)」早稲田法学57巻2号・100周年記念号（1982、1983年）
浦田一郎「選挙権論をめぐって――奥平康弘氏の批判に対する反論」法学セミナー343号（1983年）
――『シエースの憲法思想』勁草書房（1987年）
江橋崇「主権理論の変容」公法研究55号（1993年）
――『市民主権からの憲法理論――増補型改正の提案』生活社（2005年）
――『「官」の憲法と「民」の憲法――国民投票と市民主権』信山社（2006年）
大石眞『憲法講義Ⅰ』有斐閣（2004年、第2版2009年）
大岩慎太郎「選挙権解釈再考の可能性――日本における選挙権解釈論の展開」青森法政論叢14号（2013年）
奥平康弘「選挙権は『基本的人権』か――選挙権論をめぐって(1)(2)」法学セミナー340号・341号（1983年）
大沢秀介「司法積極主義と司法消極主義」戸松秀典・野坂泰司編『憲法訴訟の現状分析』有斐閣（2013年）
大津浩「『市民政治』・『参加民主主義』と憲法学」全国憲法研究会編『憲法問題』18号（2007年）
大山礼子「元老院議員選挙と『本質的人口の基礎』の要請」フランス憲法判例研究会編（編集代表辻村みよ子）『フランスの憲法判例Ⅱ』信山社（2013年）
岡田信弘「主権論再考」ジュリスト1334号（2007年）
岡本明「1789年人権宣言の主権概念」広島大学文学部紀要46巻特輯号2（1987年）
尾高朝雄『国民主権と天皇制』国立書院（1947年）
影山日出彌「今日における主権論争と主権論の再構成」法律時報48巻4号（1976年）
菅野喜八郎「ノモス主権論争私見」法学50巻7号（1987年）（同『続・国権の限界問題』木鐸社、1988年所収）
加藤一彦「連邦議会選挙の選挙区割と平等選挙の原則――第2次選挙区割事件」ドイツ憲法判例研究会編『ドイツの憲法判例（第2版）』信山社（2003年）
――「選挙権論における『二元説』の意義」東京経済大学『現代法学』8号（2005年）
清宮四郎『憲法Ⅰ』有斐閣（初版1957年、第3版1979年）
――『憲法要論（全訂版）』法文社（1961年）
熊谷徹『ドイツは過去とどう向きあってきたか』高文研（2007年）
倉田玲「自由権と選挙権――オーストラリア選挙法の新局面(上)(下)」立命館法学321・322号（2009年）
――「公職選挙法第11条第1項第2号の憲法適合性の欠如」立命館法学352号（2014年）
憲法訴訟研究会＝芦部信喜編『アメリカの憲法判例』有斐閣（1998年）
憲法訴訟研究会＝戸松秀典編『続・アメリカの憲法判例』有斐閣（2014年）
国立国会図書館［三輪和宏］「諸外国の下院の選挙制度（資料）」『レファレンス』No.671

（2006年）
──［松尾和成］「オーストラリア連邦議会下院選挙区の較差是正制度」『レファレンス』No.681（2007年）
──［山本健太郎］「韓国における女性の政治参加──選挙法の改正によるクォータ制の強化と女性議員数の増加を中心に」『レファレンス』2009年7号（2009年）
──［佐藤令］「在外選挙制度」『調査と情報』No.514号（2006年）
──［河島太朗ほか］「参議院の一票の格差・定数是正問題」『調査と情報』No.610（2008年）
──［佐藤令ほか］「主要国の各種法定年齢」『調査資料2008-3-b』（2008年）
──［佐藤令］「衆議院及び参議院における一票の格差」『調査と情報』No.714（2011年）
──［佐藤令］「諸外国の選挙制度」『調査と情報』No.721（2011年）
──［佐藤令］「諸外国における選挙区割りの見直し」『調査と情報』No.782（2013年）
国立国会図書館調査及び立法考査局「諸外国の上院の選挙制度・任命制度」『調査資料2009-1-a』（2009年）
──［門彬］「フランス上院（元老院）改革2法が成立」『外国の立法』No.218（2003年）
──［芦田淳］「イタリアにおける選挙制度改革」『外国の立法』No.230（2006年）
──［梅田久枝］「アメリカの選挙区画再編に関する立法動向──選挙過程からの政治の排除」『外国の立法』No.236（2008年）
──［鈴木尊紘］「立法情報フランス『一票の格差』是正評議会の設置」『外国の立法』No.239-1（2009年）
──［白井京］「韓国の公職選挙法改正──在外国民への選挙権付与」『外国の立法』No.241（2009年）
──［河島太朗］「立法情報　議会選挙制度及び選挙区法の制定」『外国の立法』No.247（2011年）
──［河島太朗・渡辺富久子］「立法情報【ドイツ】連邦選挙法の改正」『外国の立法』No.249-2（2011年）
──［服部有希］「フランスの県議会議員選挙制度改正──パリテ2人組投票による男女共同参画の促進」『外国の立法』No.261（2014年）
小林直樹『新版憲法講義(上)』東京大学出版（1980年）
──『憲法学の基本問題』有斐閣（2002年）
小嶋和司「『主権』論おぼえがき（その一）」法学46巻5号（1983年）（同『小嶋和司憲法論集2・憲法と政治機構』木鐸社、1988年所収）
小島慎司『制度と自由──モーリス・オーリウによる修道会教育規制法律批判をめぐって』岩波書店（2013年）
──「選挙権権利説の意義──プープル主権論の迫力」論究ジュリスト5号（2013年春号）
小堀眞裕「イギリスにおける選挙制度改革運動の問題意識──2011年2月インタビュー調査の報告」立命館法学336号（2011年）
近藤敦『外国人の参政権』明石書店（1996年）

斎藤純一「ハーバーマス——正統化の危機、正統化の根拠」岩波講座『政治哲学（第 5 巻）』岩波書店（2014年）

齋藤純一・田村哲樹編『デモクラシー論（新アクセス・シリーズ）』日本経済評論社（2012年）

阪口正二郎『立憲主義と民主主義』日本評論社（2001年）

佐藤功『ポケット注釈憲法（新版）(上)』有斐閣（1983年）

——『日本国憲法概説（全訂第 4 版）』学陽書房（1991年）

佐藤幸治『憲法（第 3 版）』青林書院（1995年）

清水伸編著『逐条日本国憲法審議録　第 1 巻』有斐閣（1962年）

サルトーリ（岡沢監訳）『比較政治学』早稲田大学出版部（2000年）

シィエス（稲本洋之助・伊藤洋一・川出良枝・松本英実訳）『第三身分とは何か』岩波書店（岩波文庫）（2011年）

初宿正典・辻村みよ子編『新解説世界憲法集（第 3 版）』三省堂（2014年）

杉原泰雄『国民主権の研究』岩波書店（1971年）

——「フランス革命と国民主権」日本公法学会編『公法研究』33号（1971年）

——「参政権論についての覚書」法律時報52巻 3 号（1980年）

——『国民主権と国民代表制』有斐閣（1983年）

——「国民主権と憲法制定権力 1 」法律時報57巻 6 号（1985年）（同『憲法と国家論』有斐閣、2006年所収）

——『憲法Ⅰ・Ⅱ』有斐閣（1987・1989年）

——『憲法と国家論』有斐閣（2005年）

芹沢斉「立憲主義」杉原編『新版　体系憲法事典』青林書院（2008年）

高橋和之「フランス憲法学説史研究序説(1)～(5)完」国家学会雑誌85巻 1 ・ 2 号～ 9 ・10号（1972年）

——「議員定数配分の不平等」奥平康弘＝杉原泰雄編『憲法学 4 』有斐閣（1976年）

——「定数不均衡違憲判決に関する若干の考察」法学志林（法政大学）74巻 4 号（1977年）

——「イデオロギー批判を超えて」社会科学の方法（1980年）（同『国民内閣制の理念と運用』有斐閣、1994年所収）

——「定数不均衡訴訟に関する判例理論の現況と問題点」法学教室42号（1984年）

——『現代憲法理論の源流』有斐閣（1986年）

——『国民内閣制の理念と現実』有斐閣（1994年）

——「戦後憲法学・雑感」成田頼明・園部逸夫・塩野宏・松本英明編『行政の変容と公法の展望』有斐閣（1999年）

——『現代立憲主義の制度構想』有斐閣（2006年）

——『立憲主義と日本国憲法（第 2 版）』有斐閣（2010年）

高見勝利「岐路に立つデモクラシー」ジュリスト1089号（1996年）

——「デモクラシーの諸形態」岩波講座『現代の法 3 　政治の過程と法』岩波書店（1997年）（同『現代日本の議会政と憲法』岩波書店、2008年所収）

―――「国民内閣制論についての覚え書き」ジュリスト1145号（1998年）（同『現代日本の議会政と憲法』所収）
―――『宮沢俊義の憲法学史的研究』有斐閣（2000年）
高安雄一「韓国における女性の国会への参画推進と我が国への示唆点」『諸外国における政策・方針決定過程への女性の参画に関する調査――ドイツ共和国・フランス共和国・大韓民国・フィリピン共和国（平成20年3月）』内閣府男女共同参画局（2008年）
只野雅人「選挙権と選挙制度」法学教室393号（2013年）
―――「国民議会選挙における投票価値の平等」フランス憲法判例研究会編（編集代表辻村みよ子）『フランスの憲法判例Ⅱ』信山社（2013年）
―――「フランスの2008年憲法改正と選挙区画定」選挙62巻8号（2009年）
―――「投票価値の平等と行政区画」一橋法学9巻3号（2010年）
田中和夫「アメリカにおける議員定数の是正と裁判所」ジュリスト532号（1973年）
田村哲樹『熟議の理由――民主主義の政治理論』勁草書房（2008年）
辻村みよ子「フランス革命期の選挙権論――主権論との交錯」一橋論叢78巻6号（1977年）
―――「フランス革命期の選挙権論」一橋論叢78巻6号（1977年）（同『「権利」としての選挙権』所収）
―――「選挙権の本質と選挙原則」一橋論叢86巻2号（1981年）
―――「選挙権――議員定数不均衡違憲訴訟」大須賀明ほか編『憲法判例の研究』敬文堂（1982年）
―――「ブルジョア革命と憲法」杉原泰雄編『講座・憲法学の基礎（第5巻）市民憲法史』勁草書房（1982年）
―――「参議院の『独自性』と『特殊性』――参議院の役割と選挙制度・再考」ジュリスト868号（1986年）
―――「選挙権論の現況と学説の展開」憲法理論研究会編『参政権の研究』有斐閣（1987年）
―――「選挙権の『権利性』と『公務性』」法律時報59巻7号（1987年）（同『「権利」としての選挙権』所収）
―――『権利としての選挙権――選挙権の本質と日本の選挙問題』現代法選書21、勁草書房（1989年）
―――『フランス革命の憲法原理――近代憲法とジャコバン主義』日本評論社（1989年、第3刷2014年）
―――「選挙権論の『原点』と『争点』・再論――野中教授の批判に応えて」法律時報62巻11号（1990年）（杉原・樋口編『論争憲法学』日本評論社、1994年所収）
―――「なぜ未成年者は選挙権をもっていないのか」法学セミナー424号（1990年）
―――「国民主権と国家主権」杉原泰雄先生古稀記念論文集『21世紀の立憲主義』勁草書房（2000年）
―――「小選挙区比例代表制選挙の合憲性」ジュリスト1176号（2000年）
―――『市民主権の可能性』有信堂（2002年）
―――「近代憲法理論の再編と憲法学の課題」日本公法学会編『公法研究』65号、有斐閣

（2003年）
──「『市民』と『市民主権』の可能性・再論」樋口他編『国家と自由』日本評論社（2004年）
──「議員定数不均衡と参議院の『特殊性』」高橋・長谷部・石川編『憲法判例百選Ⅱ（第5版）』有斐閣（2007年）
──『憲法とジェンダー──男女共同参画と多文化共生への展望』有斐閣（2009年）
──『フランス憲法と現代立憲主義の挑戦』有信堂（2010年）
──「主権論・代表制論」法学教室357号特集つまずきのもと「憲法」（2010年）
──『ポジティヴ・アクション──「法による平等」の手法』岩波新書（2011年）
──「国民主権──国民主権論の『停滞』は必然か」辻村・長谷部編『憲法理論の再創造』日本評論社（2011年）
──『フランス憲法と現代立憲主義の挑戦』有信堂（2011年）
──『比較憲法（新版）』岩波書店（2011年）
──「国民主権」辻村みよ子・長谷部恭男編『憲法理論の再創造』日本評論社（2011年）
──『憲法（第4版）』日本評論社（2012年）
──「衆議院議員定数不均衡事件」石村修・浦田一郎・芹沢斉編著『時代を刻んだ憲法判例』尚学社（2012年）
──「カウンター・デモクラシーと選挙の効果的協同へ」世界835号（2012年）
──「参議院における議員定数不均衡」長谷部・石川・宍戸編『憲法判例百選Ⅱ（第6版）』有斐閣（2013年）
──『人権をめぐる十五講──現代の難問に挑む』岩波書店（2013年）
──『比較のなかの改憲論』岩波新書（2014年）
──「『権利』としての選挙権と『投票価値平等』」明治大学法科大学院論集14号（2014年）
──「戦後憲政史における主権・代表制・選挙権論──憲法学は民主主義の定着／発展に寄与しえたか。いかなる民主主義か」憲法理論研究会編『憲法と時代』（憲法理論叢書22号）敬文堂（2014年）
──「選挙権の法的性格と選挙人資格」岡田信弘・長谷部恭男ほか編『憲法の基底と憲法論（高見勝利先生古稀記念論文集）』信山社（2015年）
──「『投票価値平等』と選挙制度」全国憲法研究会編『日本国憲法の継承と発展』三省堂（2015年）
辻村みよ子編『世界のポジティヴ・アクションと男女共同参画』東北大学出版会（2004年）
辻村みよ子・糠塚康江『フランス憲法入門』三省堂（2012年）
時本義昭「宮沢俊義の国民主権論と国家法人説」初宿正典ほか編『国民主権と法の支配（佐藤幸治先生古稀記念論文集）』上巻』成文堂（2008年）
内閣府男女共同参画局『ポジティブ・アクション研究会報告書（別冊第2部所収報告）』（2006年）
長尾一紘「選挙に関する憲法上の原則(下)」Law School No.14（1979年）
中村政則「明治維新と戦後改革」中村編『戦後日本・占領と戦後改革4・戦後民主主義』岩

波書店（1995年）
成嶋隆「フランス一九四六年憲法制定過程における主権論争」一橋論叢78巻6号（1977年）
糠塚康江『パリテの論理——男女共同参画の技法』信山社（2005年）
────「国民代表の概念」大石眞・石川健治編『憲法の争点』有斐閣（2008年）
野坂泰司「在外日本国民の選挙権」長谷部・石川・宍戸編『憲法判例百選Ⅱ（第6版）』有斐閣（2013年）
野中俊彦「選挙権の法的性格」清宮・佐藤・阿部・杉原編『新版・憲法演習3』有斐閣（1980年）
────『選挙権の研究』信山社（2001年）
野中俊彦他『憲法Ⅰ（第5版）』有斐閣（2012年）
長谷川正安「テルミドール反動と九五年憲法」『ブルジョア革命の研究（戸沢鉄彦教授還暦記念論文集）』日本評論社（1954年）
────「主権について」『国家の自衛権と国民の自衛権』勁草書房（1970年）（杉原編『国民主権と天皇制』三省堂、1977年所収）
長谷部恭男『権力への懐疑』日本評論社（1991年）
────「改憲発議要件の緩和と国民投票」全国憲法研究会編『続・憲法改正問題』日本評論社（2006年）
────「憲法制定権力の消去可能性について」同編『憲法と時間（岩波憲法講座6）』岩波書店（2007年）（同『憲法の境界』羽鳥書店、2009年所収）
────「われら日本国民は、国会における代表者を通じて行動し、この憲法を確定する」日本公法学会編『公法研究』70号（2008年）
────『憲法第6版』新世社（2014年）
畑博行『アメリカの政治と連邦最高裁判所』有信堂高文社（1992年）
ユルゲン・ハーバーマス（河上倫逸他ほか訳）『コミュニケーション的行為の理論(上)』未来社（1985年）
────（河上倫逸・耳野健二訳）『事実性と妥当性(上)(下)』未来社（200年、2003年）
林知更「憲法原理としての民主政——ドイツにおける展開を手掛かりに」長谷部恭男ほか編『現代立憲主義の諸相（高橋古稀記念論集）上巻』有斐閣（2013年）
────「戦後憲法学と憲法理論」全国憲法研究会編『憲法問題』18号（2007年）
樋口陽一「権力機構」桑原武夫編『フランス革命の研究』岩波書店（1959年）
────『近代立憲主義と現代国家』勁草書房（1973年）
────『議会制の構造と動態』木鐸社（1973年）
────『司法の積極性と消極性』勁草書房（1978年）
────「利益代表・地域代表・職能代表と国民」ジュリスト859号（1986年）
────「魔力からの解放と解放のための魔力」法律時報59巻5号（1987年）
────「＜çitoyen＞の可能性」杉原泰雄ほか編『平和と国際協調の憲法学』勁草書房（1990年）（『近代国民国家の憲法構想』東京大学出版会、1994年所収）
────『憲法Ⅰ』青林書院（1998年）

――「『近代国民国家』再考」法律時報70巻6号（1998年）
――「Nation なき国家？」北村一郎編集代表（山口俊夫先生古稀記念）『現代ヨーロッパ法の展望』東京大学出版会（1998年）
――「近代理性主義擁護の最後のモヒカン？」法律時報73巻1号（2001年）
――『憲法（第3版）』創文社（2007年）
――『いま「憲法改正」をどう考えるか』岩波書店（2013年）
樋口陽一・山内敏弘・辻村みよ子・蟻川恒正『新版　憲法判例を読みなおす』日本評論社（2011年）
福井康佐『国民投票制』信山社（2007年）
藤田宙靖『最高裁回想録』有斐閣（2012年）
堀茂樹「パリテ論争――市民に性差はあるか？」三浦信孝編『普遍主義か差異か――共和主義の臨界、フランス』藤原書店（2001年）
松井茂記『憲法（第三版）』有斐閣（2007年）
松下圭一『市民自治の憲法理論』岩波書店（1975年）
――『国会内閣制の基礎理論　松下圭一法学論集』岩波書店（2009年）
三浦まり・衛藤幹子編『ジェンダー・クオータ――世界の女性議員はなぜ増えたのか』明石書店（2014年）
三島憲一ほか『戦争責任・戦後責任――日本とドイツはどう違うか』朝日選書（1994年）
――『現代ドイツ』岩波新書（1991年）
宮沢俊義「国民主権と天皇制についてのおぼえがき――尾高教授の理論をめぐって」（1948年）（同『憲法の原理』岩波書店、1967年所収）
――「ノモス主権とソフィスト――ふたたび尾高教授の理論をめぐって」（1949年）（同『憲法の原理』所収）
――「議会制の生理と病理」日本公法学会編『公法研究』23号（1961年）（同『憲法と政治制度』岩波書店、1968年所収）
光信一宏「フランス一七九三年憲法と外国人の選挙権(1)(2)」愛媛法学会雑誌24巻1号（1997年）、26巻1号（1999年）
三輪隆・浦田一郎・清水雅彦「改憲手続の憲法問題」民科法律部会編『改憲・改革と法』法律時報増刊（2008年）
三輪隆「1789年の権利宣言における政治的権利(2)」早稲田法学会誌27巻（1977年）
毛利透「国民主権と民主主義」全国憲法研究会編『続・憲法改正問題』法律時報増刊（2006年）
――『統治構造の憲法論』岩波書店（2014年）
本秀紀『政治的公共圏の憲法理論――民主主義憲法学の可能性』日本評論社（2012年）
森脇俊雅『小選挙区制と区割り――制度と実態の国際比較』芦書房（1998年）
――「2000年代の議員定数再配分と選挙区画再編成――アメリカと日本における諸問題」法と政治58巻2号（2007年）
山口和人「ドイツの連邦選挙法」国立国会図書館調査及び立法考査局『外国の立法』No.237

（2008年）

山田朗『日本は過去とどう向き合ってきたか』高文研（2013年）

山元一「最近のフランスにおける『憲法制定権力』論の復権」法政理論29巻3号（1997年）（同『現代フランス憲法理論』所収）

――「『憲法制定権力』と立憲主義――最近のフランスの場合」法政理論33巻2号（2000年）（同『現代フランス憲法理論』所収）

――「現代憲法理論における主権――『市民主権』論をめぐる一考察」（東北大学）法学77巻6号（辻村みよ子教授退職記念号）（2014年）

――「最近のフランス憲法学における民主主義論の動向」長谷部恭男ほか編『現代立憲主義の諸相（高橋古稀記念論集）上巻』有斐閣（2013年）

――『現代フランス憲法理論』信山社（2014年）

吉田利宏『国民投票法 論点解説集』日本評論社（2007年）

米沢広一「在外選挙権と立法不作為」ジュリ1313号（平成17年度重判）（2006年）

J.＝J.ルソー（桑原武夫・前川貞次郎訳）『社会契約論』岩波文庫（1954年）

渡辺久丸「両性の政治的平等とクォータ規制」島大法学42巻1号（1998年）

渡辺康行「主権の意味と構造」大石眞・石川健治編『憲法の争点』（2008年）

――「国民主権論の栄枯」高橋和之・大石眞編『憲法の争点（第三版）』有斐閣（1999年）

AUER, A., MARTENET, V., "Les quotas, la démocratie et le fédéralisme", *Frauenfragen/ Questions au féminin* 1/98, 1998

BACCHI, Carol, "Arguing for and against quota", DAHLRUP, Drude (ed.), *Women, Quotas and Politics*, Routledge, 2006

BEAUD, Olivier, *La Puissance de l'Etat*, PUF, 1994

BODIN, J., *Les Six Libres de la République*, HOPITAL, .L M., dir, *Oeuvres complètes*, vol.1, 1576

BOULOISEAU, M., L LEFEBVREE, G., SOBOUL, A., (dir.), *Ouevres de Maximilien Robespierre*, t.VI, 1950

BUI-XUAN, Olivia. *Le Droit Public Français entre Universalisme et Différentialisme*, Economica, 2004

CALVES, G., *La Discrimination positive*, Que sais-je ?, 2004

CARRE DE MALBERG, R., *Contribution à la théorie générale de l'Etat*, t.1, t.2, Dalloz, 1920, 1922

CHALTIEL, Florence, *La souveraineté de l'Etat et l'Union européenne, Lexempl'e français*, LGDJ, 2000

CHANTEBOUT, B., *Droit constitutionnel et science politique*, Economica, 1978

COMITE NATIONLE chargé de la publication des travaux préparatoire des instituions de la Ve République, *L'Histoire de l'élaboration de la Constitution du 4 oct. 1958*, vol.1, 1987

CONSTITUTIONAL COURT OF KOREA (ed.), *Constitutional Court Decisions*, vol. II (2005-2008), 2009

CROCKER, Royce, "Congressional Redistricting: An Overview," CRS Report for Congress, R42831, November 21, 2012. 〈http://www.fas.org/sgp/crs/misc/R42831.pdf〉
D'AMICO, M., «Il legislatoire reintreduce le 'quota rosa'?», Attualita e saggi, 2005
DAUGERON, Bruno., La notion d'êlection en droit constitutionnel, Dalloz, 2011
DESGRAES DU LOU, Dominique Maillard (dir.), Les Evolutions de la Souveraineté, Montchrestien, 2006
DUGUIT, L., Traité de droit constitutionnel, t.2, 3ᵉ éd., 1928
DUHAMEL, O., Meny, Y. (dir.), Dictionnaire constitutionnel, PUF, 1992
DUVERGER, M., Institution politique et droit constitutionnel, t.1, 12ᵉ éd. 1971
ESMEIN, A., "Deux formes de gouvernement", Revue du Droit public, n° 1, 1894
ESMEIN, A., Eléments de droit constitutionnel, 1986
FRANKLIN, J.H., Jean Bodin and the Rise of Absolutist Theory, Cambridge, 1973
GRIMM, Dieter, "La souveraineté", TROPER, M., CHAGNOLLAUD, D. (dir.), Traité international de droit constitutionnel, tome 1, Dalloz, 2012
HAMON, F., TROPER, M., Droit constitutionnel, 33éd., LGDJ, 2013
HANDLEY, Lisa, "A Comparative Survey of Structure and Criteria for Boundary Delimitation", Redistricting in Comparative Perspective, New York: Oxford University Press, 2008
HAQUET, Arnaud, Le concept de souveraineté en droit constitutionnel français, PUF, 2004
HAURIOU, P.M. Précis de droit constitutionnel, 2ᵉ éd., Recueil Sirey, 1929
IDEA (International Institute for Democracy and Electral Assistance) http//www.idea.org
IPU (Inter-Parliamentary Union) http://www.ipu.org
J. HABERMAS, Jürgen, Theorie des kommunikativen Handelns, Bd.1, Frankfurt am Main 1981
J. HABERMAS, "Volkssouveränität als Verfahren" (1988), in: Faktizität und Geltung. Beiträge zur Diskurstheorie des Rechts und des demokratischen Rechtsstaate, Frankfurt am Main 1992
J. HABERMAS, Faktizität und Geltung. Beiträge zur Diskurstheorie des Rechts und des demokratischen Rechtsstaate, Frankfurt am Main 1992
KRIEGEL, Blandine, "Parité et principe d'égalité", Conseil d'Etat, Sur le principe d'égalité, Extrait du Rapport public 1996
LUCHAIRE, François, Le Conseil constitutionnel, t.III, 2 éd .refondue, 1999
LUCHAIRE, F., "Le souveraineté", Revue française de droit constitutionnel, n°.43, 2000
RIGAUDIRE, Albert, "L'invention de la souveraineté", Pouvoirs, no.67, 1993
ROSANVALLON, Pierre, Counter-Democracy, Politics in an age of Distrust, Translated by A. Goldhammer, Cambridge, 2008
ROSANVALLON, Pierre, La contre-démocratie, La politique à l'âge de la défiance, Editions du Seuil, 2006

ROUSSEAU, Dominique, "La révision constitutionnelle du 8 juillet 1999 : d'un universalisme abstrait à un universalisme concret", *Mélanges Benoît Jeanneau*, Dalloz, 2012

ROUVILLOIS Frédéric, "Constitution d'une énigme : 〈La souveraineté nationale appartient au peuple français〉", in D. M. DESGRAES DU LOU (dir.), Les Evolutions de la Souveraineté, Montchrestien, 2006

TOUVET, Laurent, DOUBLET, Yves-Maries, *Droit des élections*, 2e éd., Economica, 2014

TROPER, Michel, "Comment définit-elle la souveraineté nationale ?", Télécharger le dossier "quarantième", http://www.conseil. constitutionnel.fr/05 htm., 1998

TROPER, Michel, *Terminer La Révolution : La Constitution de 1795*, Fayard, 2006

TROPER, Michel, "La souveraineté comme principe d'imputation", M.TROPER, *Terminer la Révolution : La Constitution de 1795*, Fayard, 2006

TSUJIMURA, Miyoko, "Les Paradoxes de la Discrimination positives", in TSUJIMURA, M., LOCHAK, D. (dir.) *Egalité des sexes : La Discrimination Positive en Question*, La Société de la Législation Comparée, 2006

VEDEL, G., *Manuel élémentaire de droit constitutionnel*, 1949,

VONSY, Moea, Le "Parlement constituant n'est pas souverain", *Revue de Droit Public*, 2007-3

WALKER, N., *Sovereignty in Transition*, Hart Publishing, 2003

WEILER, J. H. H. and WIND, W. (ed.), European Constitutionalism beyond the State, Cambridge University Press, 2003

事項索引

あ行

愛敬浩二 …………………………… 33, 45, 46
アケ, アルノー ………………… 50, 52, 246, 250
憧れの中心［説］………………………… 6, 9
芦部信喜［説］……… 17, 18-22, 28, 60, 68, 75
アベノミクス解散 ………………………… 5
安保制度懇 ……………………………… 2, 3
アンラジェ ……………………………… 53, 238
違憲状態［判決］
　…81, 82, 99, 105, 119, 124, 125, 132, 149
石川健治 ………………………………… 41, 44
イデオロギー批判 ………………………… 6, 10
永住外国人 …………………………… 37, 156
エスマン, アデマール ………… 71, 239, 278
エミリーズ・リスト ………………… 286, 289
ＬＲＡの基準［原則］………………… 190, 205
オーリウ, モーリス ……………… 71, 240, 259
欧州連合条約 ……………………………… 51
大石眞 ……………………………………… 28
奥平康弘［説］…………………………… 78
尾高朝雄 …………………………………… 9

か行

外国人参政権問題 …………………… 39, 156
外国人地方参政権 ……………………… 251
解釈改憲 ………………………………… 2-4
カウンター・デモクラシー
　………………………… 57, 58, 59, 289, 290
影山日出彌 ……………………………… 12, 33
金森徳次郎 ………………………………… 9
可分論 …………………………………… 80, 81
カレ・ドゥ・マルベール, ルネ
　………………… 17, 24, 34, 50, 51, 71, 72,
　　　　　　　　　154, 239, 240, 257, 258
管野喜八郎 ……………………………… 11

議員定数不均衡訴訟 ……………… 80, 89, 95
議席割当制 …………………………… 269, 270
キムリッカ ……………………………… 33
逆転現象 …………………………… 125, 133
強制投票制 …………………… 73, 77, 154
供託金 …………………………………… 171
清宮四郎 …………………………… 22, 60, 75
均衡本質説 ……………………………… 29
近代立憲主義 …………………………… 63
偶数定数制 ……………………………… 82
クオータ制
　……………… 70, 263, 266, 270-275, 285, 290
区画審設置法 ……………… 81, 108, 113, 220
グリム, ディーター …………………… 255
継続的民主主義 ………………………… 260
ゲリマンダリング ………………… 182, 213
憲法改正権［手続］……………… 19, 64, 66
憲法科学 …………………………… 6, 7, 12, 33
憲法制定権力 …………………… 14, 64, 65
憲法訴訟論 ……………………………… 7
憲法調査会 ……………………………… 288
憲法哲学 ……………………………… 7, 33
憲法パトリオティズム …………………… 2
憲法理論研究会 …………………… 288, 290
権利一元説 ……………………………… 76
　→選挙権権利説
権力的契機 ………………… 16, 18, 20, 67
効果的代表［制・論］
　………………… 80, 93, 115, 131, 136
拘束名簿式比例代表制 ………………… 226
候補者割当制 …………………………… 270
合理的期間論 ……………………… 26, 82, 94
国際人権規約Ｂ規約（自由権規約）25条
　…………………………………… 173, 178
国体論争 ………………………………… 1, 9
国民投票資格年齢 ……………………… 212
国民投票法［制］…………………… 2, 63
国民内閣制［論］……………… 23, 29, 30, 60

国民（ナシオン）主権［論］
……………… 15, 12, 19, 20, 24, 27,
71-73, 154, 233, 258
小嶋和司……………………………………11
越山康………………………………89, 94
国家法人説……………………11, 75, 252
個別的効力説………………………81, 86
戸別訪問禁止違憲訴訟……………………200
コンセンサス型デモクラシー………………29

さ行

在外国民選挙権［訴訟］
……………… 27, 39, 68, 153, 167, 171, 191
在外選挙［投票］制………………77, 157, 158
在宅投票制［訴訟］………… 77, 167, 183, 184
佐藤幸治［説］………………………19, 28
参加民主主義［論］…………………6, 35, 36
参議院の特殊性………………………119, 150
三バン選挙……………………………23, 281
サンラグ式………………………………224
シィエス, エマニュエル＝ジョセフ……70, 234
ジェンダー・ギャップ指数……… 264, 280, 289
ジェンダー平等（男女共同参画）………70
事情判決［の法理］………81, 85, 93、124, 136
シティズンシップ……………………………35
市民主権［論］ …25, 35-42, 48, 56, 279, 290
「市民自治」論………………………………60
社会学的代表［論］…………… 20, 115, 290
社会的市民（citoyen-civil）………43, 58
ジャコバン憲法……………………………237
自由委任説［論］……………………20, 30
自由選挙制………………………………73
集団的自衛権…………………………2, 32
18歳選挙資格年齢…………………159, 212
住民投票……………………………………39
熟議デモクラシー［民主主義］…7, 8, 53, 290
受刑者選挙権［訴訟］……… 154, 172, 177, 180
主権抹殺論…………………………………10
首相公選制…………………………………23
純粋代表制［論］……………………22, 23
障害者権利条約……………………………169
少数代表制………………………………213
小選挙区制………………………31, 215, 290

小選挙区比例代表併用制…………………217
小選挙区比例代表並立制……… 81, 95, 219, 282
将来効判決…………………………………103
ジロンド憲法草案………………………236, 257
新区画審設置法……………………………109
人口比例原則……………… 115, 131, 221, 229
人民拒否…………………………………237
人民発案（イニシアティヴ）………………40
人民（プープル）主権［論］
……… 12, 14, 19, 24, 34, 36, 39, 47, 57,
71-73, 154, 233, 251, 253, 258
杉原泰雄……………11, 12-17, 22, 28, 33, 34
制限選挙［制］……………………24, 71, 73, 154
政治的市民（citoyen-politique）………43, 58
正当［統］性の契機………………………10, 67
成年後見制度………………………162, 167
成年被後見人選挙権………………154, 161
責任本質説…………………………………29
選挙区割問題………………………………221
選挙権権利説…24, 69, 71, 73, 154, 231, 258
選挙権公務説…24, 25, 71, 73, 154, 231, 258
選挙権論争…………………… 1, 67, 68, 167
選挙資格年齢………………… 159, 211, 262
選挙人資格請求権…………………………212
選挙＝ルール論…………………… 207, 208
全国憲法研究会………………………288, 290
全国民主体説……………………10, 14, 27, 47
戦後［戦争］責任…………………………1、2, 7

た行

高橋和之［説］……………………………29, 84
高見勝利［説］……………………………11, 29
多数代表制………………………………213
多数派プレミアム制付比例代表制…………217
男女共同参画…………………………283, 290
地域代表……………………………………119
超過議席…………………………………225
直接民主主義………………………………17
ツイン方式…………………………………267
定住外国人地方参政権訴訟………………27
適用違憲論………………………………190
手続的主権論………………………………55
デュヴェルジェ, モーリス………… 24, 73, 278

事項索引　307

デュギー, レオン ··································71, 240
天皇主権···9, 63
ドゥオーキン···33
投票価値平等 ［訴訟］············27, 75, 80, 82
ドジュロン, ブルーノ·························257, 261
トロペール, ミシェル ···50, 51, 241, 247, 257
ドント式···219

な 行

中村政則···7
ナシオン主権 ［論］
　→ 国民（ナシオン）主権 ［論］
70年代主権論争···············1, 11-13, 19, 67, 68
二院制··147, 150
二元説·········24-26, 27, 72, 76, 167, 181, 230
日米ガイドライン···2
任意投票制··73, 154
野中俊彦···76
野村敬造···75

は 行

ハーバーマス, ユルゲン
　·····················33, 44, 46, 52, 53, 55
バコ, ピエール···240
長谷川正安···11
長谷部恭男 ［説］·································64, 65
バダンテール, エリザベト·························276
八月革命説···11
80年代選挙権論争·································1, 67
林田和博···76
パリ・コミューン···34
パリテ（男女同数）·········28, 69, 70, 262, 277
半数改選制···82
半代表制·····················22, 57, 71, 116, 278, 290
半直接制··36, 43, 57
樋口陽一 ［説］·········11, 12-17, 22, 28, 33, 58
非拘束名簿式比例代表制·························121
被選挙資格年齢·································170, 212
一人一票原則·······································85, 222
1 人別枠訴訟·······································69, 288
1 人別枠方式 ［制度］
　·················81, 95, 98-101, 117, 130, 220

秘密保護法···32
ビュルドー, ジョルジュ·····························17
比例代表制···························213, 216, 282
プープル主権 ［論］
　→ 人民（プープル）主権 ［論］
フィルマー・ロバート·······························234
不可分論···································80, 85, 87, 103
普通選挙 ［制］···································24, 71, 73
普通・平等選挙···154
フランス人権宣言············26, 62, 70, 78, 235
ブランダイス・ルール·······························176
プレビシット···40
分節主権論···60
分有主権論···49
Baker 判決···89
ボー, オリヴィエ·······························246, 259
ポジティヴ・アクション
　·············70, 262, 263, 276, 284, 286
ボシュエ, ジャック＝ベニーニュ·············234
ボダン, ジャン··234
ホッブズ, トマス·······································234
穂積八束···25, 75

ま 行

マーストリヒト条約···························247, 251
マーストリヒト（第一）判決·····················51
正木事件···202
松下圭一···60
美濃部達吉··10, 75
宮沢俊義 ［説］···················9, 10, 22, 60, 75
宮沢・尾高論争···9
民主主義憲法学································7, 8, 63
棟居快行···44
明文改憲···2
命令的委任 ［禁止］························20, 22, 40
命令的委任説···30
毛利透···44
本秀紀··45, 47, 48
森口繁治···25, 75

や 行

矢田・植田事件··201

山元一……………………………41, 48, 49
「やむを得ない事由」［基準］……171, 177, 197
有権者主体説………………………………37
吉田善明……………………………………76

ら行

ラーバント, パウル………………………25, 75
ラディカル・デモクラシー………………47
リコール制度…………………………40, 43
立憲主義………………2, 3, 60, 61, 288, 290
立憲主義憲法学…………………………1, 60
立候補の自由……………………………77, 213
立法事実……………………………………74
立法不作為の違憲審査………………190, 197
リベラル・デモクラシー…………………7
リュシェール, フランソワ……50, 52, 246, 253
ルソー, ジャン＝ジャック……49, 57, 70, 234
ルソー, ドミニク………………59, 260, 277
レファレンダム……………36, 39, 40, 43, 247
ロザンヴァロン, ピエール…………52, 56, 57
ロック, ジョン…………………………234
ロベスピエール, マキシミリアン
　　………………………………71, 237, 238, 257

判例索引

最高裁判所

最大判1950〈昭25〉・ 9 ・27刑集 4 巻 9 号1799頁
....200
最大判1955〈昭30〉・ 2 ・ 9 刑集 9 巻 2 号217頁
....79
最大判1955〈昭30〉・ 3 ・30刑集 9 巻 3 号635頁
....200
最大判1964〈昭39〉・ 2 ・ 5 民集18巻 2 号270頁
....118, 129
最大判1969〈昭44〉・ 4 ・23刑集23巻 4 号235頁
....200, 204, 205
最一判1974〈昭49〉・ 4 ・25判時737号 3 頁
....119
最大判1974〈昭49〉・11・ 6 刑集28巻 9 号393頁
....200
最大判1976〈昭51〉・ 4 ・14民集30巻 3 号223頁
........................25, 79, 80, 87, 113, 119, 152
最二判1981〈昭56〉・ 6 ・15刑集35巻 4 号205頁
....200, 202, 204
最三判1981〈昭56〉・ 7 ・21刑集35巻 5 号568頁
....201, 204, 205
最三判1982〈昭57〉・ 3 ・23刑集36巻 3 号339頁
....201
最大判1983〈昭58〉・ 4 ・27民集37巻 3 号345頁
....82, 119
最大判1983〈昭58〉・11・ 7 民集37巻 9 号1243頁
....83, 86, 94, 95
最三判1984〈昭59〉・ 2 ・21刑集38巻 3 号387頁
....201
最大判1985〈昭60〉・ 7 ・17民集39巻 5 号1100頁
....................................80, 86, 94, 113, 152
最一判1985〈昭60〉・11・21民集39巻 7 号1512頁
....187, 195, 197
最二判1986〈昭61〉・ 7 ・ 7 判時1211号143頁
....203
最二判1988〈昭63〉・10・21判時1321号123頁

....130
最大判1993〈平 5 〉・ 1 ・20民集47巻 1 号67頁
....94, 95
最三判1995〈平 7 〉・ 2 ・28民集49巻 2 号639頁
....155
最一判1995〈平 7 〉・ 6 ・ 8 民集49巻 6 号1443頁
....113
最大判1996〈平 8 〉・ 9 ・11民集50巻 8 号2283頁
....119, 129
最大判1998〈平10〉・ 9 ・ 2 民集52巻 6 号1373頁
....120
最大判1999〈平11〉・11・10民集53巻 8 号1557頁
....95
最大判2000〈平12〉・ 9 ・ 6 民集54巻 7 号1997頁
....120
最三判2001〈平13〉・12・18民集55巻 7 号1712頁
....95
最二判2002〈平14〉・ 7 ・ 5 集刑281号705頁
....204
最三判2002〈平14〉・ 9 ・10判時1799号176頁
....204
最大判2004〈平16〉・ 1 ・14民集58巻 1 号56頁
....82, 121, 132
最大判2005〈平17〉・ 9 ・14民集59巻 7 号2087頁
..............27, 68, 153, 163, 167, 171, 177, 191, 192
最大判2006〈平18〉・10・ 4 民集60巻 8 号2696頁
....82, 122, 132
最大判2007〈平19〉・ 6 ・13民集61巻 4 号1617頁
....95
最大判2008〈平20〉・ 6 ・ 4 民集62巻 6 号1367頁
....163
最大判2009〈平21〉・ 9 ・30民集63巻 7 号1520頁
....82, 123, 132
最大判2011〈平23〉・ 3 ・23民集65巻 2 号755頁
....27, 69, 81, 96, 153
最大判2012〈平24〉・10・17民集66巻10号3357頁
..............................114, 117, 124, 125, 138, 149, 153

最大判2013〈平25〉・11・20民集67巻 8 号1503頁
……………………………81, 105, 111, 117, 144
最二決2014〈平26〉・7・9 判時2241号20頁
…………………………………………………… 175
最大判2014〈平26〉・11・26民集69巻 9 号1363頁
……………………………………………… 137, 149

高等裁判所

東京高判1963〈昭38〉・1・30民集18巻 2 号304頁……………………………………………… 118
東京高判1973〈昭48〉・7・31行集24巻 6・7 号726頁……………………………………………… 118
札幌高判1978〈昭53〉・5・24民集39巻 7 号1590頁……………………………………………… 186
広島高松江支判1980〈昭55〉・4・28刑集35巻 4 号418頁…………………………………………… 201
東京高判1980〈昭55〉・12・23民集37巻 9 号1386頁………………………………………………… 94
名古屋高判1983〈昭58〉・7・12判時1094号153頁……………………………………………… 203
東京高判2000〈平12〉・11・8 民集59巻 7 号2231頁……………………………………………… 192
大阪高判2009〈平21〉・12・28判時2075号 3 頁
……………………………………………………… 96
広島高判2010〈平22〉・1・25判時2075号15頁
……………………………………………………… 96
東京高判2010〈平22〉・2・24民集65巻 2 号875頁……………………………………………………… 96
福岡高那覇支判2010〈平22〉・3・9 判タ1320号46頁……………………………………………… 96
福岡高判2010〈平22〉・3・12LEX/DB ……… 96
名古屋高判2010〈平22〉・3・18裁判所 HP … 96
高松高判2010〈平22〉・4・8 LEX/DB ……… 96
東京高判2010〈平22〉・11・17判時2098号34頁
……………………………………………… 125, 131
高松高裁2011〈平23〉・1・25判タ1346号137頁
……………………………………………………… 125
福岡高判2011〈平23〉・1・28判タ1346号130頁
……………………………………………………… 125
東京高判2013〈平25〉・3・6 判時2184号 3 頁
……………………………………………………… 100
札幌高判2013〈平25〉・3・7 裁判所 HP …… 100
広島高判2013〈平25〉・3・25判時2185号36頁

……………………………81, 101, 132, 150
広島高岡山支判2013〈平25〉・3・26LEX/DB
……………………………………………81, 103, 132, 150
大阪高判2013〈平25〉・9・27判時2234号29頁
………………………………174, 176, 177, 182
広島高岡山支判2013〈平25〉・11・28裁判所 HP
…………………………………87, 102, 133, 150
東京高判2013〈平25〉・12・9 LEX/DB …… 174
大阪高判2013〈平25〉・12・18裁判所 HP …… 133
東京高判2013〈平25〉・12・25判時2215号84頁
…………………………………………………… 133
福岡高判2015〈平27〉・3・25………………… 117

地方裁判所

東京地判1967〈昭42〉・3・27判時493号72頁
…………………………………………………… 200
松江地判1969〈昭44〉・3・27判タ234号別冊30頁……………………………………………… 200
長野地佐久支判1969〈昭44〉・4・18判タ234号別冊32頁………………………………………… 200
札幌地小樽支判1974〈昭49〉・12・9 民集39巻 7 号1550頁………………………………………… 184
松山地西条支判1978〈昭53〉・3・30判時915号135頁…………………………………………… 200
松江地出雲支判1979〈昭54〉・1・24刑集35巻 4 号405頁…………………………………………… 200
福岡地柳川支判1979〈昭54〉・9・7 刑集37巻 9 号1488頁………………………………………… 200
盛岡地遠野支判1980〈昭55〉・3・25判時962号130頁…………………………………………… 200
岐阜地判1980〈昭45〉・5・30判例集未登載
…………………………………………………… 202
東京地判1999〈平11〉・10・28民集59巻 7 号2216頁……………………………………………… 192
大阪地判2013〈平25〉・2・6 判時2234号35頁
…………………………………………………… 173
東京地判2013〈平25〉・3・14判時2178号 3 頁
……………………………………………… 164, 169

簡易裁判所

和歌山妙寺簡判1968〈昭43〉・3・12判時512号76頁……………………………………………… 200

辻村みよ子（つじむら・みよこ）

東北大学大学院法学研究科教授、同大学ディスティングプロフェッサーを経て、2013年4月より明治大学法科大学院教授。
法務省司法試験（旧新）考査委員、日本学術会議会員、東北大学21世紀COE・グローバルCOE拠点リーダー、ジェンダー法学会理事長、全国憲法研究会代表などを歴任。現在、日本公法学会理事、国際憲法学会理事・同日本支部副代表、内閣府男女共同参画会議議員等。

〈主な著書〉
『フランス革命の憲法原理──近代憲法とジャコバン主義』（日本評論社、1989年）
『「権利」としての選挙権』（勁草書房、1989年）
『人権の普遍性と歴史性』（創文社、1992年、重版1999年）
『憲法』（日本評論社、2000年、第2版2004年、第3版2008年、第4版2012年）
『市民主権の可能性』（有信堂高文社、2002年）
『比較憲法』（岩波書店、2003年、新版2011年）
『ジェンダーと人権──歴史と理論から学ぶ』（日本評論社、2008年）
『憲法とジェンダー──男女共同参画と多文化共生への展望』（有斐閣、2009年）
『フランス憲法と現代立憲主義の挑戦』（有信堂高文社、2010年）
『新版・憲法判例を読みなおす』（日本評論社、2011年、樋口陽一・山内敏弘・蟻川恒正と共著）
『憲法理論の再創造』（日本評論社、2011年、長谷部恭男と共編著）
『憲法から世界を診る──人権・平和・ジェンダー』（講演録）（法律文化社、2011年）
『ポジティヴ・アクション──「法による平等」の技法』（岩波書店〔岩波新書〕、2011年）
『人権をめぐる十五講──現代の「難問」に挑む』（岩波書店、2013年）
『比較のなかの改憲論議──日本国憲法の位置』（岩波書店〔岩波新書〕、2014年）

選挙権と国民主権
──政治を市民の手に取り戻すために

2015年5月25日　第1版第1刷発行

著　者───辻村みよ子
発行者───串崎　浩
発行所───株式会社日本評論社
　　　　　〒170-8474　東京都豊島区南大塚3-12-4
　　　　　電話　03-3987-8621（販売）　FAX　03-3987-8590　振替　00100-3-16
印　刷───精文堂印刷株式会社
製　本───牧製本印刷株式会社

Printed in Japan　Ⓒ TSUJIMURA Miyoko 2015　装幀／レフ・デザイン工房
ISBN 978-4-535-52097-4

JCOPY　〈（社）出版者著作権管理機構　委託出版物〉
本書の無断複写は著作権法上での例外を除き禁じられています。複写する場合は、そのつど事前に、（社）出版者著作権管理機構（電話 03-3513-6969、FAX 03-3513-6979、e-mail: info@jcopy.or.jp）の許諾を得てください。また、本書を代行業者等の第三者に依頼してスキャニング等の行為によりデジタル化することは、個人の家庭内の利用であっても、一切認められておりません。

憲法［第4版］

辻村みよ子／著

オーソドックスな内容で、法学部・法科大学院学生が安心して学べると定評のある教科書が、4年ぶりの改定。最新判例・学説を網羅。

◆ISBN978-4-535-51858-2／A5判／本体3,800円＋税

憲法講義

本 秀紀／編

条文・解釈・判例・学説を効率よく解説し、憲法状況を客観的に捉え、歴史をふまえ現実に立ち向かうツールとしての憲法理論を追求する意欲的な教科書。

◆ISBN978-4-535-51826-1／A5判／本体3,800円＋税

フランスの事後的違憲審査制

ベルトラン・マチュー／著　植野妙実子・兼頭ゆみ子／訳

市民から申し立てられる、フランスの新しい事後審査制度QPC。その制度と実際を判例もふまえて分析した、著名な憲法学者による解説書。

◆ISBN978-4-535-52102-5／A5判／本体3,300円＋税

二院制の比較研究
――英・仏・独・伊と日本の二院制

岡田信弘／編

英・仏・独・伊の4か国と、日本の二院制を比較分析する書。歴史的な経緯を踏まえ、各国のアクチュアルな問題状況を解析する。

◆ISBN978-4-535-52020-2／A5判／本体5,500円＋税

日本評論社　　http://www.nippyo.co.jp/